38,00

ACCESO GRATIS *a la Lectura en la Nube*

Para visualizar el libro electrónico en la nube de lectura envíe junto a su nombre y apellidos una fotografía del código de barras situado en la contraportada del libro y otra del ticket de compra a la dirección:

ebooktirant@tirant.com

En un máximo de 72 horas laborables le enviaremos el código de acceso con sus instrucciones.

La visualización del libro en **NUBE DE LECTURA** excluye los usos bibliotecarios y públicos que puedan poner el archivo electrónico a disposición de una comunidad de lectores. Se permite tan solo un uso individual y privado.

INCENTIVOS PARA LA COLABORACIÓN CON LAS AUTORIDADES EN LOS DELITOS ECONÓMICOS Y DE CORRUPCIÓN

UN ANÁLISIS DOGMÁTICO Y EMPÍRICO DE LOS ARTS. 305.6 II, 307.5 II, 308.8 II, 426 Y 434 CP

INCENTIVOS PARA LA COLABORACIÓN CON LAS AUTORIDADES EN LOS DELITOS ECONÓMICOS Y DE CORRUPCIÓN

UN ANÁLISIS DOGMÁTICO Y EMPÍRICO DE LOS ARTS. 305.6 II, 307.5 II, 308.8 II, 426 Y 434 CP

JESÚS MARTÍN MUÑOZ

tirant lo blanch
Valencia, 2025

En caso de erratas y actualizaciones, la Editorial Tirant lo Blanch publicará la pertinente corrección en la página web www.tirant.com.

La aceptación de la presente obra ha tenido en consideración la evaluación y calificación otorgada por los expertos componentes del tribunal calificador de la tesis doctoral en la que se basa, cumpliendo con el criterio correspondiente de los revisores externos y ofreciendo la calidad debida a la presente edición.

EDITA: TIRANT LO BLANCH
C/ Artes Gráficas, 14 - 46010 - Valencia
TELFS.: 96/361 00 48 - 50
FAX: 96/369 41 51
Email: tlb@tirant.com
www.tirant.com
Librería virtual: www.tirant.es
DEPÓSITO LEGAL: V-3357-2025
ISBN: 979-13-7010-629-4

Si tiene alguna queja o sugerencia, envíenos un mail a: *atencioncliente@tirant.com*. En caso de no ser atendida su sugerencia, por favor, lea en *www.tirant.net/index.php/empresa/politicas-de-empresa* nuestro procedimiento de quejas.

Responsabilidad Social Corporativa: http://www.tirant.net/Docs/RSCTirant.pdf

Índice

ANEXOS

ABREVIATURAS

AEAT:	Agencia Estatal de la Administración Tributaria.
AAN:	Auto de la Audiencia Nacional (española).
AN:	Audiencia Nacional (española).
Art.:	Artículo.
BOCG:	Boletín Oficial de las Cortes Generales.
CE:	Constitución española de 1978.
CEDH:	Convenio Europeo de Derechos Humanos de 1950.
CENDOJ:	Centro de Documentación Judicial.
CGPJ:	Consejo General del Poder Judicial.
CP:	Código Penal español de 1995 (Ley Orgánica 10/1995, de 23 de noviembre, del Código Penal).
CP73:	Código Penal español de 1973 (Decreto 3096/1973, de 14 de septiembre, por el que se publica el Código Penal, texto refundido conforme a la Ley 44/1971, de 15 de noviembre).
DA:	Disposición Adicional.
ECLI:	European Case Law Identifier (Identificador europeo de jurisprudencia).
FD/FFDD:	Fundamento/s de Derecho.
FJ/FFJJ:	Fundamento/s jurídico/s.
GRECO:	Grupo de Estados contra la Corrupción (Consejo de Europa).
IRPF:	Impuesto sobre la renta de las personas físicas.
IVA:	Impuesto sobre el valor añadido.
i.e.:	*id est.*
LECrim:	Ley de Enjuiciamiento Criminal.
LO:	Ley Orgánica.
RECPC:	Revista Electrónica de Ciencia Penal y Criminología.
SAN/SSAN:	Sentencia/s de la Audiencia Nacional (española).
STC:	Sentencia del Tribunal Constitucional (español).
STS/SSTS:	Sentencia/s del Tribunal Supremo (de España).

STSJ/SSTSJ: Sentencia del Tribunal Superior de Justicia (de una Comunidad Autónoma española).

TC: Tribunal Constitucional (español).

TS: Tribunal Supremo (español).

TSJ: Tribunal Superior de Justicia (de una Comunidad Autónoma española).

UE: Unión Europea.

AGRADECIMIENTOS

Esta monografía es parte de la tesis doctoral que defendí el 14 de octubre de 2024 en la Universidad Complutense de Madrid. El tribunal evaluador estuvo integrado por Margarita Martínez Escamilla (Universidad Complutense de Madrid), Manuel Cancio Meliá (Universidad Autónoma de Madrid), Inés Olaizola Nogales (Universidad Pública de Navarra), Katharina Beckemper (Universidad de Leipzig) y Juan Carlos Ortiz Pradillo (Universidad Complutense de Madrid). A todos ellos les agradezco profundamente haber aceptado su designación y haber formulado comentarios tan acertados sobre el contenido de la tesis.

Gracias también a los dos grandes artífices de la tesis que dio lugar a esta obra: mis directores Victoria García del Blanco e Íñigo Ortiz de Urbina Gimeno. Todo lo bueno que diga de ellos es poco. A Victoria le debo el haber despertado en mí el interés por el Derecho penal. La conocí cuando estudiaba en el Doble Grado en Criminología y Derecho en la Universidad Rey Juan Carlos de Madrid y fue la directora de mis dos Trabajos de Fin de Grado. Cuando le dije que quería hacer la tesis con ella, me propuso una codirección con Íñigo. A él le conocí en el Máster de Derecho penal económico y, sencillamente, quedé fascinado: no sólo por todo lo que sabía, sino por el rigor y pasión con la que lo trataba —quien ha podido escucharle sabe muy bien a qué me refiero—. Por vuestro trabajo, pero, sobre todo, vuestra confianza en mí y vuestra paciencia (que ha sido mucha), gracias. Jamás podría haber imaginado una dirección mejor.

El profesor Luís Greco es también responsable de buena parte de este trabajo. Entre agosto y diciembre de 2022 pude trabajar en la Cátedra de Derecho penal, Derecho procesal penal, Derecho penal extranjero y teoría del Derecho penal que dirige en la Universidad Humboldt de Berlín. Pese a que en esta monografía no se trata la cuestión relativa al Derecho penal y procesal penal alemán que sí constituyó objeto de la tesis doctoral, durante la estancia en su Cátedra pude acceder a los materiales que me permitieron asegurar muchas de las ideas que también se estudian en esta obra. Gracias a su generosidad al aceptarme en su Cátedra y al formular comentarios a los borradores de mi trabajo, este libro es lo que es hoy.

Gracias al personal del Centro Nacional de Documentación Judicial (CENDOJ), que ha respondido a mis peticiones de indexación de las sentencias que no estaban en su base de datos, permitiéndome con ello desarrollar de la mejor manera posible el estudio empírico plasmado en la segunda parte de este trabajo. Gracias, también, a la Escuela de Doctorado de la Universidad Complutense de Madrid, sin cuyo apoyo económico probablemente no habría podido financiar mi estancia en Berlín. Y gracias, asimismo, al Ministerio de Universidades por haberme concedido una ayuda a la Formación del Profesorado Universitario en la convocatoria de 2020 que me permitió dedicarme en exclusiva a la realización de la tesis doctoral de la que surge esta monografía.

En los años que ha durado esta investigación he hecho muchos amigos. La gran mayoría de ellos han pasado en algún momento por las universidades madrileñas: la Universidad Autónoma de Madrid, la Universidad Carlos III, la Universidad Rey Juan Carlos, la Universidad Nacional de Educación a Distancia y, naturalmente, la Universidad Complutense de Madrid. A todos vosotros, gracias por haber compartido sensaciones y vivencias conmigo —académicas, pero, sobre todo, humanas— en los diferentes congresos, seminarios y celebraciones sin causa concreta en los que he tenido la fortuna de conoceros.

Esta investigación no habría sido posible sin mis grandes apoyos. Uno de ellos fue la pequeña comunidad que construí en Berlín: Marco, Anna, Cecilia y Lorena. Otro, mis amigos 'Pirry', Miguel, Martín, Virginia y Clara. Y el otro, mi familia: mi padre Jesús, mi hermana Rocío, mi cuñado Jacobo y su hermano Julio. Todo cuanto diga es poco en comparación con todas las horas en que he estado ausente para vosotros. Gracias por haberme animado a seguir este camino, por haberlo recorrido conmigo y por perdonar mis faltas.

Este libro está dedicado a mi madre, a quien me habría gustado tener la ocasión de decirle que, al final, mereció la pena. Te echamos mucho de menos.

PRÓLOGO

Una de las obras más famosas y visitadas en el Museo del Prado es la titulada "Saturno devorando a su hijo". El protagonista de la escena, Saturno en la mitología romana, se corresponde con el titán Crono, en la griega, que fue el primer rey del cielo. Tras vencer a Urano, su padre, abolió la esclavitud del mundo favoreciendo así que los hombres pasaran de un estado salvaje a una vida civilizada. Su reinado se caracterizó por la ausencia de leyes o normas, porque todos hacían lo correcto, completamente ajenos al mal y felices. Evidentemente, la escena que nos muestra Goya dista mucho de esa edad dorada de Crono. El miedo a ser derrocado por sus hijos, como le profetizó su padre, le abocó a la paranoica y drástica solución de devorarlos en cuanto nacían. Sin peligro de destriparles el final de la historia, su hijo pequeño, Zeus, finalmente confirmó el augurio.

Esta cruda alegoría de la lucha contra el destino me provoca invariablemente una profunda inquietud a la vez que me atrapa y se me impone en cada visita al Prado. Allí, y con Saturno por testigo, me he replanteado una de mis batallas perdidas contra el tiempo: mi férrea puntualidad. Esa herencia paterna me ha resultado siempre complicada de manejar y, en más de una ocasión, me ha causado sufrimientos innecesarios. Trasladar el tema de las tripas a la cabeza suele facilitarme el camino y en este caso la elección, sencilla, al menos desde el punto de vista racional, entre el valor del tiempo de la espera y el posterior del encuentro, que en mi caso se oscurecía de forma proporcional. Desde entonces no olvido llevarme un libro a cualquier cita, a modo de calmante.

Y ahí me encontraba yo, leyendo, a la espera de Jesús Martín Muñoz cuando Saturno se me representó vívidamente… Habíamos quedado para ponernos al día y hablar de futuribles, nuestro primer encuentro desde la defensa de su tesis doctoral, que ha dado lugar a esta obra. Llegó cuarenta minutos tarde y yo tuve conciencia clara de mis grandes progresos en el abandono de la batalla contra la rigidez del tiempo. Y es que Jesús es una de esas personas a las que merece la pena esperar.

Hace ya bastantes años, en la primera carta de recomendación que le escribí (fue mi alumno en varias asignaturas del doble Grado de Derecho y Criminología y años después del Máster de Derecho Penal Económico que dirigía en la Universidad Rey Juan Carlos) le describía como "uno de los mejores alumnos que he tenido en toda mi carrera universitaria", destacaba "su inteligencia, su admirable disciplina, su capacidad de sacrificio, madurez y responsabilidad que le hacen sobresalir académicamente. Se agradece su iniciativa, su motivación, su sentido del humor y sus cualidades como compañero, que puso de manifiesto en diversos trabajos en grupo, donde se ha caracterizado siempre por su humildad, cooperación desinteresada y capacidad de reconocer el mérito ajeno. Sin más, considero que su *curriculum* avala contundentemente mis afirmaciones". Lejos estaba entonces de adivinar que años después iba a tener la suerte de participar en la dirección de su tesis doctoral. Suerte incrementada exponencialmente por compartir el viaje con mi admirado amigo Iñigo Ortiz de Urbina. He aprendido mucho.

Es lógico, por tanto, que me sienta feliz al prologar este análisis de los incentivos para la colaboración con las autoridades en los delitos económicos, donde, partiendo de un estudio dogmático de las circunstancias que suponen colaboración con las autoridades que se recogen, bien como genéricas, bien como específicas en delitos paradigmáticos de la criminalidad económica, el autor aterriza en un análisis empírico de su aplicación (o inaplicación) en la práctica jurisprudencial. Enriquece su análisis con el de otras circunstancias modificativas que habitualmente se aprecian en las resoluciones examinadas y que aportan nuevas perspectivas y sugerentes explicaciones a las anomalías. De la minuciosidad y detalle del análisis y la finura de sus conclusiones dan buena cuenta las páginas que siguen.

El "no dejes que la realidad te estropee una buena historia" no debería ser nunca un buen consejo para una investigación, pero es que, en el caso de esta obra, precisamente es en la realidad en lo que Jesús sustenta la trama. Indudablemente se trata de una *true history*. Es de agradecer. La incorporación al texto legal de determinados instrumentos no supone ninguna solución mágica como a veces se nos vende. Resulta fundamental que sean susceptibles de aplicación eficiente. Es esta aplicación (o inaplicación) la que hará surgir los problemas que quizás, en el mejor de los casos, no se detectaron en el proceso legislativo. De cualquier forma, la práctica constituye el juicio de idoneidad y su análisis esencial para poder avanzar con mínimas dosis de racionalidad en pos de los objetivos marcados. Qué extraña resulta entonces la excepcionalidad de los datos; como si después del diagnóstico y la prescripción del tratamiento, se dejara al enfermo al albur de una ciega convicción de infalibilidad.

Tristemente no se prevé, al menos a corto plazo, que vuelvan los buenos tiempos de Crono reinando un mundo feliz, sin necesidad de leyes, ni normas, así que deberemos procurar que aquellas de las que nos dotemos cumplan al menos una mínima vocación de utilidad. Y en ese rumbo, y a tiempo, se encamina el trabajo de Jesús Martín Muñoz.

Prof.ª Dr.ª **Victoria García del Blanco**
Universidad Rey Juan Carlos

PRÓLOGO

Ante la pregunta del millón: ¿cómo hacer investigación jurídica?, en un celebérrimo artículo publicado a finales del XIX el Juez Holmes hacía esta provocativa predicción: "El dogmático puede ser el hombre del presente para el estudio racional del derecho, pero el del futuro es el hombre de la estadística y el maestro de la economía"[1].

Al no especificar a qué tiempo futuro se refería, Holmes inmunizó su predicción frente a los hechos, demostrando tener más dotes de jurista que vocación de investigador empírico. Al menos en estos primeros 130 años, en cualquier caso, la predicción se ha mostrado incorrecta. Y, aunque Holmes no sólo predecía esta evolución, sino que también la consideraba deseable, su propuesta no fue asumida ni por sus principales herederos, los realistas jurídicos estadounidenses, que formularon decisivas críticas a la teorización existente y propugnaron la apertura a esas disciplinas (y otras), pero no pensaron que pudieran sustituir al análisis jurídico[2]. Y no lo hicieron por muy buenas razones, que resultan patentes en esta brillante monografía de Jesús Martín Muñoz que tengo el placer de prologar, una gran aportación al análisis dogmático basado en el conocimiento fáctico o, como recoge su título, "un análisis dogmático y empírico" de un polémico sector de nuestro Derecho penal: los incentivos para la colaboración con la justicia y la reparación del daño previstos en el Código penal español para ciertos delitos económicos y de corrupción.

Como ya ocurriera en el primer tercio del siglo XX y luego en su década de los setenta, en el discurso jurídico europeo de los últimos años se hace referencia de forma creciente a la oportunidad (¿necesidad?) del análisis empírico de los fenómenos jurídicos. Para evitar

---

1 Holmes, Oliver W.: "The Path of the Law", *Harvard Law Review* 10, 1897, pp. 457 y ss. (468-469).

2 Entre ellos, sólo "los científicos" (*The scientists*, autores como Herman Oliphant o Underhill Moore, de forma seguramente injusta la rama menos conocida y reconocida del realismo jurídico) concedieron a la investigación empírica un lugar de privilegio, que no exclusividad. V. la canónica exposición de Twining, William: *Karl Llewellyn and the Realist Movement*, 2ª ed., Cambridge University Press 2012, Parte I.

que esta nueva oleada corra el mismo destino que las previas[3], sin embargo, en esta ocasión se hará bien en subrayar que no se está ante un juego de suma cero entre el enfoque dogmático y el empírico, y menos aún ante una asunción acrítica de conceptos y herramientas de otras disciplinas[4]. Por el contrario, para que el análisis empírico pueda resultar fecundo en nuestro campo, ha de proceder sobre un sólido andamiaje conceptual jurídico, tanto en su inicio como en su desarrollo.

En su inicio, porque la indagación empírica ha de comenzar determinando su objeto, y la definición de los fenómenos jurídicos es imposible sin apoyo en teorías y conceptos jurídicos, una constatación que dista de ser novedosa: hace más de cien años desde que, en el primer paso de su intercambio con Ehrlich, Kelsen arguyera convincentemente la imposibilidad de un concepto sociológico de Derecho enteramente independiente de categorías jurídicas. El método de la sociología empírica (y tanto Kelsen como Ehrlich se referían solo a este tipo de sociología) sería de por sí incapaz de distinguir el Derecho de otros fenómenos normativos, como las normas sociales o religiosas: la pretensión de obtener un concepto sociológico de lo jurídico tendría las mismas perspectivas de éxito que las de "un concepto matemático de un proceso biológico o un concepto ético de la caída libre"[5]. Y tampoco en el desarrollo de la investigación

---

3 Una exposición resumida de su fracaso, en Rottleuthner, Hubert: "Recthswissenschaft als Sozialwissenschaft", en Hilgendorf/Joerden (eds.): *Handbuch Rechtsphilosophie*, Springer 2017, pp. 251-254. Como recoge este autor, el trabajo dogmático actual ocasionalmente usa algún conocimiento (o dato) empírico, pero sólo en muy contadas ocasiones métodos de este tipo.

4 A pesar de la ostensiblemente mayor integración del conocimiento empírico en el análisis jurídico, tampoco en los EE. UU. se ha conseguido un adecuado equilibrio, como recoge Dubber, Markus: "New Legal Science in the Dual Penal State", *Bergen Journal of Criminal Law and Criminal Justice* 14:1, 2025, p. 11: "El análisis jurídico ha tendido a caer en uno u otro bando: el análisis dogmático o el 'interdisciplinar' (o 'derecho' frente a 'derecho &'), cada uno de los cuales descarta al otro como irrelevantemente ajeno o pintorescamente miope, respectivamente".

5 Kelsen, Hans: "Eine Grundlegung der Rechtssoziologie", *Archiv für Sozialwissenschaft und Sozialpolitik*, 1915, pp. 839-876, especialmente 872-876 (la cita, en la p. 876). Un buen análisis de la polémica, con indicación de las publicaciones en las que se desarrolló, en Robles Morchón, Gregorio: *Epistemología y Derecho*. Pirámide, Madrid 1982, pp. 27-41.

empírica sobre fenómenos jurídicos se puede prescindir de la adecuada conceptualización, ni siquiera en las investigaciones cuantitativas, porque también en estas han de tomarse en distintos momentos decisiones que presuponen el conocimiento cualitativo o sustantivo de la materia[6]. De este modo, y aunque en la actualidad sea más usual pedir un "giro empírico" en el ámbito del Derecho, no huelga recordar, como ya se ha hecho, que sus partidarios han de acompañarlo de un "giro teórico"[7], so pena de caer en el fetichismo del método: los instrumentos de indagación deben responder al objeto, y no al revés.

En el libro que sigue Jesús Martín Muñoz esquiva los riesgos aludidos y muestra de la mejor forma, con el ejemplo, las virtudes de la investigación jurídica dogmática basada en el conocimiento de la realidad. En la primera parte se centra el objeto de estudio, partiendo de la génesis parlamentaria de los preceptos que prevén incentivos para la colaboración con la justicia y sometiéndolos a un riguroso análisis dogmático en el que, tras revisar la discusión doctrinal sobre la materia, el autor se posiciona sobre los requisitos de aplicación y las en ocasiones nada claras consecuencias de estas figuras. Esta parte del estudio muestra la existencia de una clara insatisfacción doctrinal con las figuras analizadas, que incluye numerosos asertos en apariencia empíricos, tanto descripciones ("no se aplican") como predicciones ("no se van a aplicar"), que sin embargo no se apoyan en estudios de tal tipo. El autor lo describe así: "si se esgrimen argumentos contra los incentivos que están basados en afirmaciones de hecho sobre su eficacia y tales afirmaciones no van acompañadas de ningún estudio que las apoye, aunque sea parcialmente, la crítica no resulta del todo convincente".

Esta manifiesta laguna en el discurso doctrinal anterior se colma en la más extensa segunda parte de la obra, que muestra los resulta-

---

6 Este es un tema central del que sería el último libro de uno de los más grandes criminólogos y metodólogos de la ciencia social de los últimos sesenta años, Howard Becker: *Evidence*, University of Chicago Press, 2017, *passim*, v. por ej. pp. 34, 37-40, 44-49, 53-55 y 173-187.

7 Towfigh, Emanuel: "Empirical arguments in public law doctrine: Should empirical legal studies make a 'doctrinal turn'?", *International Journal of Constitutional Law* 12, 2014, pp. 670-691. El autor se centra en la necesidad de estudiar cuestiones propiamente jurídicas, y no sólo aspectos fácticos circundantes, aunque estos sean más fácilmente analizables con los métodos empíricos al uso.

dos de un amplio estudio cualitativo y cuantitativo de cinco muestras de resoluciones del Tribunal Supremo, complementado con otro sobre sentencias de la Audiencia Nacional y de audiencias provinciales. Mediante este, se da respuesta a lo que el autor denomina "la gran pregunta: ¿sabemos qué está sucediendo en la práctica?" (parte II, apdo. 1.2.2.). Tras sus estudios, la respuesta a esta pregunta es: ahora sí.

Los resultados, como comprobará el lector, resultan algo desconcertantes, especialmente desde el punto de vista cuantitativo, y no sólo en lo relativo a su efectiva aplicación, sino también en lo que toca a su alegación por las defensas. Ante esta situación, y tras exponer con indebida modestia que los datos aportados no bastan para tener un diagnóstico definitivo (porque "todo lo que se ha llevado a cabo es un análisis de sentencias"), Jesús Martín Muñoz retoma el análisis cualitativo y la conceptualización dogmática para desarrollar ciertas hipótesis y mostrar cómo, aunque las figuras actuales no cumplen con su función de estímulo, no hay motivos para considerar fracasada la estrategia político-criminal de fomento de conductas a través de la renuncia total o parcial a la pena.

En definitiva, el libro que se prologa demuestra que el análisis jurídico riguroso goza de muy buena salud, y que, complementado con una mirada empírica, está en las mejores condiciones para contribuir a la mejora de la praxis, un objetivo tantas veces prometido en el verbo como ninguneado en los hechos. No en esta ocasión, y a mí no puede extrañarme: en los años que han pasado desde que mi amiga Victoria García del Blanco me hiciera el regalo de codirigir la tesis de la que surge esta monografía he podido conocer a Jesús Martín Muñoz y verificar que, a sus grandes cualidades humanas, añade unas excepcionales dotes de investigación y reflexión sobre los fenómenos jurídicos. Espero que los años que vienen me permitan seguir viéndolas de cerca y continuar alegrándome de sus seguros logros.

Dr. h.c. (U. Mannheim) **Íñigo Ortiz de Urbina Gimeno**
Universidad Complutense de Madrid

INTRODUCCIÓN[1]

1. VALENCIA, SANTO DOMINGO… ¿DAMASCO?

Es el 26 de mayo de 2015. Un hombre ataviado con camiseta blanca, chaleco negro y anchos pantalones caqui se dirige hacia la entrada del Juzgado de Instrucción n.º 6 de Valencia. Allí le espera un nutrido grupo de personas, que le rodea tan pronto como hace su aparición en la Plaza del Turno de Oficio. En su mayoría, el grupo está compuesto por periodistas de diversos medios de comunicación, aunque también por varios curiosos, que sacan sus teléfonos móviles para capturar el momento en el que, sin desprenderse de sus gafas de sol, abre sus brazos, haciendo tintinear los abalorios metálicos de sus pulseras y saluda con un sonoro «¡buenos días!» a todos los presentes.

El hombre es Marcos Benavent. Por su *look* desenfadado —rematado con varios anillos en cada mano, dos voluminosos pendientes de aro, un gran tatuaje en el antebrazo izquierdo y una poblada barba blanca—, probablemente nadie diría que está a punto de declarar como investigado por su implicación en el caso Imelsa: una trama sobre la adjudicación de contratos fraudulentos a través de la empresa pública que le dio nombre —«Imelsa», de «Impulso Económico Local, S.A.»— y de la que, desde el año 2007, Benavent había sido su gestor.

La expectación está justificada: el hombre de barba, pulseras y tatuajes —en otro tiempo, afeitado y formalmente trajeado— lleva desaparecido desde diciembre de 2014, coincidiendo con los primeros pasos de la investigación judicial y la publicación en prensa de las

---

[1] Este trabajo se ha llevado a cabo en el marco del Proyecto de Investigación «Estrategias Transversales para la Prevención de la Delincuencia Económica y la Corrupción» (PID2021-123028OB-I00), cuyos investigadores principales son los profesores Íñigo Ortiz de Urbina Gimeno (Universidad Complutense de Madrid) y David-Isidro Carpio Briz (Universidad de Barcelona). Asimismo, el trabajo ha sido financiado a través de una ayuda de Formación al Profesorado Universitario (FPU) concedida por el Ministerio de Universidades para los años 2021 a 2025 (convocatoria 2020, referencia FPU20/02929).

primeras noticias relacionadas con el caso. Desde entonces y hasta su comparecencia en sede judicial ha estado recorriendo el mundo. Ecuador, Países Bajos y Japón han sido algunos de sus destinos. Ese peregrinaje no fue vano: tal y como él mismo reconoció ante la prensa, en los meses que duró su periplo experimentó una conversión, equiparable a la caída de caballo que sufrió Saulo de Tarso a la entrada de Damasco y que le acabaría transformando en San Pablo. Benavent pasó de querer ganar la mayor cantidad de dinero posible a poner en manos de la justicia todo cuanto sabía de la corrupción que, supuestamente, asediaba la Diputación Provincial de Valencia, corporación a la que Imelsa estaba adscrita. Lo que, empleando la terminología de moda en la época, se conocía como «tirar de la manta». Por eso, ahora se presenta ante el Juzgado de Instrucción aportando —o, como mínimo, afirmando aportar— centenares de documentos y decenas de horas de grabación que implicarían a numerosas personas con las que tuvo contacto en sus años de servicio público.

Los periodistas le rodean y apuntan a su rostro con sus cámaras y micrófonos. Benavent, el centro de todas las miradas, realiza una inclinación juntando las palmas de las manos (¡namasté!). Es tras la reverencia cuando profiere una de las frases que más recorrido tendrán en la crónica judicial española de los años siguientes —y no pocos programas de humor—: «yo era un yonqui del dinero»[2].

Marcos Benavent es uno de los ejemplos más famosos de investigados en un proceso penal por corrupción que deciden cooperar con las autoridades. Muchas veces escoger esta estrategia implica reconocer que se ha cometido un delito. A pesar de ello, esta forma de proceder no puede ser calificada de irracional. En el Código Penal español existen varios preceptos que «recompensan» con una pena menor —a veces, incluso, con la impunidad— a quienes, habiendo intervenido en un hecho delictivo, aportan información relevante

---

2 La información sobre Marcos Benavent que se ha expuesto aquí procede de noticias como la siguiente, publicada en el diario «Las Provincias» el 24 de enero de 2023: https://www.lasprovincias.es/politica/marcos-benavent-perfil-20230124135555-nt.html?ref=https%3A%2F%2Fwww.lasprovincias.es%2Fpolitica%2Fmarcos-benavent-perfil-20230124135555-nt.html [Consulta: 22/12/2024].

para la investigación o acceden a resarcir el daño causado al patrimonio público. Las atenuantes genéricas de confesión —art. 21.4ª CP— y de reparación del daño —art. 21.5ª CP— son figuras que pueden cumplir esta función. Junto a ellas, existen otras disposiciones que han sido específicamente diseñadas para estimular a los intervinientes en el hecho delictivo para el cumplimiento de esos fines. Me refiero, por ejemplo, a la eximente por autodenuncia para los delitos de cohecho del art. 426 CP, las atenuantes por colaboración para los delitos fiscales, contra la Seguridad Social y de fraude de subvenciones contenidas, de modo respectivo, en el segundo inciso de los arts. 305.6, 307.5 y 308.8 CP, o la atenuante para el delito de malversación, prevista en el art. 434 CP[3].

A diferencia de las atenuantes genéricas, las disposiciones que se acaban de enumerar sólo son aplicables a quienes sean responsables por la comisión de delitos muy concretos —en los casos citados, cohecho, delitos fiscales, contra la Seguridad Social, de fraude de subvenciones o malversación—. A menudo, esta limitación del ámbito de aplicación se intenta explicar con base en que los delitos para los cuales estos incentivos están previstos son muy difíciles de detectar, investigar y/o enjuiciar. Esto es lo que, en opinión del legislador, jus-

---

3 Con todo, seguir esta (aparente) línea de colaboración no le sirvió de mucho a Benavent: la AP de Valencia, en sentencia de 23 de enero de 2023, lo condenó como autor de tres delitos continuados en concurso medial: uno de prevaricación (art. 404 CP), otro de malversación en modalidad de apropiación (art. 432.1 CP) y otro de falsedad en documento oficial (arts. 390.1.1°, 2° y 4° CP). La redacción del Código Penal que se le aplicó fue la resultante de la reforma operada por la LO 5/2010, de 22 de junio (BOE n.° 152, de 23 de junio de 2010, pp. 54811-54883). La única atenuante que se aplicó a Benavent —al cual se llama Rubén en la sentencia— fue la de dilaciones indebidas, contenida actualmente en el art. 21.6ª CP. Es decir, que a Benavent no sólo no se le aplicó la atenuante del art. 434 CP para rebajar la pena correspondiente al delito de malversación (único de los incentivos que le podría haber sido aplicable por los delitos cometidos), sino que el tribunal de primera instancia ni siquiera le concedió una atenuante genérica de confesión por su supuesta cooperación con las autoridades. El hecho de que su defensa no solicitara la apreciación ni del art. 434 CP ni de la atenuante genérica de confesión permite dudar de que la estrategia consistente en colaborar se llevara hasta sus últimas consecuencias. Sobre cuanto se ha dicho en esta nota al pie, ver SAP Valencia (5ª) 23/2023, de 23 de enero [ECLI: ES:APV:2023:3 (*Tol 9405826*)], Antecedente de Hecho 2, p. 2 y FD 12, p. 95.

tifica el recurso a «premios» adicionales a los que podrían constituir las atenuantes genéricas, que sí son aplicables a los responsables de cualquier hecho delictivo.

Tradicionalmente, el recurso a incentivos adicionales a las atenuantes genéricas estaba reservado a las formas de delincuencia asociativa. Los primeros ejemplos de estos incentivos surgieron para perseguir con mayor eficacia delitos normalmente relacionados con la criminalidad organizada, como el narcotráfico o el terrorismo. Sin embargo, estas figuras no han permanecido (sólo) en esos ámbitos, sino que en los últimos años también han ido penetrando en los tipos delictivos que normalmente se llamarían «delitos económicos»[4]. Por ahora, el último —y elocuente— ejemplo de esta expansión se contiene en la LO 14/2022, de 14 de diciembre[5], que ha creado, en los arts. 262.3 y 288 bis CP, dos eximentes por colaboración con las autoridades: la primera, para los delitos de alteración de precios en subastas públicas (art. 262 CP) y la segunda, para los delitos de detracción del mercado de materias primas o productos de primera necesidad (art. 281 CP) y de manipulación operativa de mercado (art. 284 CP).

Cabe preguntarse por qué cada vez hay más de estos incentivos. En el apartado III del Preámbulo de la ley a la que se acaba de hacer mención hay, en mi opinión, buenos mimbres para construir una hipótesis. Tal y como expresa el legislador, «la política de clemencia supone un mecanismo *efectivo y esencial* en la lucha contra conductas anticompetitivas», que contribuye al «*enjuiciamiento eficiente y la imposición de sanciones* a las infracciones más graves del Derecho de la competencia» (cursivas añadidas). En otras palabras: para el legislador, a través de los incentivos para la colaboración no sólo se conseguirá detectar, investigar y enjuiciar más delitos («mecanismo eficaz»), sino que, además, se ahorrarán recursos públicos en el cumplimiento

---

4 Ponen de relieve esta «traslación» autores como ORTIZ PRADILLO, J. C.: Whistleblowing, *colaboración eficaz con la justicia y proceso penal*. La Ley: Madrid, 2024, pp. 256-257, y GARCÍA-MORENO, B.: *Del* whistleblower *al alertador. La regulación europea de los canales de denuncia*. Tirant lo Blanch: Valencia, 2020, p. 218.

5 LO 14/2022, de 22 de diciembre, de transposición de directivas europeas y otras disposiciones para la adaptación de la legislación penal al ordenamiento de la Unión Europea, y reforma de los delitos contra la integridad moral, desórdenes públicos y contrabando de armas de doble uso (BOE n.º 307, de 23 de diciembre de 2022).

de esas tareas («enjuiciamiento eficiente»). Llama la atención que la contundencia de esas afirmaciones no vaya acompañada de ninguna cifra relativa, por ejemplo, al volumen de delitos contra el mercado y los consumidores que, aunque sea de manera estimada, se cometen cada año en España; el coste medio que estos delitos suponen para los consumidores y otros competidores y el que su persecución supone cada año al erario, y el ahorro que se espera obtener con el fomento de la colaboración con las autoridades de los intervinientes en el hecho delictivo. Lo que pretendo poner de relieve es que los incentivos para la colaboración con las autoridades son figuras que pretenden legitimarse por los resultados que, a través de ellos, se consiguen. Sin embargo, en España apenas existen análisis que aclaren si estos objetivos se están consiguiendo o no.

Esto es algo que podría tener relación con el lugar «de donde salieron» estas figuras. Como se ha dicho antes, el hábitat natural de los incentivos para la colaboración con las autoridades era la delincuencia asociativa. Cuando uno piensa en las formas de criminalidad organizada que se han dado en España y que se han afrontado con el recurso a estrategias —llamémoslas así— «excepcionales», de inmediato le vendrá a la mente el terrorismo de ETA. Tomando en consideración cómo los atentados de la banda conmocionaron a la sociedad española, especialmente en los conocidos como «años de plomo», no es de extrañar que el debate sobre cómo debía actuar el Estado en una situación como esa haya estado, a menudo, impregnado de connotaciones morales y una fuerte emocionalidad. De ahí, quizá, que las reflexiones sobre los incentivos tendentes a fomentar la colaboración con las autoridades de integrantes de la banda armada hayan estado más enfocadas a cuestiones trascendentes —¿un Estado que «premia» a terroristas puede seguir considerándose de Derecho?— que al mayor o menor grado de consecución de contingentes objetivos político-criminales. Aun así, y como se verá en el trabajo, ha habido esfuerzos notables en la doctrina para intentar aclarar cuántos terroristas se beneficiaron de los incentivos para la colaboración con las autoridades y qué efectos pudo tener su cooperación.

Todo esto puede explicar, hasta cierto punto, la situación que afecta, en particular, a los incentivos previstos en el ámbito de los delitos económicos. Superado el terrorismo de ETA, el interés de la doctrina en el estudio crítico de la estrategia consistente en fomentar la cooperación con las autoridades parece haber decaído. Además, cuando se ha prestado atención a las eximentes y atenuantes en que dicha estrategia se ha materializado en los delitos económicos, muchas veces se han repetido los tópicos que, elaborados con ocasión de la reflexión en el ámbito del terrorismo, apelan, directamente, a su ilegitimidad. En suma: la cuestión relativa a si los incentivos para la colaboración con las autoridades en los delitos económicos están sirviendo para algo está, en mi opinión, pendiente de resolver. O, mejor dicho, de plantearse con suficiente detenimiento.

Que uno de los colaboradores más famosos en este sector delictivo sea un hombre conocido como «el yonqui del dinero» tampoco ayuda especialmente a la seriedad del debate. Máxime, si se compara la frivolidad de su «puesta de largo» como colaborador con las autoridades con la gravedad del testimonio del que podría ser su homólogo en los delitos de terrorismo: el exetarra Juan Manuel Soares Gamboa, antiguo miembro del tristemente célebre «comando Madrid», que, tras informar al Gobierno de España de su intención de abandonar la organización y cooperar, fue trasladado desde Santo Domingo a España el 21 de julio de 1995[6]. Dos años después de su traslado, tras haber prestado su ayuda en el esclarecimiento de algunos de los atentados más sangrientos de la banda —los perpetrados con sendos coches bomba en Madrid el 9 de septiembre de 1985 y el 25 de abril de 1986, en los que perdieron la vida seis personas—, el diario «El País» publicó una carta escrita por Soares Gamboa, titulada «Agur, ETA», en la que, además de condenar la lucha armada, lamentaba algunos de los crímenes más sobrecogedores de la organización, como el asesinato de Miguel Ángel Blanco o el secuestro de José Antonio Ortega Lara[7].

---

6 Sobre la cuestión, ver esta noticia del diario «El País», del mismo 21 de julio de 1995: https://elpais.com/diario/1995/07/21/espana/806277611_850215.html [Consulta: 22/12/2024].

7 El texto íntegro de la carta puede leerse en esta noticia, de 19 de julio de 1997: https://elpais.com/diario/1997/07/19/espana/869263206_850215.html [Consulta: 22/12/2024].

2. LA PRESENTE INVESTIGACIÓN

Las razones que se acaban de exponer justifican, en mi opinión, que se realice un estudio enfocado, en particular, en los incentivos para la colaboración con las autoridades en los delitos económicos. El objeto de la investigación está compuesto por las figuras contenidas en los siguientes preceptos del Código Penal español: los arts. 305.6 II, 307.5 II, 308.8 II —atenuantes por colaboración en los delitos fiscales, contra la Seguridad Social y de fraude de subvenciones, respectivamente—, 426 —eximente por autodenuncia en el delito de cohecho— y 434 CP —atenuante de reparación y colaboración con las autoridades para el delito de malversación—.

Puede reprocharse a quien esto escribe no haber analizado la situación de los incentivos que se han creado más recientemente; esto es, las aludidas eximentes de los arts. 262.3 y 288 bis CP. Sin embargo, creo que hay buenas razones para prestar más atención a las que se han mencionado como constitutivas del objeto de investigación. La más moderna de este último grupo —la atenuante para los delitos de malversación del art. 434 CP— se creó en 2015; es decir, hace (ahora) casi una década. Las atenuantes para los delitos fiscales, contra la Seguridad Social y de fraude de subvenciones son todavía más antiguas: la ley que las introdujo en el ordenamiento jurídico español entró en vigor en enero de 2013. La más veterana es la eximente del art. 426, que se creó con la aprobación del Código Penal de 1995. El margen que va desde la creación de estas figuras hasta la redacción de estas líneas es, por tanto, lo suficientemente amplio como para que los efectos que, se supone, estaban llamadas a conseguir, o bien se hayan producido ya, o bien se den por imposibles. Eso es algo que, probablemente, aún no pueda predicarse de las dos eximentes creadas por la LO 14/2022, de 22 de diciembre, que entró en vigor en enero de 2023. De ahí que, por ahora, no se hayan tomado en consideración (al menos, no más allá de indicar lo decepcionante que es que las afirmaciones fácticas que el legislador formuló como justificación para su previsión no vengan apoyadas en ningún estudio).

Hechas estas consideraciones, el trabajo está dividido en dos partes. En la primera se efectuará un análisis dogmático de las figuras que constituyen el objeto de estudio. Así, se comenzará tratando de esclarecer cuál es su fundamento tomando en consideración el momento en que fueron creadas, así como las opiniones de los parlamentarios y de los distintos actores que emitieron informes en la fase de tramitación legislativa de las leyes que les dieron carta de naturaleza. Seguidamente, se explicarán cuáles son sus requisitos de aplicación y a qué consecuencias jurídicas pueden dar lugar.

En la segunda parte se pondrán a prueba los argumentos que fundamentan una de las críticas que la doctrina española ha realizado a los incentivos constitutivos del objeto de la investigación: que son ineficaces para la consecución de sus objetivos político-criminales. Dada la escasez de estudios empíricos sobre esta cuestión, en esta segunda parte se exponen los resultados de un análisis cuantitativo y cualitativo de 178 SSTS, dictadas entre el 31 de diciembre de 2010 y el 1 de enero de 2023, procedentes de asuntos en los que se haya formulado acusación por alguno de los delitos incluidos en el ámbito de aplicación de los incentivos. En él, se ha prestado atención no sólo al número de ocasiones en las que estas disposiciones se han aplicado (o, sencillamente, invocado por las partes), sino que también se ha estudiado, por un lado, si, al margen de los incentivos, los jueces y tribunales españoles han hecho uso de otras figuras para «recompensar» la colaboración con las autoridades o el resarcimiento de los perjuicios causados al patrimonio público (me estoy refiriendo a las atenuantes genéricas de confesión y reparación del daño), y, por otro, si existen otras instituciones que pueden mermar el atractivo de la estrategia procesal consistente en cooperar (me estoy refiriendo a la atenuante de dilaciones indebidas).

Primera parte:
DELIMITACIÓN DEL OBJETO DE ESTUDIO

1. INTRODUCCIÓN

En esta sección del trabajo se analizarán los requisitos de aplicación de las figuras constitutivas del objeto de estudio, así como las consecuencias jurídicas que derivan (o pueden derivar) de ella. Como se comprobará, el tenor literal de los artículos escogidos es, en ocasiones, confuso, lo que puede condicionar su aplicabilidad. Para resolver los problemas interpretativos, se ha considerado conveniente estudiar su génesis parlamentaria, pues conocer cuál es la finalidad que el legislador atribuyó a estas figuras puede constituir una pauta interpretativa útil. Con todo, se comprobará cómo, aun contando con este criterio, subsisten muchos problemas de difícil resolución.

Los preceptos se estudiarán en orden cronológico y, en el análisis de cada uno de ellos, se acometerá, en primer lugar, la cuestión relativa a su génesis parlamentaria para, después, hablar de los requisitos de aplicación y sus consecuencias jurídicas. De este modo, en el capítulo se tratarán, en el orden que sigue, estos preceptos:

- El art. 426 CP (eximente para los delitos de cohecho),
- El segundo inciso de los arts. 305.6, 307.5 y 308.8 CP (atenuantes por colaboración para, respectivamente, los delitos fiscales, contra la Seguridad Social y de fraude de subvenciones), y
- El art. 434 CP (atenuante por colaboración y reparación del daño para el delito de malversación).

2. EL ART. 426 CP: LA EXIMENTE PARA LOS DELITOS DE COHECHO

2.1. Génesis parlamentaria y finalidad atribuida por el legislador

El art. 426 CP prevé una eximente de pena para los particulares que hayan intervenido en un delito de cohecho. Para su aplicación, es preciso que hayan accedido «ocasionalmente» a la solicitud de dádiva u otra retribución realizada por autoridad o funcionario público y que denunciaren «el hecho» a la «autoridad que tenga el deber de proceder a su averiguación antes de la apertura del procedimiento» y, en todo caso, antes de que hayan transcurrido dos meses «desde la fecha de los hechos». Más adelante se hablará en profundidad de las posibles interpretaciones de los términos entrecomillados. Por ahora, me limitaré a tratar la cuestión relativa al contexto en el que esta figura apareció, así como la finalidad que el legislador le habría asignado.

Dejando al margen el antecedente que representa el art. 473 del Código Penal de 1928, la eximente del art. 426 CP apareció con la aprobación del Código Penal de 1995[1]. El tenor literal que tenía entonces era muy parecido al que tiene en la actualidad. Los dos cambios más importantes son, por un lado, el que tiene que ver con su ubicación, pues antes esta figura ocupaba el art. 427 CP, y, por otro, el referente a su ámbito de aplicación temporal, pues para que entrara en acción era preciso que el particular que hubiera accedido a

---

1 El art. 473 del Código Penal de 1928 era una disposición un tanto peculiar. Con ella se extendió la responsabilidad penal del particular interviniente en el delito de cohecho a los siguientes dos escenarios: cuando éste había intentado corromper al funcionario público y, sin embargo, había fracasado, y cuando era el funcionario el que solicitaba la dádiva al particular y este último había accedido. En los Códigos de 1822, 1848 y 1870, en cambio, el particular sólo respondía penalmente cuando la iniciativa del soborno partía de él y, además, el intento resultaba exitoso. De las dos novedades que introdujo el art. 473 del Código Penal de 1928 interesa la que se ha mencionado en segundo lugar; esto es, la previsión de responsabilidad penal para el particular que accedía a la petición de soborno del funcionario público. El precepto en cuestión disponía que quien se encontrara en esa situación quedaba obligado a denunciar el hecho «al Jefe del funcionario de que se trate» o, en su caso «al Juez de instrucción o funcionario del Ministerio Fiscal más próximo». En caso de no hacerlo, respondería como encubridor del delito de cohecho cometido por el funcionario público. Da la impresión de que la conducta del particular era atípica desde el punto de vista del delito de cohecho y que lo que se castigaba era, sencillamente, la omisión de la denuncia. Es decir, que en ese precepto se establecía, más que un delito contra la Administración Pública, otro contra la Administración de Justicia. Sobre esta cuestión, ver García España, E.: *El premio a la colaboración con la justicia. Especial consideración a la corrupción administrativa*. Comares: Granada, 2006, pp. 107-108 (nota al pie 2), y Olaizola Nogales, I.: *El delito de cohecho*. Tirant lo Blanch: Valencia, 1999, pp. 428-431.

la solicitud de dádiva del funcionario denunciara los hechos, además de antes de la apertura del procedimiento, en el breve plazo de diez días desde que éstos se produjeron. En la actualidad, se mantiene la exigencia de que la denuncia se produzca antes de la apertura del procedimiento, pero el plazo de diez días ha sido sustituido por el de dos meses. Tanto el número de artículo de la eximente como la extensión de su límite preclusivo cambiaron con la reforma operada por la LO 5/2010, de 22 de junio, que fue la que le dio a la disposición ahora estudiada su redacción y ubicación actuales.

Es un lugar común entre la doctrina afirmar que el fundamento de esta eximente es el fomento de la denuncia del cohecho: un delito que resulta muy difícil de detectar y que, en consecuencia, tiene una cifra negra muy elevada[2]. Sin embargo, si se atiende a la tramitación parlamentaria de la norma que se acabaría convirtiendo en el Código Penal de 1995, la cuestión no resulta tan evidente. Desde luego, en la Exposición de Motivos del Proyecto de Ley, presentado al Congreso de los Diputados el 26 de septiembre de 1994, no se mencio-

---

2 Sin ánimo de exhaustividad, mantienen esta postura ORTIZ DE URBINA GIMENO, Í.: «Delitos contra la Administración Pública», en SILVA SÁNCHEZ, J. M.ª (dir.); RAGUÉS I VALLÈS, R. (coord.), *et al.*: *Lecciones de Derecho penal. Parte Especial.* Atelier: Barcelona, 10ª ed., 2025, p. 410; CAMARERO GONZÁLEZ, G., y CRESPO BARQUERO, P.: «Art. 426», en DEL MORAL GARCÍA, A. (dir.); ESCOBAR JIMÉNEZ, R. (coord.), *et al.*: *Código Penal. Comentarios y jurisprudencia. Tomo II. Arts. 234 a 616 quáter.* Comares: Granada, 2018, pp. 2575-2576; GARCÍA PÉREZ, J. J.: «Artículo 426», en SÁNCHEZ MELGAR, J. (coord.), *et al.*: *Código Penal. Comentarios y jurisprudencia. Tomo II.* Sepín: Madrid, 4ª ed., 2016, p. 2942; MORALES PRATS, F., y RODRÍGUEZ PUERTA, M.ª J.: «Artículo 426», en QUINTERO OLIVARES, G. (dir.), y MORALES PRATS, F. (coord.), *et al.*: *Comentarios al Código Penal Español. Tomo II (Artículos 234 a DF. 7ª).* Thomson Reuters Aranzadi: Cizur Menor, 7ª ed., 2016, pp. 1397-1398; MIR PUIG, C.: «Artículo 426», en CORCOY BIDASOLO, M. (dir.); MIR PUIG, S. (dir.); VERA SÁNCHEZ, J. S. (coord.), *et al.*: *Comentarios al Código Penal. Reformas LO 1/2015 y LO 2/2015.* Tirant lo Blanch: Valencia, 2015, p. 1437; MANJÓN-CABEZA OLMEDA, A.: *Las excusas absolutorias en Derecho Español. Doctrina y jurisprudencia.* Tirant lo Blanch: Valencia, 2014, p. 219; POZUELO PÉREZ, L.: *El desistimiento en la tentativa y la conducta postdelictiva.* Tirant lo Blanch: Valencia, 2003, p. 418; FARALDO CABANA, P.: *Las causas de levantamiento de la pena.* Tirant lo Blanch: Valencia, 2000, p. 234; OLAIZOLA NOGALES, I.: *El delito de cohecho…, op. cit.*, 1999, pp. 432-434; DÍAZ Y GARCÍA CONLLEDO, M.: «El delito de cohecho», en ASÚA BATARRITA, A. (ed.). *et al.*: *Delitos contra la Administración Pública.* Instituto Vasco de Administración Pública: Bilbao, 1997, pp. 168-169, y GARCÍA PÉREZ, O.: *La punibilidad en el Derecho penal.* Aranzadi: Pamplona, 1997, pp. 212-213.

naba nada al respecto[3]. Hasta donde alcanzo, la primera y única vez que se indicó algo parecido fue en la intervención que el entonces Ministro de Justicia e Interior, Santiago Belloch Julbe, hizo en el Pleno de la Cámara Baja el 22 de junio de 1995. De todos modos, el contenido de su declaración sólo se parece de manera muy remota al fundamento que, según se acaba de indicar, la doctrina atribuye a la eximente: el entonces titular de las aludidas carteras tan sólo señaló en su intervención que la figura proyectada perseguía «endurecer la lucha contra la corrupción»[4].

Es en la tramitación de la LO 5/2010, de 22 de junio —el único texto legal que, hasta ahora, ha modificado la eximente— donde se puede ver un reconocimiento explícito del legislador sobre la finalidad que perseguiría la figura que hoy en día se contiene en el art. 426 CP. En concreto, este reconocimiento se produjo con motivo de la ampliación del plazo para interponer la denuncia. El Proyecto de Ley no preveía nada sobre esa modificación[5]: la extensión del plazo

---

3 «Proyecto de Ley Orgánica del Código Penal (121/000063)», en BOCG (Congreso de los Diputados), Serie A, n.º 77-1, de 26 de septiembre de 1994, pp. 1-3. Disponible en: https://www.congreso.es/public_oficiales/L5/CONG/BOCG/A/A_077-01.PDF [Consulta: 22/12/2024]. En dicho Proyecto, la eximente se contenía en el art. 405 (ibid., p. 58).

4 «Sesión Plenaria n.º 55», en Diario de Sesiones del Congreso de los Diputados (Pleno y Diputación Permanente), n.º 157, de 22 de junio de 1995 p. 8287. Disponible en: https://www.congreso.es/public_oficiales/L5/CONG/DS/PL/PL_157.PDF [Consulta: 22/12/2024].

5 De hecho, el Proyecto de Ley sólo preveía, junto al cambio de número de artículo de la eximente, la modificación de los términos «dádiva o presente», a cuya solicitud debía haber accedido el particular para que la disposición ahora estudiada le fuera aplicable, por los más amplios de «dádiva u otra retribución». «Proyecto de Ley Orgánica por la que se modifica la Ley Orgánica 10/1995, de 23 de noviembre, del Código Penal (121/000052)», en BOCG (Congreso de los Diputados), Serie A, n.º 52-1, de 27 de noviembre de 2009, p. 34. Disponible en: https://www.congreso.es/public_oficiales/L9/CONG/BOCG/A/A_052-01.PDF#page=1 [Consulta: 26/03/2024]. El cambio de «dádiva o presente» por «dádiva u otra retribución» también se había propuesto en los Anteproyectos de 2006 y 2008, que nunca llegarían a ser aprobados. Sobre esta última cuestión, ver De la Mata Barranco, N. J.: «Corrupción en el sector público y corrupción en el sector privado: novedades del Anteproyecto de Reforma del Código Penal de 2008», en *Cuadernos penales José María Lidón*, n.º 6, 2009, p. 171. Disponible en: http://www.deusto-publicaciones.es/deusto/pdfs/lidon/lidon06.pdf [Consulta: 01/12/2023], y CGPJ: *Informe al Anteproyecto de Ley Orgánica por*

se suscitó en la fase de presentación de enmiendas en la tramitación que tuvo lugar en el Congreso de los Diputados. El Grupo Parlamentario Vasco propuso la supresión del límite temporal de diez días. Como justificación a esta enmienda, que llevó el número 134, se adujo lo difíciles de descubrir que son los delitos de cohecho y lo aconsejable que era, para disminuir su cifra negra, recurrir a técnicas que «favorezcan la "delación"». El problema de la figura existente hasta aquel momento era que el plazo de diez días resultaba demasiado breve como para que la eximente fuera efectiva. De ahí que se propusiera, directamente, la eliminación de cualquier límite temporal[6]. Esta no fue la única petición en ese sentido. El Grupo Parlamentario de Esquerra Republicana-IU-Iniciativa per Catalunya Verds propuso la misma modificación que el Grupo Parlamentario Vasco en la enmienda n.º 276. La coincidencia entre las dos enmiendas era total: no sólo se proponían los mismos cambios, sino que su justificación también era idéntica[7].

Por su parte, el Grupo Parlamentario Socialista sugirió, asimismo, modificar la eximente, aunque sus pretensiones eran más moderadas que las de los otros dos grupos. En concreto, en su enmienda, que llevó el número 467, se propuso que, en lugar de que el plazo estuviera limitado a diez días desde la fecha de los hechos, éste alcanzara los treinta. La motivación de esta última enmienda fue algo más escueta que la de las dos formaciones antes mencionadas: el Grupo Parlamentario Socialista se limitó a remitirse al informe que el Consejo General del Poder Judicial (CGPJ) había elaborado sobre el Anteproyecto de Ley Orgánica[8]. En ese informe se advertía, entre

---

la que se modifica la Ley Orgánica 10/1995, de 23 de noviembre, del Código Penal, 2006, p. 192. Disponible en https://www.poderjudicial.es/cgpj/es/Poder_Judicial/Consejo_General_del_Poder_Judicial/Actividad_del_CGPJ/Informes/Informe_al_anteproyecto_de_Ley_Organica_por_el_que__se_modifica_la_Ley_Organica_10_1995__de_23_de_noviembre__del_Codigo_Penal [Consulta: 22/12/2024].

6 «Enmiendas e índice de enmiendas al articulado. Proyecto de Ley Orgánica por la que se modifica la Ley Orgánica 10/1995, de 23 de noviembre, del Código Penal (121/000052)», en BOCG (Congreso de los Diputados), Serie A, n.º 52-9, de 18 de marzo de 2010, pp. 60-61. Disponible en: https://www.congreso.es/public_oficiales/L9/CONG/BOCG/A/A_052-09.PDF [Consulta: 22/12/2024].

7 Ibid., p. 123.

8 Ibid., p. 201.

otras cosas, de la inconveniencia de un plazo tan breve como el de los diez días, que impedía a la eximente cumplir con el objetivo político-criminal que tenía asignado: facilitar el descubrimiento de los delitos de cohecho, tan difíciles de detectar. Por ello, amén de otras modificaciones, el CGPJ proponía la ampliación del plazo en cuestión, aunque no indicó la nueva extensión que éste debía alcanzar[9].

El plazo de dos meses apareció mencionado, por primera vez, en el informe de la Ponencia de la Comisión de Justicia. Ésta propuso la aceptación de una transacción a las tres enmiendas de los Grupos Vasco, Esquerra Republicana-Izquierda Unida-Iniciativa per Catalunya Verds y Socialista[10]. El texto sugerido por la Ponencia como definitivo para el art. 426 CP tenía el mismo tenor literal que el que dicho precepto posee en la actualidad[11]. De hecho, la redacción que

---

9 CGPJ: *Informe al Anteproyecto de Ley Orgánica por la que se modifica la Ley Orgánica 10/1995, de 23 de noviembre, del Código Penal*, 2009, pp. 142-144. Disponible en: https://www.poderjudicial.es/cgpj/es/Poder-Judicial/Consejo-General-del-Poder-Judicial/Actividad-del-CGPJ/Informes/Informe-al-Anteproyecto-de-Ley-Organica-por-la-que-se-modifica-la-Ley-Organcia-10-1995–de-23-de-noviembre--del-Codigo-Penal [Consulta: 02/01/2025]. Hay que señalar que el informe era un poco más exigente que lo que se ha indicado en el texto. El CGPJ no sólo mencionaba la brevedad del plazo para la interposición de la denuncia como un factor que mermaba la eficacia de la figura ahora estudiada: también se criticaba que bastara con denunciar el delito para su aplicación. Por eso, además de la ampliación del plazo, se sugería que la disposición se modificara de modo tal que la exención quedara condicionada, además de a la presentación de la denuncia, a la aportación de pruebas que posibilitaran la persecución de los responsables del hecho delictivo. Es más: incluso se proponía la creación de una figura con la que se pudiera atenuar la pena en uno o dos grados para quienes, aunque no hubieran denunciado los hechos en el plazo que finalmente se estableciera, colaborasen activamente con las autoridades para la consecución de objetivos similares a los previstos en los arts. 376 (delitos contra la salud pública) y 579 bis.3 CP actualmente vigente (terrorismo). Hubo que esperar hasta la reforma de 2015 para que una atenuante de estas características se previera en un delito relacionado con la corrupción, como es la malversación de caudales públicos. Me estoy refiriendo a la figura que se contiene en el art. 434 CP. De ella se hablará más adelante.

10 «Informe de la ponencia. Proyecto de Ley Orgánica por la que se modifica la Ley Orgánica 10/1995, de 23 de noviembre, del Código Penal (121/000052)», en BOCG (Congreso de los Diputados), Serie A, n.º 52-10, de 21 de abril de 2010, p. 18. Disponible en: https://www.congreso.es/public_oficiales/L9/CONG/BOCG/A/A_052-10.PDF#page=1 [Consulta: 22/12/2024].

11 Ibid., p. 61,

se aprobó por el Congreso de los Diputados es exactamente la misma que la vigente hoy en día[12]. Esto no quiere decir que no hubiera más intentos de ampliar todavía más el ámbito de aplicación de la eximente. En el Senado, tanto el Grupo Parlamentario de Senadores Nacionalistas como el Grupo Entesa Catalana de Progrés propusieron las mismas enmiendas que las que formularon el Grupo Parlamentario Vasco y el Grupo Esquerra Republicana-IU-Iniciativa per Catalunya Verds en el Congreso; es decir, solicitaron la supresión de cualquier límite temporal. La justificación dada a estas enmiendas fue, de hecho, la misma que la que los grupos aludidos en último lugar expresaron en la Cámara Baja[13].

Ninguna de estas enmiendas prosperó, por lo que el art. 426 CP conservó la forma que le había dado la Ponencia de la Comisión de Justicia del Congreso de los Diputados. La norma fue aprobada como LO 5/2010, de 22 de junio, y fue publicada en el BOE al día siguiente, entrando en vigor a los seis meses desde su publicación, o sea, el 23 de diciembre de 2010. Desde entonces, la eximente para los delitos de cohecho no ha cambiado, ocupando la misma ubicación que le otorgó esta última ley.

2.2. *Requisitos de aplicación y consecuencias jurídicas*

2.2.1. Requisitos de aplicación

El art. 426 CP declara exento de pena por el delito de cohecho al particular que, habiendo accedido ocasionalmente a la solicitud de dádiva u otra retribución realizada por autoridad o funcionario público (a), denuncie el hecho ante autoridad que tenga el deber de

---

12 «Texto remitido por el Congreso de los Diputados. Proyecto de Ley Orgánica por la que se modifica la Ley Orgánica 10/1995, de 23 de noviembre, del Código Penal (621/000048)», en BOCG (Senado) Serie II, n.º 48(a), de 6 de mayo de 2010, p. 40. Disponible en: https://www.congreso.es/public_oficiales/L9/SEN/BOCG/II/II0048A.PDF [Consulta: 22/12/2024].

13 Se trata, respectivamente, de las enmiendas n.º 52 y 214. Ver «Enmiendas. Proyecto de Ley Orgánica por la que se modifica la Ley Orgánica 10/1995, de 23 de noviembre, del Código Penal», en BOCG (Senado), Serie II, n.º 48(c), de 27 de mayo de 2010, pp. 77 y 142. Disponible en: https://www.congreso.es/public_oficiales/L9/SEN/BOCG/II/II0048C.PDF [Consulta: 22/12/2024].

proceder a su averiguación (b) antes de la apertura del procedimiento (c), siempre que no hayan transcurrido más de dos meses desde la fecha de los hechos (d).

a) Particular que haya accedido ocasionalmente a la solicitud de dádiva u otra retribución

El ámbito subjetivo de aplicación del art. 426 CP es ciertamente restringido. Para empezar, sólo pueden beneficiarse de ella los particulares; es decir, las personas que no ostenten la condición de funcionario ni de autoridad. Y, para seguir, es preciso que los particulares hayan cometido una modalidad concreta de cohecho: la consistente en aceptar la solicitud de dádiva o retribución que les haya formulado el funcionario o autoridad de que se trate. Atendiendo a la legislación vigente, la figura sólo puede aplicarse, en principio, a las personas que hayan cometido un delito de los tipificados en los apartados 2 o 3 del art. 424 CP[14].

Se usa la expresión «en principio» porque el art. 426 CP añade un requisito más con respecto al tipo de delito que ha de haber cometido el particular para que pueda aspirar a obtener la exención de pena: éste debe haber accedido a la solicitud de manera «ocasional». El empleo de este término ha sido criticado por la doctrina, a mi juicio, con razón: si el legislador pretendía, con la creación de la eximente, fomentar que los particulares denunciasen, el uso de términos vagos como éste juega en contra de la seguridad de su aplicación. Ello bien podría mermar su atractivo[15].

Parece reinar el consenso en cuanto a que «ocasional» debe interpretarse en el sentido de «no habitual». La postura de OLAIZOLA NOGALES al respecto me parece muy ilustrativa. Esta autora indica las nocivas consecuencias que tendría admitir la posibilidad de dejar exento al particular que hubiera accedido de manera reiterada a las solicitudes del funcionario: aquél podría amenazar a éste con denun-

---

14 En este mismo sentido CAMARERO GONZÁLEZ, G., y CRESPO BARQUERO, P.: «Art. 426»..., *op. cit.*, 2018, p. 2577, y MANJÓN-CABEZA OLMEDA, A.: *Las excusas*..., *op. cit.*, 2014, p. 222.

15 CAMARERO GONZÁLEZ, G., y CRESPO BARQUERO, P.: «Art. 426»..., *op. cit.*, 2018, p. 2577.

ciarlo en el momento en que dejara de cumplir con su parte del trato sin miedo a ser condenado. La eximente, por lo tanto, podría convertirse en una herramienta útil para la extorsión del funcionario[16].

Aun aceptando esto, aclarar el número de veces a partir del cual se trata de una aceptación «habitual» y no «ocasional» sigue siendo algo difícil de resolver. La autora que se acaba de citar aduce dos razones para considerar que «ocasional» no puede equipararse a «una sola vez». Para empezar, la palabra «ocasional» no se emplea de ese modo en el lenguaje común: «si alguien a una pregunta sobre si realiza una actividad contestase: "Lo hago ocasionalmente", no creo que el interlocutor lo interpretase como una única vez, sino como "alguna vez", es decir como algo que el que responde ha hecho, pero no con frecuencia, no habitualmente»[17]. Y, para seguir, cabría esperar que, si el legislador hubiera querido que sólo se tratara de una vez, así lo habría indicado expresamente, como, de hecho, ha llevado a cabo en otros preceptos del Código Penal[18]. Por su parte, ciertos autores

---

16 Olaizola Nogales, I.: *El delito de cohecho…, op. cit.*, 1999, p. 442. Camarero González y Crespo Barquero, en cambio, consideran que los casos de reiteración en el trato son, indudablemente, más graves que los que corresponden a una formulación «ocasional» de solicitudes de soborno. Si la finalidad de la figura del art. 426 CP es, precisamente, la de facilitar el descubrimiento de los delitos de cohecho, no tendría mucho sentido impedir la aplicación de la figura para los casos más graves, que son los que habría que perseguir con mayor intensidad. En cualquier caso, en atención a cómo formulan su crítica, parece que este argumento es más una propuesta *de lege ferenda* que *de lege lata*. Camarero González, G., y Crespo Barquero, P.: «Art. 426»…, *op. cit.*, 2018, p. 2577.

17 Ibid., p. 443.

18 Ibid. También emplea este argumento Manjón-Cabeza Olmeda, A.: *Las excusas…, op. cit.*, 2014, p. 224. Eso es, por ejemplo, lo que sucede con el art. 579 bis.2 CP. Este precepto dispone, con carácter general, que a los condenados a pena grave privativa de libertad por uno o más delitos de terrorismo se les impondrá, imperativamente, la medida de libertad vigilada de cinco a diez años y, si se tratara de reos condenados a pena privativa de libertad menos grave por haber cometido alguno de esos delitos, la misma medida, pero de uno a cinco años. Inmediatamente después este régimen se exceptúa, pues se dispone que el tribunal podrá o no imponer la medida de libertad vigilada en atención a la menor peligrosidad del penado si éste hubiera cometido un único delito no grave y, además, *hubiera delinquido por primera vez*. Lo cierto es que, cuando lo ha estimado oportuno, el legislador ha sido muy específico sobre el número de veces que una conducta se debe o no realizar a la hora de aplicar una u otra institución. Así, el art. 463.1 CP prevé, en su segundo inciso, que se castigue con la

han considerado que podría recurrirse al art. 94 CP. En este precepto se contiene un concepto de «reo habitual». Éste se define como el infractor que hubiera cometido tres o más delitos comprendidos en un mismo capítulo del Código Penal en un plazo no superior a cinco años y, además, hubiera sido condenado por ello. Con base en esta interpretación, ciertos autores han señalado que «ocasional» equivale a «menos de tres veces»[19].

Lamentablemente, la jurisprudencia no ha resuelto esta cuestión; posiblemente, porque no ha tenido la oportunidad de hacerlo. Como se verá en su momento, la eximente del art. 426 CP no parece haberse aplicado casi nunca desde su creación en 1995[20]. De ahí que,

---

pena de multa al que, habiendo sido advertido, dejare voluntariamente de comparecer sin justa causa, *por segunda vez*, en un proceso penal sin reo en prisión. Finalmente, me parece oportuno mencionar el art. 80.2.1ª CP, que condiciona las posibilidades de suspender la ejecución de la pena privativa de libertad, entre otros requisitos, a que el condenado hubiera delinquido *por primera vez*. Puede objetarse aquí que, en ese mismo precepto, se exceptúan varios delitos a los efectos de computar cuándo se es un delincuente primerizo. Sin embargo, creo que esas especificaciones no son un argumento en contra de lo que aquí se está sosteniendo, sino a su favor: cuando el legislador quiere que sólo se lleven a cabo ciertas acciones una, dos o más veces, ha sido muy preciso. De ahí que coincida con las autoras citadas en esta nota en que «ocasionalmente» no debe interpretarse como «una única vez» a los efectos de la concesión de la eximente del art. 426 CP. Consideran, por el contrario, que si el particular ha accedido a la petición del funcionario más de una vez la eximente ya no es aplicable Morales Prats, F., y Rodríguez Puerta, M.ª J.: «Artículo 426»..., *op. cit.*, 7ª ed., 2016, p. 1396.

19 Olaizola Nogales, I.: *El delito de cohecho...*, *op. cit.*, 1999, p. 443. Esta autora, sin embargo, reconoce que no es un argumento demasiado convincente. Por su parte, Manjón-Cabeza Olmeda, A.: *Las excusas...*, *op. cit.*, 2014, p. 224, indica que, a la hora de considerar si, con tres veces que acepte, el particular ya queda fuera de lo ocasional, habría que tomar en consideración cuán grave es el delito de cohecho cometido por el funcionario. En mi opinión, acudir a la gravedad del delito no está justificado en este caso: no sólo no aparece en el precepto, sino que una cuestión relativa a la frecuencia del trato, como es dilucidar el alcance de lo que se entiende por «ocasional», nada tiene que ver con la gravedad de la infracción cometida.

20 Esto contrasta, hasta cierto punto, con las preocupaciones del GRECO, que, en el informe resultante de la tercera ronda de evaluación de las políticas españolas contra la corrupción, publicado en 2009, advirtió de que «casos muy serios de corrupción activa podrían quedar totalmente impunes por referencia a este artículo». Hay que señalar que, en ese mismo informe, el GRECO también re-

ante la carencia de supuestos prácticos disponibles, algunos autores hayan expresado su desazón a la hora de interpretar este requisito (y otros), sobre todo si se tiene en cuenta cuál es su finalidad[21].

b) Denuncia del hecho ante autoridad que tenga el deber de proceder a su averiguación

Para quedar exento de pena, el particular debe denunciar el hecho ante autoridad que tenga el deber de proceder a su averiguación. Lo primero que parece oportuno aclarar es qué se entiende por «denuncia». En la medida en que el art 426 CP no establece ningún requisito específico al respecto, los autores que han estudiado la eximente consideran que, por tal, ha de entenderse cualquier forma apta para la transmisión de la *notitia criminis.* A la denuncia del art. 426 CP le son, por tanto, aplicables las previsiones del art. 265.1 LECrim, que admite tanto las denuncias escritas como las orales[22]. Algo similar sucede con el requisito de que la denuncia se interponga ante «autoridad que tenga el deber de proceder a su averiguación». Aquí, resultaría aplicable el art. 264 LECrim, que designa como autoridades habilitadas para recibir una denuncia por delitos que deban perseguirse de oficio —entre los cuales está el cohecho— al Ministerio Fiscal, el juez o tribunal competente o la Policía.

La escasa praxis forense disponible sugiere que los órganos judiciales son, todavía, más flexibles a la hora de interpretar a qué se refiere el precepto cuando habla de denuncia y de autoridad que deba proceder a la averiguación del delito. Sobre esta cuestión hay un precedente judicial que puede ser de utilidad: la SAP Madrid (23ª) 30/2006, de 2 de marzo (ECLI: ES:APM:2006:3097). En ella, la eximente se aplica a varios particulares que accedieron al pago de diversas cantidades de dinero que les fueron requeridas por parte

---

marcó lo difícil de aplicar que era (y es) este precepto. GRECO: *Tercera Ronda de Evaluación: Informe de evaluación relativo a España (Tema 1)*, 2009, p. 34. Disponible en: https://rm.coe.int/CoERMPublicCommonSearchServices/DisplayDCTMContent?documentId=09000016806c9d6d [Consulta: 02/01/2025].

21 Camarero González, G., y Crespo Barquero, P.: «Art. 426»..., *op. cit.*, 2018, p. 2576.

22 Ibid., p. 2577; Manjón-Cabeza Olmeda, A.: *Las excusas...*, *op. cit.*, 2014, p. 225.

del Técnico de Industrias de la Junta Municipal de Usera. El motivo de la petición era que los particulares necesitaban ciertas licencias para ejercer sus actividades económicas, a saber, la gestión de un bar y de un gimnasio. El Técnico les indicó que, para poder obtener las licencias en tiempo y forma, necesitaban pagar 100.000 € para el bar y 350.000 € para el gimnasio.

De conformidad con los hechos probados de la sentencia, los particulares pusieron los hechos en conocimiento del jefe de la Oficina Municipal del Distrito de Usera[23]; un funcionario que, claramente, no está entre los incluidos en el art. 264 LECrim. Además, en la fundamentación jurídica se indica que de lo único que hay constancia documental en la causa es de dos comparecencias de dos de los particulares afectados que, atendiendo a la fecha en la que fueron recogidas por escrito, tuvieron lugar una vez pasado el plazo preclusivo para la interposición de la denuncia —que, en aquel entonces, aún era de diez días desde la fecha de los hechos—. Sin embargo, a la AP de Madrid eso le pareció suficiente para eximir de pena a los denunciantes con base en las siguientes consideraciones. Para empezar, que las comparecencias escritas fueran de una fecha posterior al límite preclusivo no sería garantía de que, con carácter previo a su redacción, los particulares no hubieran denunciado, de palabra, la situación. De hecho, en el acto del juicio, el jefe de la Oficina Municipal reconoció que, antes de las comparecencias, los particulares le hicieron llegar la información a través de comunicaciones personales con otros empleados del Ayuntamiento y de llamadas telefónicas[24]. Y, para seguir, si bien es cierto que el jefe de la Oficina Municipal de Distrito de Usera no es una autoridad de las mencionadas en el art. 264 LECrim —ni siquiera una autoridad a efectos jurídico-penales de conformidad con el art. 24 CP—, no lo es menos el hecho de que el Técnico que solicitó los pagos estaba bajo su mando. Los particulares, por tanto, confiaron en que aquél tuviera «algún tipo de poder» para indagar sobre los problemas que afectasen a éste, de ahí que no cupiera «exigir a los referidos acusados más diligencia a la hora de buscar una autoridad a la que dirigirse a contar lo sucedido»[25].

---

23 SAP Madrid (23ª) 30/2006, de 2 de marzo (ECLI: ES:APM:2006:3097), p. 3.

24 Ibid., FD 1, p. 5. También FD 3, p. 9.

25 FD 3, p. 9.

Queda una cuestión por aclarar sobre este requisito: a qué se refiere el art. 426 CP cuando exige al particular que denuncie «el hecho». Cabe preguntarse si, para quedar exento, el particular debe denunciar la conducta del funcionario, la suya propia o ambas[26]. La opinión mayoritaria parece ser la que considera que no basta con que el particular revele a las autoridades la comisión de su propio delito para quedar exento, sino que lo fundamental es que se incrimine al funcionario corrupto. Esta tesis se ha hecho descansar sobre el fundamento que, se supone, posee la eximente. Si lo que se pretende con ella es descubrir ciertos delitos típicos de la corrupción que resultan muy difíciles de detectar, es discutible que este objetivo se cumpla si el particular se limita a poner en conocimiento de las autoridades que se ha aceptado la oferta del funcionario[27]. Más allá de la claridad con la que esta consecuencia se deduzca del fundamento atribuido por la doctrina a la norma, lo cierto es que en la SAP Madrid (23ª) 30/2006, de 2 de marzo, se mantiene esta misma postura[28].

c) Antes de la apertura del procedimiento

El art. 426 CP somete la actuación del particular a un marco temporal con dos límites. El primero que se menciona es la «apertura del procedimiento». Una vez más, el legislador no ha especificado, en concreto, a qué se refiere con esto. La doctrina ha destacado dos cuestiones controvertidas de esta expresión: qué debe entenderse por «procedimiento» y si su apertura constituye un límite objetivo o subjetivo.

---

26 Esta pregunta sólo tiene sentido si el particular ha hecho entrega de la dádiva o retribución solicitada por el funcionario: de conformidad con lo preceptuado por el art. 424.2 CP, antes de ese momento, el particular no ha cometido ningún delito. Sobre ello se hablará más adelante, en la letra d).

27 En este sentido, CAMARERO GONZÁLEZ, G., y CRESPO BARQUERO, P.: «Art. 426»..., *op. cit.*, 2018, p. 2580; MANJÓN-CABEZA OLMEDA, A.: *Las excusas...*, *op. cit.*, 2014, pp. 224-225, y GARCÍA ESPAÑA, E.: *El premio...*, *op. cit.*, 2006, p. 127.

28 «(...) la anterior delación verbal (...) merece el premio que le asigna el legislador en el art. 427 CP, en tanto en cuanto la finalidad del mismo es coadyuvar a que no se den impunidades delictivas o a facilitar la persecución del cohecho *pasivo* y esto, sin duda, se consiguió a raíz de la primera comunicación, previa a la formalización escrita de la denuncia». SAP Madrid (23ª) 30/2006, de 2 de marzo (ECLI: ES:APM:2006:3097), FD 3, p. 9 (cursivas añadidas).

En cuanto a lo primero, hay dos posturas fundamentales. Una entiende que el término «procedimiento» implica, necesariamente, actividad judicial. Para los defensores de esta concepción, sólo puede hablarse de procedimiento una vez que se ha dictado el auto de incoación de las diligencias previas o del sumario[29]. La otra sostiene, en cambio, que las actuaciones previas a las de los jueces, como las diligencias de investigación de la Policía o el Ministerio Fiscal, también pueden ser consideradas «procedimiento» a estos efectos[30]. Mantener una u otra postura tiene importantes consecuencias: la primera concede al particular un margen de actuación más amplio —y, por tanto, más oportunidades para quedar exento— que la segunda.

De las dos posturas, creo que a la última le asisten mejores razones, aunque ello suponga limitar el alcance de la figura. Concretamente, se van a destacar dos. Una de ellas tiene que ver con cómo se interpreta el término «procedimiento» en otros preceptos del Código Penal. La otra, con cómo el legislador ha empleado, cuando lo ha considerado oportuno, otros términos más específicos que la simple referencia al «procedimiento».

Veamos la primera razón justificante de la interpretación propuesta. Ésta parte de la siguiente premisa: en el Código Penal hay otros preceptos en los que el legislador ha empleado el término «procedimiento» y la interpretación que ha prevalecido es la que incluye las actuaciones policiales o las diligencias del Ministerio Fiscal. Me estoy refiriendo, singularmente, a la atenuante de confesión, contenida, actualmente, en el art. 21.4ª CP. De hecho, la expresión empleada por el legislador en el art. 21.4ª CP es más específica que la que utilizó en el art. 426 CP, pues, mientras que en esta última sólo se habla de «procedimiento», en la primera se habla de «procedimiento *judicial*». Podría considerarse una incoherencia entender que, si las actuaciones llevadas a cabo antes del dictado del auto de incoación de las diligencias previas o del sumario forman parte de la expresión

---

29 En esta línea van, por ejemplo, Mir Puig, C.: «Artículo 426»..., *op. cit.*, 2016, p. 1426; García España, E.: *El premio...*, *op. cit.*, 2006, pp. 132-133.

30 En esta línea van, por ejemplo, Camarero González, G., y Crespo Barquero, P.: «Art. 426»..., *op. cit.*, 2018, p. 2578, y Manjón-Cabeza Olmeda, A.: *Las excusas...*, *op. cit.*, 2014, p. 228.

«procedimiento judicial», más restringida, no lo hagan del término «procedimiento», más amplio[31].

La segunda razón es parecida a una de las que se ha dado al defender que el término «ocasionalmente» puede referirse a una conducta que se realice más de una vez: cuando el legislador ha querido que por «procedimiento» se entienda, estrictamente, actividad judicial, así lo ha especificado. Es, por ejemplo, lo que sucede con las causas de interrupción de la prescripción del delito del art. 132.2 CP. El mencionado precepto establece, en línea de principio, que la prescripción del delito se interrumpe «cuando el *procedimiento* se dirija contra la persona indiciariamente responsable del delito» (cursivas añadidas). De inmediato, dos reglas delimitan el alcance de esta expresión. Según la primera, se entenderá que el procedimiento se dirige contra alguien desde el momento en que se dicte una resolución judicial motivada en la que se atribuya al supuesto responsable la participación en un hecho que pudiera ser constitutivo de delito. Esto puede acontecer, dice la regla, al incoarse la causa o con posterioridad. La segunda regla, por su parte, indica que la presentación de querella o la formulación de denuncia ante un órgano judicial en la que se atribuya a una persona su participación en un hecho aparentemente delictivo tendrá el efecto de suspender el cómputo de la prescripción por un máximo de seis meses a contar desde su presentación o formulación. Se añade la precisión de que, si, dentro de ese plazo, el órgano judicial dictare alguna de las resoluciones judiciales mencionadas en la primera regla, entonces la interrupción de la prescripción se entenderá retroactivamente producida desde la fecha de formulación de la denuncia o de presentación de la querella.

Como puede verse, en las dos reglas del art. 132.2 CP el legislador ha realizado un notable esfuerzo de precisión para aclarar cuándo se entiende que el «procedimiento» se dirige contra una persona. En concreto, ha determinado, por un lado, que eso sólo sucederá cuando se haya dictado una resolución judicial que reúna determina-

---

31 Esta observación también la han hecho CAMARERO GONZÁLEZ, G., y CRESPO BARQUERO, P.: «Art. 426»..., *op. cit.*, 2018, p. 2578, y MANJÓN-CABEZA OLMEDA, A.: *Las excusas*..., *op. cit.*, 2014, p. 228.

das características, y, por otro, ha descartado que ciertas actuaciones previas a la actividad judicial en sentido estricto —la formulación de denuncia o la presentación de querella— tengan, por sí solas, capacidad para interrumpir la prescripción. El legislador podría haber sido igual de preciso con el art. 426 CP, y, sin embargo, no lo fue. Máxime si se tiene en cuenta que estas dos reglas se introdujeron con ocasión de la reforma operada por la LO 5/2010, de 22 de junio, que es, como se ha visto más arriba, la que reformó la eximente ahora estudiada, dándole su ubicación y redacción actuales. De ahí que, en suma, me parezca más defendible la interpretación amplia del término «procedimiento».

Aun con lo que se acaba de decir, aclarar el alcance del requisito sigue siendo complicado. No queda claro, por ejemplo, cuáles son los hechos que deben constituir el objeto de ese «procedimiento»: si los que conciernen al particular o los cometidos por el funcionario o autoridad. Algunos autores han considerado que cualquiera de los dos podría valer a estos efectos[32], aunque lo cierto es que esta conclusión no se deduce con claridad de la letra de la ley. Por coherencia con la interpretación del término «hecho» en lo que se refiere al objeto de la denuncia que ha de interponer el particular, parece razonable sostener que la preclusión operará cuando el proceso se haya iniciado para investigar la conducta del funcionario. Esta solución también resulta ajustada a la finalidad que la doctrina y la (escasa) jurisprudencia atribuyen a la eximente, cual es sacar a la luz la conducta de funcionarios corruptos. De todos modos, habría sido deseable que el legislador hubiera sido algo más expresivo.

Hechas estas consideraciones, queda por tratar la segunda cuestión: si la apertura del procedimiento es un requisito objetivo o subjetivo. Esto es, si para entender que ha precluido el plazo para formular la denuncia a la que está vinculada la exención, basta con que aquél se inicie o si, por el contrario, es necesario que el particular tenga conocimiento de ese hecho. Hay ciertos autores que exigen que el particular sepa de la apertura del procedimiento para que el efecto de preclusión opere. Esto es así porque, en su opinión, la exención sólo

---

32 Es el caso de CAMARERO GONZÁLEZ, G., y CRESPO BARQUERO, P.: «Art. 426»..., *op. cit.*, 2018, pp. 2580-2581.

puede tener lugar cuando su comportamiento sea «voluntario»[33]. Lo cierto es que la letra del art. 426 CP no vincula la exención a ningún dato subjetivo. Siendo esto así, no parece razonable añadir la exigencia de que el particular «no conozca» de la apertura del procedimiento para que pueda ser beneficiario del art. 426 CP[34].

d) Siempre que no hayan transcurrido dos meses desde la fecha de los hechos

El segundo límite preclusivo del art. 426 CP es que no hayan transcurrido más de dos meses desde la fecha de «los hechos». Éste impide que pueda beneficiarse de la exención el particular que, aunque denuncie antes de la apertura del procedimiento, lo haga a partir de una determinada fecha. En el apartado 2.1. *supra* se dijo que, antes de la reforma operada por la LO 5/2010, de 22 de junio, este límite era de (sólo) diez días. En aquel momento se vio cómo los representantes de distintos grupos parlamentarios, así como el CGPJ, habían criticado la brevedad del plazo original. En opinión de estos actores, este límite temporal mermaba en gran medida la eficacia de la eximente como herramienta político-criminal dirigida a facilitar el descubrimiento de los delitos de cohecho[35].

Se ha entrecomillado la expresión «los hechos» porque, de nuevo, el legislador no ha sido demasiado explícito con respecto a cuáles de ellos se refiere: si a los cometidos por el funcionario o por el particular. La postura mayoritaria se inclina por considerar que el comportamiento relevante a estos efectos es el de este último. La razón que suele aducirse para ello es que, si el particular no hubiera

---

33 Esta postura es la sostenida por MORALES PRATS, F., y RODRÍGUEZ PUERTA, M.ª J.: «Artículo 426»..., *op. cit.*, 7ª ed., 2016, p. 1396.

34 En esta línea van MANJÓN-CABEZA OLMEDA, A.: *Las excusas...*, *op. cit.*, 2014, p. 228; GARCÍA ESPAÑA, E.: *El premio...*, *op. cit.*, 2006, pp. 130-131, y OLAIZOLA NOGALES, I.: *El delito de cohecho...*, *op. cit.*, 1999, pp. 441-442.

35 Ciertos autores también formularon reparos a la brevedad del plazo aduciendo que éste hacía superflua la exigencia de que la denuncia tuviera que formularse antes de la apertura del procedimiento: tomando en consideración que el delito de cohecho es, se supone, muy difícil de detectar, es razonable pensar que rara vez se iniciará una investigación antes de que transcurran diez días desde que se cometió. En este sentido, GARCÍA ESPAÑA, E.: *El premio...*, *op. cit.*, 2006, p. 132.

cometido un delito, no habría eximente que aplicar[36]. Coincido con esta postura, pero creo que es necesario hacer la siguiente precisión. Es cierto que el art. 426 CP sólo indica que el particular debe haber «accedido» a la solicitud de dádiva o retribución. Sin embargo, el art. 424.2 CP sólo considera punible la conducta del particular consistente en «entregar» los elementos antes citados. En mi opinión, por lo tanto, el plazo de dos meses debe computarse desde el momento en el cual el particular haya entregado de la dádiva, pues sólo a partir de entonces podrá decirse que éste ha cometido un delito de cohecho[37].

2.2.2. Consecuencias jurídicas

El tenor literal del art. 426 CP también es lacónico en cuanto a las consecuencias derivadas de su aplicación: éste se limita a decir que el particular que cumpla con sus requisitos «quedará exento de pena por el delito de cohecho». Pese a la brevedad de esta declaración, hay tres cosas que quedan bastante claras.

La primera es que, si en la causa se acredita que el particular observó las exigencias del art. 426 CP, el juez queda obligado a no imponerle ninguna pena («*quedará* exento»). No se trata, por tanto, de una consecuencia cuya apreciación quede al arbitrio del juez, incluso aunque los requisitos se hayan cumplido (es lo que sucedería si el precepto rezara, por ejemplo, «*podrá* quedar exento»). La segunda es que la exención de pena alcanza sólo a la que corresponda por la comisión del delito de cohecho (que, como se ha dicho en otras ocasiones, sólo podrá ser uno de los tipificados en los apartados 2 y 3 del art. 424 CP). Esto quiere decir que el particular no podrá beneficiarse de una exención por la pena que le pudiera corresponder por haber cometido otros delitos conexos con el de cohecho. Y la tercera es el tipo de consecuencia jurídica que se otorga al particular: una exención de pena. Esto posibilita que frente al particular se dicte un

---

36 En este sentido, por ejemplo, Camarero González, G., y Crespo Barquero, P.: «Art. 426»..., *op. cit.*, 2018, p. 2579; Faraldo Cabana, P.: *Las causas...*, *op. cit.*, 2000, p. 239, y Olaizola Nogales, I.: *El delito de cohecho...*, *op. cit.*, 1999, p. 438.

37 También van en esa línea Ortiz de Urbina Gimeno, Í.: «Delitos contra la Administración Pública»..., *op. cit.*, 10ª ed., 2025, p. 410, y Manjón-Cabeza Olmeda, A.: *Las excusas...*, *op. cit.*, 2014, p. 229.

auto de sobreseimiento libre al amparo del art. 637.3º LECrim y, en consecuencia, no tenga que esperar hasta el final del juicio para que el juez dicte una sentencia absolutoria[38].

Ahora bien, en relación con esto último que se acaba de decir, cabe preguntarse si, ante el hecho de que el particular quede exento de pena, es procedente o no acordar el decomiso de la dádiva entregada de conformidad con los arts. 127 y ss. CP[39]. La situación ha experimentado alguna variación con la reforma operada por la LO 1/2015, de 30 de marzo[40].

Antes de la mencionada reforma, el art. 431 CP indicaba que «las dádivas, presentes o regalos caerán en decomiso» siempre que se hubiera cometido un delito de tráfico de influencias o, en lo que interesa, de cohecho. En la única sentencia en la que, hasta donde alcanzo, hay un pronunciamiento sobre la cuestión —STS 842/2006, de 31 de julio (ECLI: ES:TS:2006:6187)—, se sostiene que el art. 431 CP obligaba al decomiso de la dádiva incluso aunque al particular no se le hubiera impuesto ninguna pena[41]. La LO 1/2015, de 30 de marzo, derogó ese precepto. Surge la duda de si, con la supresión del art. 431 CP, el decreto de esa consecuencia jurídica sigue siendo preceptivo. La cuestión no es baladí si se tiene en cuenta, una vez más, la finalidad que se le atribuye al art. 426 CP: si el particular no puede recuperar aquello que entregó al funcionario o la autoridad que le solicitó la dádiva o retribución, es dudoso que el art. 426 CP cumpla, adecuadamente, con su función de estímulo para la denuncia.

---

38 Esto es lo que, de hecho, había sucedido en el caso resuelto por la STS 842/2006, de 31 de julio (ECLI: ES:TS:2006:6187), FD 3, p. 28, dimanante de la STSJ Cataluña (1ª) 1/2005, de 3 de enero (ECLI: ES:TSJCAT:2005:10).

39 Recuérdese que, de conformidad con la interpretación que aquí se ha defendido, para que el art. 426 CP sea aplicable es necesario que el particular haya hecho entrega, efectivamente, de la dádiva o retribución solicitada por el funcionario público.

40 Ley Orgánica 1/2015, de 30 de marzo, por la que se modifica la Ley Orgánica 10/1995, de 23 de noviembre, del Código Penal (BOE n.º 77, de 31 de marzo de 2015, pp. 27061 a 27176).

41 STS 842/2006, de 31 de julio (ECLI: ES:TS:2006:6187), FD 3, p. 28. Como se ha dicho antes, en este procedimiento se dictó frente al particular un auto de sobreseimiento libre.

Con todo, coincido con los autores que entienden que lo procedente es acordar el decomiso de los bienes, incluso aunque ahora el art. 431 CP no se pronuncie expresamente en ese sentido[42]. El art. 127.1 CP señala que «[t]oda pena que se imponga por un delito doloso llevará consigo la pérdida de los efectos que de él provengan y de los bienes, medios o instrumentos con que se haya preparado o ejecutado, así como de las ganancias provenientes del delito, cualesquiera que sean las transformaciones que hubieren podido experimentar». Esta es una disposición que afecta al delito de cohecho, que sólo puede cometerse de manera dolosa. Puede concederse que el decomiso no deja de ser una consecuencia accesoria de la pena y que, no habiendo pena que se imponga al particular, no procedería acordar el decomiso por el delito de cohecho que ha cometido. Siendo eso cierto, no lo es menos que el funcionario que recibe la dádiva también ha cometido un delito de cohecho, del cual aquélla constituye una ganancia. Por lo tanto, parece que también procederá su decomiso *ex* art. 127.1 CP[43].

3. LOS ARTS. 305.6 II, 307.5 II Y 308.8 II CP: LAS ATENUANTES EN LOS DELITOS CONTRA LA HACIENDA PÚBLICA Y LA SEGURIDAD SOCIAL

3.1. Consideraciones previas

En este apartado van a comentarse tres figuras previstas para tres delitos distintos. Así, la atenuante contenida en el segundo inciso del art. 305.6 CP es aplicable a quienes hayan cometido un delito fiscal (arts. 305 y 305 bis CP); la prevista en el segundo inciso del art. 307.5 CP lo es a los que hayan perpetrado un delito contra la Seguridad

---

42 Debe precisarse que, en la actualidad, el art. 431 CP tiene contenido. Sin embargo, éste no tiene nada que ver con el alcance del decomiso de las dádivas en los delitos de cohecho. La redacción vigente del art. 431 CP procede de la LO 1/2019, de 20 de febrero (BOE n.º 45, de 21 de febrero de 2019).

43 En este sentido, reflexionando sobre si el art. 431 CP previo a la reforma de 2015 tenía o no un carácter superfluo por existir ya el art. 127.1 CP, Camarero González, G., y Crespo Barquero, P.: «Art. 426»..., *op. cit.*, 2018, pp. 2582-2584.

Social (arts. 307, 307 bis y 307 ter CP), y la del segundo inciso del art. 308.8 CP puede concederse a quienes sean responsables de un delito de fraude de subvenciones (art. 308 CP).

Pese a su aparente heterogeneidad, hay una serie de razones que, en mi opinión, aconsejan el tratamiento conjunto de estas atenuantes. Para empezar, su tenor literal es prácticamente idéntico, y ello tanto en lo que se refiere a su ámbito y requisitos de aplicación como en lo que tiene que ver con sus consecuencias jurídicas. Así, las tres habilitan a los jueces a imponer una rebaja de pena de uno o dos grados a los «partícipes» en los delitos fiscales, contra la Seguridad Social y de fraude de subvenciones que, siendo distintos del autor del delito o el obligado al pago, «colaboren activamente» para la «obtención de pruebas decisivas» para la «identificación o captura de otros responsables», el «completo esclarecimiento de los hechos delictivos» o la «averiguación del patrimonio» del obligado al pago o de otros responsables del delito. Y, para seguir, las tres surgieron de la misma reforma del Código Penal: la operada por la LO 7/2012, de 27 de diciembre[44]. Como se verá de inmediato, el legislador no distinguió entre las razones justificativas de la introducción de unas u otras atenuantes en el ordenamiento jurídico español, sino que esgrimió una serie de argumentos para apoyar la previsión de estas tres atenuantes en bloque (así como, en general, el resto de las modificaciones que esa ley incorporó al régimen de los delitos contra la Hacienda Pública y la Seguridad Social).

3.2. Génesis parlamentaria y finalidad atribuida por el legislador

3.2.1. El contexto histórico de la reforma operada por la LO 7/2012, de 27 de diciembre: la crisis económica

Ninguna de estas tres atenuantes ha sido objeto de especial atención por la doctrina. Eso sí, quienes se han pronunciado sobre su razón de ser coinciden: ésta es mejorar la capacidad de recaudación

---

44 Ley Orgánica 7/2012, de 27 de diciembre, por la que se modifica la Ley Orgánica 10/1995, de 23 de noviembre, del Código Penal en materia de transparencia y lucha contra el fraude fiscal y en la Seguridad Social (BOE n.º 312, de 28 de diciembre de 2012, pp. 88050-88063).

del Estado a través del fomento de la delación de los intervinientes en alguno de los delitos contenidos en su ámbito de aplicación[45]. La verdad es que el legislador proveyó a estos autores de buenas razones para llegar a esa conclusión. En el Preámbulo de la ley que dio carta de naturaleza a estas disposiciones, se indica que uno de los ejes de criterios que inspiraron la reforma era «la mejora de los instrumentos de control de los ingresos y del gasto público, que se revela como un elemento imprescindible del conjunto de medidas adoptadas *con motivo de la crisis económica*, especialmente severa en el ámbito europeo, y más en concreto en el caso español (...) (cursivas añadidas)». En efecto, la LO 7/2012, de 27 de diciembre, introdujo, además de las atenuantes que ahora interesan, varias modificaciones en el régimen de los delitos contra la Hacienda Pública y la Seguridad Social que iban en la línea de reforzar, con el recurso al Derecho penal, el control de los ingresos y gastos públicos[46].

---

45 En este sentido, Dopico Gómez-Aller, J.: «La superatenuación por "regularización tardía" y la compra de la impunidad. Motivos para una derogación», en Demetrio Crespo, E., y Sanz Díaz-Palacios, J. A.: *El delito fiscal. Aspectos penales y tributarios*. Atelier: Barcelona, 2019, p. 49; Ferré Olivé, J. C.: *Tratado de los delitos contra la Hacienda Pública y contra la Seguridad Social*. Tirant lo Blanch: Valencia, 2018, p. 556, y Muñagorri Laguía, A.: «Notas sobre fiscalidad, evasión de capitales y destrucción social», en De La Cuesta Arzamendi, J. L. (Dir.), y De La Mata Barranco, N. J. (Coord.): *Responsabilidad Penal de las Personas Jurídicas*. Cizur Menor: Thomson Reuters Aranzadi, 2013, pp. 350-351.

46 Puede verse un sumario con las principales novedades de la reforma en Sánchez Melgar, J.: «Artículo 305», en Sánchez Melgar, J. (coord.), *et al.*: *Código Penal...*, *op. cit.*, 4ª ed., 2016, p. 2149. Hay que señalar que las reformas legislativas con las que, supuestamente, se intentó disminuir el volumen de fraude al erario en el contexto de crisis económica no sólo se dieron en el ámbito del Derecho penal. De hecho, la medida que, probablemente, fue más célebre en este periodo no se contuvo en una norma jurídico-penal. Me refiero a la «Declaración Tributaria Especial», prevista en la DA 1ª del Real Decreto-Ley 12/2012, de 30 de marzo, por el que se introducen diversas medidas tributarias y administrativas dirigidas a la reducción del déficit público (BOE n.º 78, de 31 de marzo de 2012, pp. 26860-26875). Esta medida, popularmente conocida como «amnistía fiscal», habilitó a los contribuyentes que fueran «titulares de bienes o derechos» que no se correspondieran con lo declarado en los Impuestos sobre la Renta de las Personas Físicas, sobre Sociedades y sobre la Renta de no Residentes a regularizar su situación hasta el 30 de noviembre de 2012. Para ello se les exigía presentar un formulario en el que manifestaran acogerse a este programa —el conocido como «modelo 750»— e ingresar una cuantía resultante de aplicar al importe o valor de adquisición de los bienes o derechos en cuestión un tipo del

Una de estas modificaciones fue la elevación, hasta los seis años, del límite máximo de la pena de prisión para los subtipos agravados de delitos fiscales y delitos contra la Seguridad Social, que, tras la reforma, pasarían a estar contenidos, respectivamente, en los actuales arts. 305 bis y 307 bis CP. Con ello se consiguió un efecto supuestamente colateral: aumentar el plazo de prescripción de estos casos hasta los diez años y conceder, con ello, más margen a las autoridades para iniciar su persecución penal[47].

Al margen de lo que se acaba de decir, los delitos contra la Seguridad Social, en particular, experimentaron dos modificaciones importantes. Las dos se dirigieron a otorgar relevancia penal a supuestos que, hasta entonces, sólo podían perseguirse por vía administrativa[48]. El primero de estos cambios fue que el límite cuantitativo que el Código Penal vincula a la punibilidad de estos delitos pasó de estar fijado en 120.000 € a estarlo en 50.000 €. El importe de los 120.000 € se reservó para el subtipo agravado por razón de la cuantía, previsto, tras la reforma, en la letra a) del art. 307 bis.1 CP. Además, se añadió la previsión de que, para determinar estas cuantías, se estaría al importe defraudado durante cuatro años naturales. Antes de la reforma, los límites habían de rebasarse en un único año natural. El otro cambio consistió en la creación, en el art. 307 ter CP, del delito de fraude de prestaciones. Mediante la introducción de este tipo se

---

10%. A cambio, no se impondrían sanciones por las posibles irregularidades que se hubieran cometido por el hecho de no haber declarado esas rentas hasta ese momento. El 8 de junio de 2017, la DA 1ª en cuestión fue declarada inconstitucional por ser contraria al «deber de contribuir al sostenimiento de los gastos públicos» consagrado en el art. 31.1 CE. El TC, sin embargo, declaró no susceptibles de revisión «las situaciones jurídico-tributarias firmes producidas a su amparo por exigencia del principio constitucional de seguridad jurídica del art. 9.3 CE». Ver, en este sentido, STC 73/2017, de 8 de junio, FJ 6, p. 13 (BOE n.º 168, de 15 de julio de 2017, pp. 62270-62283).

47 Se utiliza el adverbio «supuestamente» porque en el apartado I del Preámbulo de la LO 7/2012, de 27 de diciembre, en el que se comenta la creación de los subtipos agravados, sólo se hace mención a la ampliación del plazo de prescripción. No se dice nada, en cambio, sobre si el hecho de aumentar la pena respondía a la búsqueda de una mayor disuasión. Parece, por tanto, que el incremento de la sanción únicamente pretendía evitar la prescripción de ciertos casos especialmente graves y/o difíciles de perseguir.

48 En este sentido se pronuncia el legislador en el apartado IV del Preámbulo de la LO 7/2012, de 27 de diciembre.

criminalizaron específicamente las conductas consistentes en obtener fraudulentamente (o ayudar a alguien a obtener de ese modo) prestaciones del sistema de Seguridad Social, como las de jubilación, incapacidad o desempleo. A diferencia de lo que sucede con la mayoría de los delitos contra la Hacienda Pública y la Seguridad Social, para la apreciación del art. 307 ter CP no es necesario rebasar una cuantía mínima. Hasta la reforma, estas conductas se subsumían en el delito de fraude de subvenciones del art. 308 CP[49]. La punición por este delito, en cambio, sí exigía la superación de un umbral considerablemente elevado: 120.000 €[50]. Por lo tanto, desde la entrada en vigor de la LO 7/2012, de 27 de diciembre, los fraudes de ayudas públicas de escasa cuantía pasaron a ser delito siempre que el objeto material fueran prestaciones del sistema de Seguridad Social[51].

Finalmente, es preciso mencionar las modificaciones que se introdujeron para agilizar la liquidación y cobro de los importes dejados de pagar o percibidos indebidamente en los procesos penales por delito fiscal, contra la Seguridad Social y de fraude de subvenciones. Estas previsiones se contienen hoy en día en los arts. 305.5, 307.4 y 308.4 CP. Estos preceptos establecen que, en caso de que exista un proceso penal seguido por cualquiera de los delitos a los que se acaba de hacer mención, la Administración podrá liquidar provisionalmente y cobrar la deuda que en su caso corresponda sin necesidad de

---

49 Esta era la solución que se había arbitrado en el Acuerdo del Pleno no jurisdiccional de la Sala Segunda del TS de 15 de febrero de 2002.

50 Tras la reforma operada por la LO 1/2019, de 20 de febrero, el tipo básico de fraude de subvenciones requiere la superación de 100.000 €, no 120.000 €. Esa reforma introdujo, además, un tipo atenuado para el que basta con la defraudación de 10.000 €. Sobre la cuestión, Rodríguez-Ramos Ladaria, G.: «La nueva configuración del fraude de subvenciones», en *Diario La Ley*, n.º 4326, 2019, pp. 4-5.

51 Sobre este delito y su relación con el de fraude de subvenciones, Morales Prats, F.: «Artículo 307 ter», en Quintero Olivares, G. (dir.), y Morales Prats, F. (coord.), *et al.*: *Comentarios…*, *op. cit.*, 7ª ed., 2016, pp. 653-654, y Sánchez Melgar, J.: «Artículo 307 ter», en Sánchez Melgar, J. (coord.), *et al.*: *Código Penal…*, *op. cit.*, 4ª ed., 2016, pp. 2219-2225. Muy crítico con la nueva regulación, Terradillos Basoco, J. M.: «Nuevo tipo de fraude a la Seguridad Social (Art. 307 ter)», en Álvarez García, F. J. (Dir.) y Dopico Gómez-Aller, J. (Coord.): *Estudio crítico sobre el anteproyecto de reforma penal de 2012*. Valencia: Tirant lo Blanch, 2013, pp. 855-858.

esperar a la finalización de la causa judicial. En otras palabras: desde la reforma de 2012, los procedimientos administrativos tendentes al cobro de las deudas tributarias o de Seguridad Social o al reintegro de las subvenciones no se suspenden por el hecho de que haya un proceso penal que verse sobre el impago de esas deudas o la percepción o desviación de esas ayudas a fines que les son ajenos tramitándose de forma simultánea[52].

En definitiva, a través de la reforma operada por la LO 7/2012, de 27 de diciembre, el legislador arbitró una batería de medidas que pretendían facilitar la persecución de los delitos contra la Hacienda Pública y contra la Seguridad Social, así como el cobro de las deudas dejadas de pagar por los obligados a ello o la recuperación de las cuantías indebidamente recibidas por sus beneficiarios en un contexto de adversidad económica. No parece descabellado entender, con los autores que así se han pronunciado, que esa es también la finalidad de las atenuantes que ahora se están estudiando[53].

---

52 Sobre la cuestión, en detalle, FERRÉ OLIVÉ, J. C.: *Tratado…*, *op. cit.*, 2018, pp. 154-161. En fase prelegislativa, este régimen fue criticado tanto por el CGPJ como por el Consejo Fiscal. Ver CGPJ: *Informe al Anteproyecto de Ley Orgánica por la que se modifica la Ley Orgánica 10/1995, de 23 de noviembre, del Código Penal*, 2012, pp. 28-38. Disponible en: https://www.poderjudicial.es/cgpj/es/Poder-Judicial/Consejo-General-del-Poder-Judicial/Actividad-del-CGPJ/Informes/Informe-al-Anteproyecto-de-Ley-Organica-por-la-que-se-modifica-la-Ley-Organica-10-1995--de-23-de-noviembre--del-Codigo-Penal- [Consulta: 23/12/2024], y FISCALÍA GENERAL DEL ESTADO: *Informe del Consejo Fiscal sobre el Anteproyecto de Ley Orgánica por la que se modifica La Ley Orgánica 10/1995, de 23 de Noviembre, del Código Penal (en materia de delitos contra la Hacienda Pública, contra la Seguridad Social, contra los derechos de los trabajadores, falsificación de certificados y malversación)*, 2012, pp. 13-15. Disponible en: https://perso.unifr.ch/derechopenal/assets/files/legislacion/l_20121008_04.pdf [Consulta: 23/12/2024].

53 Un dato adicional abona esta tesis. En su primer informe (el único hasta la fecha), publicado en octubre de 2006, el Observatorio del Delito Fiscal de la AEAT ya propuso medidas similares a las que se han comentado en este apartado para mejorar la eficacia recaudadora de la Agencia Tributaria en los procesos penales por delito fiscal. Así, algunas de las iniciativas sugeridas por este organismo fueron el incremento del plazo de prescripción de los delitos fiscales, la posibilidad de liquidar y cobrar por vía administrativa la deuda tributaria sin necesidad de esperar a que el proceso penal finalizase y la creación de incentivos para la regularización o la reparación del daño, por ejemplo, mediante la admisión de la exención por regularización siempre que ésta se practicase dentro de un «plazo de gracia» una vez que el proceso de comprobación de la deuda

3.2.2. La tramitación parlamentaria: la desmembración en dos atenuantes diferentes

Las atenuantes que integran el objeto de estudio de la presente investigación son las que se contienen en el *segundo inciso* de los arts. 305.6, 307.5 y 308.8 CP. Se trata de disposiciones que van dirigidas a los *partícipes* (en realidad, *intervinientes*) de los delitos fiscales, contra la Seguridad Social y de fraude de subvenciones. Como tendrá ocasión de verse, a éstos se les exige el desempeño de conductas de «colaboración activa» para la obtención de «pruebas decisivas» que redunden en la consecución de alguno de los siguientes objetivos: «la identificación o captura de otros responsables», «el completo esclarecimiento de los hechos delictivos», o «la averiguación del patrimonio» del obligado al pago o de otros responsables del delito. Por otra parte, el *primer inciso* de los preceptos que se acaban de mencionar consagra otra atenuante distinta, dirigida, precisamente, a los *autores* (más bien, *obligados*) de estos delitos. La conducta que se exige a éstos es que procedan al reconocimiento judicial de los hechos y al pago de las responsabilidades que hubieran contraído con el erario en el plazo de dos meses desde que hubieran sido citados a declarar como investigados en el proceso penal.

Por tanto, los actuales arts. 305.6, 307.5 y 308.8 CP contienen dos atenuantes distintas: una dirigida, aparentemente, a los autores (pri-

---

ya se hubiese iniciado, o, en su caso, mediante la creación de una atenuante de pena que amparase casos como ése. Observatorio del Delito Fiscal: *Primer informe del Observatorio Administrativo previsto en el Convenio de 30 de junio de 2005 entre la Agencia Estatal de Administración Tributaria y la Secretaría de Estado de Justicia en materia de prevención y lucha contra el fraude fiscal*, 2006, pp. 108-110. Disponible en: https://sede.agenciatributaria.gob.es/static_files/Sede/Agencia_Tributaria/Planificacion/Plan_prevencion_del_fraude_fiscal/observatorio_es_es.pdf [Consulta: 23/12/2024]. Hubo que esperar seis años a que el legislador «recogiera el guante» y creara una atenuante para el caso de que los autores de delitos fiscales o los obligados tributarios reconocieran los hechos en sede judicial y pagaran la deuda en el plazo de dos meses desde que hubieran sido citados para declarar como investigados en el proceso penal. Se trata de la figura contenida actualmente en el primer inciso del art. 305.6 CP. Debe precisarse, eso sí, que el legislador fue un poco más lejos de lo que el Observatorio sugirió, pues creó una atenuante similar también para los delitos contra la Seguridad Social (primer inciso del art. 307.5 CP) y de fraude de subvenciones (primer inciso del art. 308.8 CP). De todas ellas se hablará a continuación en el texto.

mer inciso) y otra dirigida, aparentemente, a los partícipes (segundo inciso). A unos se les exigen unas conductas y a otros otras, pero la consecuencia jurídica es la misma en uno y otro caso: rebaja de pena de uno o dos grados. Una distinción similar no tiene parangón en ningún otro precepto del Código Penal. Esto, que de por sí resulta llamativo, se convierte en algo aún más pintoresco cuando se observa que en el Anteproyecto de lo que acabaría siendo la LO 7/2012, de 27 de diciembre, había un único régimen. Éste se contenía en los proyectados arts. 305.6, 307.5 y 308.7 CP, cuyo tenor literal, idéntico en los tres preceptos, era el que sigue: «[l]os jueces y tribunales podrán imponer al responsable de este delito la pena inferior en uno o dos grados, siempre que, antes de que transcurran dos meses desde la citación judicial como imputado, haya satisfecho todo el perjuicio económico causado o haya colaborado activamente con las autoridades o sus agentes para obtener pruebas decisivas para la identificación o captura de otros responsables o para el completo esclarecimiento de los hechos delictivos». Es decir, que, para poder acceder a la atenuación, bastaba con ser *responsable* de alguno de los delitos incluidos dentro de su ámbito de aplicación y, o bien satisfacer el perjuicio económico causado, o bien colaborar con las autoridades en la investigación. Cualquiera de las dos conductas debía realizarse, además, en el plazo de dos meses desde la citación judicial para comparecer como investigado en la causa.

Había una diferencia más entre el texto del Anteproyecto y el que terminaría aprobándose como LO 7/2012, de 27 de diciembre. En los arts. 305 bis y 307 bis del Anteproyecto, que preveían los subtipos agravados de delitos fiscales y contra la Seguridad Social, se incluía una limitación del ámbito de aplicación de la atenuante cuyo tenor literal se acaba de transcribir. De conformidad con ella, cuando el *responsable* del delito lo fuera por alguno de esos subtipos cualificados, sólo podría beneficiarse de las atenuantes de los arts. 305.6 y 307.5 en caso de que su conducta fuera subsumible en la letra a) de los proyectados arts. 305 bis o 307 bis CP. Es decir, que, en caso de haber cometido un subtipo agravado, la atenuación sólo sería apreciable si el mayor grado de reproche correspondía al hecho de que la defraudación hubiera excedido la cuantía de 600.000 € en el delito fiscal o la de 120.000 € en el delito contra la Seguridad Social. En cambio, la atenuante no sería apreciable si el mayor grado de reproche correspondía por haberse cometido el delito en el seno de una organización o grupo criminal —letra b)— o haber empleado para su comisión personas o entes sin personalidad jurídica interpuestos, o negocios o instrumentos fiduciarios o territorios que oculten o dificulten la determinación de la identidad del obligado o el autor del delito —letra c)—.

Es necesario hacer una precisión en este punto. Tanto el tenor literal de la atenuante que se ha transcrito como el contenido de la limitación que se acaba de comentar se han extraído del texto de los informes que el Consejo Fiscal y el CGPJ elaboraron sobre el Anteproyecto de Ley Orgánica, respectivamente, los días 7 y 28 de junio de 2012[54]. El Anteproyecto, como tal, no se encuentra disponible al público (o, al menos, no he sido capaz de encontrarlo). Tras una comunicación por correo electrónico con personal del Ministerio de Justicia, el 31 de enero de 2022 se me remitió el texto de un documento con el mismo título que el que tuvo el Anteproyecto estudiado en los dos informes[55]. Este documento está fechado a 25 de julio de 2012; es decir, que su elaboración es posterior a los dos informes que se acaban de mencionar. En él, los tres preceptos estudiados ya diferencian entre el régimen correspondiente a «autores» y «partícipes» y no aparece la limitación de su ámbito de aplicación a los supuestos de mayor cuantía en caso de que se hubiera cometido un subtipo agravado. El texto de este documento es idéntico, en lo que tiene que ver con las atenuantes, al que integró el Proyecto de Ley Orgánica que se presentó al Congreso de los Diputados[56].

De ello se deduce que, tras los informes del Consejo Fiscal y del CGPJ, el Gobierno decidió modificar los artículos que ahora intere-

---

54 Ver, en este sentido, CGPJ: *Informe…*, *op. cit.*, 2012, pp. 10, 40, 47, 59 y 67, y Fiscalía General del Estado: *Informe…*, *op. cit.*, 2012, pp. 15, 16, 25, 26 y 35.

55 Agradezco al Ministerio de Justicia su consideración al responder a mi consulta y remitirme la documentación aludida en el texto.

56 «Proyecto de Ley Orgánica por la que se modifica la Ley Orgánica 10/1995, de 23 de noviembre, del Código Penal, en materia de transparencia, acceso a la información pública y buen gobierno y lucha contra el fraude fiscal y en la Seguridad Social (121/000017)», en BOCG (Congreso de los Diputados), Serie A, n.º 17-1, de 7 de septiembre de 2012, pp. 7-11. Disponible en: https://www.congreso.es/public_oficiales/L10/CONG/BOCG/A/BOCG-10-A-17-1.PDF#page=1 [Consulta: 23/12/2024].

san para, por un lado, distinguir entre unos y otros intervinientes en los hechos delictivos y, por otro, no limitar las posibilidades de aplicación de estas atenuantes cuando sus potenciales beneficiarios hubieran cometido un subtipo agravado. Ahora bien, si uno se atiene a lo que se dice en los informes, el porqué de estas decisiones es un misterio: el Consejo Fiscal valoró positivamente la atenuante[57] y el CGPJ tan sólo propuso cambiar la forma verbal «podrán», que, en su opinión, indicaba que la estimación de la atenuante era facultativa para los jueces incluso aunque sus potenciales beneficiarios hubieran cumplido sus requisitos, por el de «impondrán» para que los infractores que observaran su supuesto de hecho pudieran estar seguros de que, al menos, se les concedería una rebaja de pena de un grado[58]. No sólo es que, con sus modificaciones, el Gobierno hiciera algo que no le sugirió ninguno de los órganos que informaron el Anteproyecto: es que *no hizo lo que sí le pidieron*, pues el texto del Proyecto de Ley Orgánica —al igual que la redacción definitiva de la LO 7/2012, de 27 de diciembre— siguió utilizando el término «podrán».

A lo largo de la tramitación parlamentaria hubo algunos intentos de modificar la redacción que las atenuantes tenían en el Proyecto. Ninguno de ellos prosperó.

El primero de esos intentos se produjo en el Congreso de los Diputados. En dicha cámara, el Grupo Parlamentario Socialista propuso una enmienda, la n.º 41, con la que pretendía llevar las atenuantes aplicables a los delitos fiscales, contra la Seguridad Social y de fraude de subvenciones a un nuevo art. 310 ter. En este precepto se seguiría diferenciando entre autores y partícipes, aunque la consecuencia jurídica sería la misma para unos y otros: rebaja de pena en uno o dos grados (con igual empleo del término «podrán»). Así, a los autores se les exigiría la realización de dos conductas con carácter *cumulativo*: pagar sus deudas o reintegrar la subvención, *y, además*, colaborar activamente para obtener pruebas decisivas para la consecución, *alterna-*

---

57 Al respecto, el Consejo Fiscal mencionó que atenuaciones como las contempladas ya habían sido legalmente incorporadas «con éxito» en otros ámbitos de criminalidad. A qué ámbitos y en qué consistía ese éxito es algo que tampoco consta en el informe. Fiscalía General del Estado: *Informe…*, *op. cit.*, 2012, p. 15.

58 CGPJ: *Informe…*, *op. cit.*, 2012, pp. 38-39.

tivamente, de cualquiera de los objetivos establecidos en el precepto. Tales objetivos eran dos: por un lado, la identificación o captura de otros responsables y, por otro, impedir la actividad o el desarrollo de organizaciones o grupos criminales dedicados a la defraudación tributaria y/o a la Seguridad Social. A los partícipes también se les exigiría la realización de dos conductas de forma *cumulativa*, aunque éstas eran algo menos exigentes. Así, para obtener la atenuación (o, al menos, aspirar a ello), les bastaría con reconocer judicialmente los hechos *y, además*, colaborar activamente para obtener pruebas decisivas tendentes a la consecución, de nuevo *alternativa*, de cualquiera de los objetivos que también se preveían en el caso de los autores[59]. Es decir, que, de conformidad con la enmienda propuesta, a los autores se les exigía «pagar y colaborar», mientras que a los partícipes les bastaba con «reconocer los hechos y colaborar».

La justificación dada a esta enmienda no ofrecía mucha información sobre por qué era procedente diferenciar entre las conductas

---

59 El tenor literal de la enmienda en cuestión era el siguiente: «En los casos previstos en los artículos 305, 307, 308 y [*sic*] los jueces o tribunales, razonándolo en la sentencia, podrán imponerla [*sic*] pena inferior en uno o dos grados a la señalada por la Ley para el delito de que se trate, siempre que el sujeto haya regularizado su situación tributaria o satisfecho la deuda con la Seguridad Social o realizado el reintegro de las cantidades percibidas y haya colaborado activamente para obtener pruebas decisivas para el completo esclarecimiento de los hechos o bien para la identificación o captura de otros responsables, o para impedir la actividad o el desarrollo de organizaciones o grupos criminales dedicados a la defraudación tributaria y/o a la Seguridad Social. Lo anterior será igualmente aplicable a otros partícipes en el delito, distintos del recogido en el apartado anterior, que habiendo reconocido judicialmente los hechos hayan colaborado activamente para obtener pruebas decisivas para el completo esclarecimiento de los hechos o bien para la identificación o captura de otros responsables o para impedir la actividad o el desarrollo de organizaciones o grupos criminales dedicados a la defraudación tributaria o a la Seguridad Social o para la averiguación del patrimonio del obligado tributario o del obligado frente a la Seguridad Social». Ver «Enmiendas e índice de enmiendas al articulado. Proyecto de Ley Orgánica por la que se modifica la Ley Orgánica 10/1995, de 23 de noviembre, del Código Penal, en materia de transparencia, acceso a la información pública y buen gobierno y lucha contra el fraude fiscal y en la Seguridad Social (121/000017)», en BOCG (Congreso de los Diputados), Serie A, n.º 17-2, de 5 de noviembre de 2012, pp. 29-30. Disponible en: https://www.congreso.es/public_oficiales/L10/CONG/BOCG/A/BOCG-10-A-17-2.PDF#page=1 [Consulta: 23/12/2024].

exigidas a unos y otros intervinientes en el hecho delictivo. En efecto, el grupo proponente tan sólo indicó al respecto que le parecía «razonable» que la rebaja de pena quedara condicionada a «la realización de actividades más importantes que el mero pago de las cuantías defraudadas o el reconocimiento de los hechos»[60]. Algo sorprendente si se tiene en cuenta que el tenor literal del Proyecto de Ley Orgánica no establecía exactamente eso: a los autores se les requería tanto el pago de las responsabilidades como el reconocimiento judicial de los hechos que hubieran cometido, mientras que a los partícipes se les exigía, precisamente, colaborar, pero no reconocer los hechos de los que fueran responsables. Esta enmienda no fue defendida ni en la Comisión de Justicia ni en el Pleno del Congreso de los Diputados por el grupo que la formuló, de modo que las razones justificativas de la división permanecen ocultas[61].

El no nato art. 310 ter tuvo una breve reviviscencia en la Cámara Alta. Ello porque tanto el Grupo Parlamentario Socialista como el Grupo Entesa pel Progrés de Catalunya formularon sendas enmiendas (n.º 36 y n.º 68) en las que propusieron, exactamente, lo mismo que se había sugerido en la enmienda n.º 41 del Congreso de los Diputados. La justificación dada a las dos enmiendas fue, de hecho, idéntica a la que tuvo esta última[62]. Sin embargo, ninguna de ellas fue objeto de atención en ninguno de los trámites parlamentarios

---

60 Ibid., p. 30.

61 El Grupo Parlamentario Popular formuló una crítica a esa enmienda en el debate mantenido en el seno de la Comisión de Justicia. Su contenido no es aprovechable para la investigación, pues le achaca a la atenuante propuesta ser algo que no es. En efecto, la respuesta va en la línea de considerar que el art. 310 ter pretendía sustituir a las eximentes de regularización y de reintegro. Esto, sin embargo, jamás estuvo sobre la mesa. «Sesión núm. 13», en DS (Congreso de los Diputados), Comisión de Justicia, n.º 207, de 7 de noviembre de 2012, pp. 19-20. Disponible en: https://www.congreso.es/public_oficiales/L10/CONG/DS/CO/DSCD-10-CO-207.PDF#page=2 [Consulta: 23/12/2024].

62 «Enmiendas. Proyecto de Ley Orgánica por la que se modifica la Ley Orgánica 10/1995, de 23 de noviembre, del Código Penal en materia de transparencia y lucha contra el fraude fiscal y en la Seguridad Social (621/000018)», en BOCG (Senado). n.º 132, de 10 de diciembre de 2012, pp. 31 y 47-48. Disponible en: https://www.congreso.es/public_oficiales/L10/SEN/BOCG/2012/BOCG_D_10_132_977.PDF [Consulta: 23/12/2024].

restantes hasta la aprobación de la ley, por lo que fueron rechazadas sin más.

El 20 de diciembre de 2012, el Proyecto fue aprobado como Ley Orgánica[63], siendo publicada en el BOE el 28 de diciembre de 2012 y entrando en vigor el 17 de enero de 2013. En esta versión de la norma, las atenuantes tenían su configuración actual, aunque con una pequeña variación: la atenuante del delito de fraude de subvenciones se contenía en el art. 308.7 CP. Con la entrada en vigor de la LO 1/2019, de 20 de febrero, fue desplazada al art. 308.8 CP, donde ha permanecido, sin cambios, hasta ahora.

3.3. Requisitos de aplicación y consecuencias jurídicas

3.3.1. Requisitos de aplicación

Las tres atenuantes estudiadas en este apartado son aplicables a los «partícipes», distintos del autor o del obligado al pago, que hayan cometido un delito fiscal, contra la Seguridad Social o de fraude de subvenciones (a). Para ello, deben colaborar activamente para obtener pruebas decisivas (b) dirigidas al cumplimiento de alguno de los siguientes objetivos: la identificación o captura de otros responsables, el completo esclarecimiento de los hechos delictivos o la averiguación del patrimonio del obligado al pago o el autor del delito (c).

a) «Partícipe» en un delito fiscal, contra la Seguridad Social o de fraude de subvenciones

Las tres atenuantes estudiadas son aplicables a los *partícipes* en el delito que sean *distintos del autor o del obligado tributario, frente a la Seguridad Social o de fraude de subvenciones.* Desde mi punto de vista, estos sujetos son los cooperadores necesarios, los inductores y los cómplices[64]. Cabe preguntarse el porqué de esta particular

---

63 «Sesión plenaria núm. 80», en DS (Congreso de los Diputados), Pleno y Diputación Permanente, n.º 84, de 20 de diciembre de 2012, p. 94. Disponible en: https://www.congreso.es/public_oficiales/L10/CONG/DS/PL/DSCD-10-PL-84.PDF#page=18 [Consulta: 23/12/2024].

64 En el mismo sentido, Dopico Gómez-Aller, J.: «La superatenuación..., *op. cit.*, 2019, pp. 48-49 (nota al pie 17), Alonso Gallo, J.: «El delito fiscal tras la Ley

configuración del círculo de potenciales beneficiarios. Como ya se ha visto, la tramitación parlamentaria de la ley que creó estas atenuantes no ofrece mucha información al respecto. En mi opinión, si se tiene en cuenta la finalidad que, según parece, tienen estas atenuantes —fomentar la recaudación a través de la delación de otros intervinientes en el hecho delictivo—, es posible aventurar alguna conclusión.

Para explicar esto, es necesario prestar atención, en primer lugar, a la atenuante del primer inciso. Ésta se dirige tanto a los «autores» como a los «obligados» al pago de las deudas o al reintegro de las cuantías indebidamente obtenidas o desviadas. En principio, unos y otros deberían coincidir. Sin embargo, hay casos en los que ello no tiene por qué ser así. Piénsese en la cláusula de extensión

---

Orgánica 7/2012», en *Actualidad jurídica Uría Menéndez*, n.º 34, 2013, pp. 36-37. Disponible en: https://www.uria.com/documentos/publicaciones/3801/documento/art01.pdf?id=4603 [Consulta: 23/12/2024]. Hay que tener en cuenta que el art. 28 CP dispone que los cooperadores necesarios y los inductores «también serán considerados autores». Si se maneja un concepto amplio de autor, la atenuante analizada sería aplicable, únicamente, a los cómplices. Creo que hay algunas razones que apoyan que los cooperadores necesarios y los inductores también puedan beneficiarse de esta atenuante. Como se verá de inmediato en el texto, el primer inciso de los arts. 305.6, 307.5 y 308.8 CP contiene una atenuante dirigida a los «autores» y a los «obligados» al pago. Si se manejara el concepto amplio antes indicado, la consecuencia sería que tanto los cooperadores necesarios como los inductores sólo podrían acogerse, en su caso, a la atenuante del primer inciso, no a la del segundo. La atenuante del primer inciso exige, además del reconocimiento de los hechos en sede judicial, el pago de la deuda. Normalmente, los cooperadores necesarios y los inductores no reunirán la condición de obligados tributarios, frente a la Seguridad Social o beneficiarios de la subvención, sino que esa cualidad quedará reservada al autor en sentido estricto (dejando al margen los casos de extensión de responsabilidad *ex* art. 31 CP). Puede ocurrir, por tanto, que el monto de la deuda a pagar o la cuantía a devolver se haya determinado en función del patrimonio o el actuar precedente del obligado frente a la Administración o el beneficiario de la subvención. Si la finalidad que el legislador perseguía con estas figuras era la de incrementar la capacidad de recaudación del Estado, es discutible que quienes estén en mejor posición para cumplir con este objetivo sean los cooperadores necesarios o los inductores, cuyo patrimonio, quizá, no alcance a cubrir el importe al que asciende el perjuicio causado al erario. De ahí que me parezca defendible prescindir del concepto amplio de autor y permitir que de la atenuante del segundo inciso también se puedan beneficiar, además de los cómplices, los cooperadores necesarios y los inductores.

de responsabilidad del art. 31 CP. Esta figura hace posible que sea autor del delito fiscal o contra la Seguridad Social alguien distinto a los obligados frente al erario o del delito de fraude de subvenciones alguien distinto al perceptor de la ayuda, pues permite la responsabilidad penal de los administradores de hecho o de Derecho de una persona jurídica o de los representantes legales o voluntarios de una persona física.

Creo que la existencia de esta cláusula de extensión de la responsabilidad penal dota de (cierto) sentido a la distinción entre el «autor» del delito y el «obligado» al pago de la deuda o al reintegro de la subvención. Si se recuerda, las conductas que los primeros incisos de los arts. 305.6, 307.5 y 308.8 CP exigen a estos sujetos para aspirar a la atenuación son el reconocimiento de los hechos *y el pago* de las cantidades que constituyen el objeto material del delito. Esto es algo que, por definición, sólo puede exigirse al «obligado» a ello. Ese obligado normalmente será el autor, pero, como puede ocurrir que no lo sea, el precepto distingue entre autor y obligado.

Teniendo esto en cuenta, puede entrarse en la interpretación del elenco de potenciales beneficiarios de la atenuante de los segundos incisos. Ésta va dirigida a los partícipes en el delito que sean distintos del autor del delito o del obligado. A dichos intervinientes se les exige llevar a cabo una conducta de colaboración activa para obtener pruebas decisivas que posibiliten la consecución de determinados objetivos. Lo que *no* se les exige en ningún caso es el pago de las cantidades defraudadas. Da la sensación de que, al establecer el círculo de potenciales beneficiarios de las atenuantes del segundo inciso, el legislador estaba pensando, ante todo, en sujetos *no obligados*. Al no ser obligados, no cabe exigirles el pago de las responsabilidades pecuniarias. No obstante, sí se les puede exigir que colaboren para satisfacer más ágilmente esas responsabilidades, por ejemplo, aportando pruebas decisivas para identificar al obligado, para esclarecer el alcance de su responsabilidad o para localizar su patrimonio.

A mi juicio, la bipartición en dos atenuantes tiene algo más de claridad si se la observa a la luz de la interpretación que se acaba de proponer. Ahora bien, aun dándola por válida, la distinción que se lleva a cabo entre «autor» y «obligado» en la atenuante del primer inciso sigue siendo un punto conflictivo. De conformidad con la interpretación propuesta, parece que esta atenuante va dirigida, ante todo, a los obligados, con independencia de que sean o no autores del delito. A unos y otros les exige el legislador, principalmente, que paguen. Si el autor del delito es el obligado, no hay problemas interpretativos. La situación de los autores no obligados es, en cambio, distinta. Es discutible que el legislador desee fomentar que estos sujetos sean los que paguen. Por ejemplo, en el delito fiscal, la deuda tributaria puede haberse determinado de conformidad con el nivel de renta o de patrimonio del obligado frente a la Hacienda Pública. Si alguien está en mejor disposición de satisfacer las responsabilidades pecuniarias derivadas del impago de la deuda, ése será el obligado tributario, no su representante legal o voluntario o su administrador de hecho o de Derecho.

Parece que estas situaciones hallarían un mejor encaje en el segundo inciso. Es decir, que los autores no obligados probablemente estén en mejor posición para colaborar activamente en la obtención de pruebas decisivas que para abonar las responsabilidades pecuniarias constitutivas del objeto material del delito. Sin embargo, el segundo inciso dispone que los partícipes han de ser no sólo distintos del obligado, sino también del autor del delito (o sea, los cooperadores necesarios, los inductores y los cómplices). Por lo tanto, parece que los autores no obligados no pueden acogerse a esta última atenuante. Creo que estos problemas interpretativos podrían haberse resuelto si el legislador hubiera destinado la atenuante del primer inciso, exclusivamente, a los obligados tributarios o frente a la Seguridad Social y a los perceptores de la subvención y la del segundo inciso a los sujetos que, teniendo responsabilidad en los hechos delictivos, no reúnan ninguna de esas dos condiciones, sin necesidad de especificar si intervienen como autores o como partícipes en la comisión del delito.

Lo que no ofrece mayor discusión es que, para poder ser beneficiarios de la atenuante del segundo inciso, los partícipes han de haber cometido un delito fiscal, contra la Seguridad Social o de fraude de subvenciones. Esto no sólo incluye a los tipos básicos de los arts. 305, 307 y 308 CP, sino también a los tipos agravados de los arts. 305 bis y 307 bis y el delito de fraude de prestaciones del art. 307 ter CP. Ello porque en los arts. 305 bis, 307 bis y 307 ter CP existen sendos apartados en los que se efectúa una remisión, expresa o tácita, a las atenuantes contenidas en los tipos básicos[65].

b) «Colaboración activa» para la obtención de «pruebas decisivas». Los posibles destinatarios y la cuestión del límite de los dos meses desde la citación judicial

Los tres artículos comentados exigen con claridad que el potencial beneficiario de la atenuación «colabore activamente». A partir de aquí, el tenor literal de los preceptos se torna algo más confuso, tanto por lo que dice como por lo que omite.

Empezando por lo primero, cabe discutir «para qué» se ha de colaborar. Como se ha dicho en su momento, los arts. 305.6, 307.5 y 308.8 CP establecen una serie de fines a cuya consecución debe tender la colaboración prestada por el infractor. Esos fines son la identificación o captura de otros responsables, el completo esclarecimiento de los hechos o la averiguación del patrimonio del obligado o el autor del delito. Al margen de esos fines, el segundo inciso de los artículos mencionados prevé que la colaboración se concrete en la «obtención de pruebas decisivas». Aquí caben, en mi opinión, dos posibles interpretaciones. Una es que, para aspirar a la concesión de la atenuación, la «colaboración activa» ha de consistir, en todo caso, en la «obtención de pruebas decisivas»; «pruebas» que, también en todo caso, deben ir dirigidas a la consecución de cualquiera de los fines que se acaban de exponer. La otra, por su parte, consiste en entender que la «obtención de pruebas decisivas» sólo se predica del fin que esta expresión acompaña en el texto; esto es, la «identificación o captura de otros responsables».

A mi juicio, hay un argumento sistemático que apoya la primera interpretación. El tenor literal de las atenuantes que se están analizando es muy parecido al que existe para fomentar la colaboración con las autoridades en otros delitos a menudo vinculados a la criminalidad asociativa, como los delitos contra la salud pública (art. 376 CP), la integración en organizaciones o grupos criminales (art. 570

---

65 Me refiero al apartado 2 de los arts. 305 bis y 307 bis y al apartado 6 del art. 307 ter CP.

quater.4 CP) o el terrorismo (art. 579 bis.3 CP). En esos preceptos, el legislador se ha cuidado de acotar hasta dónde llega el alcance de la expresión «obtener pruebas decisivas». Esto resulta especialmente claro en el art. 570 quater.4 CP. En él, se indica que la colaboración activa debe consistir «*bien* para obtener pruebas decisivas para la identificación o captura de otros responsables o para impedir la actuación o el desarrollo de las organizaciones o grupos a que haya pertenecido, *bien* para evitar la perpetración de un delito que se tratara de cometer en el seno o a través de dichas organizaciones o grupos» (cursivas añadidas). En la medida en que el legislador no ha empleado las conjunciones disyuntivas del mismo modo en los artículos que ahora interesan, puede defenderse que la «obtención de pruebas decisivas» es algo que afecta a todos los fines a los que ha de tender la «colaboración activa».

Abona esta tesis el tipo de finalidades que exigen los arts. 305.6 II, 307.5 II y 308.8 II CP para conceder la atenuación: todas ellas tienen que ver con el hecho de poner a las autoridades en conocimiento de algo, ya sea la identidad de otros intervinientes en el hecho delictivo, ya sean otros extremos fácticos relacionados con éste, ya sea la localización de los bienes del obligado o de otros responsables del delito. En los arts. 376, 570 quater.4 y 579 bis.3 CP también se admite la colaboración que redunde en la evitación de un hecho delictivo. Esto es algo que no necesariamente debe realizarse mediante la aportación de información a la causa. Piénsese en un sujeto de cuya contribución dependa la perpetración de un atentado terrorista por ser el encargado de conducir el coche bomba hasta el lugar donde éste ha de hacer explosión. Si se limita a no llevar a cabo su contribución al hecho, podría concedérsele la atenuación del art. 579 bis.3 CP (siempre y cuando, claro está, cumpla con el resto de los requisitos que este precepto exige)[66].

---

[66] Esta situación es la que, en mi opinión, Cuerda Arnau considera como constitutiva de un supuesto de atenuación —e, incluso, de remisión de la pena— al amparo del antiguo art. 57 bis b) CP73: la propia de los sujetos que, con su actuación, evitan la consumación del delito cuya ejecución ya se ha iniciado. Más discutibles le resultan a la autora, sin embargo, las conductas de aquellos que, aun habiéndose esforzado para conseguirlo, no logran evitar la consumación. En opinión de Cuerda Arnau, a éstos les es exigible no sólo la eliminación de su contribución al hecho delictivo, sino también haber hecho todo lo posible

Aun adoptando la interpretación que se acaba de proponer, sigue quedando mucho por aclarar hasta saber, con exactitud, qué es lo que debe hacer el potencial beneficiario para aspirar a ver atenuada su pena: en efecto, aún hay que precisar qué quiere decir que la colaboración sea «activa» y que ésta sirva para aportar «pruebas» que, además, resulten «decisivas» para la consecución de cualquiera de los fines previstos. A falta de elementos adicionales que justifiquen hacer lo contrario, considero razonable interpretar estos términos en un sentido amplio.

Para empezar, lo más adecuado parece entender que, cuando hablan de «pruebas», los preceptos analizados no se refieren a «medios de prueba» en un sentido procesalmente técnico. Es decir, que no es necesario, para que el potencial beneficiario pueda aspirar a la rebaja de pena, que su contribución consista en aportar determinados elementos que se pongan de manifiesto ante el juez o tribunal y las demás partes en el acto del juicio oral. Cualquier aportación realizada en fase de instrucción o, incluso, en las diligencias de investigación practicadas por el Ministerio Fiscal, la Policía o los órganos administrativos encargados de realizar labores de inspección o comprobación podrían integrar el concepto de «pruebas» a estos efectos[67]. Una interpretación de estas características parece acorde con la finalidad que el legislador habría atribuido a las atenuantes.

Y, para seguir, las exigencias relativas a que la colaboración sea «activa» y que las pruebas sean «decisivas» deberían, en mi opinión, interpretarse en el sentido de que, para aspirar a la obtención del beneficio penológico, basta con que la actuación del potencial beneficiario sea idónea, *ex ante*, para la consecución de alguno de los fines prescritos. No parece justificado exigir que la aportación del colaborador implique la consecución de ningún resultado concreto.

---

por evitar la consumación, incluyendo, en su caso, informar a las autoridades. Esta última reflexión no obsta, a mi juicio, a la idea que se ha transmitido en el texto: que la evitación de ciertos delitos, que puede dar lugar a la atenuación *ex* art. 579 bis.3 CP, no tiene por qué llevarse a cabo a través de la «obtención de pruebas decisivas». Sobre la cuestión, CUERDA ARNAU, M.ª L.: *Atenuación y remisión de la pena en los delitos de terrorismo*. Ministerio de Justicia e Interior: Madrid, 1995, pp. 444-446.

67 En un sentido similar, aunque en relación con el art. 57 bis b) CP73, CUERDA ARNAU, Mª. L.: *Atenuación…*, *op. cit.*, 1995, pp. 462-463.

En primer lugar, porque ninguno de los preceptos estudiados así lo exige. Y, en segundo lugar, porque, incluso aunque se defendiera que una interpretación de estas características «cabe» en la letra de la ley, lo cierto es que el éxito o fracaso de la investigación es algo que, en muchas ocasiones, no dependerá (sólo) de la calidad de la información que el colaborador haya prestado a las autoridades: una actuación más o menos diligente de los destinatarios de la información o, incluso, la posibilidad de que concurran otros colaboradores que hayan aportado datos semejantes, podrían condicionar la imputación del resultado a la aportación realizada por el potencial beneficiario de la atenuación[68].

Quedan por ver un par de cuestiones sobre las que los preceptos estudiados guardan silencio, pero que tienen potencial influencia a la hora de decidir si el candidato a obtener la atenuación podrá o no recibirla. Una tiene que ver con los destinatarios de la información. La otra, con la exigencia, o no, de que la aportación del colaborador se lleve a cabo con sujeción a algún límite temporal.

Sobre lo primero, hay que decir que, mientras que los arts. 376, 570 quater.4 y 579 bis.3 CP sí exigen que la colaboración se preste a «las autoridades o sus agentes», los arts. 305.6 II, 307.5 II y 308.8 II CP no indican nada semejante. Ciertos autores han propuesto interpretar los términos «las autoridades o sus agentes» de manera similar a como se hace con la atenuante de confesión del art. 21.4ª CP, que también emplea el término «autoridades»; es decir, entendiendo por tales las que, de conformidad con el art. 264 LECrim, son competentes para recibir la denuncia por la comisión de un hecho delictivo. Tales son la Policía, el Ministerio Fiscal o los jueces[69].

En la medida en que los preceptos que ahora interesan no añaden ningún dato sobre quiénes pueden ser destinatarios de la información aportada por el colaborador, parece razonable interpretar que, además de estos sujetos que se acaban de mencionar, también

---

68 De nuevo en este sentido, ibid., pp. 463-471. También Gallego Soler, J. I., y Vera Sánchez, J. S.: «Artículo 376», en Corcoy Bidasolo, M. (dir.); Mir Puig, S. (dir.); Vera Sánchez, J. S. (coord.), *et al.*: *Comentarios…*, *op. cit.*, 2015, p. 1292.

69 En este sentido, Benítez Ortúzar, I. F.: *El colaborador con la justicia. Aspectos sustantivos, procesales y penitenciarios derivados de la conducta del «arrepentido»*. Dykinson: Madrid, 2004, p. 122.

son potenciales receptores los órganos inspectores de la Agencia Tributaria, de la Seguridad Social o de las Administraciones Públicas concedentes de la subvención de que se trate. Restringir el elenco de posibles destinatarios no sólo no parece gozar de justificación de conformidad con el tenor literal de los preceptos que interesan y el de aquellos otros que se expresan en términos similares, sino que también parece ir en contra de la finalidad pretendida por el legislador con la creación de las atenuantes.

Lo segundo es una cuestión algo más espinosa. La atenuante del primer inciso —*i.e.*, la relacionada con los autores del delito o los obligados al pago— prevé, de manera inequívoca, que la conducta que puede dar lugar a la atenuación se realice en un plazo determinado: dos meses desde la citación judicial como investigado. En el segundo inciso no se prevé nada similar. Sin embargo, en los tres artículos del Código Penal que ahora interesan, este segundo inciso empieza del siguiente modo: «[l]o anterior será igualmente aplicable a (...)». Cabe cuestionarse si ese «lo anterior» se refiere sólo a la consecuencia jurídica o si, por el contrario, también alcanza al límite temporal que se acaba de mencionar.

En el apartado III del Preámbulo de la LO 7/2012, de 27 de diciembre, se dice lo siguiente: «[s]e prevé también una atenuación de la pena cuando los presuntos responsables de los delitos reconocen su comisión y satisfacen íntegramente la deuda tributaria o bien colaboran con las Autoridades para la averiguación de los hechos y, en su caso, la identificación o captura de otros responsables, siempre y cuando tal reconocimiento, pago y *cooperación* se produzcan *en un breve lapso de tiempo*» (cursivas añadidas). Esta frase parece sugerir que el legislador deseaba hacer extensivo el plazo de dos meses también a la atenuante del segundo inciso (al menos, en lo que al art. 305.6 CP se refiere). Sin embargo, no me parece un argumento definitivo. En el fragmento transcrito tan sólo se menciona que el plazo para colaborar ha de ser «breve», no que sea de dos meses desde la citación judicial para declarar como imputado. De hecho, que la colaboración debe prestarse con celeridad parece algo exigido por la necesidad de que las pruebas en que ésta se materialice sean «decisivas»; o sea, idóneas para la consecución de los objetivos fijados en el precepto. Cuanto antes se colabore, más probabilidad habrá de que la información resulte útil a las autoridades. La referencia al «breve lapso de tiempo» puede hacer referencia, por tanto, a la necesidad de que sólo los colaboradores que aporten su información ágilmente podrán beneficiarse de la atenuación, con independencia de si esto es dentro o fuera del plazo de dos meses desde que han sido llamados a la causa por el órgano jurisdiccional competente para la investigación de los hechos.

Es más, hay un argumento sistemático que, en mi opinión, apoya que la «colaboración activa» de los partícipes no está sujeta a ningún plazo preclusivo. Éste toma como referencia la interpretación que se ha hecho de otras atenuantes similares, como las previstas para los delitos contra la salud pública (art. 376 CP), la integración en organizaciones o grupos criminales (art. 570 quater.4 CP) o el terrorismo (art. 579 bis.3 CP). Estos preceptos exigen, como primer requisito para poder optar a la atenuación del reproche penal, el «abandono voluntario» de la actividad delictiva. Este requisito se ha interpretado en el sentido de que, si el sujeto se desvincula de sus actividades criminales con posterioridad a su detención, no podrá ser merecedor de la atenuante. De modo que la detención operaría, en estos casos, como un límite preclusivo para abandonar la actividad delictiva y, en caso de que además se colabore con las autoridades, obtener la rebaja de pena[70]. Un requisito como el «abandono voluntario» no está contemplado en los arts. 305.6 II, 307.5 II y 308.8 II CP. Cuando el legislador ha querido exigir el respeto a algún límite preclusivo para optar a un trato penal favorable, así lo ha hecho constar expresamente. No siendo éste el caso, pretender la aplicación de este límite supone un discutible recorte del ámbito de aplicación de una disposición legal que, además, va en perjuicio del reo.

Dicho lo cual, este argumento puede contrarrestarse con otro del mismo tipo. El art. 31 quater.1 b) CP consagra la atenuante genérica de colaboración para personas jurídicas. En él se indica expresamente que la colaboración puede prestarse «en cualquier momento del proceso». Podría responderse que, cuando el legislador ha querido

---

[70] En este sentido, Gallego Soler, J. I., y Vera Sánchez, J. S.: «Artículo 376»..., *op. cit.*, 2015, p. 1292; Benítez Ortúzar, I. F.: *El colaborador...*, *op. cit.*, 2002, p. 119; García Pérez, O.: *La punibilidad...*, *op. cit.*, 1997, p. 208. En contra, en cambio, Cuerda Arnau, Mª. L.: *Atenuación...*, 1995, pp. 414-422.

permitir que la colaboración se preste con posterioridad a la imputación judicial, ha sido muy claro. Esto, unido a la frase del Preámbulo que se ha transcrito antes y al hecho de que el segundo inciso de los preceptos estudiados en este epígrafe empiece con el mencionado «lo anterior», podría servir como argumento para defender que la «colaboración activa» debe prestarse en el plazo de dos meses desde la citación judicial para declarar como investigado. De hecho, algunos autores defienden la existencia del límite temporal en la atenuante del segundo inciso de manera expresa[71].

Nada de esto sucedería si, de nuevo, el legislador hubiera sido algo más preciso a la hora de diseñar los requisitos de aplicación de estas atenuantes. Ante tal estado de cosas, sigo considerando preferible la primera interpretación; esto es, la que no prevé ningún límite temporal para los partícipes. Ello porque, como se ha dicho ya, no sólo cabe en la letra de la ley, sino que, además, va a favor del reo.

c) La identificación o captura de otros responsables, el completo esclarecimiento de los hechos delictivos o la averiguación del patrimonio del obligado o de otros responsables del delito

La «colaboración activa» para la «obtención de pruebas decisivas» debe dirigirse a la consecución de *cualquiera* de los siguientes fines: la «identificación o captura de otros responsables», el «completo esclarecimiento de los hechos delictivos» o la «averiguación del patrimonio del obligado o de otros responsables del delito». De nuevo, el legislador ha guardado silencio sobre en qué consisten estos objetivos. En este punto, vuelve a haber varias cuestiones de difícil interpretación. Veámoslas por partes.

El primer objetivo —«identificación o captura de otros responsables»— también aparece en las atenuantes previstas en el sector de los delitos contra la salud pública, integración en organización o gru-

---

71 Es el caso de Escobar Jiménez, R.: «Art. 307», en Del Moral García, A (dir.); Escobar Jiménez, R. (coord.), *et al.*: *Código Penal...*, *op. cit.*, 2018, pp. 1931-1932, y Gallego Soler, J. I.: «Artículo 305», en Corcoy Bidasolo, M. (dir.); Mir Puig, S. (dir.); Vera Sánchez, J. S. (coord.), *et al.*: *Comentarios...*, *op. cit.*, 2015, pp. 1070-1071.

po criminal y terrorismo. Lo que se ha dicho con respecto a ellas resulta, a mi juicio, aplicable también a los arts. 305.6 II, 307.5 II y 308.8 II CP. Me refiero, en particular, a dos cuestiones. La primera, que es válida tanto la colaboración que permita a las autoridades descubrir a nuevos implicados («identificación») como la que corrobore las sospechas frente a sujetos que ya eran conocidos por éstas y, con ello, posibilitar su detención («captura»)[72]. La segunda, que bastará con que la aportación del colaborador posibilite la identificación o captura de esos responsables, sin que se le exija, efectivamente, que ese objetivo se consiga. No debería bastar, pues, con la mera afirmación de que una tercera persona es responsable del delito: para obtener la atenuación, el colaborador debe aportar información idónea para que los sujetos a los que se refiera puedan ser puestos a disposición de la justicia. El hecho de que eso suceda efectivamente queda, en cambio, fuera de su responsabilidad[73].

Creo que estas ideas son útiles para precisar el tipo de colaboración que se requiere para el cumplimiento del tercer objetivo —«la averiguación del patrimonio» del obligado o de otros responsables del delito—. En mi opinión, para que el colaborador pueda optar a la obtención de la rebaja de pena basta con que permita a la Administración o a los tribunales conocer la ubicación y la magnitud del patrimonio en cuestión, sin que sea preciso que cargue con la responsabilidad de que éste sea efectivamente localizado ni, mucho menos, realizado para satisfacer las responsabilidades de que se trate.

El segundo objetivo —«completo esclarecimiento de los hechos»— es, en mi opinión, el más problemático. No se dice esto (sólo) porque el precepto exija que el esclarecimiento en cuestión deba ser «completo». En línea de lo que se ha argumentado antes, este requisito debería interpretarse en el sentido de que al potencial beneficiario sólo le es exigible posibilitar ese esclarecimiento. Que sea, efectivamente, completo o no es algo que depende de muchos factores. Las cuestiones verdaderamente complicadas surgen, por el contrario, cuando uno se pregunta *a qué hechos* se está refiriendo el precepto.

---

[72] En el mismo sentido, Cuerda Arnau, M.ª L.: *Atenuación…*, *op. cit.*, 1995, p. 461.

[73] Ibid., pp. 466-469.

Hay, al menos, dos cuestiones importantes que el tenor literal de los artículos analizados deja sin resolver. La primera es si esos hechos tienen que ser, necesariamente, los cometidos por otros intervinientes o si, por el contrario, el colaborador también puede obtener la rebaja de pena si aporta información sobre los hechos que él mismo ha cometido. Desde mi punto de vista, la finalidad de las atenuantes aconseja que se mantenga la primera interpretación. Sin embargo, nada en la letra de la ley impide, en mi opinión, que el partícipe que aporte a las autoridades información sobre los hechos dimanantes de su propia responsabilidad pueda beneficiarse del incentivo.

La segunda es si el potencial beneficiario puede aportar información sobre hechos distintos a los que constituyan el objeto del proceso en el cual él mismo esté siendo investigado. En atención al modo en que están diseñados los arts. 305.6, 307.5 y 308.8 CP, que distinguen entre las conductas exigibles a los «autores» u «obligados» (reconocer los hechos y pagar) y a los «otros partícipes» en el delito (colaborar activamente para la obtención de pruebas decisivas), podría defenderse que los hechos a los que se refiere el precepto han de ser, exclusivamente, aquellos que han cometido los «autores» u «obligados» y en los cuales los colaboradores han intervenido como «partícipes». De ser así, lo normal será que unos y otros hechos constituyan el objeto del mismo procedimiento. Pero, de nuevo, ninguno de los preceptos estudiados impone tajantemente esa solución: nada obsta, a mi juicio, a que el potencial beneficiario pueda obtener la atenuación si aporta información a las autoridades sobre delitos que constituyan el objeto de otro proceso distinto a aquél que se sigue por su propia responsabilidad penal[74].

Si el legislador quería evitar consecuencias como las aquí mencionadas —esto es, que se puedan beneficiar de la atenuación colaboradores que se limiten a aportar información sobre su propia implicación en los hechos delictivos o sobre delitos que constituyan

[74] Lo cierto es que este problema alcanza, también, a los otros dos objetivos. Así, si vale el esclarecimiento de hechos distintos a aquellos que constituyen el objeto del proceso en el que está siendo investigado el partícipe, también puede valer la identificación o captura de los responsables de otros hechos investigados en otros procesos o la averiguación de su patrimonio.

el objeto de procesos distintos de los seguidos contra él—, debería haber sido más claro.

3.3.2. Consecuencias jurídicas

Los tres preceptos estudiados hasta ahora disponen que, cuando alguno de sus potenciales beneficiarios cumpla con sus requisitos, los jueces o tribunales «*podrán* imponer la pena inferior en uno o dos grados». El empleo de la forma verbal «podrán» ha generado cierta controversia, porque sugiere que la concesión de la rebaja de pena es facultativa; es decir, que, aunque se cumplan los requisitos, los jueces pueden conceder o no la atenuación de forma discrecional[75].

Esta misma forma verbal se emplea en las atenuantes previstas para los delitos contra la salud pública, integración en organizaciones o grupos criminales y terrorismo. La jurisprudencia ha reconocido que, en efecto, la concesión de la atenuación es algo que queda a discreción de los jueces y tribunales[76]. Ahora bien, la jurisprudencia también ha reconocido que una cosa es que la concesión del incentivo sea una facultad discrecional de los órganos jurisdiccionales y otra cosa bien distinta es que no deban motivar su decisión. Los defectos en (o la ausencia de) la motivación de la decisión por la que se deniega la concesión del incentivo cuando se hayan cumplido sus requisitos pueden fundar el recurso contra la resolución desestimatoria[77].

---

75 Además del CGPJ, que, como se vio en su momento, se pronunció en este sentido en su informe al Anteproyecto de Ley Orgánica, consideran que la rebaja de pena es facultativa Del Moral García, A., y Abascal Junquera, A.: «Art. 305», en Del Moral García, A. (Dir.); Escobar Jiménez, R. (Coord.), *et al.*: *Código Penal…*, *op. cit.*, 2018, p. 1907; Morales Prats, F.: «Artículo 305», en Quintero Olivares, G. (dir.), y Morales Prats, F. (coord.), *et al.*: *Comentarios…*, *op. cit.*, 7ª ed., 2016, p. 611. Manjón-Cabeza Olmeda, A.: *Las excusas…*, *op. cit.*, 2014, p. 203, e Iglesias Río, M. A.: «Delitos contra la Hacienda Pública y la seguridad social: Arts. 305 a 310 bis CP», en Álvarez García, F. J. (Dir.) y Dopico Gómez-Aller, J. (Coord.): *Estudio crítico sobre el anteproyecto de reforma penal de 2012*. Tirant lo Blanch: Valencia, 2013, p. 827.

76 Ver, en este sentido, las resoluciones que se citan en la siguiente nota a pie de página.

77 Ver, por ejemplo, SSTS 851/2022, de 27 de octubre [ECLI: ES:TS:2022:3990 (*Tol 9291632*)], FD 3, p. 10; 713/2012, de 2 de octubre (ECLI: ES:TS:2012:6294), FD 2, p. 2, y 504/2011, de 25 de mayo (ECLI: ES:TS:2011:3844), FD 1, p. 3.

Aun cuando la decisión deba ser motivada, el hecho de que la rebaja sea de apreciación facultativa juega en contra del atractivo de los preceptos analizados como estímulo para la colaboración con las autoridades. No es de extrañar que, para paliar este efecto, ciertos autores hayan propuesto la siguiente interpretación: el término «podrán» se refiere sólo a la *extensión* de la atenuación, no al hecho de si la pena se reduce o no. Es decir, que, de conformidad con esta interpretación, siempre que se cumplan los requisitos hay que reducir la pena en, al menos, un grado. Por tanto, lo único que quedaría a discreción de los jueces es si esa rebaja es de dos grados[78]. En mi opinión, esta interpretación cabe en la letra de la ley, y no sólo es coherente con la finalidad que, teóricamente, persiguen las atenuantes, sino que, además, va a favor del reo. Por ello, me parece adecuada.

4. EL ART. 434 CP: LA ATENUANTE PARA EL DELITO DE MALVERSACIÓN

4.1. Génesis parlamentaria y finalidad atribuida por el legislador

La última atenuante constitutiva del objeto de la presente investigación se contiene en el art. 434 CP. Esta figura se introdujo en el Código Penal a través de la reforma operada por la LO 1/2015, de 30 de marzo. Su tenor literal fue modificado por la LO 14/2022, de 22 de diciembre.

En el art. 434 CP se contiene una atenuante que obliga a los órganos jurisdiccionales a rebajar la pena al culpable del delito de malversación que, o bien repare el perjuicio causado al patrimonio público de modo «efectivo e íntegro» antes del inicio del juicio oral, o bien colabore «activa y eficazmente» con las autoridades o sus agentes para la «obtención de pruebas decisivas» tendentes a la consecución de cualquiera de los siguientes dos objetivos: la identificación o captura de otros responsables o el completo esclarecimiento de los hechos

---

78 En este sentido, Ayala Gómez, I.: «Delitos contra la Hacienda pública y la Seguridad Social», en *Memento Penal Económico y de la Empresa*. Francis Lefebvre: Madrid, 2016, p. 741, y Gallego Soler, J. I.: «Art. 305»..., *op. cit.*, 2015, pp. 1070-1071.

delictivos. Sin perjuicio de los matices que se harán más adelante, los requisitos de aplicación y consecuencias jurídicas del art. 434 CP resultan, como puede verse, muy similares a los previstos por las atenuantes del segundo inciso de los arts. 305.6, 307.5 y 308.8 CP, tratadas en los apartados anteriores.

A diferencia de lo que sucedió con estas últimas, el legislador no dedicó al art. 434 CP ni una sola palabra del Preámbulo de la ley que lo trajo al mundo jurídico. Eso no ha impedido a algunos autores destacar que su finalidad es doble: por un lado, fomentar la pronta reparación del daño causado al patrimonio público, y, por otro, tratar de estimular la colaboración con las autoridades para facilitar la investigación y enjuiciamiento de los delitos de malversación, muy representativos de la corrupción. Todo ello en un contexto de austeridad en el gasto público a causa de la crisis económica, cuyos efectos aún se sentían en el año 2015[79].

En la Exposición de Motivos del Anteproyecto de Ley Orgánica, de octubre de 2012, tampoco había ninguna mención a este precepto. Ello a pesar de que, en su articulado, ya se contenía una versión muy parecida a la que se terminaría aprobando definitivamente. De hecho, lo único en lo que se diferenciaban la versión original y la definitiva del art. 434 CP era que, mientras que en esta última la atenuación se prevé como una consecuencia imperativa, pues se indica que, si se cumplen los requisitos de aplicación, los jueces y tribunales «impondrán» la pena inferior en uno o dos grados, en la original esta consecuencia era facultativa: en ella se empleaba la fórmula «podrán imponer», como sucede en los arts. 305.6 II, 307.5 II y 308.8 II CP. La ausencia de menciones al art. 434 CP en la parte introductoria de la ley puede deberse a que la LO 1/2015, de 30 de marzo, modificó en profundidad el Código Penal en general y

---

[79] En este sentido, por ejemplo, Sanz Mulas, N.: «Despilfarro de fondos públicos y nuevo delito de malversación de caudales», en *RECPC*, n.º 19-05, 2017. Disponible en: http://criminet.ugr.es/recpc/19/recpc19-05.pdf [Consulta: 23/12/2024], y Mir Puig, C.: «Artículo 434», en Corcoy Bidasolo, M. (dir.); Mir Puig, S. (dir.); Vera Sánchez, J. S. (coord.), *et al.*: *Comentarios…*, *op. cit.*, 2015, p. 1472.

el delito de malversación en particular[80]. Entre otros cambios, habría que destacar que, tras la reforma, el art. 432 CP, que regulaba las modalidades de apropiación del delito de malversación, pasó a remitirse, en sus apartados 1 y 2, a los arts. 252 y 253 CP de modo respectivo. Estos últimos artículos regulaban (y regulan aún hoy) los delitos de administración desleal y apropiación indebida, que también sufrieron profundos cambios con la reforma. Por su parte, la modalidad de distracción o «malversación de uso», prevista hasta entonces en el art. 433 CP, fue derogada[81]. El legislador, probablemente, decidió dosificar su atención a la hora de dotar de motivación a unas u otras instituciones.

Tampoco el CGPJ ni el Consejo de Estado le prestaron ninguna atención en sus respectivos informes[82]. Algo más expresivo fue el

---

80 Tratan las principales novedades que esta reforma introdujo en el delito de malversación, entre otros, VALLE MARISCAL DE GANTE, M.: «La malversación (o cuando el legislador se hace trampas al solitario)», en PÉREZ MANZANO, M. (coord.), *et al.*: *Estudios en homenaje a la profesora Susana Huerta Tocildo.* Servicio de publicaciones de la Universidad Complutense de Madrid (Facultad de Derecho): Madrid, 2020, pp. 787-791, y MARTELL PÉREZ-ALCALDE, C.: «El delito de malversación», en QUINTERO OLIVARES, G (dir.), *et al.*: *Comentarios a la reforma penal de 2015.* Aranzadi: Cizur Menor, 2015, pp. 691-697.

81 En su redacción anterior a la reforma, esta modalidad preveía dos regímenes penológicos, uno atenuado y otro idéntico al de las conductas de apropiación del art. 432 CP. Para la aplicación del marco atenuado era necesario que el culpable hubiera reintegrado, en el plazo de los diez días siguientes al de la incoación del proceso, el importe de lo distraído. Ciertos autores han señalado que la introducción del art. 434 CP, que permite la atenuación del reproche penal si, entre otras posibilidades, se repara el perjuicio causado al patrimonio público, pretendía «compensar» esa derogación. En este sentido, QUINTERO OLIVARES, G.: «Artículo 434», en QUINTERO OLIVARES, G. (dir.), y MORALES PRATS, F. (coord.), *et al.*: *Comentarios..., op. cit.*, 7ª ed., 2016, pp. 1434-1435; MATALLÍN EVANGELIO, A. (coord.): *Comentarios a la Reforma del Código Penal de 2015.* Tirant lo Blanch: Valencia, 2ª ed., 2015, 1166-1167, y VALEIJE ÁLVAREZ, I.: «Malversación (arts. 432, 433, 434 y 435)», en GONZÁLEZ CUSSAC, J. L. (dir.), GÓRRIZ ROYO, E. (coord.): *Comentarios a la Reforma del Código Penal de 2015.* Tirant lo Blanch: Valencia, 2ª ed., 2015, p. 1207. Con la aprobación de la LO 14/2022, de 22 de diciembre, esa modalidad «revivió», aunque ahora se encuentra tipificada en el art. 432 bis CP.

82 En efecto, el CGPJ se limitó a reproducir el contenido del proyectado art. 434 CP, sin formular ninguna crítica ni alabanza. CGPJ: *Informe al Anteproyecto de Ley Orgánica por la que se modifica la Ley Orgánica 10/1995, de 23 de noviembre, del Código Penal,* 2013, p. 238. Disponible en: https://www.poder-

Consejo Fiscal, que criticó el hecho de que el art. 434 CP condicionara la rebaja de pena, entre otras conductas, al hecho de que el culpable reparara el daño causado al patrimonio público. En particular, remarcó que, a diferencia del art. 21.5ª CP, que prevé la atenuante genérica de reparación del daño, la figura proyectada no contara con ningún límite temporal. A juicio del Consejo Fiscal, el art. 434 CP permitía llegar a rebajas más intensas que las posibilitadas por el art. 21.5ª CP, pero con menos requisitos para obtenerlas. Esto, en su opinión, crearía «una sensación de condescendencia con los funcionarios públicos, muy perniciosa para la confianza de los ciudadanos en el Derecho»[83].

A pesar de esta crítica, no se previó ningún límite temporal en el art. 434 CP. La única variación que experimentó el texto original fue que se cambió el «podrán imponer» al que se ha aludido antes por «impondrán» con la finalidad de asegurar que los potenciales beneficiarios que cumplieran con los requisitos previstos por el art. 434 CP obtendrían, al menos, una rebaja de un grado de la pena. Este cambio se materializó en la fase de presentación de enmiendas en el Congreso de los Diputados. En concreto, fue gracias a la enmienda n.º 749, presentada por el Grupo Parlamentario Socialista[84] y acep-

---

judicial.es/cgpj/es/Poder-Judicial/Consejo-General-del-Poder-Judicial/Actividad-del-CGPJ/Informes/Informe-al-Anteproyecto-de-Ley-Organica-por-la-que-se-modifica-la-Ley-Organica-10-1995--de-23-de-noviembre--del-Codigo-Penal [Consulta: 23/12/2024]. El Consejo de Estado hizo lo mismo que el legislador: no dijo nada sobre la atenuante. Puede accederse a su dictamen en: https://www.boe.es/buscar/doc.php?id=CE-D-2013-358 [Consulta: 23/12/2024].

83 Fiscalía General del Estado: *Informe del Consejo Fiscal al Anteproyecto de Ley Orgánica por la que se modifica la Ley Orgánica 10/1995, de 24* [sic] *de noviembre, del Código Penal*, 2013, p. 293.

84 «Enmiendas e índice de enmiendas al articulado. Proyecto de Ley Orgánica por la que se modifica la Ley Orgánica 10/1995, de 23 de noviembre (121/000065)», en BOCG (Congreso de los Diputados), Serie A, n.º 66-2, de 10 de diciembre de 2014, p. 486. Disponible en: https://www.congreso.es/public_oficiales/L10/CONG/BOCG/A/BOCG-10-A-66-2.PDF#page=1 [Consulta: 23/12/2024].

tada, previo informe favorable de la Ponencia[85], por la Comisión de Justicia[86].

La ley se aprobó el 26 de marzo de 2015[87], publicándose en el BOE el día 31 y entrando en vigor el 1 de julio de ese mismo año. El art. 434 CP vio la luz con la redacción que se le había otorgado en el seno de la Comisión de Justicia, la cual conservaría hasta el 12 de enero de 2023, fecha en la que entró en vigor la LO 14/2022, de 22 de diciembre. Esta última añadió al art. 434 CP dos modificaciones, que se mantienen en la actualidad. Por un lado, se previó que, para obtener la atenuación por reparación del perjuicio, el resarcimiento tuviera que ser llevado a cabo antes del inicio de las sesiones del juicio oral. Por otro lado, se añadió la exigencia de que la colaboración para la obtención de pruebas decisivas fuera, además de activa, «eficaz».

Nuevamente, el legislador fue muy poco expresivo con respecto a las causas que motivaron estas dos modificaciones. En el Preámbulo de la ley sólo se indicaba que el 434 CP había sido objeto de «mejoras técnicas» con las que se habría equiparado su redacción a otras «cláusulas premiales» existentes en el Código Penal[88]. Esto es algo sorprendente si se repara en que ninguna de las demás atenuantes relacionadas con la colaboración con las autoridades prevén la necesidad de que la cooperación del potencial beneficiario sea «eficaz». Parece que, una vez más, el legislador tenía cosas más importantes

---

85 «Informe de la Ponencia. Proyecto de Ley Orgánica por la que se modifica la Ley Orgánica 10/1995, de 23 de noviembre (121/000065)», Serie A, n.º 66-3, de 21 de enero de 2015, p. 41. Disponible en: https://www.congreso.es/public_oficiales/L10/CONG/BOCG/A/BOCG-10-A-66-3.PDF#page=1 [Consulta: 23/12/2024].

86 «Dictamen de la Comisión y escritos de mantenimiento de enmiendas para su defensa ante el Pleno», en BOCG (Congreso de los Diputados), Serie A, n.º 66-4, de 22 de enero de 2015, p. 88. Disponible en: https://www.congreso.es/public_oficiales/L10/CONG/BOCG/A/BOCG-10-A-66-4.PDF#page=1 [Consulta: 23/12/2024].

87 «Aprobación definitiva por el Congreso. Proyecto de Ley Orgánica por la que se modifica la Ley Orgánica 10/1995, de 23 de noviembre (121/000065)», Serie A, n.º 66-7, de 1 de abril de 2015, p. 1. Disponible en: https://www.congreso.es/public_oficiales/L10/CONG/BOCG/A/BOCG-10-A-66-7.PDF#page=1 [Consulta: 23/12/2024].

88 Apartado VI del Preámbulo de la LO 14/2022, de 22 de diciembre.

que justificar. Esto es, hasta cierto punto, comprensible si se repara en que, al igual que la LO 1/2015, de 30 de marzo, la LO 14/2022, de 22 de diciembre, reformó en profundidad el régimen del delito de malversación. De hecho, en lo que a este delito concierne, la ley que ahora se está analizando estuvo dirigida a recuperar, casi en su totalidad, la regulación preexistente a la reforma de 2015.

Lo que no resulta tan comprensible es que una modificación de tanto calado no estuviera contemplada en el texto del que surgió la iniciativa legislativa: todos los cambios que afectaron al delito de malversación (incluyendo los referidos al art. 434 CP) se introdujeron en el trámite de presentación de enmiendas en el Congreso de los Diputados. Otro detalle llamativo de este procedimiento legislativo es que la iniciativa no fue un Proyecto de Ley surgido del Consejo de Ministros, sino una Proposición de Ley presentada por los Grupos Parlamentarios Socialista y Confederal de Unidas Podemos-En Comú Podem-Galicia en Común; grupos en los que se encontraban, precisamente, los partidos integrantes del Gobierno de la nación[89]. Al elegirse esta vía para tramitar el texto, no se emitieron ciertos informes que habrían resultado preceptivos si hubiera sido el Gobierno, en tanto tal, el que hubiera ejercido su iniciativa legislativa, como el del CGPJ[90], el Consejo Fiscal[91] o el Consejo

---

[89] El título de la Proposición, que hace mención a una amalgama heterogénea de delitos (entre los que no se encuentra la malversación) también es bastante llamativo. Ver «Proposición de Ley Orgánica de transposición de directivas europeas y otras disposiciones para la adaptación de la legislación penal al ordenamiento de la Unión Europea, y reforma de los delitos contra la integridad moral, desórdenes públicos y contrabando de armas de doble uso (122/000271)», en BOCG (Congreso de los Diputados), Serie B, n.º 295-1, de 17 de noviembre de 2022. Disponible en: https://www.congreso.es/public_oficiales/L14/CONG/BOCG/B/BOCG-14-B-295-1.PDF#page=1 [Consulta: 23/12/2024].

[90] El art. 561.1.8ª de la LO 6/1985, de 1 de julio, del Poder Judicial, exige que el CGPJ informe los anteproyectos de leyes penales.

[91] El art. 14.4, j) de la Ley 50/1981, de 30 de diciembre, por la que se regula el Estatuto Orgánico del Ministerio Fiscal, dispone que el Consejo Fiscal informe los proyectos de ley o normas reglamentarias que afecten a la estructura, organización y funciones del Ministerio Fiscal. El propio Consejo Fiscal interpreta este artículo en el sentido de que las leyes penales afectan a sus funciones, por lo que este tipo de leyes caen dentro del ámbito de aplicación del precepto que se acaba de citar.

de Estado[92]. Este cúmulo de circunstancias hace que sea muy difícil saber qué objetivos perseguía el legislador con las modificaciones del art. 434 CP.

En concreto, estas modificaciones surgieron de la aceptación de una transacción sobre la enmienda n.º 48, propuesta por el Grupo Parlamentario Republicano. En la enmienda en cuestión se contenía, a grandes rasgos, la redacción que acabaría integrando los vigentes arts. 432, 432 bis y 433 ter CP[93]. Nada había en ella, sin embargo, ni sobre el vigente art. 433 CP, en el que se castigan las malversaciones consistentes en dar a los fondos una aplicación que, sin dejar de ser pública, sea distinta de aquella que tenían atribuida, ni, en lo que interesa, el art. 434 CP. Las menciones a estos dos artículos se incluyeron en el informe de la Ponencia, al proponer la transacción al grupo que formuló la enmienda. En este informe, el art. 434 CP ya tiene la redacción que posee actualmente. No obstante, en él no se dice nada sobre el porqué de los cambios que experimentó el precepto en cuestión[94]. La transacción fue aceptada por el Grupo Republicano

---

92 El art. 21.2 de la LO 3/1980, de 22 de abril, del Consejo de Estado, establece que el Consejo de Estado en Pleno deberá informar los anteproyectos de leyes que hayan de dictarse en ejecución del Derecho comunitario europeo, como fue el caso de esta norma, con la que se transpusieron varias directivas de la UE.

93 «Enmiendas e índice de enmiendas al articulado. Proposición de Ley Orgánica de transposición de directivas europeas y otras disposiciones para la adaptación de la legislación penal al ordenamiento de la Unión Europea, y reforma de los delitos contra la integridad moral, desórdenes públicos y contrabando de armas de doble uso (122/000271)», en BOCG (Congreso de los Diputados), Serie B, n.º 295-4, de 15 de diciembre de 2022, pp. 71-72. Disponible en: https://www.congreso.es/public_oficiales/L14/CONG/BOCG/B/BOCG-14-B-295-4.PDF#page=1 [Consulta: 23/12/2024].

94 «Informe de la Ponencia. Proposición de Ley Orgánica de transposición de directivas europeas y otras disposiciones para la adaptación de la legislación penal al ordenamiento de la Unión Europea, y reforma de los delitos contra la integridad moral, desórdenes públicos y contrabando de armas de doble uso (122/000271)», en BOCG (Congreso de los Diputados), Serie B, n.º 295-5, de 16 de diciembre de 2022, pp. 2 y 17. Disponible en: https://www.congreso.es/public_oficiales/L14/CONG/BOCG/B/BOCG-14-B-295-5.PDF#page=1 [Consulta: 23/12/2024].

en la Comisión de Justicia, y, lógicamente, se renunció a la defensa de la enmienda n.º 48 en el Pleno, quedando ocultas, nuevamente, las razones justificativas de las modificaciones de la atenuante que se está estudiando ahora[95]. El art. 434 CP ya no sufrió más cambios hasta la aprobación de la ley, lo que aconteció el 22 de diciembre de 2022[96]. Ésta se publicó en el BOE al día siguiente y entró en vigor, como se ha dicho ya, el 12 de enero de 2023.

4.2. Requisitos de aplicación y consecuencias jurídicas

4.2.1. Requisitos de aplicación

El art. 434 CP es aplicable al culpable de un delito de malversación (a) que, o bien repare el perjuicio causado al patrimonio público de modo efectivo e íntegro y antes del inicio de las sesiones del juicio oral (b), o bien colabore activa y eficazmente con las autoridades o sus agentes para la obtención de pruebas decisivas para la consecución de *cualquiera* de los dos fines siguientes: la identificación o captura de otros responsables o el completo esclarecimiento de los hechos delictivos (c).

---

95 «Dictamen de la Comisión y escritos de mantenimiento de enmiendas para su defensa ante el Pleno. Proposición de Ley Orgánica de transposición de directivas europeas y otras disposiciones para la adaptación de la legislación penal al ordenamiento de la Unión Europea, y reforma de los delitos contra la integridad moral, desórdenes públicos y contrabando de armas de doble uso (122/000271)», en BOCG (Congreso de los Diputados), Serie B, n.º 295-6, de 19 de diciembre de 2022, p. 23. Disponible en: https://www.congreso.es/public_oficiales/L14/CONG/BOCG/B/BOCG-14-B-295-6.PDF#page=1 [Consulta: 23/12/2024].

96 «Aprobación por el Pleno. Proposición de Ley Orgánica de transposición de directivas europeas y otras disposiciones para la adaptación de la legislación penal al ordenamiento de la Unión Europea, y reforma de los delitos contra la integridad moral, desórdenes públicos y contrabando de armas de doble uso (122/000271)», en BOCG (Congreso de los Diputados), Serie B, n.º 295-7, de 22 de diciembre de 2022, p. 1. Disponible en: https://www.congreso.es/public_oficiales/L14/CONG/BOCG/B/BOCG-14-B-295-7.PDF#page=1 [Consulta: 23/12/2024].

a) *Culpable de un delito de malversación*

El potencial beneficiario de la atenuación es, según el art. 434 CP, «el culpable» de cualquier delito tipificado en el Capítulo VII del Título XIX del Libro II del Código Penal; esto es, el culpable de haber cometido cualquier delito de malversación. Estos delitos están previstos, en la actualidad, en los arts. 432 a 435 bis CP.

A diferencia de lo que sucede con otras disposiciones estudiadas en este capítulo, el legislador no ha especificado nada más sobre quién puede obtener el incentivo contenido en el art. 434 CP. Por tanto, no hay ningún límite en lo que se refiere al tipo de delito que se haya cometido —esto es, da igual que se haya cometido un delito leve, uno menos grave o uno grave— ni en cuanto al título de participación conforme al cual el potencial beneficiario sea responsable —o sea, no importa que sea autor o partícipe—. Es más, en atención al modo en que está redactado, el art. 434 CP podría aplicarse, también, a los sujetos que no reúnan en sí la condición de funcionarios[97].

La jurisprudencia parece ir en esta misma dirección. Así, en una de las pocas SSTS que se han pronunciado sobre los requisitos de aplicación del art. 434 CP, también se caracteriza de este modo tan amplio su ámbito subjetivo de aplicación: se trata de la STS 568/2019, de 21 de noviembre [ECLI: ES:TS:2019:3704 (*Tol 7595785*)][98].

b) *Reparación «efectiva e íntegra» del perjuicio causado al patrimonio público antes del inicio de las sesiones del juicio oral*

El art. 434 CP distingue dos posibilidades alternativas para obtener la rebaja de pena. Una es la colaboración «activa y eficaz» para la obtención de pruebas decisivas que permitan la obtención de determinados resultados. La otra consiste en la reparación «efectiva e íntegra» del perjuicio causado al patrimonio público antes del inicio de las sesiones del juicio oral. Hablaremos ahora de esta última.

---

97 SÁNCHEZ MELGAR, J.: «Artículo 434», en SÁNCHEZ MELGAR, J. (coord.), *et al.*: *Código Penal…*, *op. cit.*, 4ª ed., 2016, p. 3014; VALEIJE ÁLVAREZ, I.: «Malversación…, *op. cit.*, 2ª ed., 2015, p. 1206.

98 FD 3, p. 7.

Tal y como se indica en la STS 568/2019, de 21 de noviembre, el hecho de que el precepto comentado exija que la reparación tenga que ser «íntegra» implica que debe resarcirse el daño causado al erario *in toto*. Por otra parte, también se requiere que la reparación sea «efectiva». Esto quiere decir que no valen los compromisos de reparación futura. Los casos de reparaciones parciales o no efectivas podrían dar lugar, a lo sumo, a la aplicación de la atenuante genérica de reparación del daño del art. 21.5ª CP[99] (o, en su caso, de una atenuante analógica *ex* art. 21.7ª CP).

Ciertos autores han puesto de relieve, a mi juicio con acierto, que el art. 434 CP se solapa con dicha circunstancia atenuante[100]. Este solapamiento es más evidente desde la reforma operada por la LO 14/2022, de 22 de diciembre[101]. Si se recuerda, hasta antes de esa reforma la reparación del perjuicio podía llevarse a cabo en cualquier momento del proceso, pues el art. 434 CP no preveía ningún límite temporal. Esta situación fue criticada por el Consejo Fiscal en su informe al Anteproyecto que se acabaría convirtiendo en la LO 1/2015, de 30 de marzo, creadora del precepto en cuestión. Con la reforma del año 2022, ahora es preciso que el culpable repare el daño antes del inicio de las sesiones del juicio oral: lo mismo que exige el art. 21.5ª CP. Tomando en consideración que una reparación «efectiva e íntegra» del perjuicio antes del inicio de las sesiones del juicio oral bien podría ser constitutiva de una atenuante muy cualificada, que, de conformidad con lo dispuesto en el art. 66.1.2ª CP, habría de dar lugar a una rebaja de pena de uno o dos grados, cabe preguntarse qué añade esta modalidad a la atenuante genérica de reparación del daño[102].

---

99 Ibid.

100 Valle Mariscal de Gante, M.: «La malversación..., *op. cit.*, 2020, pp. 792-793; Roca de Agapito, L.: «Delitos de malversación: arts. 432 y ss.», en Álvarez García, F. J. (Dir.) y Dopico Gómez-Aller, J. (Coord.): *Estudio crítico..., op. cit.*, 2013, p. 927.

101 Insiste en esta idea en su última contribución al respecto Roca de Agapito, L.: «Una primera valoración de la reforma de la malversación: vuelta al pasado», en *Diario La Ley*, n.º 10230, 2023, p. 14.

102 Una posibilidad para diferenciar esta modalidad de aplicación del art. 434 CP de una atenuante muy cualificada de reparación del daño pasa por interpretar los arts. 21.5ª (en su caso, 21.7ª CP) y 434 CP en relación con la regla 8ª del art.

Al margen de lo que se acaba de decir, parece oportuno destacar que el culpable sólo podrá acogerse a esta modalidad cuando el tipo de delito de malversación que cometa haya dado lugar a un perjuicio cuantificable económicamente. Esto será más o menos sencillo en los casos en los que su conducta haya consistido en la apropiación de los bienes que se encuentren a su disposición. Sin embargo, cuando la malversación consista en el uso indebido de bienes muebles o inmuebles (o, sencillamente, en una desviación presupuestaria), esta modalidad será mucho más difícil de aplicar[103].

66.1 CP. Esta regla dispone que «[c]uando los jueces o tribunales apliquen la pena inferior en más de un grado podrán hacerlo en toda su extensión». Si se interpreta esta regla *a contrario*, puede llegarse a la conclusión de que, cuando los jueces o tribunales aplican, con base en la concurrencia de atenuantes genéricas del art. 21 CP, la pena inferior en un grado, entonces deben hacerlo siempre en la mitad inferior. De conformidad con esta interpretación, la regla del art. 66.1.8ª CP facultaría a los jueces a imponer la pena en la mitad superior cuando la rebajen en dos grados por concurrir las aludidas atenuantes genéricas. Con ello se moderarían las consecuencias derivadas de rebajar la pena en dos grados por concurrir dos o más atenuantes simples o una o varias muy cualificadas. Si se considera que esta regla no rige para el art. 434 CP, entonces habría que concluir que, cuando los jueces o tribunales rebajan la pena en dos grados con base en su aplicación, deben imponerla siempre en la mitad inferior. Esto es algo que no se produciría si lo que se aprecia es una atenuante genérica de reparación del daño. Como se verá en la segunda parte (apartado 3.5.2., c) *infra*), la praxis de los tribunales inferiores parece adecuarse a esta interpretación. Aun así, como no se han encontrado SSTS que traten sobre la concesión de una rebaja de pena de dos grados en aplicación del art. 434 CP, la cuestión parece estar, aún, pendiente de resolver (al respecto, ver segunda parte, apartado 3.1. *infra*).

103 QUINTERO OLIVARES, G.: «Artículo 434»..., *op. cit.*, 7ª ed. 2016, p. 145; VALLEJE ÁLVAREZ, I.: «Malversación..., *op. cit.*, 2ª ed., 2015, p. 1206. Este problema surge de la reforma operada por la LO 1/2015, de 30 de marzo. Como se dijo en su momento, esta norma convirtió a la malversación en un tipo especial de administración desleal o apropiación indebida operados sobre el patrimonio público. Tanto la administración desleal como la apropiación indebida exigen, como uno de sus elementos típicos, la causación de un perjuicio patrimonial. Los criterios para delimitar cuándo concurre ese perjuicio en el patrimonio privado no son los mismos que pueden emplearse para el patrimonio público. Por ejemplo, VALLE MARISCAL DE GANTE destaca que el principio del saldo (consistente en comparar el valor del patrimonio antes y después de la acción típica, de tal modo que habrá perjuicio si aquél es menor después que antes de ésta) no es el más adecuado: el destino del presupuesto es, precisamente, ser ejecutado, por lo que el perjuicio patrimonial no puede interpretarse en el sentido de que se ha gastado aquello de lo que se disponía en un principio. Por otro lado, se-

c) *Colaboración «activa y eficaz» con las autoridades o sus agentes para la obtención de pruebas decisivas para la identificación o captura de otros responsables o para el completo esclarecimiento de los hechos*

La otra modalidad de conducta prevista por el art. 434 CP consiste en que el culpable colabore «activa y eficazmente», con las autoridades o sus agentes, para la obtención de pruebas decisivas que redunden, *alternativamente*, en la consecución de *cualquiera* de estos dos objetivos: la identificación o captura de otros responsables o el completo esclarecimiento de los hechos delictivos. Esta modalidad de conducta es muy parecida a la que prevén los arts. 305.6 II, 307.5 II y 308.8 II CP. En aras de la simplicidad, aquí sólo se van a tratar los aspectos en los que el art. 434 CP se diferencia de estos últimos. Para todo lo demás, me remito a lo dicho en el apartado 3.3.1. de esta sección del trabajo. Las diferencias son tres: los destinatarios de la colaboración, la ausencia de límites temporales y la exigencia de «eficacia». Veámoslas.

En cuanto a la primera, hay que partir de que el art. 434 CP dispone que la colaboración ha de prestarse a «las autoridades o sus agentes». Los arts. 305.6 II, 307.5 II y 308.8 II no establecen nada a este respecto. Esta expresión, sin embargo, es la misma que la de las atenuantes destinadas a fomentar la colaboración con las autoridades en los delitos contra la salud pública (art. 376 CP), de integración en organización o grupo criminal (art. 570 quater.4 CP) y de

---

gún la misma autora, manejar un concepto funcional de perjuicio patrimonial (según el cual éste existirá siempre que los bienes se hayan destinado a fines distintos de los que tenían previstos) tampoco soluciona el problema. El ejemplo que pone Valle Mariscal de Gante es el de los bienes que, sin emplearse para conseguir el fin que tenían asignado, se destinan a la satisfacción de otras necesidades públicas. Esto puede hacer que un gasto que pudiera considerarse como «excesivo, extravagante, inoportuno o derrochador» no se considere típico del delito de malversación si, pese a todo, ha satisfecho alguna necesidad pública. Sobre la cuestión, Valle Mariscal de Gante, M.: «La malversación..., *op. cit.*, 2020, pp. 787-791. Tomando en consideración que la LO 14/2022, de 22 de diciembre, ha supuesto el retorno, en muchos sentidos, al régimen previo a la reforma de 2015, el legislador podría haber aprovechado para modificar también el art. 434 CP en lo que se refiere a esta cuestión (i.*e.*, a la necesidad de que tenga que repararse «el perjuicio causado al patrimonio público» de modo efectivo e íntegro para obtener la rebaja de pena).

terrorismo (art. 579 bis.3 CP). En su momento se dijo que los autores que habían estudiado estas atenuantes se habían inclinado por interpretar los términos en cuestión amparando dentro de ellos a las personas que, de conformidad con el art. 264 LECrim, están investidas de la competencia para recibir la denuncia por la comisión de un hecho delictivo; es decir, la Policía, el Ministerio Fiscal o los jueces (ver apartado 3.3.1. b) *supra*). Nada obsta, en mi opinión, para que las «autoridades o sus agentes» del art. 434 CP se interpreten en ese mismo sentido.

La segunda diferencia tiene que ver con el hecho de que el art. 434 CP no prevé ningún límite temporal para la colaboración. Es decir, que ésta podría prestarse, en principio, en cualquier momento del proceso. Téngase presente, eso sí, que cuanto antes se colabore, más probabilidad habrá de que la información aportada a las autoridades sea idónea para la consecución de los objetivos descritos en el precepto. Recuérdese, en cualquier caso, que era discutible que los arts. 305.6 II, 307.5 II y 308.8 II CP contasen con un límite temporal. Más arriba se dijo que, por el modo en que están redactados esos preceptos, no queda del todo claro si el límite de los dos meses desde la citación judicial como investigado es aplicable sólo a las atenuantes del primer inciso o si lo es también a las del segundo (ver apartado 3.3.1. b) *supra*). En el art. 434 CP, en cambio, no hay dudas: el único límite temporal, constituido por el inicio de las sesiones del juicio oral, afecta exclusivamente a la modalidad consistente en reparar el perjuicio causado al patrimonio público.

La última diferencia es, en mi opinión, la más interesante. El art. 434 CP requiere que la colaboración del culpable no sólo sea «activa», sino también «eficaz». Da la sensación de que el legislador ha querido garantizar, con la adición de esta cualidad, que sólo los infractores cuya colaboración dé lugar a una mejora efectiva de la investigación se beneficien de la reducción de la pena.

En su momento se advirtió de lo difícil que es imputar el éxito o fracaso de las pesquisas, exclusivamente, a la ayuda prestada por el colaborador. Desde mi punto de vista, un reproche de estas características podría dirigirse también a la exigencia de «eficacia» del art. 434 CP. No obstante, creo que es posible interpretar el precepto de tal modo que para la concesión de la atenuación no se requiera que la colaboración del culpable haya producido resultado alguno. Se trata de una interpretación similar a la que propuso CUERDA ARNAU sobre el antiguo art. 57 bis b) CP73. Este precepto, considerado el antecedente del actual art. 579 bis.3 CP, pretendía estimular la colaboración con las autoridades en los delitos de terrorismo durante la vigencia del anterior Código Penal. Uno de los objetivos a los cuales la colaboración debía tender para la obtención de los beneficios penológicos que preveía era coadyuvar «eficazmente» a «la obtención de pruebas decisivas para la identificación o captura de otros responsables». Como se ve, este precepto también requería que la colaboración fuera «eficaz». Pues bien, en opinión de la autora citada, esta exigencia había que predicarla *de la obtención de las pruebas decisivas*, no de los resultados a los que la aportación de esas pruebas pudiera dar lugar. Para CUERDA ARNAU, por tanto, el precepto podía aplicarse siempre que el culpable hubiera traído a la causa información idónea para cumplir con ese objetivo. El hecho de que se hubiera alcanzado o no es algo que no debía obstar a la concesión de la rebaja o remisión de la pena[104].

Esta interpretación me parece trasladable al art. 434 CP: basta, para la concesión de la rebaja de pena, con que el culpable aporte a las autoridades o sus agentes información idónea para, o bien la identificación o captura de otros responsables, o bien el completo esclarecimiento de los hechos. Ahora bien, a esta interpretación se le puede objetar que convierte en superflua la exigencia de «eficacia»: realmente, es la misma que se propuso al analizar las atenuantes de los arts. 305.6 II, 307.5 II y 308.8 II CP, que lo único que requieren es que la colaboración del infractor sea «activa» y las pruebas en que se materialice resulten «decisivas». Creo que la objeción tiene que ser concedida: la interpretación propuesta convierte al adverbio «eficazmente» en un añadido superfluo. Sin embargo, me parece una solución más deseable que la que pretende hacer depender de la cooperación del infractor la mejora efectiva de la investigación. De nuevo, estos problemas no se habrían ocasionado si el legislador hubiera sido algo más cauteloso a la hora de elegir las palabras.

---

104 CUERDA ARNAU, M.ª L.: *Atenuación…*, *op. cit.*, 1995, p. 469.

4.2.2. Consecuencias jurídicas

En caso de observar los requisitos necesarios para su aplicación, al culpable del delito de malversación se le impondrá la pena inferior en uno o dos grados. Al igual que sucede con las otras figuras tratadas en este capítulo, esta rebaja sólo afecta a la sanción que corresponda por la comisión del delito de malversación, no así a la de otros delitos con los que éste pueda concurrir.

En la medida en que el art. 434 CP dice que los jueces «impondrán» la pena reducida, hay que entender que la concesión de la atenuación es preceptiva; esto es, que, si los jueces o tribunales estiman concurrentes los requisitos de aplicación, habrán de rebajar la pena del culpable en, al menos, un grado[105].

5. CONCLUSIONES

El Código Penal español cuenta con varias disposiciones que tratan de fomentar que los responsables de haber cometido delitos vinculados con la criminalidad económica colaboren con las autoridades o reparen los perjuicios causados. Esta función de estímulo trata de conseguirse a través de la renuncia a la imposición de todo o parte del castigo que se merece por los hechos a cambio de la realización de ciertas conductas que posibiliten la consecución de determinados objetivos político-criminales. Estos objetivos son la denuncia del delito, la aportación de información que permita la identificación o captura de otros responsables, el esclarecimiento de los hechos o la localización del patrimonio del sujeto infractor, o, sencillamente, el resarcimiento de los daños.

A pesar de que no han sido disposiciones muy estudiadas por la doctrina ni tratadas por la jurisprudencia, su configuración legislati-

---

105 En este mismo sentido, VALLE MARISCAL DE GANTE, M.: «La malversación..., *op. cit.*, 2020, p. 793, quien, además, advierte de la falta de criterios del precepto para ponderar cuándo procede una rebaja de dos grados. También destacan el carácter obligatorio de la atenuación MANZANARES SAMANIEGO, J. L.: *Comentarios al Código Penal (tras las Leyes Orgánicas 1/2015, de 30 de marzo y 2/2015, de 30 de marzo).* Wolters Kluwer: Madrid, 2016, p. 1369, y VALEIJE ÁLVAREZ, I.: «Malversación..., *op. cit.*, 2ª ed., 2015, p. 1906.

va ofrece muchos problemas interpretativos. En algunas ocasiones, los requisitos necesarios para su aplicación no están del todo claros. En otras, son las consecuencias jurídicas las que no son del todo previsibles. A veces, incluso, ni lo uno ni lo otro cuentan con unos perfiles claros. No resulta sorprendente, por tanto, que muchas de estas figuras hayan sido criticadas tanto por la doctrina como por los órganos consultivos que han elaborado informes en los procedimientos legislativos que dieron lugar a las normas que las introdujeron en el ordenamiento jurídico español.

Segunda parte:
LA APLICACIÓN DE LOS INCENTIVOS[1]

1. CONSIDERACIONES PRELIMINARES: EL PORQUÉ DE ESTE ESTUDIO

1.1. La supuesta ineficacia de los incentivos: exposición de las principales ideas

Como se ha visto en la primera parte, las figuras constitutivas del objeto de estudio se crearon para conseguir determinados objetivos político-criminales: facilitar la detección, investigación y enjuiciamiento de formas delictivas especialmente difíciles de perseguir y/o estimular a sus responsables a reparar el daño causado. Siendo esto así, podría cuestionarse la conveniencia de introducir estas medidas en el ordenamiento jurídico si se comprueba que, realmente, no están siendo útiles para alcanzar las metas que se proponía alcanzar el legislador. Varios autores sostienen que existen poderosas razones para pensar que estos incentivos son disposiciones inútiles.

Una primera objeción destaca que son (muy) difíciles de aplicar. Esta dificultad de aplicación tendría dos vertientes. Por un lado, hay algunas disposiciones que prevén unos requisitos muy exigentes. A este grupo pertenecería el art. 426 CP. Recuérdese que este precepto exige, para empezar, que el particular sólo haya accedido «ocasionalmente» a la solicitud de dádiva o retribución del funcionario o la autoridad. Y, para seguir, es preciso que la denuncia se interponga no sólo antes de que se inicie el procedimiento, sino antes de que transcurran dos meses desde la fecha de los hechos.

El otro sentido en el que se predica la dificultad de aplicación de los incentivos es que las conductas que se exige realizar para ello están, en ocasiones, muy vagamente descritas. Esto hace que muchas veces no quede claro qué es lo que tiene que hacer el colaborador para poder obtener la ventaja prevista. Se traen a colación, en este

---

[1] En los Anexos 1 y 2 puede verse un listado con la relación de las sentencias estudiadas en esta segunda parte.

sentido, los términos acompañados por algún adjetivo, como «colaboración *activa*» o «pruebas *decisivas*». Estas dos construcciones aparecen en todas las figuras constitutivas del objeto de estudio salvo el art. 426 CP[2].

A ello hay que sumarle, para el caso particular de las atenuantes del segundo inciso de los arts. 305.6, 307.5 y 308.8 CP, que la consecuencia jurídica prevista (rebaja de pena de uno o dos grados) viene precedida de un «podrán». El empleo de esa forma verbal admite una interpretación que considere que estos incentivos son de aplicación facultativa; es decir, que, aunque se cumplan sus requisitos, los jueces pueden conceder la atenuación o no de manera discrecional[3]. La falta de seguridad en la consecución de la rebaja de pena bien puede disuadir a sus potenciales beneficiarios de adoptar una estrategia procesal consistente en la colaboración[4].

Otra crítica está centrada en los resultados que, eventualmente, podrían obtenerse en caso de que finalmente los incentivos se apliquen. Supongamos que hay un proceso penal en el que uno de los investigados decide colaborar con las autoridades. Supongamos, también, que esa colaboración se materializa en una declaración incriminatoria de otros intervinientes en el hecho delictivo. La crítica tiene que ver con el hecho de que esa declaración, por sí sola, no constituye una prueba de cargo suficiente para enervar la presunción de inocencia de aquellos frente a los que se dirija. En efecto, la jurisprudencia del TC reconoce, desde hace varios años, que las declaraciones de los coimputados no pueden fundamentar, por sí so-

---

2 En este sentido va, en lo que atañe a los incentivos del segundo inciso de los arts. 305.6, 307.5 y 308.8 CP, Iglesias Río, M. A.: «Delitos…, *op. cit.*, 2013, pp. 824-825.

3 En este mismo sentido, recuérdese, parece ir la jurisprudencia. Sobre la cuestión, ver primera parte, apartado 3.3.2. *supra*.

4 En este sentido, aunque para los incentivos previstos para los delitos contra la salud pública (art. 376 CP), de integración en organización o grupo criminal (570 quater.4 CP) y terrorismo (art. 579 bis.3 CP), con idéntico tenor literal que las figuras estudiadas en lo que se refiere a esta cuestión, ver Garro Carrera, E.: «Comportamiento postdelictivo positivo y delincuencia asociativa. Claves para una reelaboración», en *InDret*, n.º 1, 2013, p. 14. Disponible en https://indret.com/wp-content/uploads/2013/01/Garro-Carrera-Comportamiento-postdelictivo-y-delincuencia-asociativa.pdf [Consulta: 26/12/2024], y Benítez Ortúzar, I. F.: *El colaborador…*, *op. cit.*, 2004, pp. 168-169.

las, sentencias condenatorias. Para ello, es necesario que concurran elementos adicionales de corroboración. De modo que ya no sólo es que los incentivos sean difíciles de aplicar por sus requisitos o por su escaso atractivo. Es que, aun suponiendo que se apliquen, es probable que no sirvan para conseguir la condena de otros implicados en el hecho delictivo[5].

Por último, también hay quien destaca que los incentivos para la colaboración con las autoridades son, sencillamente, superfluos. La idea que subyace a esta crítica es que los comportamientos colaboradores que pretenden fomentar los incentivos también pueden recompensarse a través de la aplicación de atenuantes genéricas, como la de confesión (art. 21.4ª CP) o la de reparación del daño (art. 21.5ª CP); figuras que, además, pueden aplicarse sin necesidad de observar sus requisitos cronológicos —y, por lo tanto, mucho más fácilmente que los incentivos constitutivos del objeto de estudio— a través de la figura de la atenuante de análoga significación del art. 21.7ª CP. De modo que, incluso aunque no se respeten los límites temporales exigidos por los preceptos reguladores de esas atenuantes genéricas, se podría conceder una rebaja de pena a los colaboradores.

Además, con independencia de si las atenuantes genéricas en cuestión se aplican como analógicas o no, puede que la rebaja de pena que se conceda sea la misma que la que se podría obtener si se aplica alguno de los incentivos. En efecto, con la salvedad del art. 426

---

5 Así, para los delitos económicos, IGLESIAS RÍO, M. A.: «Delitos..., *op. cit.*, 2013, pp. 826-827. Para los delitos contra la salud pública y el terrorismo, SÁNCHEZ GARCÍA DE PAZ, I.: «El coimputado que colabora con la justicia penal», en *RECPC*, n.º 7, 2005, pp. 21-22. Disponible en: http://criminet.ugr.es/recpc/07/recpc07-05.pdf [Consulta: 26/12/2024]; BENÍTEZ ORTÚZAR, I. F.: *El colaborador...*, *op. cit.*, 2004, pp. 176-179, y CUERDA ARNAU, M.ª L.: «El premio por el abandono de la organización y la colaboración con las autoridades como estrategia de lucha contra el terrorismo en momentos de crisis interna», en Estudios penales y criminológicos, n.º 25, 2004, pp. 46-51. Disponible en: https://minerva.usc.es/entities/publication/57edcec0-8128-40e3-9325-2880a6d4ca83 [Consulta: 02/01/2025]. Para un repaso de la jurisprudencia del TC y del TS relacionada con el valor probatorio de las declaraciones de los coimputados, ver ORTIZ PRADILLO, J. C.: *Los delatores en el proceso penal. Recompensas, anonimato, protección y otras medidas para incentivar una colaboración más eficaz con la justicia.* Wolters Kluwer: Madrid, 2018, pp. 274-281, y, más recientemente, EL MISMO: Whistleblowing..., *op. cit.*, 2024, pp. 329-332.

CP —que sólo contempla la absolución—, todos los incentivos estudiados en este trabajo establecen como consecuencia jurídica una rebaja de la pena de uno o dos grados. Si el órgano jurisdiccional considera que concurre una atenuante genérica —analógica o no—, la rebaja de pena que ha de conceder puede llegar a ser de uno o dos grados si entiende que la atenuante en cuestión es muy cualificada (art. 66.1.2ª CP)[6].

En suma: resulta que en el Código Penal ya hay una serie de figuras que pueden recompensar la colaboración con las autoridades cuyos requisitos de aplicación son más laxos que los de los incentivos y cuyas ventajas pueden llegar a ser las mismas que las que pueden alcanzarse con aquéllos. Siendo esto así, no está del todo claro qué tienen los incentivos para la colaboración con las autoridades que no tengan las atenuantes genéricas de las circunstancias 4ª y 5ª del art. 21 CP, sobre todo si se toma en consideración la posibilidad de aplicar estas últimas como analógicas *ex* art. 21.7ª CP[7].

1.2. Valoración crítica

1.2.1. Una observación concreta sobre la necesidad de corroborar las declaraciones de los coimputados

De todas las críticas expuestas en el epígrafe anterior, no estoy de acuerdo con la que alude a la imposibilidad de que las declaraciones de los colaboradores funden por sí solas una sentencia condenatoria como prueba de su falta de eficacia. Coincido en que, si la colaboración consiste, únicamente, en realizar una declaración en el juicio oral sin aportar ningún otro elemento de prueba que la corrobore, difícilmente eso servirá para algo. Sin embargo, a partir de aquí, creo que es posible formular, como mínimo, dos objeciones.

---

6 Recuérdese, en todo caso, lo dicho sobre el juego de la regla del art. 66.1.8ª CP en la primera parte, apartado 4.2.1., b) *supra* (ver nota 102).

7 Han destacado el carácter superfluo de los incentivos previstos para los delitos económicos Valle Mariscal de Gante, M.: «La malversación..., *op. cit.*, 2020, pp. 792-793, e Iglesias Río, M. A.: «Delitos..., *op. cit.*, 2013, pp. 825-826. En lo que tiene que ver con los previstos para los delitos contra la salud pública y de terrorismo, ha realizado esta misma crítica Sánchez García de Paz, I.: «El coimputado..., *op. cit.*, 2005, p. 18.

La primera es que realizar declaraciones incriminatorias en el juicio oral es sólo una de las muchas posibilidades que tienen a su disposición los potenciales beneficiarios de los incentivos para colaborar con las autoridades. En concreto, este tipo de acciones podrían encajar en las finalidades consistentes en colaborar activamente para obtener pruebas decisivas que redunden, o bien en «la identificación o captura de otros responsables», o bien en «el completo esclarecimiento de los hechos».

Por un lado, hay que destacar que estas formas de colaboración están previstas en las atenuantes del segundo inciso de los arts. 305.6, 307.5 y 308.8 CP (respectivamente, delitos fiscales, contra la Seguridad Social y de fraude de subvenciones) y la del art. 434 CP (malversación). El art. 426 CP exige una conducta distinta (y muy concreta): denunciar los hechos. Puede discutirse, por tanto, que el «éxito» de esta disposición radique en la obtención de un mayor número de sentencias condenatorias, sino en un mayor número de delitos de cohecho detectados.

Por otro lado, además, puede sostenerse que colaborar para obtener «pruebas decisivas» para identificar a otros culpables o para esclarecer por completo los hechos delictivos no tiene por qué consistir, únicamente, en aportar material que funde la sentencia condenatoria. Como se ha visto en la primera parte, el tenor literal de estos incisos admite una interpretación amplia en virtud de la cual se considere que la aportación de información durante la fase de investigación, judicial o no, también quede dentro del ámbito de aplicación de estas figuras. Ello incluso aunque dicha información, finalmente, no se emplee como medio de prueba fundante de la sentencia condenatoria.

Por último, también es preciso recalcar que, junto con estas dos finalidades hacia las que puede tender la colaboración del infractor, hay otras que, claramente, no están pensadas para posibilitar o facilitar el dictado de una sentencia condenatoria, sino para satisfacer en la mayor medida posible las deudas dejadas de pagar o reparar cuanto antes el daño causado a la Administración Pública. Me estoy refiriendo, por ejemplo, a la modalidad de colaboración prevista al final del segundo inciso de los arts. 305.6, 307.5 y 308.8 CP. Dicha finalidad es la consistente en aportar pruebas decisivas para localizar el patrimonio del autor o de otros responsables del delito. Como también se vio en la primera parte, a través de la previsión de esta modalidad el legislador parece que intenta fomentar que se encuentren los bienes de los sujetos que tienen una obligación patrimonial con la Administración. En caso necesario, estos bienes podrán emplearse por el ente público defraudado para la satisfacción de las deudas dejadas de pagar. En un sentido similar va el art. 434 CP, el cual asocia la rebaja de pena a quien repare el perjuicio causado al patrimonio público de modo efectivo, íntegro y previo al inicio de las sesiones del juicio oral.

Queda por ver la otra objeción. Imaginemos que se da la situación arriba descrita; es decir, que el culpable se ha limitado a realizar declaraciones incriminatorias en el juicio oral contra otros intervinientes en el hecho delictivo. Sabemos que, de conformidad con la jurisprudencia del TC al respecto, esa declaración no puede fundar, por sí sola, la sentencia de condena. Pues bien, en este caso creo que puede discutirse que una actuación tal encaje en el concepto de una «colaboración *activa*» tendente a la obtención de «pruebas *decisivas*» que redunden, o bien en la «identificación o captura de otros responsables», o bien en el «*completo* esclarecimiento de los hechos delictivos». En otras palabras: los órganos judiciales podrían no conceder el incentivo si consideran que una conducta semejante no cumple con la finalidad que el legislador esperaba obtener.

1.2.2. La gran pregunta: ¿sabemos qué está sucediendo en la práctica? Los estudios empíricos disponibles

Hay algo en esta última objeción que, desde mi punto de vista, merece ser resaltado. La crítica que alude a la imposibilidad de que las declaraciones de los colaboradores funden, por sí solas, una sentencia condenatoria, parece dar por sentado que los jueces concederán, efectivamente, el incentivo. Ello, incluso, aunque la cooperación de su (potencial) beneficiario haya consistido, únicamente, en declarar contra otros intervinientes en el hecho delictivo en el acto del juicio. Esto no deja de ser una afirmación de hecho que, como tal, debería contar con respaldo empírico. En mi opinión, el argumento que subyace a la crítica pierde fuerza de convicción si no va acompañado de datos relacionados con cómo han actuado los jueces y tribunales españoles ante situaciones semejantes.

Con esto llegamos al que, en mi opinión, es el principal problema de *todos* los argumentos que recalcan la escasa eficacia de los incentivos para la colaboración con las autoridades y *no sólo de la crítica a la que se acaba de responder.* Salvo lo que tiene que ver con esta última crítica, suscribo cuanto tiene que ver con los factores que pueden condicionar la eficacia de los incentivos. Es decir, me parece muy razonable afirmar que éstos son muy difíciles de aplicar, que son muy poco atractivos, que no añaden nada que no pueda conseguirse a través de otras vías más «usuales» como la aplicación de atenuantes analógicas y que todo eso, a la postre, merma las posibilidades de conseguir los objetivos político-criminales que tienen asignados.

Lo que quiero poner de relieve es que, si se esgrimen argumentos contra los incentivos que están basados en afirmaciones de hecho sobre su eficacia y tales afirmaciones no van acompañadas de ningún estudio que las apoye, aunque sea parcialmente, la crítica no resulta del todo convincente. Desafortunadamente, esa parece ser la situación actual del debate: como va a verse de inmediato, por ahora se han realizado muy pocos estudios empíricos sobre las atenuantes y eximentes por colaboración con las autoridades en nuestro país.

Desde luego, en el ámbito de la criminalidad económica esos estudios son prácticamente inexistentes. Hasta donde alcanzo, aún no se ha llevado a cabo ningún estudio empírico sobre las figuras previstas en el segundo inciso de los arts. 305.6, 307.5 y 308.8 CP ni sobre el art. 434 CP. Sí existen dos estudios relacionados con el art. 426 CP (esto es, sobre la eximente prevista para el delito de cohecho).

El primero de ellos fue realizado por el GRECO en el año 2009 como parte de la tercera ronda de evaluación de las políticas españolas frente a la corrupción. La información que aporta dicho estudio, no obstante, es ciertamente escasa. En efecto, en él sólo se afirma que, durante el período sometido a evaluación, que comprendió los años 1996 a 2008, únicamente se tuvo noticia de un caso de aplicación del art. 426 CP (en aquel entonces, art. 427 CP). Se trata del supuesto decidido por la STSJ Madrid (1ª) 18/2006, de 29 de noviembre (ECLI: ES:TSJM:2006:13070). Esta última se dictó como consecuencia del recurso de apelación interpuesto contra la SAP Madrid (23ª)

30/2006, de 2 de marzo (ECLI: ES:APM:2006:3097), que es en la que se aplicó la figura en cuestión[8].

El segundo fue llevado a cabo por Ortiz de Urbina Gimeno en 2011. Sus resultados constan en la tercera edición de la parte especial de las «Lecciones de Derecho penal»[9]. Allí se indica que, además del supuesto que se acaba de mencionar, hay otro procedimiento en el que la disposición en cuestión fue aplicada. Se trata del caso resuelto en la STS 842/2006, de 31 de julio (ECLI: ES:TS:2006:6187). En esta resolución, se menciona una decisión de sobreseimiento libre decretada frente a uno de los investigados, en aplicación de la eximente en cuestión. En la última edición del manual recién citado, de 2025, figura este mismo resultado[10].

En otras palabras: en atención a los datos expuestos, la eximente para el delito de cohecho sólo se habría aplicado en dos ocasiones desde su creación en el año 1995. Esto bien podría dar la razón a las críticas expuestas más arriba. Sin embargo, creo que sería conveniente completar la información de la que se dispone a través del análisis de otros parámetros para tener un diagnóstico algo más preciso sobre la eficacia de la estrategia consistente en fomentar la colaboración con las autoridades en los delitos de cohecho. Por ejemplo, podría comprobarse si, al margen del art. 426 CP, los órganos judiciales españoles han aplicado otras figuras que puedan cumplir una función de estímulo similar. Me estoy refiriendo, fundamentalmente, a la atenuante genérica de confesión (art. 21.4ª CP) o a su analógica (art. 21.7ª CP). Ello porque el hecho de que en un procedimiento no se aplique la eximente del art. 426 CP no quiere decir, necesariamente, que ningún investigado por la comisión de un delito de cohecho haya prestado ningún tipo de colaboración a las autoridades, sino

---

8 GRECO: *Tercera Ronda de Evaluación...*, *op. cit.*, 2009, p. 34.

9 Ortiz de Urbina Gimeno, Í.: «Delitos contra la Administración Pública», en Silva Sánchez, J. M.ª (dir.); Ragués i Vallès, R. (coord.), *et al.*: *Lecciones de Derecho penal. Parte Especial.* Atelier: Barcelona, 3ª ed., 2011, p. 342. La resolución de instancia de la que dimana la STS mencionada en el texto es la STSJ Cataluña (1ª) 1/2005, de 3 de enero (ECLI: ES:TSJCAT:2005:10).

10 Ortiz de Urbina Gimeno, Í.: «Delitos contra la Administración Pública»..., *op. cit.*, 10ª ed., 2025, p. 410.

que, sencillamente, nadie ha llevado a cabo una conducta que encaje en los (rigurosos) perfiles del art. 426 CP.

Sin embargo, ninguna de estas comprobaciones se ha llevado a cabo. Son algo más completos, en cambio, los análisis que han tomado como objeto de estudio los incentivos para la colaboración con las autoridades en el ámbito del terrorismo.

Cuerda Arnau encontró cinco supuestos de aplicación del art. 57 bis b) CP73 por parte de la AN[11]. Esta cifra le hizo llegar a la conclusión de que ese órgano jurisdiccional no era «especialmente proclive» a la aplicación de los incentivos específicamente diseñados para fomentar la colaboración con las autoridades en ese ámbito criminal[12]. Con todo, en los casos en los que no procedía la aplicación de ese precepto, los tribunales españoles —a veces la propia AN, a veces el TS al conocer del asunto en casación— recurrieron a otros instrumentos jurídicos para beneficiar a los sujetos que, aunque no hubieran cumplido con los requisitos del art. 57 bis b) CP73, habían colaborado con las autoridades de algún modo. Entre esos instru-

---

11 Se trata de las SSAN (2ª) 10/1993, de 25 de febrero; (3ª) 33/1992, de 10 de octubre; (3ª) 28/1992, de 9 de julio; (2ª) 32/1992, de 12 de junio, y (2ª) 14/1989, de 13 de febrero. Cuerda Arnau, M.ª L.: *Atenuación…*, *op. cit.*, 1995, p. 503. Ninguna de estas sentencias está indexada en el CENDOJ. Este hecho es un indicador de lo complicado (y meritorio) que debió de resultar el análisis realizado por la autora ahora comentada. De conformidad con la información contenida en su página web, el CENDOJ se creó en junio de 1997. El 1 de abril de 1998 se distribuyó, entre los miembros de la carrera judicial, el primer CD-ROM con jurisprudencia. No fue hasta el 26 de junio de 2006 cuando el CENDOJ comenzó a prestar su servicio de manera pública y gratuita en Internet. Sobre todo ello, ver https://www.poderjudicial.es/portal/site/cgpj/menuitem.65d2c4456b6ddb628e635fc1dc432ea0/?vgnextoid=724be6e84adec510VgnVCM1000006f48ac0aRCRD&vgnextchannel=ea1732cd1ddaa210VgnVCM100000cb34e20aRCRD&vgnextfmt=default&vgnextlocale=es [Consulta: 26/12/2024]. Téngase presente que el trabajo de Cuerda Arnau se publicó en el año 1995; es decir, que fue concluido alrededor de dos años antes de la creación del CENDOJ. La labor de búsqueda de jurisprudencia que se ha empleado en esta investigación, cuyos resultados se exponen en el apartado 2 *infra*, ha resultado incomparablemente más sencilla.

12 Cuerda Arnau, M.ª L.: *Atenuación…*, *op. cit.*, 1995, p. 503.

mentos, la autora menciona la solicitud de indulto al Gobierno[13] o la aplicación de una atenuante analógica[14].

Parece que, con la aprobación del Código Penal de 1995, los órganos judiciales españoles continuaron prefiriendo recurrir a otras instituciones jurídicas antes que a los incentivos para dispensar un trato de favor a los terroristas colaboradores. Esa es la conclusión que puede extraerse, al menos, si se atiende a las afirmaciones de los autores que han estudiado la cuestión relativa a la frecuencia de aplicación de estos incentivos bajo la vigencia del actual Código Penal. Hasta donde alcanzo, esos autores son dos: Victoria García del Blanco y José Núñez Fernández.

En un artículo de 2009, García del Blanco afirmó no tener constancia de ningún supuesto de aplicación ni por la AN ni por el TS de la disposición que, en la actualidad, se contiene en el art.

---

13 La autora cita dos resoluciones dictadas con posterioridad a la entrada en vigor de la LO 3/1988, de 25 de mayo, a través de la cual se introdujo en el CP73 el art. 57 bis b): se trata de la STS de 27 de febrero de 1992 (ECLI: ES:TS:1992:1607 (*Tol 5124452*)] y la SAN (3ª) 7/1988, de 30 de enero. También menciona la SAN (3ª) 46/1981, de 18 de junio, la cual, según sus palabras, se dictó tras la aprobación de la mencionada LO 3/1988, de 25 de mayo, pero antes de su entrada en vigor (lo que aconteció el 15 de junio de 1988). Cuerda Arnau, M.ª L.: *Atenuación…*, *op. cit.*, 1995, p. 499 (nota al pie 7). Ninguna de las SSAN citadas está indexada en el CENDOJ (sí lo está la STS, cuya referencia «ECLI» se ha hecho constar).

14 La autora cita cinco resoluciones en este sentido. Se trata de las SSAN (3ª) 34/1990, de 8 de mayo; (3ª) 27/1990, de 7 de abril; (3ª) 24/1990, de 3 de abril; (2ª) 38/1989, de 4 de abril, y (2ª) 34/1989, de 1 de abril. Cuerda Arnau indica sobre ellas que, en cuatro de estos casos, la AN concedió a los colaboradores una atenuante analógica del art. 9.10ª en relación con la atenuante de arrepentimiento espontáneo del art. 9.9ª CP73. En el caso decidido por la SAN (3ª) 24/1990, de 3 de abril, el procedimiento fue algo diferente, pues el órgano judicial aplicó al colaborador una atenuante analógica *sui generis* poniendo en relación el art. 9.10ª con el párrafo 2 del art. 57 bis b) y el art. 66 CP73. En opinión de la autora, esta forma de proceder no sería correcta: cuando no concurren todos los elementos del art. 57 bis b) CP73 cabría, o bien aplicar la atenuante analógica de arrepentimiento espontáneo o, en su caso, solicitar un indulto. En cualquier caso, la solución en todos estos supuestos fue la misma: la AN rebajó la pena en un grado (la misma extensión en la cual este órgano jurisdiccional rebajó la pena en los cinco casos en los que se aplicó el art. 57 bis b) CP73). Cuerda Arnau, M.ª L.: *Atenuación…*, *op. cit.*, 1995, pp. 499-501. Ninguna de las resoluciones citadas en esta nota está indexada en el CENDOJ.

579 bis.3 CP[15]. Algo que le resultaba llamativo en la medida en que, tal y como indica, ciertos magistrados del órgano citado en primer lugar habían afirmado públicamente no sólo la existencia de colaboradores con las autoridades, sino que sus contribuciones habían sido relevantes para desarticular bandas terroristas[16].

Por su parte, en su monografía de 2017, José Núñez Fernández plasmó los resultados de un análisis de sentencias sobre terrorismo dictadas por la AN y el TS entre el 2 de enero de 1995 y el 30 de abril de 2017. El autor indica que obtuvo la muestra del buscador público de jurisprudencia del Centro Nacional de Documentación Judicial (CENDOJ), órgano adscrito al Consejo General del Poder Judicial (CGPJ). Para ello, seleccionó el marco temporal aludido e introdujo en el cuadro de búsqueda por texto libre los términos «terrorismo» y «atenuantes». El sistema devolvió, como resultados de búsqueda, 142 resoluciones dictadas por la AN y otras 147 por el TS; es decir, 289 sentencias en total. De todas ellas, seleccionó 27 que constituyeron la muestra definitiva: 12 del TS y 15 de la AN[17]. Más adelante se volverá a la cuestión relativa a los criterios empleados por el autor para reducir la muestra a su tamaño final. Por ahora basta con señalar que, sobre esta cuestión, Núñez Fernández indica que esas 27 resoluciones eran las únicas que versaban sobre terrorismo y en las que, además, o bien se aplicaba la figura actualmente contenida en el art. 579 bis.3 CP «o preceptos de similar naturaleza», o bien se descartó la apreciación de «estos o aquellos preceptos» pese a que alguna de las partes los invocó[18]. El autor afirma que, entre las 27 resoluciones finalmente estudiadas, sólo había tres casos de aplicación del incen-

---

15 Se hace la precisión de que es el incentivo que ocupa esa posición «en la actualidad» porque, en atención a las varias reformas que se han sucedido a lo largo de los años, el número del artículo ha ido cambiando. Su tenor literal, sin embargo, no lo ha hecho.

16 García del Blanco, V.: «La dudosa eficacia de los beneficios premiales por arrepentimiento en terrorismo», en Cuerda Riezu, A., y Jiménez García, F. (dirs.): *Nuevos desafíos del Derecho penal internacional*. Tecnos: Madrid, 2009, p. 118 (nota al pie 41).

17 Núñez Fernández, J.: *Sobre punibilidad, terrorismo y víctimas*. Thomson Reuters Aranzadi: Cizur Menor, 2017, pp. 125-126.

18 Ibid., p. 126.

tivo actualmente regulado en el art. 579 bis.3 CP[19] y otros dos en los que se aplicó el art. 57 bis b) CP73[20]. Junto a estos cinco casos de aplicación de incentivos, el autor detectó en la misma muestra otras siete resoluciones en las que los órganos jurisdiccionales españoles hicieron uso de una atenuante analógica de confesión o de reparación del daño como respuesta a la conducta colaboradora de los condenados[21].

El trabajo de Núñez Fernández ofrece una información más significativa que la proporcionada, por ejemplo, por el informe del

---

19 Se trata de los asuntos resueltos en las SSTS 878/2014, de 23 de diciembre (ECLI: ES:TS:2014:5752), y 2084/2001, de 13 de diciembre [ECLI: ES:TS:2001:9774 (*Tol 4976088*)], y la SAN (3ª) 73/2007, de 19 de diciembre [ECLI: ES:AN:2007:6248 (*Tol 5264607*)]. En las dos SSTS la disposición se aplicó a un condenado en cada resolución. La rebaja de pena que se concedió fue de un grado. En la SAN (3ª) 73/2007, de 19 de diciembre, la disposición se aplicó, nuevamente, sólo a un condenado. En este caso, sin embargo, la rebaja concedida fue de dos grados. Núñez Fernández, J.: *Sobre punibilidad..., op. cit.*, 2017, p. 127.

20 Se trata de la STS 1358/1997, de 5 de noviembre [ECLI: ES:TS:1997:6575 (*Tol 5136810*)], y de la SAN (1ª) 24/2000, de 8 de mayo [ECLI: ES:AN:2000:3050 (*Tol 5389899*)]. La persona a la que se le aplicó el art. 57 bis b) CP73 es la misma en las dos resoluciones: el exetarra José Manuel Soares Gamboa, identificado como Baltasar en la primera a la que se ha hecho mención y como Serafín en la segunda. Debe precisarse que esas dos resoluciones no tienen continuidad entre sí. Es decir, que no pertenecen al mismo proceso judicial. Las dos enjuician sendos atentados con coche bomba ocurridos en Madrid: la primera, el que tuvo lugar el 25 de abril de 1986 contra un vehículo de la Guardia Civil entre las calles de Juan Bravo y Príncipe de Vergara y la segunda, el que aconteció el 9 de septiembre de 1985 en la Plaza de la República Argentina y que tuvo como objetivo un autobús que transportaba a agentes del cuerpo policial que se acaba de mencionar. Soares Gamboa fue condenado en ambos procedimientos por varios delitos graves, entre los que se encontraban los de estragos y asesinato, y en los dos asuntos se le concedió una rebaja de pena de un grado en todos los delitos de los que fue declarado responsable.

21 En concreto, Núñez Fernández cita las SSTS 679/2010, de 7 de julio (ECLI: ES:TS:2010:4229); 816/2009, de 1 de julio (ECLI: ES:TS:2009:4886); 106/2000, de 31 de enero [ECLI: ES:TS:2000:592 (*Tol 4924821*)], y 1071/1996, de 20 de diciembre [ECLI: ES:TS:1996:7442 (*Tol 5136475*)], así como las SSAN (1ª) 18/2011, de 14 de abril (ECLI: ES:AN:2011:5999); (1ª) 28/2006, de 26 de junio [ECLI: ES:AN:2006:6406 (*Tol 5386990*), y (2ª) 13/1999, de 18 de marzo [ECLI: ES:AN:1999:1772 (*Tol 5222828*)]. Núñez Fernández, J.: *Sobre punibilidad..., op. cit.*, 2017, p. 127 (nota al pie 70).

GRECO que se ha citado más arriba. En efecto, este autor, siguiendo la línea de CUERDA ARNAU, contempla la posibilidad de que haya sujetos que, pese a haber prestado algún tipo de ayuda a las autoridades, no hayan cumplido con los exigentes requisitos previstos por los incentivos específicamente diseñados para fomentar esa colaboración. Esto es lo que le lleva a buscar (y encontrar) siete supuestos en los cuales se aplicaron atenuantes analógicas de confesión o de reparación del daño. Pese a que esta forma de proceder me parece, en líneas generales, acertada para analizar cómo cooperan con las autoridades los acusados por delitos de terrorismo (si es que lo hacen) y cómo corresponden a esa colaboración, en su caso, los tribunales españoles, creo que es preciso realizar dos observaciones a este estudio.

La primera es que el autor no pone en relación los casos de aplicación de los incentivos ni los de las atenuantes genéricas con determinadas magnitudes que podrían dar cuenta de la mayor o menor utilidad que han reportado a las autoridades. Me refiero, por ejemplo, al número de acusados y condenados por delitos de terrorismo en cada procedimiento. Habría sido interesante verificar si, en los casos en que se ha aplicado alguna de estas disposiciones —sean los incentivos, sean las atenuantes genéricas—, esos números son mayores en comparación con los de los supuestos en los que no se ha empleado ningún instrumento jurídico para beneficiar a los colaboradores.

La segunda es que tampoco indica, exactamente, en cuántos procedimientos de los 27 analizados se solicitó la aplicación de los incentivos, en cuántos de ellos se descartó y el motivo que, en cada caso, esgrimieron los órganos jurisdiccionales para no acceder a la petición. Esta observación que se acaba de hacer requiere de una explicación algo más detallada.

Se ha dicho más arriba que el autor seleccionó esas 27 sentencias de los 289 resultados totales de búsqueda porque eran, o bien casos de aplicación de la figura que hoy en día se contiene en el art. 579 bis.3 CP «o preceptos de similar naturaleza», o bien casos en los que se descartó la aplicación de «estos o aquellos preceptos». También se ha dicho que el autor tomó en consideración en cuántas de esas 27 resoluciones se aplicó el art. 57 bis b) CP73 (dos sentencias), la atenuante que actualmente prevé el art. 579 bis.3 CP (tres sentencias) o, en su caso, las circunstancias genéricas de confesión o reparación del daño (siete sentencias).

Teniendo esto en cuenta, cuando el autor alude a que la muestra estaba constituida tanto por supuestos de aplicación de «preceptos de similar naturaleza» a la figura del vigente art. 579 bis.3 CP, como por asuntos en los que se denegó la apreciación de «estos o aquellos preceptos», caben dos posibilidades. Por un lado, puede estar indicando que en esas 27 resoluciones se solicitó la aplicación del art. 579 bis.3 CP o, en su caso, el antiguo art. 57 bis b) CP73. Es decir, que el 100% de la muestra que finalmente se estudió estaba compuesta por casos de solicitud de alguno de los incentivos específicamente previstos para fomentar la colaboración con las autoridades en los delitos de terrorismo. De ser ese el caso, los supuestos en los que se aplicaron finalmente las atenuantes genéricas serían aquellos en los que los órganos jurisdiccionales españoles no reputaron cumplidos los requisitos de aplicación de alguno de esos incentivos y, pese a ello, recurrieron a otra vía para rebajar la pena de los colaboradores. Pero, por otro lado, la alusión a los «preceptos de similar naturaleza» a la del art. 579 bis.3 CP también puede englobar a las atenuantes genéricas y no sólo al art. 57 bis b) CP73. Es decir, que, en este segundo caso, la muestra no estaría integrada, en su totalidad, por casos de solicitud de los incentivos, sino, también, por casos en los que se solicitó la aplicación de una atenuante genérica de confesión o de reparación del daño.

Esto me parece relevante por lo siguiente. Si se maneja la primera interpretación, se hablaría de 27 casos de solicitud de aplicación de, o bien la atenuante que actualmente se contiene en el art. 579 bis.3 CP, o bien de alguno de los incentivos que preveía el art. 57 bis b) CP73. De esos 27 casos de solicitud, habrían prosperado cinco; es decir, que aproximadamente en uno de cada cinco casos en los que se invocaron los incentivos la petición fue estimada (18,52%). Sin embargo, de optar por la segunda, lo que se conoce es que hubo cinco casos de aplicación de alguno de esos incentivos, pero no se sabe cuántas veces se pidió su aplicación por los colaboradores.

A lo dicho hasta aquí hay que añadirle que el autor tampoco explica en qué número de casos de solicitud se produjo la desestimación de los incentivos ni por qué motivo se denegó su aplicación. Es cierto que, en un apartado de su trabajo, menciona que, entre las resoluciones analizadas, hubo casos en los que el abandono de la actividad terrorista no fue voluntario y otros en los que, pese a que sí lo fue, el sujeto no colaboró para la consecución de ninguno de los fines exigidos por la ley. Sin embargo, no hay una indicación del número de supuestos en los que la denegación se debió a uno u otro tipo de circunstancias. Esto impide hacerse una idea acerca de cuáles son los motivos que, con más frecuencia, llevan a los tribunales españoles a no conceder los incentivos[22].

Dicho esto, ninguna de las observaciones que se acaban de formular desmiente nada de lo que se afirma en los trabajos sobre terrorismo comentados en este epígrafe. Esto es, que los casos de aplicación de los incentivos diseñados específicamente para fomentar a la colaboración con las autoridades son ciertamente escasos y que, cuando hay algún acusado que opta por cooperar, los órganos jurisdiccionales españoles parecen preferir el recurso a las atenuantes genéricas[23].

---

22 Ibid., pp. 127-128.

23 En esta línea va el que es, hasta donde alcanzo, el trabajo más reciente sobre la cuestión de Núñez Fernández. Éste no se ha tratado en profundidad porque sólo estudia la aplicación del incentivo en los casos de terrorismo yihadista. Esto, en mi opinión, ofrece una imagen del fenómeno que sólo es parcial. La muestra que estudia es, de hecho, más pequeña que la de su trabajo de 2017 (17 resoluciones frente a 27). En ella no se contiene ningún supuesto de aplicación del art. 579 bis.3 CP, aunque sí se indica que en 16 resoluciones se aplicó a un total de 26 condenados que colaboraron con las autoridades la atenuante analógica de confesión. Núñez Fernández, J.: «La colaboración con la justicia de los condenados por terrorismo yihadista: posibles enseñanzas a partir de un estudio jurisprudencial», en *RECPC*, n.º 23, 2021, pp. 4-15. Disponible en: http://criminet.ugr.es/recpc/23/recpc23-05.pdf [Consulta: 26/12/2024]. También refrendan estas ideas Cancio Meliá y Oubiña Barbolla, quienes, en una obra colectiva de 2021 en la que se comparan las medidas de incentivo para la colaboración con las autoridades en el ámbito del terrorismo previstas en diferentes Estados de la Unión Europea, indican que, entre 1981 y 2019, ninguno de esos incentivos fue aplicado en «más de diez ocasiones». Cancio Meliá, M., y Oubiña Barbolla, S.: «Section I - Chapter 7: Spain», en Donini, M.; Bin, L., y Diamanti, F. (eds.): *Preventing international terrorism. European models of rewarding measures for judicial cooperators.* Jovene Editore: Nápoles, 2021, p. 269.

2. MÉTODO DEL ESTUDIO PROPUESTO

2.1. Objetivos

Visto el estado de la cuestión, parece necesario llevar a cabo un estudio empírico relacionado con los incentivos para la colaboración con las autoridades en los delitos económicos con la finalidad de comprobar hasta qué punto son convincentes los argumentos que destacan su supuesta falta de eficacia. En la medida en que estos incentivos son disposiciones que sólo pueden aplicarse en el proceso —ya sea en sentencia, ya sea en un auto de sobreseimiento—, se ha optado por realizar un análisis cuantitativo y cualitativo de resoluciones judiciales.

Sin perjuicio de ahondar en ello más adelante, en cada una de las muestras de resoluciones estudiadas se ha prestado atención, además de a si el incentivo se ha concedido o no (y, en caso afirmativo, con qué intensidad), al hecho de si alguno de los intervinientes en el proceso ha solicitado, siquiera, su aplicación; a los motivos en virtud de los cuales la concesión del incentivo, en su caso, se ha denegado; a la aplicación de otras atenuantes, como las circunstancias genéricas de confesión (arts. 21.4ª, 21.7ª en relación con la anterior y 31 quater.1 a) CP en su versión para personas jurídicas), de reparación del daño (arts. 21.5ª, 21.7ª en relación con la anterior y 31 quater. 1 c) CP en su versión para personas jurídicas) o de dilaciones indebidas (art. 21.6ª CP); a la existencia o no de algún tipo de acuerdo entre las acusaciones y la defensa, y al número de acusados y condenados en cada uno de los procedimientos concluidos con las resoluciones que componen las muestras.

2.2. Obtención de las muestras

2.2.1. Base de datos empleada y órgano judicial seleccionado

Para cada una de las figuras constitutivas del objeto de estudio de la presente investigación se ha analizado una muestra de sentencias del Tribunal Supremo (SSTS). En todos los casos, la muestra se ha obtenido a través de la explotación de la base de datos del Centro de Documentación Judicial (CENDOJ) adscrito al Consejo General del Poder Judicial (CGPJ).

Se ha seleccionado el TS en exclusiva por dos motivos: porque, salvo que el TC estime un recurso de amparo formulado contra la sentencia de que se trate[24], sus pronunciamientos son definitivos, pues es el órgano más alto de la jerarquía judicial española, y porque, si se limitan los resultados a las sentencias dictadas por este tribunal, se asegura que la muestra tenga un tamaño asumible. Hay que tener en cuenta que la inmensa mayoría de los delitos comprendidos en el ámbito de aplicación de los incentivos, en cualquiera de las redacciones vigentes durante el marco temporal seleccionado —del cual se hablará a continuación— estaban castigados con penas privativas de libertad. Éstas, en algunos casos, podían alcanzar hasta los doce años de duración, como sucedía con la modalidad agravada de malversación del último inciso del art. 432.3 CP en la redacción que le dio la LO 1/2015, de 30 de marzo[25]. De ahí que, en caso de recaer una condena por alguno de estos delitos es esperable que, en un gran número de casos, se agoten los recursos disponibles y se llegue hasta el TS. En cualquier caso, también se han estudiado, siempre que ha sido posible acceder a ellas, las resoluciones de las fases procesales anteriores.

2.2.2. Marco temporal

El marco temporal manejado ha sido variable. En todos los casos, el límite máximo ha sido el 1 de enero de 2023. En cambio, el límite mínimo ha sido diferente en cada una de las figuras estudiadas. Así, tanto para las figuras del segundo inciso de los arts. 305.6, 307.5 y 308.8 CP (delitos fiscales, contra la Seguridad Social y de fraude de subvenciones), como para la contenida en el art. 434 CP (malver-

---

24 Lo cual no ha sucedido en ninguno de los casos estudiados.

25 Me estoy refiriendo a la modalidad consistente en causar un perjuicio superior a 250.000 € o apropiarse de bienes o efectos públicos por un valor que sobrepase esa cantidad. Desde el 12 de enero de 2023, fecha de entrada en vigor de la LO 14/2022, de 22 de diciembre, este subtipo está contemplado en el art. 432.2 *in fine* CP. En la medida en que, como se verá a continuación, el límite superior del marco temporal empleado en la búsqueda de sentencias sólo ha llegado hasta el 1 de enero de 2023 (es decir, antes de la entrada en vigor de la ley que se acaba de mencionar), la referencia en el texto se ha hecho al apartado 3, y no 2, del art. 432 CP.

sación), el límite inferior ha sido la fecha de entrada en vigor de la reforma que introdujo cada una de las disposiciones legales que interesaban. Esto es, respectivamente, el 17 de enero de 2013 y el 1 de julio de 2015.

Con la figura contenida en el art. 426 CP (cohecho) se operó de un modo distinto. Esta figura existe en el ordenamiento jurídico español desde la aprobación del Código Penal de 1995. Si se hubiera seleccionado como marco temporal el periodo que va desde su entrada en vigor hasta el 1 de enero de 2023, la muestra habría sido demasiado grande como para resultar manejable. Por eso, se optó por seleccionar como límite mínimo el 31 de diciembre de 2010[26].

2.2.3. Criterios de búsqueda

Para obtener cada una de las muestras se han empleado diferentes criterios de búsqueda. Algunos de ellos han sido comunes. Se trata de las casillas del buscador de la base de datos referentes a la jurisdicción —«Penal»—, tipo de resolución —«Sentencia»—y tipo de órgano —«TS (Sala de lo penal)»—. Otros, en cambio, han sido distintos para cada muestra. Dentro de estos últimos se encuentran, por un lado, los referentes al marco temporal. Éste se ha delimitado seleccionando en la casilla «desde» las fechas iniciales que se han mencionado en el epígrafe anterior y en la casilla «hasta» el 1 de enero de 2023. Por otro lado, se encuentran los criterios que han permitido aislar cada uno de los preceptos incluidos dentro del ámbito de aplicación de cada incentivo, así como asegurar que la muestra estaba constituida, en la medida de lo posible, por casos de aplicación o, al menos, de solicitud de las figuras estudiadas.

Es necesario precisar un poco más en lo que se refiere al último tipo de criterios que se acaba de mencionar. La selección de las re-

---

26 La selección de esta fecha no es arbitraria. Las primeras búsquedas para esta investigación se realizaron a partir del año 2021. Por eso, se optó por estudiar la jurisprudencia de los diez años anteriores; es decir, la que abarcaba desde el 31 de diciembre de 2010 hasta el 1 de enero de 2021. A medida que el tiempo fue transcurriendo y se fueron añadiendo SSTS al CENDOJ, se optó por ir actualizando la muestra hasta tener la configuración que se acaba de mencionar en el texto.

soluciones judiciales concernientes a la eximente de cohecho y la atenuante de malversación no sólo se efectuó introduciendo en el cuadro de texto libre del buscador el número de cada uno de los artículos incluidos en su ámbito de aplicación, sino que se acotó añadiendo los términos «"426" O "427"» y «434» de modo respectivo. Con ello se intentó asegurar que, en la medida de lo posible, todos los casos fueran de aplicación o, al menos, de solicitud de las figuras en cuestión. De no efectuar estas limitaciones, el tamaño muestral habría sido demasiado grande como para resultar manejable. Esto, en cambio, no se llevó a cabo en el caso de las figuras contenidas en el segundo inciso de los arts. 305.6, 307.5 y 308.8 CP (atenuantes para los partícipes en los delitos fiscales, contra la Seguridad Social y de fraude de subvenciones). Es decir, que, en lo que respecta a estas últimas figuras, sólo se pretendió obtener de la base de datos el mayor número posible de resoluciones dictadas por el TS en el marco temporal seleccionado que versaran sobre alguno de los delitos incluidos en su ámbito de aplicación, con independencia de si al final fueron casos o no de solicitud y/o de aplicación.

Dos motivos explican este modo de proceder en lo que se refiere a estos últimos incentivos. El primero es la dificultad de encontrar términos que permitan individualizar aquellas sentencias en cuyo texto se contienen estas atenuantes. Tanto la eximente para el delito de cohecho como la atenuante para el de malversación están previstas en un artículo concreto del Código Penal —respectivamente, los arts. 426 (hasta 2010, 427) y 434 CP—. Un criterio fiable para limitar el número de resoluciones obtenidas a casos de solicitud y/o de aplicación es incluir en el texto libre el número del artículo de que se trate. En cambio, los incentivos previstos en el ámbito de los delitos fiscales, contra la Seguridad Social y de fraude de subvenciones no cuentan con un artículo propio dentro del Código Penal, sino que se insertan en un inciso particular de un apartado concreto de un artículo del Código Penal. De ahí que la búsqueda por palabras fuera especialmente difícil para aislar sólo casos de aplicación o de solicitud de estas figuras. El segundo motivo que explica que se haya procedido de este modo con estos últimos incentivos es que el número de sentencias así obtenidas era manejable.

Hechas estas consideraciones, los criterios de búsqueda empleados fueron los siguientes:

- Para el segundo inciso del art. 305.6 CP (delitos fiscales): su ámbito de aplicación abarcaba, cuando se realizó el estudio, los arts. 305 y 305 bis CP. Por lo tanto, se llevaron a cabo las siguientes búsquedas introduciendo los términos que figuran a continuación en el cuadro de búsqueda por texto libre:
  - «305» Y «contra la Hacienda Pública»
  - «305 bis»[27]
- Para el segundo inciso del art. 307.5 (delitos contra la Seguridad Social): su ámbito de aplicación abarcaba, cuando se realizó el estudio, los arts. 307 a 307 ter CP. Por lo tanto, se llevaron a cabo las siguientes búsquedas introduciendo los términos que figuran a continuación:
  - «307» Y «contra la Seguridad Social»
  - «307 ter»[28]

---

[27] Se optó por prescindir de los términos «contra la Hacienda Pública» en esta búsqueda porque de ese modo se conseguía llegar a una sentencia más. Si se realiza una búsqueda empleando los términos «305» y «contra la Hacienda Pública», más los criterios comunes referidos a la jurisdicción, el tipo de órgano y el tipo de resolución, así como los propios para esta figura referentes al marco temporal (desde el 17 de enero de 2013 hasta el 1 de enero de 2023), el resultado son 128 resoluciones. Si se realiza una segunda búsqueda empleando los mismos criterios, pero introduciendo los términos «305 bis» Y «contra la Hacienda Pública» en el cuadro de búsqueda por texto libre, aparecerán 35 resoluciones. Esas 35 resoluciones también aparecen en la primera búsqueda, por lo que no se deberían computar (sobre los resultados duplicados se hablará más abajo). En cambio, si en esa segunda búsqueda se prescinde de las palabras «contra la Hacienda Pública» y se utiliza sólo «305 bis», el resultado son 36 resoluciones. Esa sentencia de diferencia, además, no está incluida en la primera búsqueda (esto es, la que arroja 128 resultados). Se trata, para más señas, de la STS 310/2018, de 26 de junio (ECLI: ES:TS:2018:2753).

[28] Aquí sucede algo parecido a lo que ocurre con las búsquedas relativas a los delitos fiscales. En efecto, si se emplean simultáneamente los criterios «307 ter» Y «contra la Seguridad Social» (más el resto de los criterios sobre los que se ha hablado más arriba), el resultado son 4 resoluciones, de las cuales 2 son falsos positivos por no versar sobre ninguno de los delitos incluidos en el ámbito de aplicación de la atenuante del art. 307.5 II CP (sobre los falsos positivos se hablará más adelante). En cambio, si se prescinde de «contra la Seguridad Social», el resultado son 15 resoluciones, de las cuales 6 son falsos positivos. Entre estos falsos positivos se encuentran los 2 casos que resultan de la búsqueda que añade el criterio «contra la Seguridad Social». Es decir, que, si se añaden estas últimas

- Para el segundo inciso del art. 308.8 CP (delitos de fraude de subvenciones): su ámbito de aplicación abarcaba, cuando se realizó el estudio, el art. 308 CP. Por lo tanto, se introdujeron en el cuadro de búsqueda por texto libre los términos «308» Y «fraude de subvenciones».
- Para el art. 426 CP (y su predecesor, el art. 427 CP): su ámbito de aplicación abarcaba, cuando se realizó el estudio, los arts. 419 a 427 bis CP. Por lo tanto, se llevaron a cabo las siguientes búsquedas introduciendo los términos que figuran a continuación:
  - «Cohecho» Y «419» Y («426» O «427»)
  - «Cohecho» Y «420» Y («426» O «427»)
  - «Cohecho» Y «421» Y («426» O «427»)
  - «Cohecho» Y «422» Y («426» O «427»)
  - «Cohecho» Y «423» Y («426» O «427»)
  - «Cohecho» Y «424» Y («426» O «427»)
  - «Cohecho» Y «425» Y («426» O «427»)
  - «Cohecho» Y «426» Y «427»
  - «Cohecho» Y «427 bis» Y «426»
- Para el art. 434 CP: su ámbito de aplicación abarcaba, cuando se realizó el estudio, los arts. 432 a 433 bis CP. Por lo tanto, se llevaron a cabo las siguientes búsquedas introduciendo los siguientes términos en el cuadro de búsqueda por texto libre:
  - «malversación» Y «432» Y «434»
  - «malversación» Y «432 bis» Y «434»
  - «malversación» Y «433» Y «434»
  - «malversación» Y «433 bis» Y «434»

---

palabras, sólo hay 2 SSTS potencialmente aprovechables, mientras que si no se añaden hay 9 SSTS. Por lo demás, tanto si se realiza una búsqueda empleando los términos «307 bis» Y «contra la Seguridad Social», como si se lleva a cabo utilizando sólo las palabras «307 bis» no se obtiene ningún resultado que no se obtenga empleando los términos «307» Y «contra la Seguridad Social». De ahí que en el texto sólo se haya reflejado esta última (junto a la que emplea los términos «307 ter»).

2.2.4. Resultados de las búsquedas y refinamiento de las muestras

Si se realizan las búsquedas con los criterios que se acaban de exponer, el CENDOJ arroja los siguientes resultados brutos:

- Para el segundo inciso del art. 305.6 CP (delitos fiscales): 164 SSTS.
- Para el segundo inciso del art. 307.5 (delitos contra la Seguridad Social): 37 SSTS.
- Para el segundo inciso del art. 308.8 CP (delitos de fraude de subvenciones): 40 SSTS.
- Para el art. 426 CP (cohecho): 168 SSTS.
- Para el art. 434 CP (malversación): 32 SSTS.

De cada una de estas muestras hubo que descartar varias SSTS. En primer lugar, se desecharon los resultados duplicados. Muchas de las SSTS que se acaban de mencionar se obtuvieron a partir de la realización de búsquedas sucesivas. El caso más claro es el de las resoluciones que podían tener que ver con la eximente para el delito de cohecho: hasta llegar a ellas, se realizaron nueve búsquedas. Es cierto que en cada una de ellas se emplearon criterios distintos. Sin embargo, como las variaciones no son demasiado significativas, muchas de las sentencias que cada búsqueda devolvía como resultado aparecían también en otras. Para evitar distorsiones, algunos de esos resultados duplicados deben computarse sólo una vez.

Creo que la explicación será más clara si se ilustra con un ejemplo. Si en la base de datos del CENDOJ se realiza una búsqueda utilizando los criterios comunes arriba aludidos (es decir, los relativos a la jurisdicción —«Penal»—, tipo de órgano —«TS. Sala de lo Penal»— y tipo de resolución —«Sentencia»), se limita el marco temporal del 31 de diciembre de 2010 al 1 de enero de 2023 y se introducen en el texto libre las palabras «Cohecho» Y «419» Y («426» O «427»), el portal devolverá 31 resultados. Si se realiza la misma búsqueda, pero en el texto libre se sustituye «419» por «420», aparecerán 27 sentencias. La primera búsqueda se ha realizado para intentar localizar, en la medida de lo posible, todas las sentencias dictadas por el TS en el marco temporal seleccionado en las que se discuta sobre el delito de cohecho pasivo para realización de un acto constitutivo de delito del art. 419 CP y en las que, además, se discuta sobre la aplicación de la eximente del art. 426 CP (hasta 2010, art. 427 CP). La segunda, por su parte, se ha realizado con el mismo fin, pero se ha proyectado sobre el delito de cohecho pasivo para acto no constitutivo de delito, actualmente tipificado en el art. 420 CP.

Si se atiende a las resoluciones obtenidas en una y otra búsqueda, se comprobará cómo muchas de las que aparecen en la primera también aparecen en la segunda. Tan es así que, de hecho, en la segunda búsqueda sólo hay tres resultados no coincidentes con los de la primera: se trata de las SSTS 625/2015, de 22 de diciembre (ECLI: ES:TS:2015:5806); 487/2014, de 9 de junio (ECLI: ES:TS:2014:2563), y 394/2014, de 7 de mayo (ECLI: ES:TS:2014:2019). Parece claro que, a los efectos de construir la muestra de resoluciones que versen sobre la aplicación de la eximente del art. 426 CP no puede hablarse, en este caso, de 58 SSTS potencialmente útiles, sino de 34 (31 de la primera búsqueda y 3 de la segunda). Los resultados duplicados, por tanto, deben eliminarse.

Ahora bien, la eliminación de los duplicados sólo resulta procedente cuando las repeticiones se dan en dos o más búsquedas relativas a varios delitos incluidos en el ámbito de aplicación *del mismo incentivo*. Eso es justo lo que sucede en el caso anterior: se han llevado a cabo dos búsquedas que pretendían aislar procedimientos en los que la acusación versara sobre el art. 419 CP o sobre el art. 420 CP. Como en cualquiera de estos dos casos podría haberse aplicado el art. 426 CP, si las resoluciones repetidas en una y otra búsqueda se contaran dos veces el tamaño de la muestra crecería de manera injustificada. Sin embargo, también puede ocurrir que haya alguna resolución que aparezca en dos búsquedas que versen sobre incentivos *distintos*. En ese caso, las sentencias sí se han computado dos (o más) veces, pues forman parte de muestras diferentes. Es, por ejemplo, el caso de la STS 213/2018, de 7 de mayo (ECLI: ES:TS:2018:1552). Esta resolución aparece tanto en la búsqueda que pretende aislar los resultados relativos al art. 305 CP[29], como la que pretende hacer lo mismo con

[29] Es decir, que se llega a esta resolución usando los criterios comunes, limitando el ámbito temporal al marco que va desde el 17 de enero de 2013 al 1 de enero de 2023 y escribiendo en el texto libre «305» Y «contra la Hacienda Pública».

el art. 308 CP[30]. Por lo tanto, es un resultado potencialmente útil para dos figuras distintas: la contenida en el segundo inciso del art. 305.6 CP (prevista para los delitos fiscales) y la contenida en el art. 308.8 CP (prevista para los delitos de fraude de subvenciones). Por eso, en este caso, tal resolución sí se ha contado dos veces, pues dicha sentencia forma parte de dos muestras diferentes.

Los resultados duplicados, con las precisiones que se han hecho, no fueron los únicos supuestos que se descartaron. Tampoco se tomaron en consideración aquellas SSTS para las cuales la sentencia de primera instancia no estaba indexada en el CENDOJ[31]. Hay varios motivos que justifican esta forma de proceder.

Al comienzo de las sentencias de casación suele transcribirse el fallo de las dictadas en las instancias anteriores. En principio, con la información obrante en esa transcripción podría «reconstruirse» lo sucedido en la primera instancia. Sin embargo, esto no siempre es así. Para empezar, a veces no se lleva a cabo esa reproducción del fallo. Para seguir, también hay ocasiones en las que no constan en el fallo las circunstancias atenuantes que, en su caso, se han aplicado a los condenados. Y, para concluir, también hay veces en las que no se sabe a ciencia cierta cuántos acusados por cada delito hubo en la pri-

---

30 Es decir, que se llega a esta resolución usando los criterios comunes, limitando el ámbito temporal al marco que va desde el 17 de enero de 2013 al 1 de enero de 2023 y escribiendo en el texto libre «308» Y «fraude de subvenciones».

31 En total, hubo 22 SSTS de la muestra cuyas resoluciones de primera instancia no estaban indexadas. De esos 22 casos, con mucha probabilidad se habrían descartado 8 porque, en atención a la información que consta en la sentencia de casación, no parece que hubiera acusación por ningún delito de los incluidos en el ámbito de aplicación de los incentivos estudiados; es decir, que se trataría de falsos positivos (sobre este concepto se hablará más adelante). A esos 8 probables hay que sumar otro asunto que se habría descartado, en esta ocasión con seguridad, incluso aunque constara la sentencia de primera instancia. Ello se debe a que la resolución de casación que se ha podido obtener se limita a ordenar la reposición de las actuaciones a la primera instancia. Hasta donde alcanzo, la resolución que debería haber dictado nuevamente el órgano *a quo* no está indexada. Por lo tanto, de dar por buenos todos estos descartes, en lugar de 22 resoluciones, en realidad estaríamos hablando de 13. Me parece necesario destacar que el número de SSTS en las que falta la resolución de primera instancia se ha ido reduciendo hasta presentar el tamaño que se acaba de exponer (es decir, 22) gracias al personal del CENDOJ que, muy amablemente, ha respondido a mis solicitudes de indexación de varias resoluciones.

mera instancia. Desde luego, si los acusados son condenados, constarán como tales en el fallo (siempre que éste se transcriba). Si son absueltos, también deberían aparecer en tal calidad en dicho fallo. Sin embargo (y siempre que el fallo se haya transcrito) hay ocasiones en las cuales sólo se indica que tal o cual acusado ha sido «absuelto», sin especificarse por qué delitos había sido acusado. Por tanto, hay varias ocasiones en las que la información del fallo no es suficiente como para analizar todos los parámetros que se han considerado necesarios para este estudio.

A lo dicho hay que sumarle otras dos razones. La primera es que, incluso aunque el fallo sea completamente expresivo y permita conocer no sólo cuántos acusados había por cada delito en la primera instancia, sino a cuántos de ellos se les aplicó alguna de las figuras constitutivas del objeto de estudio, aún faltaría por saber si alguno de ellos solicitó la aplicación de la figura en esa fase procesal y no se le concedió. En un caso como ése, además, la resolución de primera instancia contiene los motivos en virtud de los cuales el órgano de enjuiciamiento decidió no aceptar la solicitud del interesado. Si no se tiene acceso a esta sentencia, sólo se podrían conocer estos extremos —y en este caso, además, sólo de manera indirecta— si el sujeto al que se le denegó la concesión del incentivo recurre por la indebida inaplicación de la disposición en la que éste se contiene, lo cual no tiene por qué suceder en todo caso. La otra razón es que en los antecedentes de hecho de la sentencia de primera instancia es donde suele constar la información relativa a los eventuales acuerdos alcanzados entre la acusación y la defensa. Esos antecedentes, en cambio, no se transcriben nunca en las sentencias de casación.

Tampoco se han computado los casos en los cuales la decisión del TS consistió en reponer las actuaciones a alguna fase procesal anterior. Ello porque, técnicamente, en estos procesos judiciales aún no hay un pronunciamiento definitivo sobre la apreciación (o no) de las atenuantes o eximentes constitutivas del objeto de estudio. Por lo tanto, no aportan información concluyente sobre la aplicación de estas figuras ni sobre el número final de condenados. Aquí, con todo, hay que hacer una precisión. Hubo 8 casos en los que, pese a que el TS decretó esa consecuencia, el proceso siguió su curso, se volvió a interponer recurso de casación y el Alto Tribunal resolvió el caso definitivamente. Cuando eso ha sucedido, sólo se ha computado como resultado potencialmente relevante la última de las SSTS, descartando la anterior o anteriores. Por el contrario, cuando la STS que aparece en la búsqueda ha decretado la reposición a una fase anterior, pero no se ha podido encontrar ninguna otra sentencia que resuelva el caso de manera definitiva (sea del Alto Tribunal, sea de cualquier otro órgano judicial), entonces esa STS que aparece como resultado de búsqueda no se ha computado.

De nuevo, creo que la explicación será más clara si se ilustra con un ejemplo. La STS 704/2014, de 24 de octubre (ECLI: ES:TS:2014:4456), es una resolución que aparece como resultado de búsqueda potencialmente útil para la atenuante del segundo inciso del art. 305.6 CP. Esta STS decreta la reposición de las actuaciones a la primera instancia. No es, por lo tanto, una resolución que permita conocer el número total de condenados por delito fiscal ni a cuántos de ellos se les aplicaron, en su caso, atenuantes por su colaboración con las autoridades. Tras la retroacción, el órgano jurisdiccional de primera instancia dictó un nuevo pronunciamiento: la SAP Ourense (2ª) 425/2014, de 27 de noviembre (ECLI: ES:APOU:2014:991). Frente a esta sentencia se interpuso recurso de casación, el cual fue resuelto en la STS 523/2015, de 5 de octubre (ECLI: ES:TS:2015:4369). Esta última sentencia volvió a ordenar la reposición de las actuaciones a la primera instancia. Como consecuencia de ese fallo, el órgano de enjuiciamiento dictó la SAP Ourense (2ª) 401/2015, de 13 de noviembre (ECLI: ES:APOU:2015:790); pronunciamiento que volvió a ser recurrido en casación y que dio lugar a la STS 665/2016, de 20 de julio (ECLI: ES:TS:2016:3700), con la que, ya sí, el caso quedó resuelto de manera definitiva. Como puede observarse, este procedimiento dio lugar a tres SSTS que están comprendidas dentro de la misma muestra. Sin embargo, sólo hay una que ofrece información potencialmente útil: la STS 665/2016, de 20 de julio, que es la que zanja la controversia y fija el número final de condenados a los que, en su caso, se les habrán aplicado (o no) circunstancias atenuantes interesantes para la investigación. Por estas razones, sólo se ha tomado en consideración esta última sentencia.

Algo un poco distinto es, por ejemplo, lo que sucede con la STS 1024/2021, de 3 de marzo de 2022 (ECLI: ES:TS:2022:1026). Esta sentencia, que también aparece en la búsqueda relativa a la muestra de la figura del segundo inciso del art. 305.6 CP, resuelve el recurso de casación interpuesto contra la SAP Córdoba (3ª) 231/2019, de 16 de mayo (ECLI: ES:APCO:2019:1473). La STS decreta que las actuaciones vuelvan a la primera instancia. Sin embargo, en el CENDOJ no está indexada ninguna sentencia, ya sea dictada por la propia AP de Córdoba, ya por el Alto Tribunal, que decida sobre los hechos objeto del proceso (al menos no actualmente). De ahí que esta STS no se haya tomado en consideración para componer la muestra, pues no contiene información definitiva ni sobre la aplicación (o no) de la atenuante objeto de estudio, ni sobre otras posibles atenuantes que se concedan por colaborar con las autoridades, ni sobre el número final de condenados.

Hubo un último grupo de SSTS que se eliminó de la composición de las muestras: las que, a los efectos de este estudio, se han considerado «falsos positivos». En dicha noción se han englobado dos tipos de SSTS que tienen en común el haberse dictado en procedimientos en los cuales jamás podría haberse aplicado la figura de que se trate. En lo que interesa, esto sucede, o bien cuando en la primera instancia no se formula acusación por ninguno de los delitos contenidos en el ámbito de aplicación del incentivo, o bien cuando la resolución de primera instancia, en lugar de ser una sentencia, es un auto[32].

Tras la realización de todos estos descartes, los resultados quedaron reducidos a un total de 177 SSTS potencialmente útiles. Dichas

---

[32] Aquí hay que hacer otra precisión. Es cierto que la gran mayoría de las figuras analizadas son atenuantes de pena, de modo que sólo se aplicarán (en su caso) en una sentencia que, además, sea condenatoria. Sin embargo, el art. 426 CP contiene una eximente. Por lo tanto, podría haberse decretado el sobreseimiento al amparo de esta disposición en la fase de instrucción. De hecho, eso es lo que sucedió en el procedimiento resuelto por la STS 842/2006, de 31 de julio (ECLI: ES:TS:2006:6187); uno de los dos casos en los que, como se ha visto, se menciona un supuesto de aplicación de esta figura (ver apartado 1.2.2. *supra*). Esto hace que el análisis de los autos sea, en principio, pertinente para el estudio de esta disposición. Sin embargo, en las búsquedas llevadas a cabo sobre este precepto sólo hubo una STS que se dictó como recurso frente a un auto: es el caso de la STS 110/2020, de 11 de marzo (ECLI: ES:TS:2020:826). Esta sentencia resuelve el recurso de casación interpuesto frente al AAN (4ª) de 12 de julio de 2018 (ECLI: ES:AN:2018:1038A); auto que, además, es de sobreseimiento. Sin embargo, esta resolución surge de un procedimiento en el que no hay acusación por delito de cohecho. Por lo tanto, encaja en el primer supuesto de «falso positivo» al que se ha hecho mención en el texto.

búsquedas se completaron con una consulta de fuentes bibliográficas para tratar de localizar sentencias que, habiendo sido tratadas por la doctrina, no aparecieran entre los resultados de las consultas en la base de datos. Tan sólo se encontró una: la STS 568/2019, de 21 de noviembre (ECLI: ES:TS:2019:3704), en la que se suscitó la aplicación del art. 434 CP[33]. Por eso, en lugar de 177, se ha trabajado con 178 SSTS. Éstas se distribuyen del modo que sigue:

- Para el segundo inciso del art. 305.6 CP (delitos fiscales): 84 resoluciones.
- Para el segundo inciso del art. 307.5 CP (delitos contra la Seguridad Social): 21 resoluciones.
- Para el segundo inciso del art. 308.8 CP (fraude de subvenciones): 24 resoluciones.
- Para el art. 426 CP (cohecho): 30 resoluciones.
- Para el art. 434 CP (malversación): 19 resoluciones (18 resultantes de la búsqueda en CENDOJ más la STS 568/2019, de 21 de noviembre).

2.2.5. Parámetros estudiados en cada una de las sentencias que componen la muestra

Como se ha dicho antes, en cada de una de las resoluciones incluidas en la muestra se estudiaron distintos parámetros. Lo primero a lo que se prestó atención fue al hecho de si alguno de los intervinientes en el proceso —ya fuera un acusado, ya una de las acusaciones— solicitó la aplicación de algún incentivo constitutivo del objeto de la investigación. Naturalmente, también se prestó atención al hecho de si ese incentivo se aplicaba o no. En este último caso, se han analizado los motivos aducidos por los órganos jurisdiccionales involucrados para denegar la concesión de la rebaja o exención de pena. Se han seleccionado estos parámetros para poner a prueba los argumentos relativos a la escasa eficacia de estos incentivos. En efecto, si, como se afirma, son poco atractivos, es posible que éstos no se soliciten

---

33 Concretamente, la STS 568/2019, de 21 de noviembre, se localizó en Barja de Quiroga, J., *et al.*: *Código Penal, Comentarios, concordancias, jurisprudencia e índice analítico*. Colex: A Coruña, 18ª edición, 2021, p. 2141.

demasiado. Analizar los motivos en virtud de los cuales los órganos jurisdiccionales han denegado su concesión podría ser útil para, precisamente, hacer que resulten más sugerentes a los actores implicados. De ahí que se haya considerado conveniente prestar atención a estas razones, de darse el caso.

Además de los supuestos de solicitud, denegación y concesión de los incentivos, también se ha prestado atención a la posibilidad de que los órganos jurisdiccionales hayan tratado de fomentar la colaboración con las autoridades por otras vías. Por ejemplo, a través de las atenuantes de confesión (art. 21.4ª CP) o de reparación del daño (art. 21.5ª CP). Como estas dos atenuantes pueden apreciarse también por analogía, se ha prestado atención, asimismo, a esta posibilidad de aplicación (art. 21.7ª CP en relación con las anteriores).

Cuando se ha aplicado alguna de estas atenuantes, también se ha analizado la rebaja de pena en la que se ha traducido. No hay que olvidar que el art. 66.1.2ª CP prevé que, cuando concurran dos o más circunstancias atenuantes o una o varias muy cualificadas (y no concurran agravantes ni en uno ni en otro caso), los jueces han de imponer la pena inferior en uno o dos grados; una rebaja de pena parangonable a la prevista en el segundo inciso de los arts. 305.6, 307.5 y 308.8 CP y a la que contiene el art. 434 CP. Se ha considerado de interés para la investigación observar la magnitud de la reducción de pena porque, como también se vio en su momento, otro de los argumentos que resalta la aparentemente escasa eficacia de los incentivos es que son superfluos; es decir, que éstos no añaden nada que no pueda conseguirse a través de las atenuantes genéricas (cuya aplicación sería, además, más sencilla).

El análisis de las atenuantes genéricas se ha completado con el estudio de la posible apreciación (y, en caso afirmativo, en qué grado) de la circunstancia de dilaciones indebidas (art. 21.6ª CP). En mi opinión, hay buenas razones para analizar este extremo y ponerlo en relación con los datos sobre la aplicación de los incentivos o de la atenuante de confesión. Uno de los objetivos que el legislador pretendía conseguir con los incentivos es facilitar la labor de investigación. Es razonable pensar que, si no se fomenta la colaboración con las autoridades, la investigación será más difícil y, por tanto, más duradera. Si el proceso penal es demasiado prolongado, puede que los jueces apliquen la atenuante de dilaciones indebidas. Cuando esto sucede, se corre el riesgo de llegar a una situación un poco paradójica: si el proceso es extremadamente largo, los condenados pueden recibir la misma rebaja de pena que podrían alcanzar en caso de colaborar con las autoridades (recuérdese una vez más lo dispuesto en el art. 66.1.2ª CP). No obstante, cuando se aplica la atenuante de dilaciones indebidas y no se aplican ni los incentivos ni las atenuantes genéricas que puedan mover a la colaboración con las autoridades, como la confesión o su analógica, el Estado no habrá obtenido nada a cambio. Una elevada aplicación de la circunstancia de dilaciones indebidas, unida a otra muy escasa de los incentivos o de la atenuante de confesión o su analógica podría ser un indicativo de la poca eficacia que tiene la estrategia consistente en intentar mover a los intervinientes en el hecho delictivo a colaborar a través de la concesión de rebajas de pena.

También se ha estudiado el número de acusados y condenados por delitos incluidos en el ámbito de aplicación de cada uno de los incentivos. Si se recuerda, otro de los reproches que se ha hecho a estas figuras es que, si la colaboración de sus potenciales beneficiarios se traducía en la realización de declaraciones incriminatorias de otros implicados, esto no sería suficiente, por sí solo, para conseguir su condena; es preciso que esas declaraciones heteroincriminatorias estén acompañadas de elementos adicionales de corroboración para que la presunción de inocencia pueda ser enervada. Esta exigencia de corroboración mermaría, a la postre, su eficacia. Al margen de que, como también se dijo en su momento, una mayor eficacia no tiene por qué consistir sólo en un mayor número de condenados, parece necesario comprobar qué número de acusados y condenados hay en los casos en los que los justiciables colaboran con las autoridades y compararlos con aquellos casos en los que no hay cooperación. Si en los primeros hay un número de ellos menor o igual al que hay en los segundos, la hipótesis sobre la escasa eficacia de los incentivos para conseguir sus fines cobraría más fuerza.

Por último, también se ha estudiado en cada sentencia la posibilidad de que la acusación (o las acusaciones) y la defensa hayan llegado a algún tipo de acuerdo. Este parámetro se ha considerado de interés porque puede dar información útil acerca de cómo se manejan los diferentes actores procesales con los incentivos y las atenuantes genéricas a la hora de valorar la colaboración que los investigados hayan podido prestar a las autoridades. En concreto, se ha prestado atención a dos posibles circunstancias. Una es el recurso al instituto de la conformidad, regulado en los arts. 655 (para el procedimiento ordinario) y 787 ter LECrim (para el procedimiento abreviado). Otra es el hecho de que se haya celebrado un pacto *sui generis* entre los intervinientes en el proceso que, pese a darse fuera de los cauces previstos en la ley para la conformidad, también vincule a los jueces. Me estoy refiriendo al hecho de que, una vez que se haya celebrado el juicio, la acusación formule unas conclusiones definitivas más benignas que las provisionales —por ejemplo, proponiendo la estimación de alguno de los incentivos o, en su caso, de alguna atenuante genérica con la que se valore la colaboración prestada por el acusado a lo largo del proceso— y la defensa se adhiera a ellas[34].

3. ANÁLISIS DE LOS RESULTADOS

3.1. Casos de solicitud y de aplicación de cada uno de los incentivos

De las 178 SSTS estudiadas, sólo hay una que resolvió un caso en el que se aplicó uno de los incentivos. Por otro lado, contando este caso, sólo hay 6 supuestos en los que se solicitó la aplicación de alguna de las disposiciones constitutivas del objeto de esta investigación.

---

34 En su estudio sobre la conformidad en España, publicado en 2022, Varona Gómez, Kemp y Benítez i Manrique se refirieron a este tipo de acuerdos como «conformidades encubiertas». Varona Gómez, D.; Kemp, S, y Benítez i Manrique, O.: «La conformidad en España. Predictores e impacto en la penalidad», en *InDret*, n.° 1, 2022, p. 313 (nota al pie 11). Disponible en: https://indret.com/wp-content/uploads/2022/01/1679.pdf [Consulta: 27/12/2024]. También ha empleado esta expresión, más recientemente, Tomás-Valiente Lanuza, C.: «Justicia negociada ¿a cualquier precio? Sobre las implicaciones sustantivas de la conformidad», en *InDret*, n.° 4, 2024, p. 188. Disponible en: https://indret.com/wp-content/uploads/2024/10/1897.pdf [Consulta: 30/12/2024]. Pese a que la expresión es muy plástica, creo que no es del todo justa con el fenómeno que describe. Es cierto que a veces las sentencias judiciales no son todo lo claras que sería deseable sobre el hecho de si el proceso ha finalizado de manera negociada o no. Sin embargo, que en muchas ocasiones se pueda determinar, con los datos obrantes en la resolución, si existe algún tipo de pacto de estas características, sugiere que éstos, a pesar de no llevarse a cabo con arreglo a lo que prescribe la LECrim, no suelen practicarse de manera oculta (o «encubierta»). De todo ello, en cualquier caso, se hablará más adelante.

A la luz de estos resultados, podría convenirse que los incentivos estudiados han pasado por los tribunales españoles (al menos en lo que concierne a las muestras de resoluciones estudiadas) sin hacer apenas ruido. Analicemos esto con un poco más de detalle.

En las muestras no hay ningún caso de aplicación ni de solicitud de los incentivos contenidos en el segundo inciso de los arts. 307.5 (delitos contra la Seguridad Social) y 308.8 CP (fraude de subvenciones). Tampoco los hay en lo que se refiere al art. 426 CP (cohecho). Esto último parece estar en la línea de los estudios realizados hasta el momento sobre esta eximente de responsabilidad penal[35].

Sólo hay un caso de solicitud de aplicación de la atenuante del segundo inciso del art. 305.6 CP (delitos fiscales). Éste se dio en el proceso resuelto por la STS 507/2020, de 14 de octubre (caso Gürtel) (ECLI: ES:TS:2020:3191). La solicitud, concretamente, se produjo en la primera instancia, que se decidió en la SAN (2ª) 20/2018, de 17 de mayo (ECLI: ES:AN:2018:1915). El acusado que formuló la solicitud fue condenado por la AN como cooperador necesario de tres delitos fiscales agravados por la utilización de personas interpuestas[36]. En la condena por uno de ellos se aplicó el Código Penal en su versión original de 1995 (art. 305.1 a) CP), mientras que para los dos restantes la AN empleó la redacción dada por la LO 7/2012, de 27 de diciembre, que, pese a no estar vigente a la fecha de los hechos, se consideró más favorable por el órgano de enjuiciamiento[37]. La solicitud de aplicación de la atenuante, que se efectuó para uno de estos últimos dos delitos, fue denegada por la AN porque, en su opinión, el acusado no había prestado ningún tipo de colaboración[38]. En casación, la representación procesal de este condenado no recurrió por la indebida inaplicación de la atenuante, por lo que la cuestión quedó definitivamente zanjada en la primera instancia.

La única disposición para la que se han encontrado casos de aplicación es la contenida en el art. 434 CP. De las 19 SSTS que compo-

---

35 Véase al respecto apartado 1.2.2., *supra*.

36 Se trata del acusado llamado Romeo tanto en la primera instancia como en casación.

37 Ver SAN (2ª) 20/2018, de 17 de mayo (ECLI: ES:AN:2018:1915), FD 3 del apartado «Majadahonda», pp. 373-374.

38 Ibid., p. 382.

nen la muestra relativa a esta figura, la disposición se solicitó en 5 ocasiones y se aplicó en una de ellas.

El supuesto de aplicación es el resuelto por la STS 341/2018, de 10 de julio (ECLI: ES:TS:2018:2648). La aplicación de la atenuante se dio en la primera instancia, fase procesal que concluyó con la SAP Madrid (15ª) 651/2016, de 1 de diciembre (ECLI: ES:APM:2016:16161). Según el relato de hechos probados, la acusada adquirió dos bolsos con la tarjeta VISA Corporate Oro de la que se le hizo entrega cuando fue nombrada alcaldesa del municipio madrileño de Serranillos del Valle. La compra se produjo el día 7 de octubre de 2010; es decir, algo menos de cinco años antes de la entrada en vigor de la LO 1/2015, de 30 de marzo, que introdujo la atenuante que ahora interesa en el art. 434 CP. Los fondos de la cuenta bancaria asociada a dicha tarjeta eran de titularidad del Ayuntamiento. Además, y siempre según el *factum*, en los diez días siguientes a la compra no se llevó a cabo la restitución del importe gastado en los bolsos. Esto determinó que la acusada fuera condenada por haber cometido un delito de malversación de uso del segundo inciso del art. 433 CP en su redacción original, de 1995. En dicho inciso, el art. 433 remitía al art. 432 CP para determinar la pena de los casos de malversación de uso sin restitución, como el ahora comentado[39]. En atención al importe empleado en la adquisición, la AP se decantó por la penalidad del art. 432.3 CP. El precepto en cuestión contenía un subtipo atenuado para los casos en los que el desfalco fuera por una cantidad inferior a los 4.000 €. Eso es justo lo que sucedía en este supuesto: la malversación había sido por un importe de 370 €, cantidad más de 10 veces inferior al límite que posibilitaba acudir al subtipo.

Justo antes del fallo, en la sentencia se discute la posible aplicación retroactiva de la LO 1/2015, de 30 de marzo, por si fuera la norma penal más favorable. Para el órgano de enjuiciamiento lo era y adujo dos motivos para justificar esta decisión. El primero, que, tras la reforma, la pena de prisión prevista para este tipo de malversación de menor cuantía era de uno a dos años. Con la redacción vigente en la fecha de los hechos, en cambio, esa pena era de seis meses a tres años. El segundo, precisamente, la previsión, en el art. 434 CP,

---

[39] El actual art. 432 bis II CP otorga el mismo tratamiento a estos casos.

de una «atenuante muy cualificada» de «imposición obligatoria». El tribunal consideró aplicable esta última disposición porque, como se recoge en los hechos probados, cuando fue requerida para prestar fianza destinada al aseguramiento de las eventuales responsabilidades pecuniarias, la acusada ingresó ese dinero en concepto de responsabilidad civil[40]. La AP, pues, aplicó retroactivamente la LO 1/2015, de 30 de marzo y rebajó la pena en un grado al amparo del art. 434 CP. Esto hizo que la acusada fuera condenada a una pena de prisión de seis meses, multa de 45 días con una cuota diaria de 10 € e inhabilitación especial para empleo o cargo público y derecho al sufragio pasivo por tiempo de seis meses. La sentencia de primera instancia fue recurrida exclusivamente por la condenada, tanto en apelación[41] como en casación. La recurrente, sin embargo, no alegó en ninguna de estas dos fases posteriores nada que afectase a la intensidad de la aplicación de la atenuante, por lo que la cuestión quedó tal como se había decidido por la AP Madrid. De hecho, los dos recursos fueron desestimados en su integridad.

Por su parte, los cuatro supuestos en los que, pese a haberse solicitado la aplicación del art. 434 CP por alguno de los acusados, ésta se denegó, son bastante heterogéneos. Vamos a verlos por orden cronológico.

El primero es el caso resuelto por la STS 461/2017, de 21 de junio (ECLI: ES:TS:2017:2444). Este pronunciamiento dimana de la SAP Las Palmas (1ª) 70/2016, de 19 de febrero (ECLI: ES:APGC:2016:543). En él se juzga la conducta de un único acusado, un agente de la Guardia Civil que, entre otros cometidos, era el encargado de tramitar los expedientes administrativos en materia de seguridad ciudadana por incautaciones de sustancias estupefacientes. Según se narra en el relato de hechos probados, el día 28 de abril de 2010 se detectó que el acusado había estado sustrayendo desde hacía tiempo varias dosis de las sustancias interceptadas, las cuales debieron haber sido

---

[40] SAP Madrid (15ª) 651/2016, de 1 de diciembre (ECLI: ES:APM:2016:16161), FD 4, pp. 7-8. La AP no razona, en cambio, en qué concreta modalidad de malversación encajaban los hechos probados: si en la que, con la redacción dada por la LO 1/2015, de 30 de marzo, remitía al art. 252 (administración desleal) o 253 CP (apropiación indebida).

[41] STSJ Madrid (1ª) 21/2017, de 31 de mayo (ECLI: ES:TSJM:2017:3482).

remitidas al órgano sancionador para la tramitación del oportuno expediente. Como el valor de la droga sustraída no superaba los 4.000 €, el acusado fue condenado como autor de un delito continuado de malversación del subtipo atenuado del art. 432.3 CP en su redacción dada por la LO 15/2003, de 25 de noviembre, vigente a la fecha de los hechos[42].

La solicitud de la aplicación del art. 434 CP no se produjo ni en la primera instancia ni en el recurso de apelación que el acusado formuló contra la SAP Las Palmas[43], sino en casación. Así, en el FD 2 de la STS 461/2017, de 21 de junio, el Alto Tribunal discutió la posibilidad de aplicar la atenuante de forma retroactiva, tal y como había pretendido el recurrente. La petición, sin embargo, fue desestimada. El motivo en virtud del cual se había solicitado la aplicación del art. 434 CP radicaba en que el agente había admitido los hechos que se le imputaban durante la instrucción del proceso. El TS reconoció esta circunstancia, pero también indicó que, en el juicio oral, el entonces acusado se desdijo de esa aceptación de los hechos y atribuyó la responsabilidad de la desaparición de la droga a otros funcionarios. En opinión de la Sala de lo Penal, este tipo de comportamiento no puede calificarse como una colaboración activa para obtener pruebas decisivas para la identificación o captura de otros responsables o para el completo esclarecimiento de los hechos delictivos[44].

El segundo caso de solicitud de aplicación del art. 434 CP es el resuelto por la STS 568/2019, de 21 de noviembre (ECLI: ES:TS:2019:3704). Si se recuerda, este es el único supuesto que se encontró en la consulta bibliográfica, no en las búsquedas realizadas a través del CENDOJ. El asunto dimana de la SAP Almería (3ª) 74/2018, de 14 de febrero (ECLI: ES:APAL:2018:492). En el relato de hechos probados de esta última resolución consta cómo el único

---

42 SAP Las Palmas (1ª) 70/2016, de 19 de febrero (ECLI: ES:APGC:2016:543), FD 3, pp. 26 y 29. El hecho de que la AP haya considerado que las drogas (*res extra commercium*) fueran «efectos o caudales públicos» y, por tanto, objeto material del delito de malversación, no es, sorprendentemente, una cuestión debatida por las partes en este proceso.

43 El recurso de apelación, desestimado en su integridad, fue resuelto en la STSJ Islas Canarias (1ª) 4/2016, de 17 de noviembre (ECLI: ES:TSJICAN:2016:3821).

44 STS 461/2017, de 21 de junio (ECLI: ES:TS:2017:2444), FD 2, pp. 7-8.

acusado del procedimiento, que era funcionario de la Delegación Provincial de Almería de la Consejería de Agricultura, Pesca y Medio Ambiente de la Junta de Andalucía, extrajo la cantidad de 239.638,20 € de la cuenta bancaria de la que la Delegación era titular. En el periodo que va desde 1986 a 2009, el acusado aprovechó que su firma figuraba como autorizada en la cuenta. Procediendo de esta manera extrajo 134.300 € a través de 49 talones al portador. Como a partir del 22 de junio de 2010 dejó de ostentar dicha habilitación, desde esa fecha hasta noviembre de 2012 estampó una firma irreal en otros 39 talones. En este segundo periodo el acusado se apoderó de otros 105.338,20 €.

En el FD 3 de la SAP Almería (3ª) 74/2018, de 14 de febrero, se indica que la defensa solicitó la aplicación (retroactiva) de la atenuante del art. 434 CP, pues el acusado habría colaborado con las autoridades en el esclarecimiento de los hechos poniendo de manifiesto el destino de los talones expedidos durante el periodo 1986-2009 y habiéndose ofrecido a practicar cuerpos de escritura relacionados con los talones emitidos entre el 22 de junio de 2010 y noviembre de 2012. La petición, sin embargo, fue rechazada. Ello porque, para empezar, no se tuvo por acreditado que el acusado se ofreciera a aclarar el destino de la primera tanda de talones. Y, para seguir, porque, aunque consta que el acusado sí se mostró dispuesto a realizar los cuerpos de escritura, la solicitud de llevarlos a cabo, que fue rechazada por el juez de instrucción, sólo se produjo una vez que el procedimiento ya se había iniciado. Ninguna de estas actividades se reputó por el órgano de enjuiciamiento constitutiva de una colaboración activa para el completo esclarecimiento de los hechos delictivos como la exigida por el art. 434 CP[45]. El acusado fue condenado en la

---

45 No deja de ser llamativo lo siguiente. El asunto se decidió ante el Tribunal del Jurado. Los hechos que habrían dado soporte fáctico a la colaboración del acusado eran los hechos favorables noveno y décimo. En los dos se añade, respectivamente, la coletilla de que tanto el ofrecimiento para aclarar el destino de los talones como el de practicar los cuerpos de escritura se produjeron *antes de que el procedimiento se dirigiera contra el acusado*. Como se vio en la primera parte (apartado 4.2, c) *supra*), el art. 434 CP no ha requerido en ningún momento de su vigencia que la colaboración activa se preste antes de ningún límite preclusivo. Añadir esta exigencia en los hechos favorables no hace sino mermar las posibilidades de aplicación de la atenuante. De hecho, como se ha dicho en el texto,

primera instancia como autor de un delito continuado de malversación del art. 432.1 CP en la redacción dada por la LO 15/2003, de 25 de noviembre, vigente a la fecha de los hechos. La solicitud de aplicación del art. 434 CP se reiteró en apelación y en casación, aunque los tribunales *ad quos* rechazaron la petición esgrimiendo los mismos argumentos que los empleados por la Audiencia Provincial[46].

El tercer caso es el decidido en la STS 627/2019, de 18 de diciembre (ECLI: ES:TS:2019:4342). Esta sentencia pone fin al recurso de casación dirigido contra la SAP Almería (3ª) 116/2018, de 5 de marzo (ECLI: ES:APAL:2018:1042). En esta última sentencia se enjuiciaron múltiples delitos, atribuidos a varios acusados. Todos ellos tuvieron en común el haberse cometido en relación con el desvío de los fondos públicos del Patronato Provincial de Turismo de la Diputación Provincial de Almería a fines que les eran ajenos. Los hechos se produjeron entre 2007 y 2011; es decir, antes de la entrada en vigor de la norma que introdujo la atenuante del art. 434 CP en el ordenamiento jurídico español. La acusación por malversación se dirigió frente a 16 acusados, siendo condenados 14. De estos últimos, uno de ellos se adhirió a las calificaciones definitivas de las acusaciones tras la celebración del juicio oral[47].

En la primera instancia, 8 acusados (y condenados) solicitaron la aplicación (retroactiva) del art. 434 CP. La AP rechazó la apreciación de la atenuante distinguiendo entre tres grupos de solicitantes. Por un lado, un grupo de 3 acusados que no abonaron nada en concepto de responsabilidad civil y que, en opinión del órgano de enjuiciamiento, tampoco prestaron ninguna colaboración con las

---

en el FD 3 de la SAP se indica que no está acreditado que la solicitud de práctica de los cuerpos de escritura se llevara a cabo antes de que el procedimiento se dirigiera contra el acusado, lo cual es una de las razones en virtud de las que se rechazó la aplicación del art. 434 CP. Tomando en consideración cuáles son los requisitos de aplicación de la atenuante (y cuáles no lo son), creo que esta forma de proceder no es correcta. Sobre la cuestión, SAP Almería (3ª) 74/2018, de 14 de febrero (ECLI: ES:APAL:2018:492), FD 3, pp. 5-6.

46 Para la reiteración en la segunda instancia, ver STSJ Andalucía (1ª) 41/2018, de 22 de mayo (ECLI: ES:TSJAND:2018:18121), FD 4, p. 6. En cuanto a la casación, STS 568/2019, de 21 de noviembre (ECLI: ES:2019:3704), FD 3, pp. 6-7.

47 SAP Almería (3ª) 116/2018, de 5 de marzo (ECLI: ES:APAL:2018:1042), FD 35, p. 173.

autoridades para facilitar las tareas de investigación[48]. Por otro lado, un acusado que sólo reparó parcialmente el perjuicio en que consistió la malversación. Tampoco cooperó con las autoridades para cumplir con ninguna de las otras finalidades establecidas en el precepto. Pese a haber abonado algo en concepto de responsabilidad civil, a diferencia del grupo de encausados que se ha mencionado antes, a este sujeto tampoco se le aplicó la atenuante; ello porque el art. 434 CP exige que la reparación del perjuicio se lleve a cabo, además de efectivamente, en su integridad[49]. Por último, otros 4 acusados que sí repararon en su integridad el perjuicio causado al patrimonio público. El órgano de primera instancia tampoco les concedió a estos últimos la atenuación *ex* art. 434 CP porque, en su opinión, como la malversación entraba en concurso con otros delitos, la LO 1/2015, de 30 de marzo, no sería la norma penal más favorable[50]. Esto no

---

48 Ibid., FD 36, pp. 176-177.

49 Ibid., FD 36, pp. 175-176.

50 El razonamiento que la AP desarrolla para denegar la aplicación de la LO 1/2015, de 30 de marzo, me parece discutible. A grandes rasgos, es el siguiente. Los 4 intervinientes sobre los que ahora se reflexiona fueron condenados, además de por el delito de malversación, por un delito de fraude a las Administraciones Públicas del art. 436 CP. La malversación estaba en una relación de concurso medial con este delito. Con independencia de la redacción que se aplique, la determinación de la pena en el concurso medial exige tomar como referencia la pena que corresponda a la infracción más grave. La AP consideró que, si se atendía a la legislación vigente a la fecha del enjuiciamiento —*i.e.*, la dada por la LO 1/2015—, la infracción más grave era el delito de fraude a las Administraciones Públicas. Ello porque, tras dicha reforma, este delito pasó a estar castigado con una pena de prisión de dos a seis años. Es cierto que, tras la reforma de 2015, el marco abstracto del delito de malversación imputado a todos los acusados (malversación del tipo básico de los apartados 1 y 2 del art. 432 CP) estaba castigado con una pena de prisión de tres a seis años, lo que, a priori, parece un marco penal más grave. Sin embargo, la AP descartó la consideración del delito de malversación como el más grave de los concurrentes porque, en su opinión, en la determinación de la pena por esta infracción habría que aplicar el art. 434 CP, el cual habría permitido rebajar la pena en uno o dos grados. Esto llevó al órgano de instancia a considerar al fraude a las Administraciones Públicas como el delito más grave en la resolución del concurso medial. Sin embargo, a la hora de determinar la pena, en lugar de partir del marco que tenía el delito de fraude en la redacción de 2015, que fue la empleada para seleccionar ese delito como el más grave, la AP empleó como referencia el marco penal que tenía este delito en el momento en que se cometieron los hechos; o sea, el de la redacción original de 1995. Ello porque, a juicio del órgano de instancia,

quiere decir, con todo, que el órgano *a quo* no fuera sensible al hecho de que este último grupo de intervinientes en el hecho delictivo reparó por completo el perjuicio causado al patrimonio público; a todos ellos se les concedió una atenuante simple de reparación del daño, aplicándose a 3 de ellos como analógica[51]. La sentencia de instancia fue recurrida ante el TS tanto por los 3 intervinientes que no llevaron a cabo ningún tipo de reparación como por el que satisfizo la responsabilidad civil sólo parcialmente (es decir, los dos primeros grupos antes mencionados). En ningún momento de la sentencia de casación se debate sobre la indebida inaplicación del art. 434 CP, por lo que la cuestión queda tal y como se decidió en la primera instancia[52].

El último caso de solicitud de aplicación del art. 434 CP es el decidido en la STS 482/2020, de 30 de septiembre (caso Emarsa) (ECLI: ES:TS:2020:3893). En la sentencia de primera instancia, la SAP Valencia (1ª) 349/2018, de 19 de junio (ECLI: ES:APV:2018:1960), se enjuician los hechos relativos a la desviación de los fondos públicos de la Empresa Metropolitana de Aguas Residuales de Valencia, S.A.

---

al proceder de ese modo se llegaba a una situación penológica más benigna. Según la redacción de 1995, el delito de fraude del art. 436 CP estaba castigado con una pena de prisión de 1 a 3 años. Además, como en aquel entonces el tipo no asignaba una pena concreta al interviniente en el delito que *no* fuera funcionario público (algo que cambió en 2010), era posible aplicar el art. 65.3 CP a los particulares que hubieran cometido el delito, rasgo que compartían los 4 intervinientes ahora considerados. Por tanto, se tomó como referencia ese marco del art. 436 CP en la redacción de 1995, con su pena de prisión de uno a tres años, y, sobre él, se aplicaron las reglas del concurso medial del art. 77.2 CP. Creo que esta forma de proceder no es correcta: la AP debería haber determinado la pena por completo siguiendo las reglas de cada redacción potencialmente aplicable y, sólo después, haberse decantado por la que considerara más favorable. Ver SAP Almería (3ª) 116/2018, de 5 de marzo (ECLI: ES:APAL:2018:1042), FD 36, pp. 177-179.

51 Ibid.

52 En una parte del recurso del interviniente que reparó el perjuicio de modo parcial se menciona el art. 434 CP como uno de los preceptos supuestamente vulnerados por la AP de Almería. Sin embargo, no hay ningún desarrollo sobre en qué habría consistido esa infracción. El Alto Tribunal, por su parte, tampoco entra en la cuestión. No parece, por lo tanto, que la inaplicación de la atenuante del art. 434 CP haya sido un verdadero motivo fundante del recurso de casación. Ver STS 627/2019, de 18 de diciembre (ECLI: ES:TS:2019:4342), FD 28, pp. 92-93.

(«Emarsa»). De los 24 acusados por malversación, 23 fueron condenados[53], 9 tras llegar a un acuerdo con las acusaciones (8 fueron acuerdos de conformidad en sentido estricto, el otro se adhirió a la calificación definitiva de las acusaciones tras las sesiones del juicio oral)[54]. Una vez más, los hechos sucedieron bajo la vigencia de una ley anterior a la LO 1/2015, de 30 de marzo. En concreto, la redacción que el órgano de enjuiciamiento consideró aplicable a los hechos fue la dada al Código Penal por la LO 15/2003, de 25 de noviembre.

Sólo hubo un acusado (y condenado) que solicitó que se le aplicara la atenuante del art. 434 CP[55]. La AP lo condenó por haber cometido, entre otros, un delito continuado de malversación, en la modalidad de apropiación, de especial gravedad atendiendo al valor de las cantidades sustraídas y al daño o entorpecimiento del servicio público (arts. 432.1 y 2 CP en la redacción dada por la LO 15/2003, de 25 de noviembre). Dicho inculpado no estaba entre los que llegaron a un acuerdo con las acusaciones. Es más, como se indica en el FD 9 de la sentencia de instancia, la petición de aplicación de la atenuante del art. 434 CP sólo se planteó por su representación procesal en el momento del informe final[56]. Cuando el órgano *a quo* se pronunció sobre las circunstancias modificativas aplicables a este acusado, omitió todo razonamiento sobre la aplicación de esta figura. De hecho, no consideró concurrente ninguna otra atenuante[57].

La representación procesal del condenado reiteró la solicitud en casación[58]. En el FD 26, el Alto Tribunal indica que no sólo no había reconocido los hechos que se le imputaban en ningún momento, sino que tampoco había colaborado con las autoridades para facilitar la investigación de otros hechos distintos. A ello hay que añadirle que, si bien había abonado una cantidad en concepto de responsa-

---

53 La AP declara que el acusado restante, llamado Alexis en la primera instancia, sea juzgado por separado en otro procedimiento. Se desconoce, no obstante, de qué procedimiento se trata. Ver SAP Valencia (1ª) 349/2018, de 19 de junio (ECLI: ES:APV:2018:1960), FD 1, pp. 437-438.

54 Ibid., Antecedente de Hecho 22, pp. 28-31.

55 El llamado Juan María en la primera instancia.

56 Ibid., p. 1055.

57 Ibid., pp. 1142-1143.

58 Fase procesal en la que se le llama Ginés.

bilidad civil, ésta aún estaba muy lejos de constituir una reparación íntegra del perjuicio causado al patrimonio público, como exige el art. 434 CP. Por eso, la petición acabó siendo rechazada[59].

3.2. Aplicación de otras atenuantes

El hecho de que apenas se hayan aplicado las figuras constitutivas del objeto de estudio no quiere decir, al menos en lo que a las muestras estudiadas se refiere, que los tribunales españoles no hayan respondido a través de la imposición de una pena menor a quienes hayan prestado algún tipo de ayuda a las autoridades o hayan reparado el perjuicio causado con el delito. Por el contrario, en las SSTS estudiadas hay varios casos en los que los órganos judiciales han aplicado alguna atenuante cuando ha habido actuaciones de ese tipo. Es cierto que los procedimientos en los que se han producido esas aplicaciones son pocos. Sin embargo, cuando se han apreciado esas atenuantes, sus efectos se han extendido a un número considerable de condenados. Del análisis de estos casos puede extraerse, por tanto, información interesante.

3.2.1. Atenuantes relacionadas con la reparación del daño

a) La STS 740/2018, de 6 de febrero de 2019: aplicación de la atenuante del primer inciso del art. 305.6 CP

En la muestra relativa a los delitos fiscales hay un caso de aplicación de una atenuante estrechamente emparentada con la que constituye el objeto de estudio: la contenida en el primer inciso del art. 305.6 CP.

Si se recuerda, la LO 7/2012, de 27 de diciembre, no sólo añadió al régimen de los delitos fiscales, contra la Seguridad Social y de fraude de subvenciones las atenuantes dirigidas a fomentar la colaboración con las autoridades para la consecución de fines como la identificación o captura de otros responsables, el completo esclarecimiento de los hechos o la localización del patrimonio del obligado al pago. Amén

---

59 Ver STS 482/2020, de 30 de septiembre (caso Emarsa) (ECLI: ES:TS:2020:3893), p. 596.

de muchas otras modificaciones, esta ley también creó, en el primer inciso de los arts. 305.6, 307.5 y 308.8[60] CP una atenuante parecida a las eximentes de regularización y de reintegro. Esta atenuante del primer inciso exige que el autor del delito o el obligado al pago, además de reconocer los hechos en sede judicial, satisfaga la deuda con la Administración Pública o devuelva la subvención correspondiente (incrementada, en este último caso, en el interés de demora aplicable desde su percepción). Todo ello lo deberá hacer, además, en el plazo de dos meses desde que haya sido citado por el juez instructor para declarar como investigado. De ahí que a estas figuras se las haya conocido como atenuantes de regularización o reintegro «tardíos».

El supuesto de aplicación de la figura del art. 305.6 I CP es el decidido por la STS 740/2018, de 6 de febrero de 2019 (ECLI: ES:TS:2019:274). En la primera instancia, resuelta por la SAP Madrid (2ª) 591/2017, de 29 de septiembre (ECLI: ES:APM:2017:12282), se enjuicia el caso de un conocido exentrenador del Real Madrid C.F. que dejó de pagar al erario, en concepto de ingresos por derechos de imagen que debían integrarse en la base imponible del IRPF, la cantidad de 171.290,58 € en el ejercicio de 2011 y la de 374.690,45 € en el de 2012. Tal y como se narra en el relato de hechos probados, el técnico fue citado para declarar como investigado el 29 de noviembre de 2016. En esa declaración reconoció los hechos que se le atribuían[61]. Apenas dos semanas después, el 12 de diciembre de 2016, ingresó en la cuenta de consignaciones del Juzgado de Instrucción la cantidad de 638.771,64 €. Más adelante, el 15 de febrero de 2017, depositó otros 167,82 € más, lo que, con la suma anterior, hizo un total de 638.939,46 €.

Pese a que en la resolución de primera instancia no se indique a cuánto ascendía exactamente la cantidad dejada de pagar al Fisco —ni, consecuentemente, si la totalidad de su importe fue abonado en el plazo de dos meses exigido por el art. 305.6 I CP—, el órgano de enjuiciamiento concedió la atenuante y rebajó la pena en dos grados.

---

60 Hasta la reforma operada por la LO 1/2019, de 20 de febrero, tanto la atenuante de la que se habla en el texto como la que se refiere a los partícipes del delito de fraude de subvenciones estaban ubicadas en el art. 308.7 CP.

61 Esto último no consta en el *factum*, sino en el FD 1 de la resolución de primera instancia. Ver SAP Madrid (2ª) 591/2017, de 29 de septiembre (ECLI: ES:APM:2017:12282), p. 4.

Este mismo órgano consideró que los hechos constituían dos delitos del tipo básico del art. 305.1 CP[62]. El acusado fue condenado, en esta fase procesal, a la pena de tres meses y un día de prisión, inhabilitación especial para el ejercicio del derecho de sufragio pasivo durante el mismo tiempo, multa de 42.822,64 € y pérdida del derecho a obtener incentivos o ayudas fiscales o de la Seguridad Social durante nueve meses y un día por el delito correspondiente al ejercicio de 2011, y a la pena de cuatro meses de prisión, inhabilitación especial para el ejercicio del derecho de sufragio pasivo durante el mismo tiempo, multa de 100.000 € y pérdida del derecho a obtener incentivos o ayudas fiscales o de la Seguridad Social durante nueve meses y un día por el de 2012.

La sentencia de instancia fue recurrida en casación por el Abogado del Estado, que sólo esgrimió un motivo ante el Alto Tribunal: en su opinión, los hechos relativos al ejercicio de 2012 no debían castigarse conforme al tipo básico del art. 305.1 CP, sino a la modalidad agravada prevista en la letra c) del art. 305 bis.1 CP. Este subtipo se introdujo por la LO 7/2012, de 27 de diciembre. A través del mismo se sanciona, con la pena de prisión de dos a seis años, multa del doble al séxtuplo de la cantidad defraudada y pérdida de la posibilidad de obtener subvenciones o ayudas públicas y del derecho a gozar de beneficios o incentivos fiscales o de la Seguridad Social durante el periodo de cuatro a ocho años, la conducta consistente en emplear, para la comisión de la defraudación, «personas físicas o jurídicas o entes sin personalidad jurídica interpuestos, negocios o instrumentos fiduciarios o paraísos fiscales o territorios de nula tributación». El precepto exige, además, que la utilización de estos elementos «oculte o dificulte la determinación de la identidad del obligado tributario o del responsable del delito, la determinación de la cuantía defraudada o del patrimonio del obligado tributario o del responsable del delito».

La Sala Segunda estimó el recurso y, para justificar su decisión, el Alto Tribunal se remitió al relato de hechos probados de la sentencia de primera instancia. En él se narra que la defraudación se cometió simulando, el 15 de septiembre de 2004, la cesión de los derechos de imagen del recurrido a favor de una sociedad radicada en las Islas Vírgenes británicas —territorio considerado como paraíso fiscal— y

62 Ibid., FD 1, pp. 4-6.

participada al 100% por otra sociedad cuyo domicilio se asentaba en Panamá. Dos días después, el 17 de septiembre de 2004, se celebró un nuevo contrato de cesión de derechos de imagen entre la sociedad de Islas Vírgenes y otra sociedad domiciliada en Irlanda. Esta aparente cesión se mantuvo a pesar de que, desde 2010, el acusado residía en España al estar entrenando al equipo de fútbol arriba mencionado. Por eso el TS consideró que los hechos tenían un mejor encaje legal en el art. 305 bis.1 c) CP[63]. Ahora bien, como este tipo aún no estaba en vigor cuando se cometió la defraudación correspondiente al ejercicio de 2011, la estimación del recurso de la Abogacía del Estado sólo tuvo efectos en lo atinente al ejercicio de 2012, para el cual ya sí estaba vigente la reforma que creó el subtipo agravado. Esto hizo que, por este último delito, con la misma apreciación de la atenuante del art. 305.6 I CP que hizo la AP de Madrid, se impusiera al acusado una pena de siete meses de prisión, con inhabilitación especial para el ejercicio del derecho de sufragio pasivo durante el tiempo de la condena, multa de 380.000 € y pérdida de la posibilidad de obtener subvenciones públicas y del derecho a gozar de los beneficios o incentivos fiscales o de la Seguridad Social durante un año.

b) Las atenuantes genéricas de los arts. 21.5ª, 21.7ª y 31 quater.1 c) CP

El caso que se acaba de comentar no fue el único en el que los tribunales españoles rebajaron la pena a alguno de los condenados por haber reparado el daño ocasionado por el delito. Dentro de las muestras también hubo varios procesos en los que los jueces aplicaron atenuantes genéricas de reparación del daño a alguno de los condenados. Me estoy refiriendo por tales a las atenuantes contenidas en los arts. 21.5ª —a la que también se la va a llamar atenuante «pura» de reparación del daño, por contraposición a la siguiente que se va a mencionar—, 21.7ª —atenuante analógica de reparación del daño— y 31 quater.1 c) CP —atenuante de reparación del daño para personas jurídicas—.

En lo que sigue, se va a mostrar cómo se ha hecho uso de esas atenuantes en los procesos incluidos en la muestra. El esquema que va a emplearse es el siguiente. En primer lugar, va a indicarse en qué

---

63 STS 740/2018, de 6 de febrero de 2019 (ECLI: ES:TS:2019:274), FD 2, pp. 5-6.

número de procedimientos de cada muestra se ha aplicado alguna de estas atenuantes a *algún* condenado. Después, va a llevarse a cabo un desglose del número de condenados a los que se ha concedido cada atenuante. En ese desglose se especificará qué precepto del Código Penal ha sido el aplicado a cada beneficiado; esto es, si el art. 21.5ª, el art. 21.7ª o el art. 31 quater.1 c) CP. Posteriormente, se analizará con qué intensidad se ha concedido, en su caso, cada una de esas atenuantes; es decir, si se han apreciado como simples o muy cualificadas. Seguidamente, se analizará si estas circunstancias se han aplicado de forma aislada o si, por el contrario, han concurrido con las otras atenuantes estudiadas: las de confesión (arts. 21.4ª, 21.7ª o 31 quater.1 a) CP) o dilaciones indebidas (art. 21.6ª CP). Finalmente, se indicará qué grado de rebaja de pena se ha concedido a cada beneficiado, si es que se ha concedido alguno.

Hechas estas consideraciones, en los gráficos 1 a 5 se encuentra la proporción de procedimientos, con respecto al total incluido en cada una de las muestras, en los cuales se ha aplicado alguna de esas atenuantes a *alguno* de los condenados.

Gráficos 1 a 5: Atenuantes genéricas de reparación (por procesos)[64]

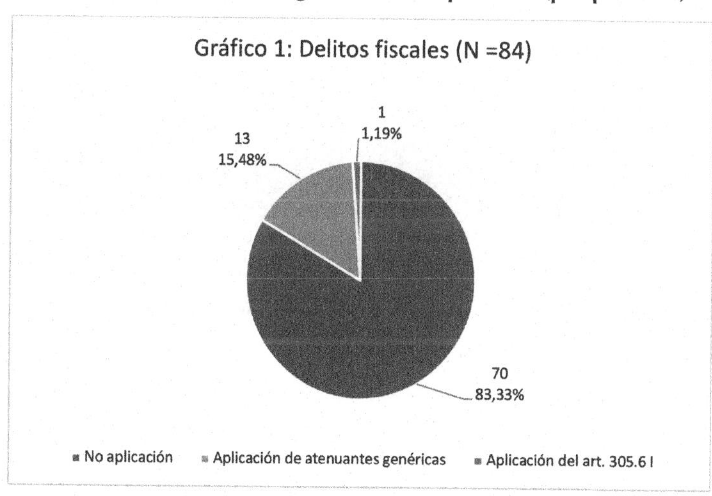

[64] Salvo que se indique otra cosa, la referencia a preceptos sin ulterior determinación lo es a artículos del Código Penal.

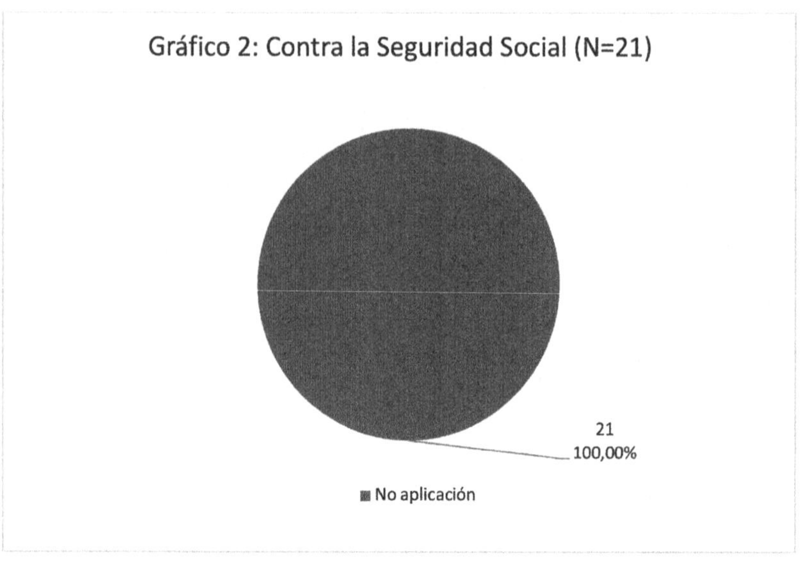
Gráfico 2: Contra la Seguridad Social (N=21)
21
100,00%
No aplicación

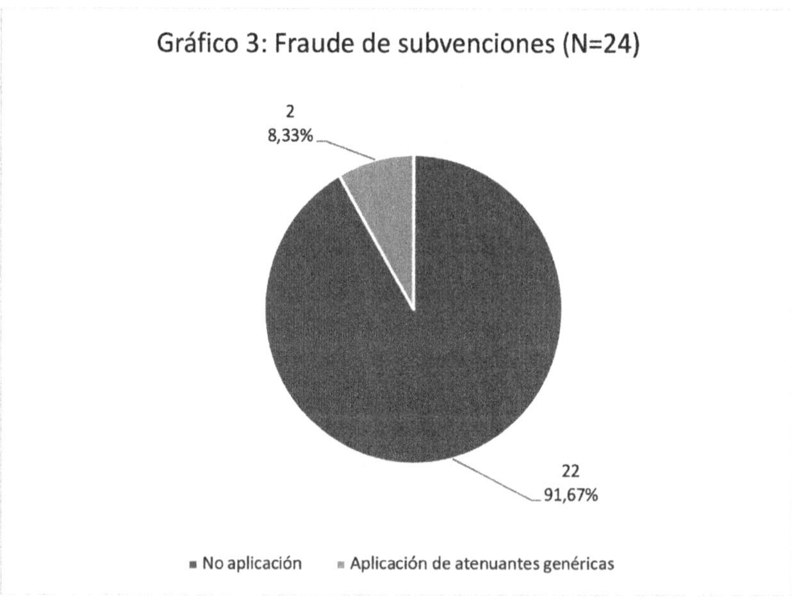
Gráfico 3: Fraude de subvenciones (N=24)
2
8,33%
22
91,67%
No aplicación
Aplicación de atenuantes genéricas

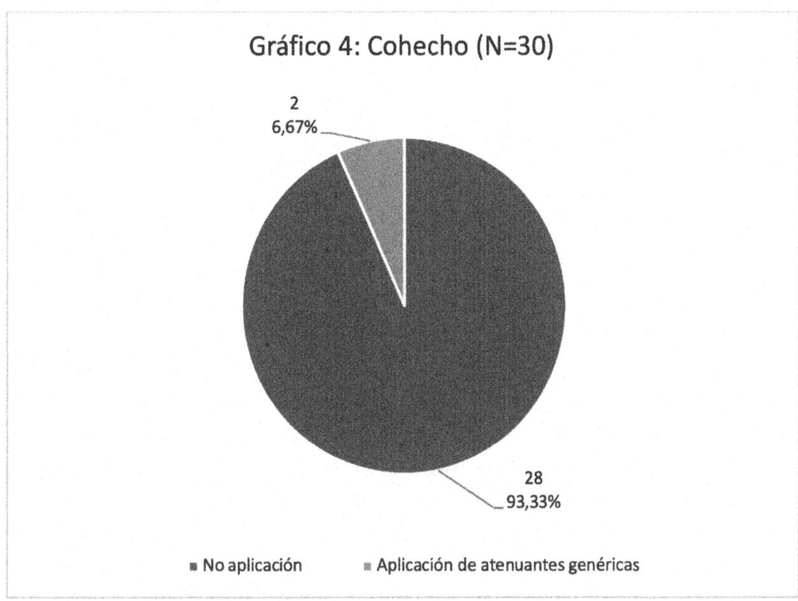
Gráfico 4: Cohecho (N=30)
2
6,67%
28
93,33%
No aplicación
Aplicación de atenuantes genéricas

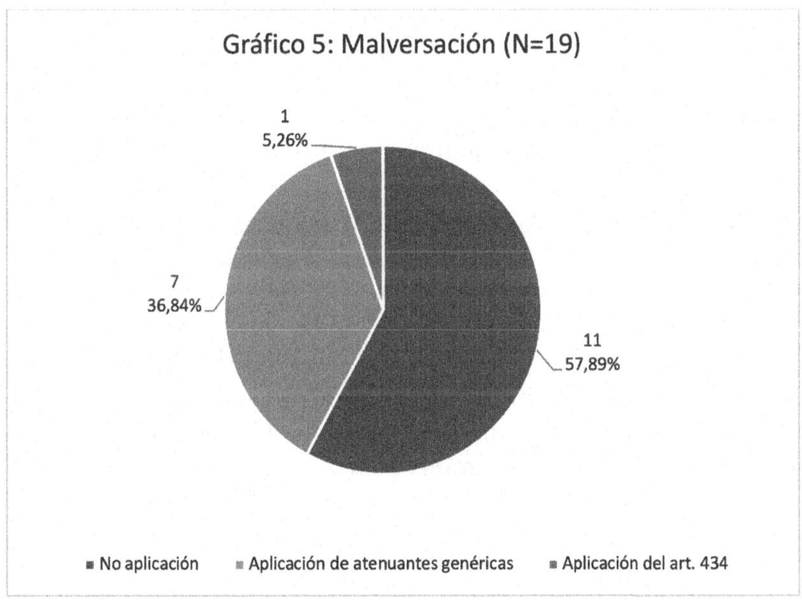
Gráfico 5: Malversación (N=19)
1
5,26%
7
36,84%
11
57,89%
No aplicación
Aplicación de atenuantes genéricas
Aplicación del art. 434

En la medida en que, como se ha comentado en los epígrafes anteriores, tanto la atenuante del primer inciso del art. 305.6 CP, como la figura del art. 434 CP son supuestos en los que los intervinientes en el hecho delictivo han reparado el daño causado, se ha optado por reflejarlos en los gráficos 1 y 5 respectivamente, aunque en un sector circular separado.

Aun con estas inclusiones, hay que decir que las atenuantes que asocian la minoración del reproche penal a la reparación del perjuicio tampoco parecen haber sido aplicadas con especial asiduidad. Ello pese a que, sin duda, han gozado de un mayor predicamento que los incentivos constitutivos del objeto de la investigación. Así, en la muestra de SSTS analizadas para los delitos fiscales (gráfico 1), estas disposiciones sólo se aplicaron en 13 de los 84 procedimientos que la componen (15,48%) —sin contar el caso de aplicación de la atenuante del art. 305.6 I CP—. En la muestra para los delitos de fraude de subvenciones (gráfico 3), sólo se hizo uso de alguna de estas atenuantes en 2 de 24 procedimientos (8,33%). En la muestra para los delitos de cohecho (gráfico 4) hubo otros 2 procesos en los cuales se aplicó alguna de las disposiciones ahora estudiadas (6,67%) frente a los 28 restantes, en los que no se hizo uso de ninguna de esas atenuantes. El caso más extremo lo representa la muestra de delitos contra la Seguridad Social, pues en ella no hubo ningún proceso en el que los tribunales aplicaran atenuantes de reparación del daño (gráfico 2).

Por su parte, la muestra relativa a los delitos de malversación constituye una excepción a la tendencia que se acaba de reseñar. Así, de los 19 procesos que la integran, hubo 7 (36,84%) en los que se aplicó alguna de estas atenuantes a alguno de los condenados. A ellos habría que sumarle el caso de aplicación del art. 434 CP.

En los gráficos 6 a 10 (a continuación) puede verse un desglose de cada uno de los condenados a los que se les aplicó alguna de las atenuantes referidas en los gráficos 1 a 5.

Gráficos 6 a 10: Atenuantes de reparación (por condenados)

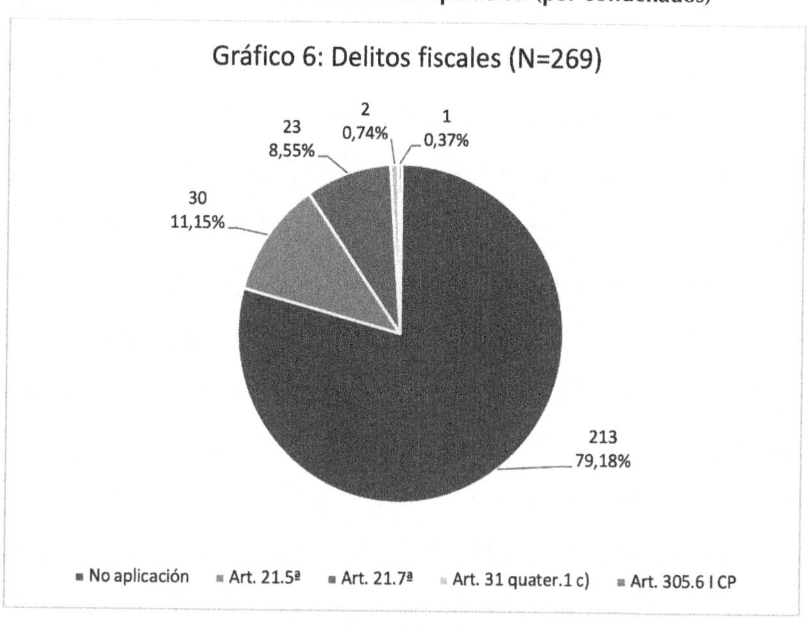

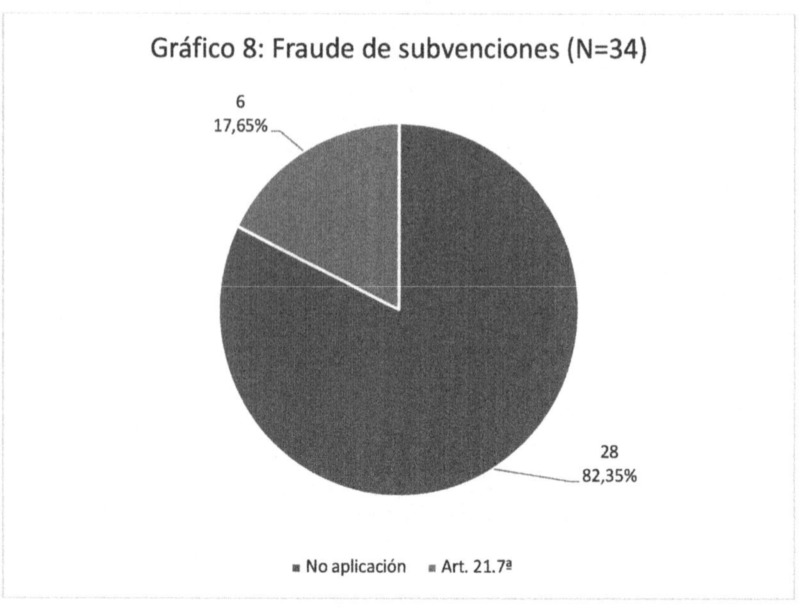
Gráfico 8: Fraude de subvenciones (N=34)
6
17,65%
28
82,35%
No aplicación
Art. 21.7ª

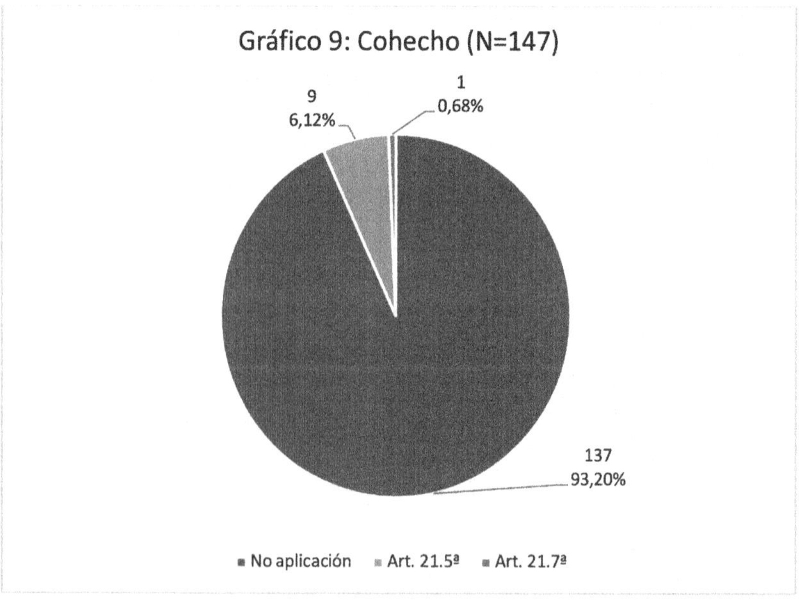
Gráfico 9: Cohecho (N=147)
9
6,12%
1
0,68%
137
93,20%
No aplicación
Art. 21.5ª
Art. 21.7ª

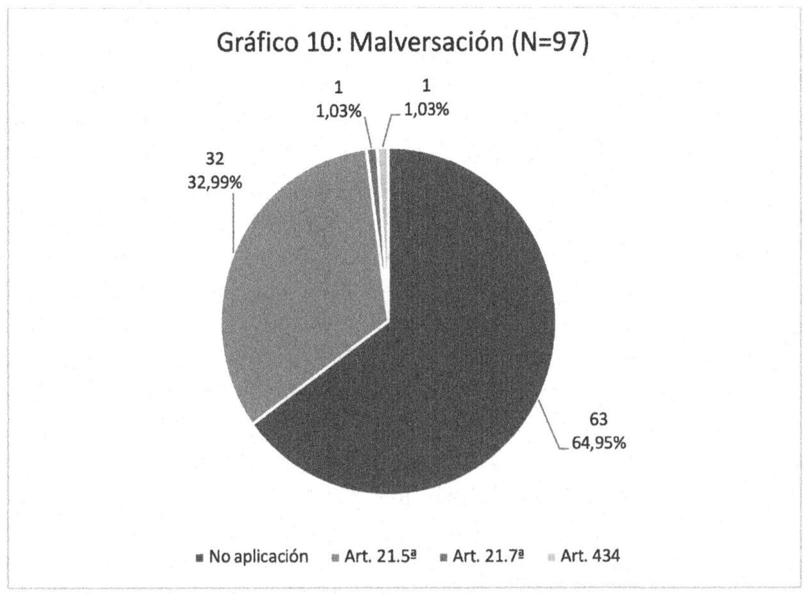

La información que se contiene en los gráficos 6 a 10 es coherente con la reflejada en los gráficos 1 a 5: a la mayoría de los condenados no se le aplicó ninguna atenuante por haber procedido a reparar el daño causado por el delito. Sólo en el caso de los delitos fiscales y el de la malversación la proporción supera el 20%. Eso es lo que resulta de sumar las proporciones de todos los beneficiados con alguna de las atenuantes consideradas en una (20,82%) y otra muestra (35,05%) (gráficos 6 y 10, respectivamente). Hay que recordar, además, que no hubo ningún condenado al que se le aplicara ninguna de estas atenuantes en la muestra relativa a los delitos contra la Seguridad Social (gráfico 7).

Un dato interesante es el que tiene que ver con el tipo de atenuante que se ha aplicado. En la mayoría de las ocasiones, los tribunales reaccionaron al comportamiento reparador aplicando la atenuante «pura»; esto es, la del art. 21.5ª CP. Los casos de aplicación de la atenuante analógica del art. 21.7ª CP son menos, aunque resultan significativos en la muestra relativa a los delitos fiscales y, sobre todo, en la de fraude de subvenciones. Así, en lo que tiene que ver con la primera, el art. 21.7ª se aplicó al 8,55% de todos los condenados por delito fiscal (23 condenados de 269). El art. 21.5ª CP sólo se aplicó un poco más: al 11,15% de los condenados incluidos en esa muestra (30 de 269). En lo que tiene que ver con la muestra relativa a los delitos de fraude de subvenciones, hay que decir que el art. 21.7ª CP se aplicó al 17,65% de los 34 condenados incluidos en ella, lo que constituye un total de 6 aplicaciones. Esto hay que ponerlo en relación con el hecho de que en esa muestra no hubo ningún caso de aplicación de la atenuante «pura» del art. 21.5ª CP: todos los casos de aplicación de la atenuante de reparación del daño se dieron por analogía[65].

Si se recuerda, una de las críticas dirigidas a los incentivos que constituyen el objeto de estudio es que, con la excepción del previsto en el art. 426 CP para los delitos de cohecho, sólo pueden conceder una rebaja de pena a la que también se puede llegar con la aplicación de las atenuantes genéricas: con la salvedad que se acaba de hacer, todos ellos pueden dar lugar a una rebaja de pena de uno o dos grados. De conformidad con el art. 66.1.2ª CP, esa misma rebaja puede alcanzarse si, no concurriendo circunstancias agravantes, se aplican simultáneamente dos o más circunstancias atenuantes o una o varias muy cualificadas. Es interesante, por tanto, estudiar qué grado de rebaja se ha alcanzado a través de las atenuantes genéricas. Para ello, es preciso realizar dos análisis previos: en qué extensión —si como simple o muy cualificada— se ha aplicado cada atenuante y qué casos existieron de concurrencia entre distintas atenuantes.

La primera de estas cuestiones se estudia en los gráficos 11 a 14, dispuestos a continuación. En ellos se refleja, pues, la intensidad con la que las atenuantes de reparación del daño se concedieron a los beneficiados en cada muestra.

---

65 Estos 6 casos de aplicación se condensaron en sólo 2 de los 24 procesos estudiados. En concreto, se trata de los casos decididos en las SSTS 804/2021, de 20 de octubre (ECLI: ES:TS:2021:3941), y 367/2019, de 3 de julio (ECLI: ES:TS:2019:2498). En el supuesto mencionado en primer lugar, la atenuante se aplicó a uno de los condenados, mientras que en el segundo se aplicó a los 5 restantes. En ambos casos, la atenuante se aplicó como analógica y no como «pura» porque la reparación del perjuicio fue meramente parcial. Ver, en este sentido, SAP Murcia (3ª) 279/2018, de 27 de junio (ECLI: ES:APMU:2018:945), FD 2, pp. 14-16, resolución de primera instancia de la que dimana la STS 804/2021, de 20 de octubre, y SAP Lugo (2ª) 199/2017, de 20 de noviembre (ECLI: ES:APLU:2017:598), Antecedente de Hecho 1, pp. 12-13 y FD 4, p. 36 de la cual surge la STS 367/2019, de 3 de julio.

Gráficos 11 a 14: Intensidad de la atenuación con base en la reparación del daño (por grupos de beneficiados)

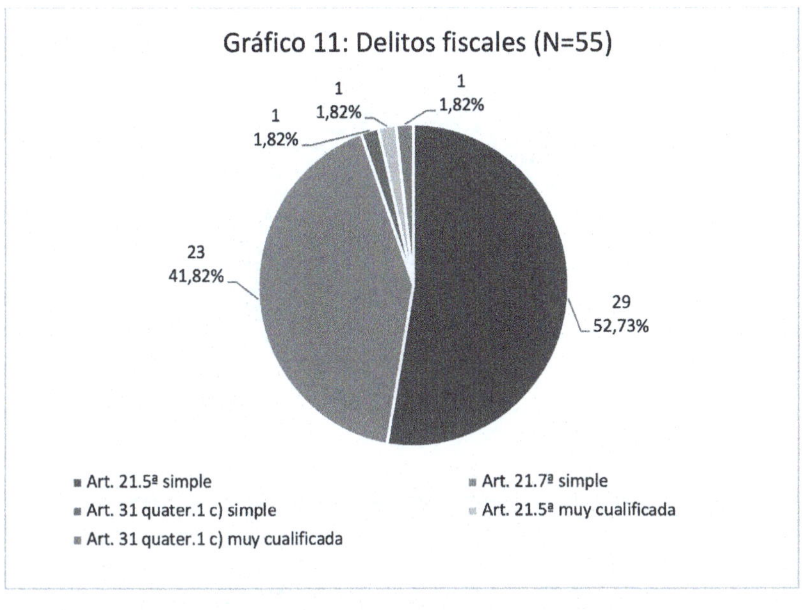

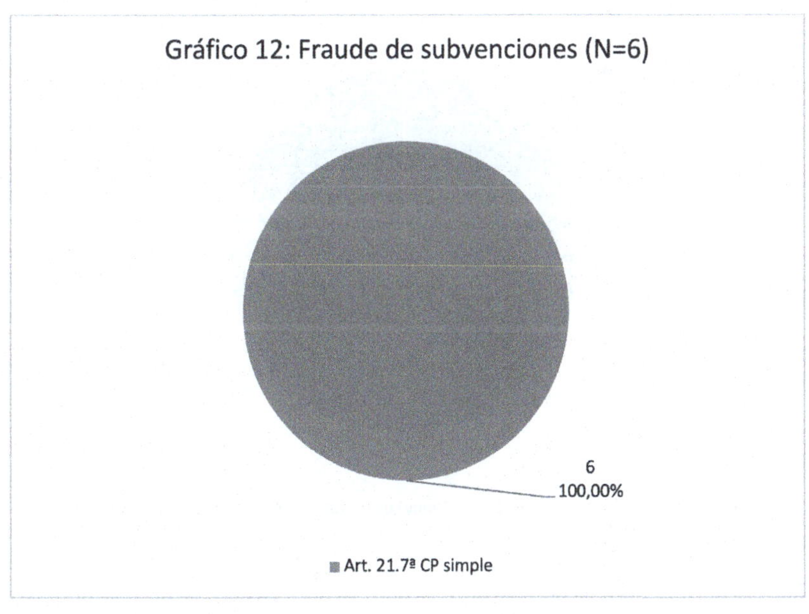

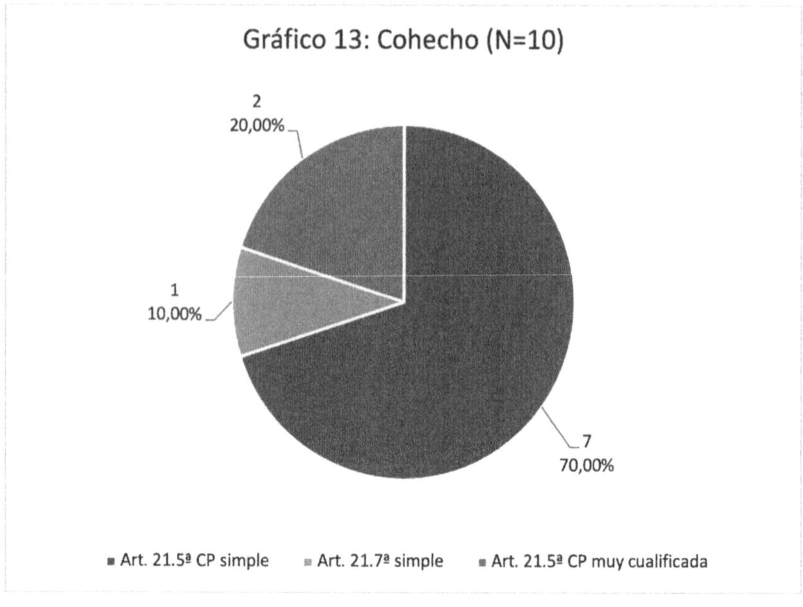
Gráfico 13: Cohecho (N=10)
2
20,00%
1
10,00%
7
70,00%
Art. 21.5ª CP simple
Art. 21.7ª simple
Art. 21.5ª CP muy cualificada

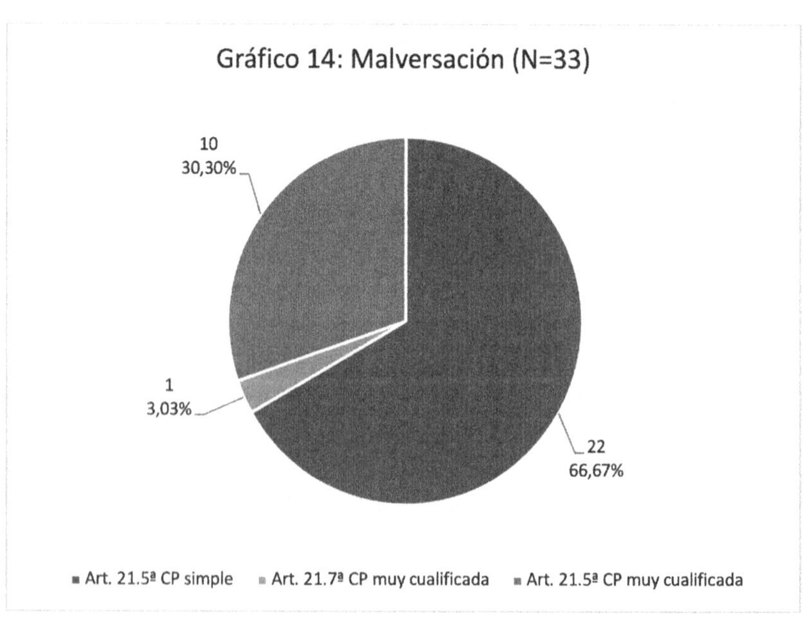
Gráfico 14: Malversación (N=33)
10
30,30%
1
3,03%
22
66,67%
Art. 21.5ª CP simple
Art. 21.7ª CP muy cualificada
Art. 21.5ª CP muy cualificada

Como puede observarse en los gráficos 11 a 14, los órganos judiciales españoles parecen haber apreciado las atenuantes como simples en la mayoría de los casos. Con todo, hubo una cantidad no desdeñable de supuestos de aplicación de estas atenuantes como muy cualificadas. Así, en el total de las muestras hubo 15 beneficiados a los que estas atenuantes se les estimaron de esa manera: 2 en la de delitos fiscales —una como atenuante del art. 21.5ª y otra como atenuante del art. 31 quater.1 c) CP—, otros 2 en la de cohecho —siempre como atenuante del art. 21.5ª CP— y 11 en la de malversación —10 de ellos como atenuante «pura» y uno como analógica—. No se ha llevado a cabo una representación gráfica de este parámetro en lo que concierne a la muestra para los delitos contra la Seguridad Social porque, como se ha visto en su momento, en ella no hubo ningún caso de aplicación de estas atenuantes.

Esta distribución de atenuantes simples y muy cualificadas encaja, hasta cierto punto, con la postura mantenida en pronunciamientos como la STS 507/2020, de 14 de octubre (ECLI: ES:TS:2020:3191) (caso Gürtel). En el FD 64 de esta resolución se indica que la apreciación de las atenuantes analógicas como muy cualificadas es excepcional: «se exige que se acredite una mayor intensidad, superior a la normal respecto a la atenuante correspondiente»[66]. Los datos reflejados en los gráficos avalan esta tendencia, pues sólo hubo un caso de aplicación de la atenuante del art. 21.7ª CP como muy cualificada. Éste se encuentra en la muestra relativa a los delitos de malversación y es el decidido en la STS 749/2022, de 13 de septiembre (caso EREs) (ECLI: ES:TS:2022:3258).

De este último caso llama la atención que la atenuante no se haya apreciado en instancia, sino en casación, y que, además, se haya concedido a un condenado que, en sentido estricto, no reparó el daño causado por el delito. De conformidad con los hechos probados de la sentencia de primera instancia, el condenado ocupó el cargo de Director General de Trabajo y Seguridad Social de la Consejería de Empleo de la Junta de Andalucía entre el 29 de abril de 2008 y el 6

[66] STS 507/2020, de 14 de octubre (caso Gürtel) (ECLI: ES:TS:2020:3191), FD 64, p. 218.

de abril de 2010[67]. Según el FD 136 de la STS, el recurrente, aunque era conocedor de que desde la Consejería en la que trabajaba se desviaban fondos públicos a cometidos que no les eran propios, empleó el tiempo que estuvo en el ejercicio de su cargo «a conocer a fondo el problema que existía en su departamento y adoptar medidas para su corrección». Estas acciones, en opinión del Alto Tribunal, «constituyen actos contrarios a la voluntad de cometer los ilícitos que justifican un menor contenido del injusto y un menor juicio de reproche, y justifican la apreciación de una atenuante analógica muy cualificada». Como consecuencia de ello, se le rebajó la pena en un grado[68].

Veamos ahora los casos en los que las atenuantes genéricas de reparación del daño se aplicaron en concurso con otras atenuantes. Esta información, desglosada por beneficiado, se contiene en los gráficos 15 a 18.

Gráficos 15 a 18: Concurrencia de las atenuantes genéricas de reparación con otras atenuantes (por grupos de beneficiados)

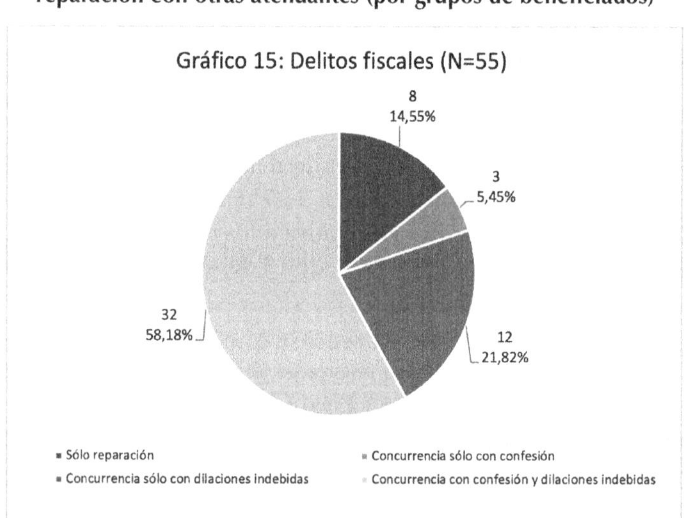

67 En la sentencia de primera instancia se le llama Samuel. La resolución que decide el caso en esa fase procesal es la SAP Sevilla (1ª) 490/2019, de 19 de noviembre (ECLI: ES:APSE:2019:1101). En casación, en cambio, se le llama Amadeo.

68 STS 749/2022, de 13 de septiembre (caso EREs) (ECLI: ES:TS:2022:3258), FD 136, p. 393.

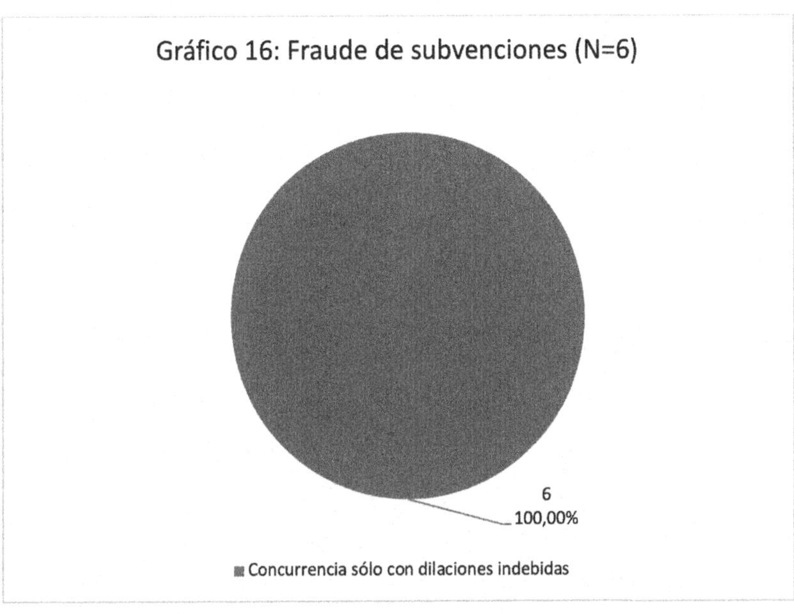
Gráfico 16: Fraude de subvenciones (N=6)
6
100,00%
Concurrencia sólo con dilaciones indebidas

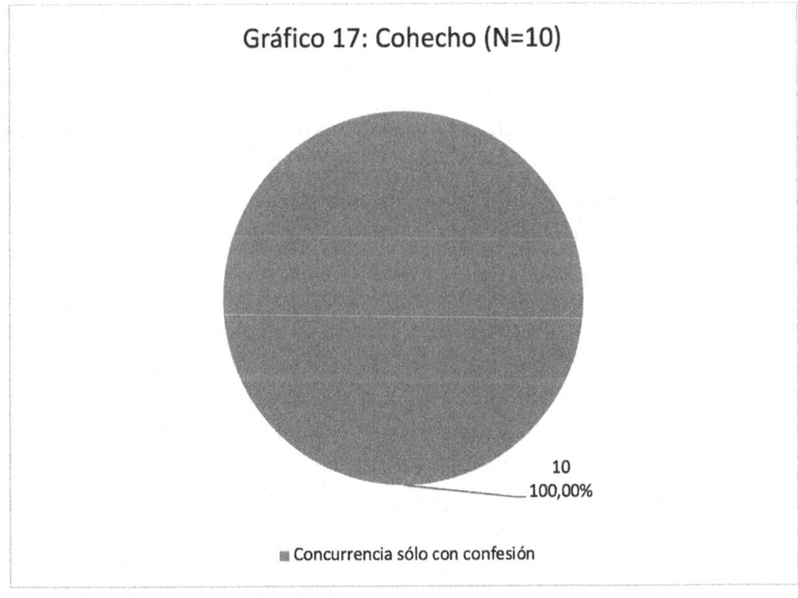
Gráfico 17: Cohecho (N=10)
10
100,00%
Concurrencia sólo con confesión

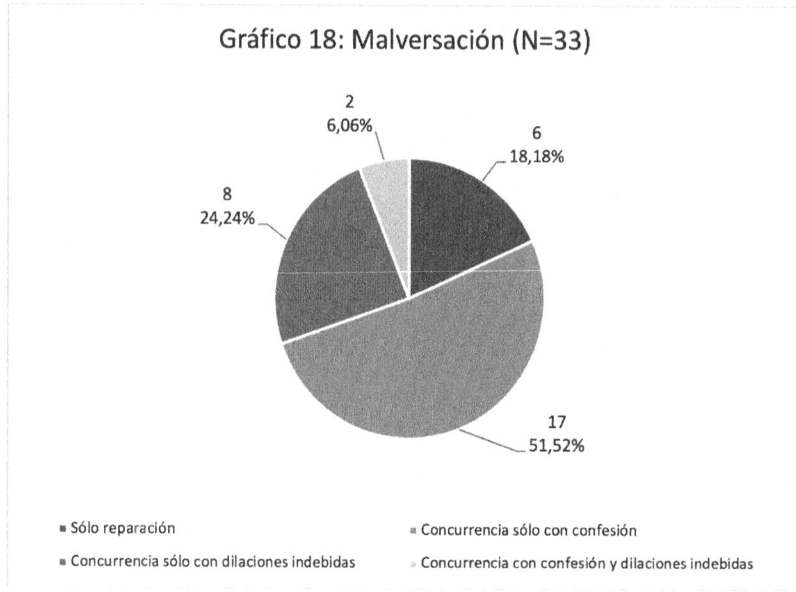

De la información que se contiene en los gráficos 15 a 18 se colige que la mayoría de los casos en los que se ha aplicado alguna atenuante genérica de reparación del daño ha sido en concurso con otra u otras atenuantes. Esto se ve con especial claridad en las muestras de los delitos de fraude de subvenciones y de cohecho, en las que el 100% de los casos de apreciación de atenuantes de reparación se han producido en conjunto con otra atenuante. Así, a los 10 condenados por delito de cohecho a los que se les concedió alguna atenuante por resarcir el perjuicio causado, también se les aplicó una atenuante de confesión de los arts. 21.4ª —a 1 de esos 10 condenados— o 21.7ª CP —a los 9 restantes—. Por su parte, a los 6 condenados por delito de fraude de subvenciones a los que se les aplicó alguna atenuante de reparación se les concedió, al mismo tiempo, una atenuante de dilaciones indebidas del art. 21.6ª CP.

La tendencia de aplicar las atenuantes de reparación del daño junto con otras atenuantes parece mantenerse, aunque de manera más matizada, en las muestras relativas a los delitos fiscales y de malversación[69]. Así, en la primera de estas dos muestras (gráfico 15) hubo 55 beneficiados con alguna atenuante de reparación del daño. De ellos, sólo hubo 8 a los que no se les aplicó ninguna otra circunstancia (14,55%). En cuanto a los casos de concurrencia, en esa misma muestra hubo 3 condenados a los que, además de alguna atenuante de reparación del daño, se les concedió alguna atenuante genérica de confesión (5,45%)[70], 12 a los que se les aplicó la circunstancia de dilaciones indebidas (21,82%) y otros 32 a los que se les aplicaron simultáneamente la circunstancia de dilaciones indebidas y alguna atenuante genérica de confesión junto con la de reparación del daño (58,18%). Por su parte, en la muestra de malversación (gráfico 18) hubo 33 beneficiados con alguna atenuante de reparación del daño. De ellos, a 6 se les concedió de forma aislada (18,18%), a 8 se les aplicó junto con la atenuante de dilaciones indebidas (24,24%) y a 17 se les concedió junto con alguna atenuante de confesión (51,52%). Finalmente, hubo 2 condenados a los que, además de aplicársele alguna atenuante de reparación del daño, se les apreciaron, simultáneamente, tanto alguna atenuante de confesión como la circunstancia de dilaciones indebidas (6,06%).

---

69 Una precisión: en aras de la claridad, en los gráficos 15 y 18 se ha prescindido de incluir los casos de aplicación de las figuras previstas en los arts. 305.6 I y 434 CP, respectivamente. Como a ninguno de los dos beneficiados con estas disposiciones se les aplicó ninguna otra circunstancia atenuante, nada de lo dicho a la hora de comentar estos gráficos se ve influido por haber descartado esos dos supuestos del cómputo.

70 Entre esos 3 casos merece destacarse el de la STS 496/2020, de 8 de octubre (ECLI: ES:TS:2020:3201). En la sentencia de instancia, la SAP Madrid (17ª) 545/2018, de 16 de julio (ECLI: ES:APM:2018:14343) se aplicaron a la persona jurídica condenada, el club de fútbol Rayo Vallecano, S.A.D., tres atenuantes de las previstas en el art. 31 quater.1 CP. Concretamente, se trató de las establecidas en las letras «a)» (confesión), «b)» (colaboración con las autoridades) y «c)» (reparación del daño). Al respecto, ver SAP Madrid (17ª) 545/2018, de 16 de julio (ECLI: ES:APM:2018:14343), FD 14, pp. 31-32. En consecuencia, la pena se rebajó en dos grados para los dos delitos fiscales por los que la mercantil fue condenada. Además de por la acumulación de atenuantes, este supuesto es llamativo porque es el único caso de todas las muestras analizadas en el que se aplicó el art. 31 quater.1 b) CP. Por la escasa incidencia estadística de esta atenuante, unida al hecho de que se apreció en concurso con las de reparación del daño y confesión, no se ha considerado necesario separar este supuesto en una categoría distinta en el gráfico 15.

Efectuados estos dos análisis, se está en disposición de abordar el estudio de las rebajas de grado que, en su caso, se concedieron a los beneficiados con atenuantes de reparación del daño de cada una de las muestras. Esta información se contiene en los gráficos 19 a 22, dispuestos a continuación.

Gráficos 19 a 22: Rebajas de grado por atenuantes genéricas de reparación

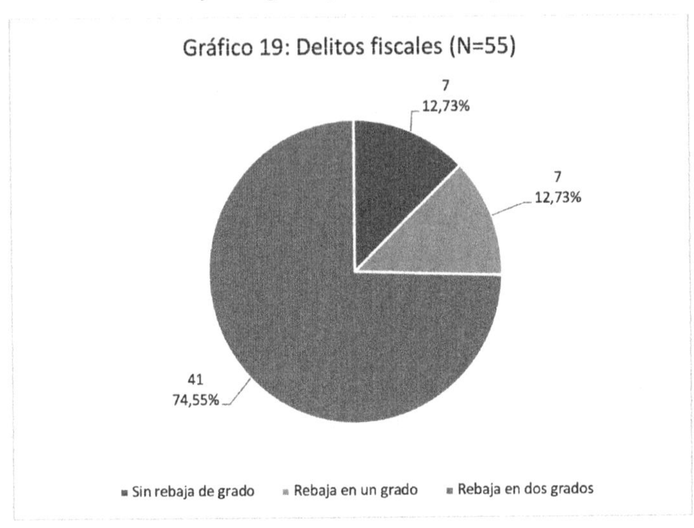

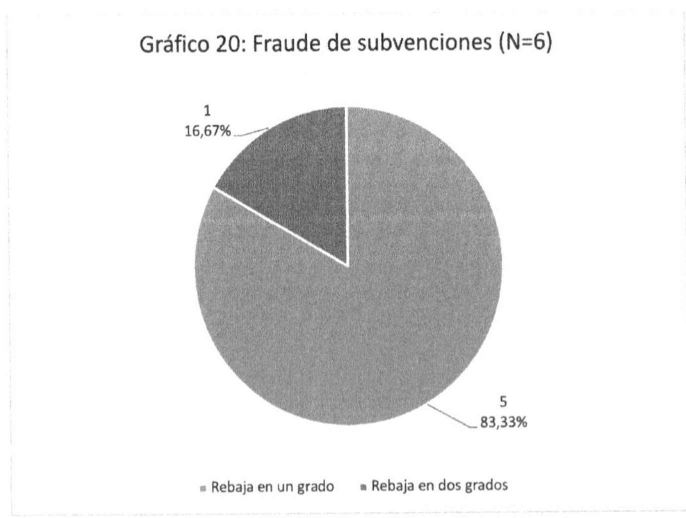

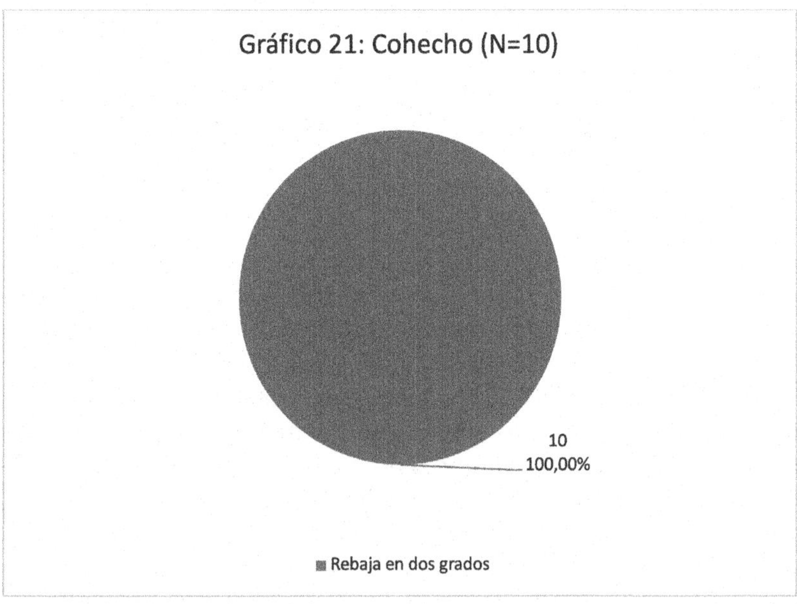
Gráfico 21: Cohecho (N=10)
10
100,00%
Rebaja en dos grados

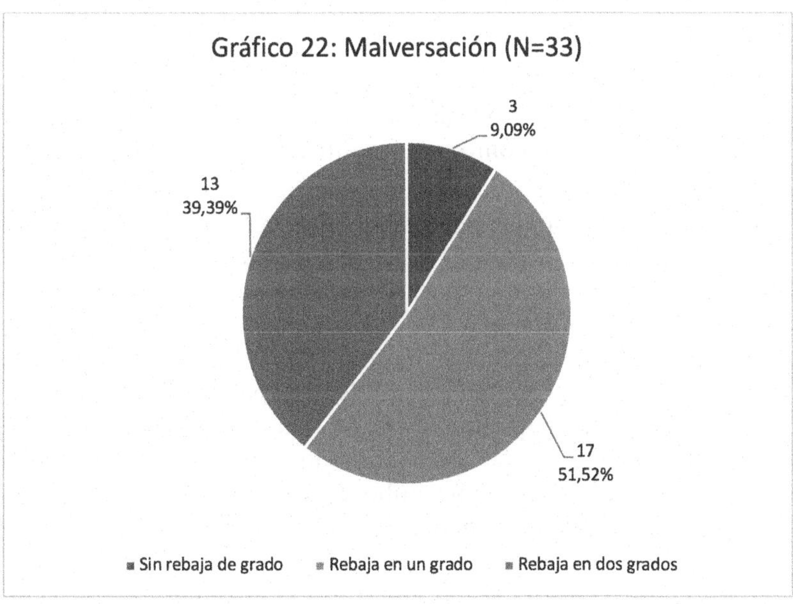
Gráfico 22: Malversación (N=33)
3
9,09%
13
39,39%
17
51,52%
Sin rebaja de grado
Rebaja en un grado
Rebaja en dos grados

El hecho de que las atenuantes de reparación del daño normalmente concurran con la de confesión, la de dilaciones indebidas, o ambas, podría ayudar a explicar la situación que se refleja en los gráficos que se acaban de mostrar. Como se observa en ellos, los tribunales españoles rebajaron la pena en uno o dos grados en un número muy considerable de ocasiones.

Así, en la muestra de delitos fiscales (gráfico 19), la pena se rebajó en dos grados a casi tres de cada cuatro condenados a los que se aplicó alguna atenuante de reparación del daño: 41 de 55 (74,55%). A ello hay que añadirle que hubo otros 7 condenados, de los 55 que se han tomado en consideración, a los que la pena se les rebajó en un grado (12,73%). Esto quiere decir que, en total, a 48 de los 55 beneficiados con alguna atenuante de reparación del daño se les rebajó la pena en uno o dos grados. Estos números son coherentes con los que constan en el gráfico 15. De acuerdo con éste, en la muestra hubo 47 condenados a los que se les aplicó, además de una atenuante de reparación del daño, alguna otra atenuante. Fuera de esos 47 casos, hubo otro condenado al que, habiéndosele aplicado sólo una atenuante de reparación del daño, se le rebajó la pena en uno o dos grados. Éste es la persona jurídica condenada en la STS 746/2018, de 13 de febrero de 2019 (ECLI: ES:TS:2019:392), a la cual se le aplicaron, en la primera instancia, la atenuante del art. 31 quater.1 c) CP como muy cualificada y se le rebajó la pena en un grado[71].

Esta situación es similar a la que se observa en la muestra para los delitos de malversación (gráfico 22). Así, de los 33 condenados a los que se aplicó la atenuante «pura» o la analógica de reparación del daño, hubo 17 a los que se les rebajó la pena en un grado (51,52%) y otros 13 a los que se les rebajó en dos (39,39%). Es decir, que sólo hubo 3 beneficiados con una atenuante de reparación del daño a los que no se les rebajó la pena ni en uno ni en dos grados. Si se acude de nuevo al gráfico 18, se observará cómo, de los 33 beneficiados con atenuantes de reparación, hubo 27 a los que se les apreció en concurrencia con una atenuante de confesión, con la de dilaciones

---

71 La resolución de primera instancia de la que dimana el caso ahora comentado es la SAP Pontevedra (4ª) 38/2017, de 30 de junio (ECLI: ES:APPO:2017:1336).

indebidas o con ambas. De lo que se colige que hubo otros 3 condenados a los que se les aplicó exclusivamente una atenuante de reparación del daño y se les rebajó la pena en uno o dos grados. Uno de esos 3 condenados ya ha sido mencionado más arriba: aquel al que le fue concedida la circunstancia analógica como muy cualificada en la STS 749/2022, de 13 de septiembre (caso EREs) (ECLI: ES:TS:2022: 3258). Los otros 2 fueron condenados en la SAP Valencia (1ª) 349/2018, de 19 de junio (ECLI: ES:APV:1960:2018), de la que dimana la STS 482/2020, de 30 de septiembre (caso Emarsa) (ECLI: ES:TS:2020:3893). A éstos se les apreció la atenuante del art. 21.5ª CP como muy cualificada y se les redujo la pena en dos grados.

Por lo demás, recuérdese que a los 6 beneficiados con atenuantes de reparación del daño en la muestra de delitos de fraude de subvenciones se les aplicó, simultáneamente, la circunstancia de dilaciones indebidas. De ahí que, como puede verse en el gráfico 20, a todos ellos se les haya rebajado la pena o bien en un grado (5 condenados), o bien en dos (1 condenado). Algo similar sucede con la muestra de delitos de cohecho (gráfico 21): al 100% de los condenados a los que se les aplicó una atenuante de reparación del daño se les rebajó la pena en dos grados (10 condenados en total). Esto encaja con el hecho de que al 100% de esos beneficiados también se les haya aplicado una atenuante de confesión.

Parece, por tanto, que con la aplicación de la atenuante de reparación del daño se llega a situaciones semejantes a las que se podría haber llegado de apreciar alguno de los incentivos (una rebaja de pena de uno o dos grados) en un número bastante considerable de los casos analizados. Ello no parece deberse, o al menos no fundamentalmente, al hecho de que las atenuantes se aprecien como muy cualificadas o, ni siquiera, como «puras» en lugar de analógicas, sino a que, en la mayoría de las ocasiones en que se aplican, concurren con otra u otras atenuantes. Veamos qué sucede con estas otras circunstancias modificativas.

3.2.2. Atenuantes genéricas de confesión: arts. 21.4ª, 21.7ª y 31 quater.1 a) CP

En lo que sigue va a emplearse un esquema similar al manejado en el epígrafe anterior. Sin embargo, si entonces la atención se fijó en las que se han llamado «atenuantes genéricas de reparación del daño», ahora se va a estudiar la situación de las «atenuantes genéricas de confesión». Por tales se van a entender las contenidas en los arts. 21.4ª CP —por continuar empleando términos similares al epígrafe anterior, atenuante «pura» de confesión—, art. 21.7ª CP —atenuante analógica de confesión— y 31 quater.1 a) CP —atenuante de confesión para personas jurídicas—.

Hechas estas consideraciones, en los gráficos 23 a 27 se contiene la información sobre el número de procesos en los que, en cada muestra, se ha concedido una de estas atenuantes a *alguno* de los condenados.

Gráficos 23 a 27: Atenuantes genéricas de confesión (por procesos)

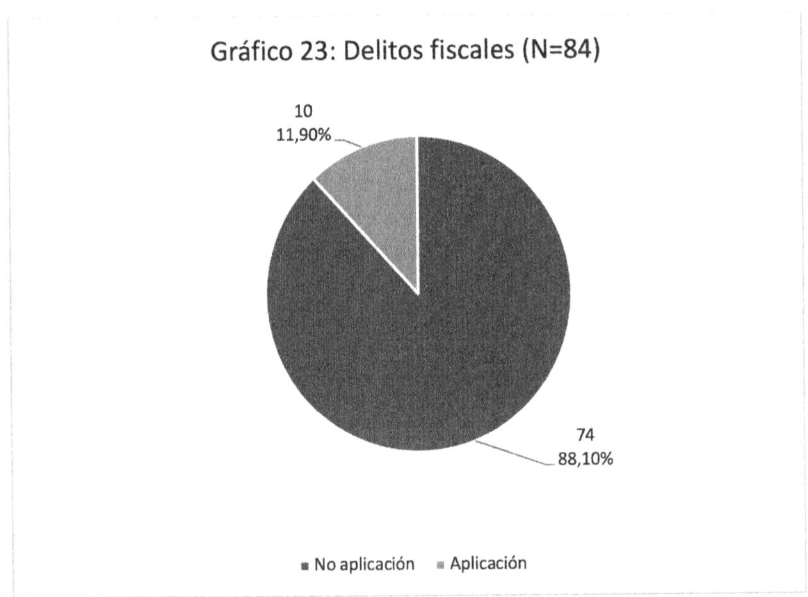

Gráfico 24: Contra la Seguridad Social (N=21)
21
100,00%
No aplicación

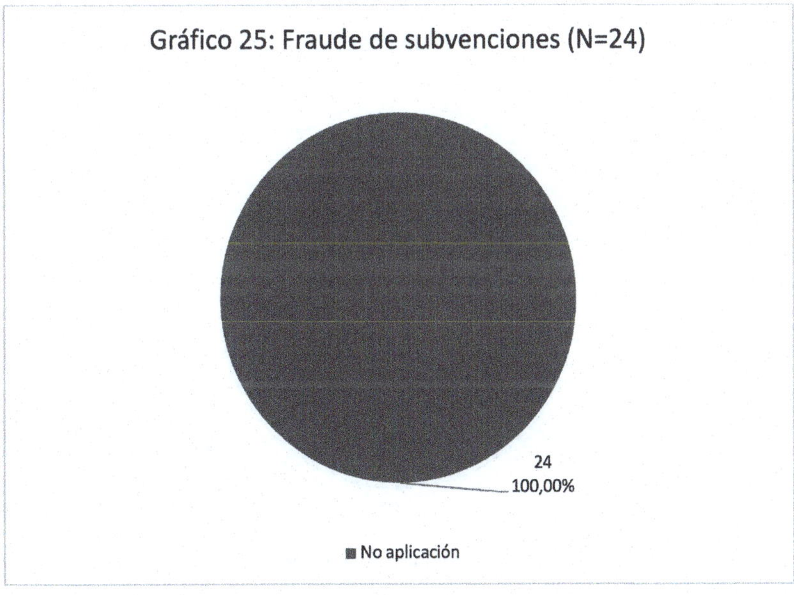
Gráfico 25: Fraude de subvenciones (N=24)
24
100,00%
No aplicación

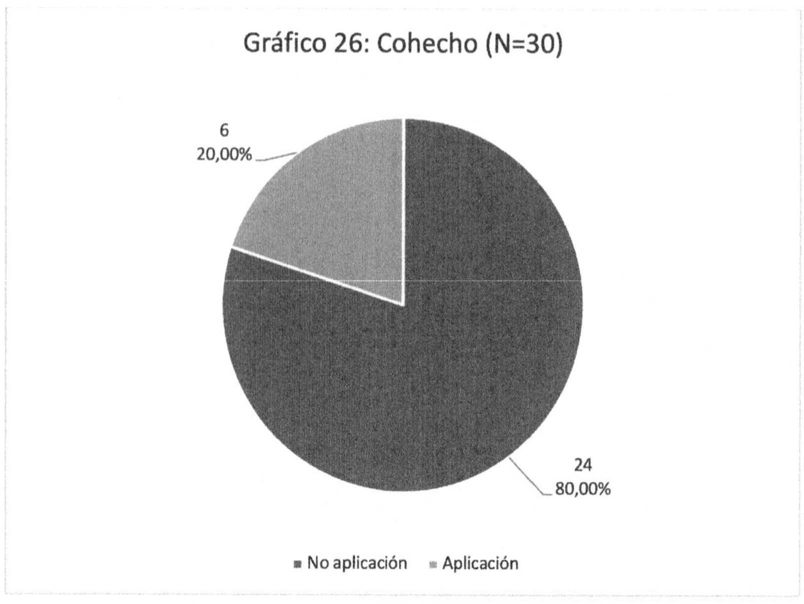
Gráfico 26: Cohecho (N=30)
6
20,00%
24
80,00%
No aplicación
Aplicación

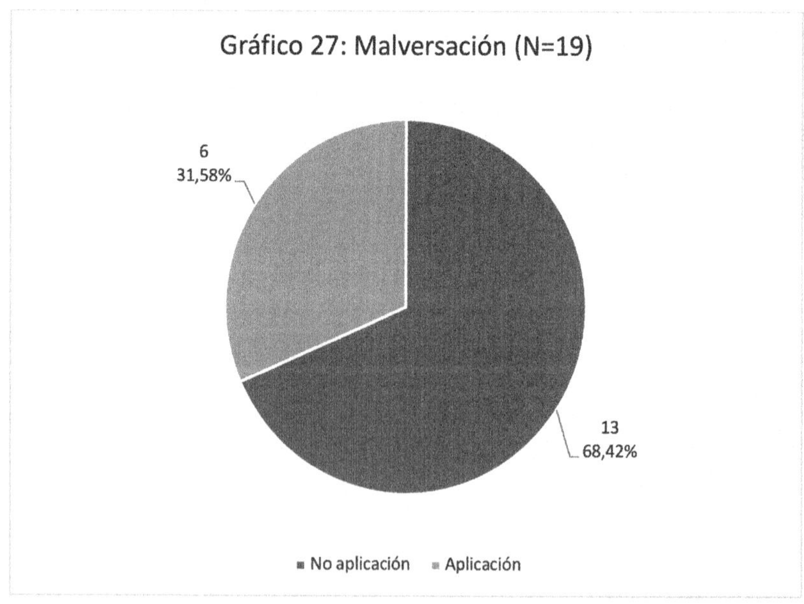
Gráfico 27: Malversación (N=19)
6
31,58%
13
68,42%
No aplicación
Aplicación

Al igual que lo que sucede con las atenuantes de reparación del daño, los procesos en los que se han aplicado atenuantes de confesión son minoritarios en todas las muestras estudiadas. Así, la proporción más grande se encuentra en la muestra relativa a los delitos de malversación (N=19), donde se ha aplicado una atenuante de confesión en alrededor de una tercera parte de todos los procesos tomados en consideración (6 procesos; un 31,58%). En muestras de mayor tamaño, como la de delitos fiscales (N=84) o la de cohecho (N=30), la proporción disminuye, representando un 11,90% de los procesos analizados en la primera (10 en total) y un 20% en la segunda (6 en total). Ni en la muestra relativa a los delitos contra la Seguridad Social (N=21) ni en la de los delitos de fraude de subvenciones (N=24) hubo ningún caso de aplicación de las atenuantes ahora consideradas.

El número de condenados a los que, en cada muestra, se les aplicó alguna atenuante de confesión se contiene en los gráficos 28 a 32, dispuestos a continuación.

Gráficos 28 a 32: Atenuantes de confesión (por condenados)

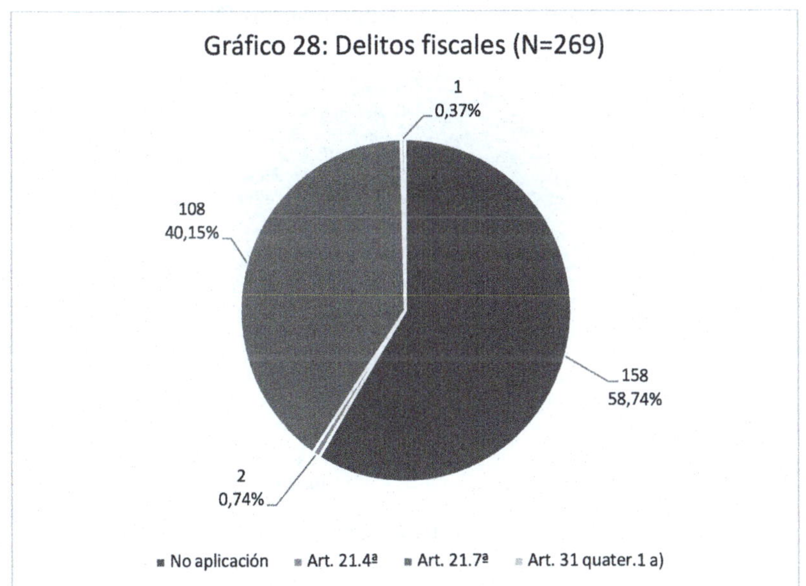

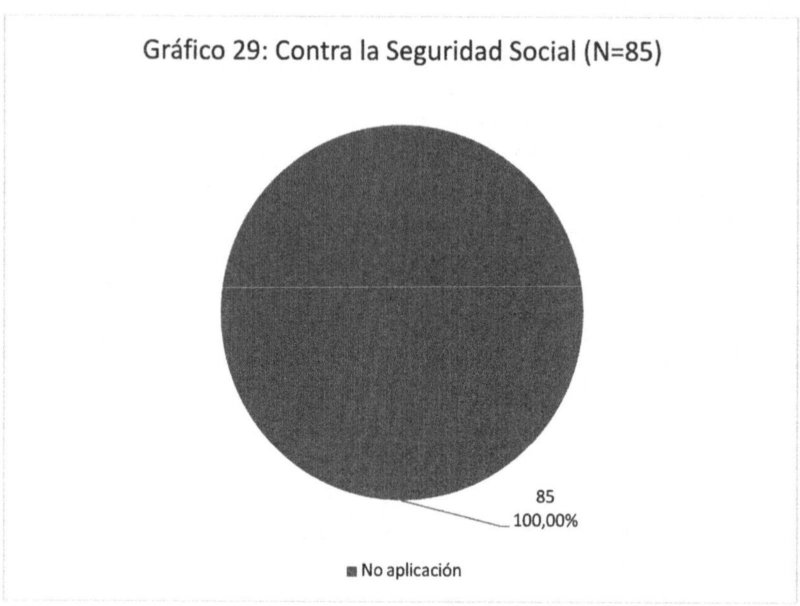
Gráfico 29: Contra la Seguridad Social (N=85)
85
100,00%
No aplicación

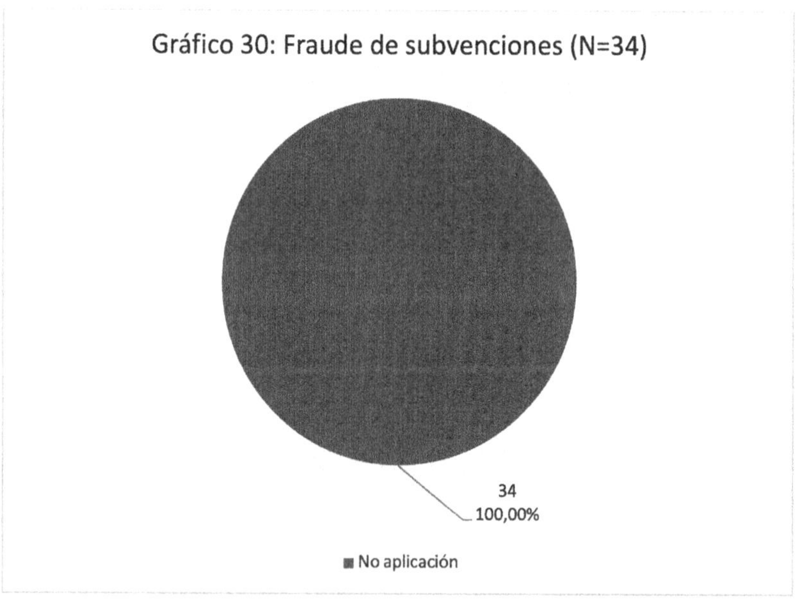
Gráfico 30: Fraude de subvenciones (N=34)
34
100,00%
No aplicación

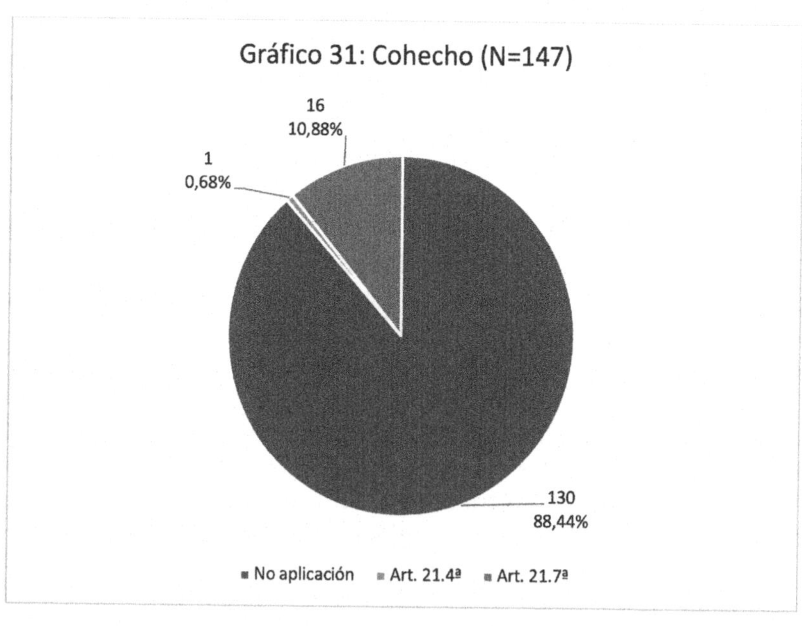
Gráfico 31: Cohecho (N=147)
16
10,88%
1
0,68%
130
88,44%
No aplicación
Art. 21.4ª
Art. 21.7ª

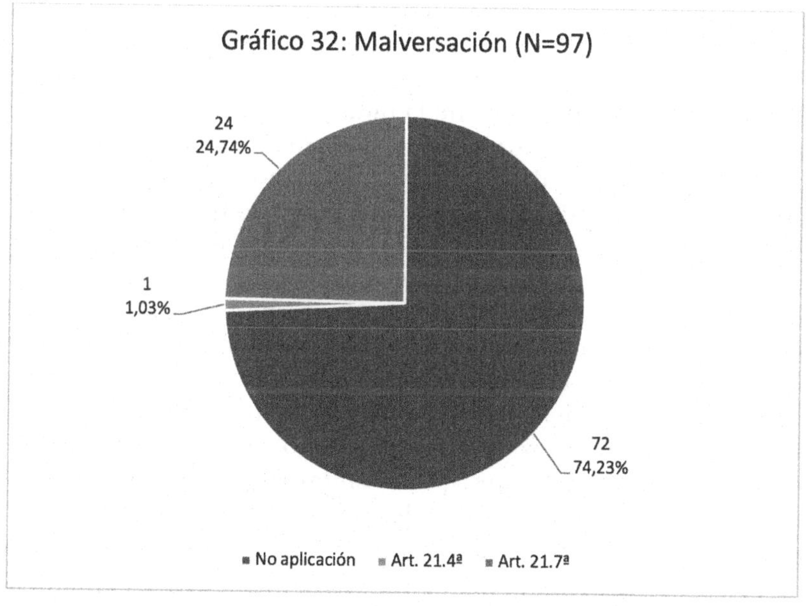
Gráfico 32: Malversación (N=97)
24
24,74%
1
1,03%
72
74,23%
No aplicación
Art. 21.4ª
Art. 21.7ª

De nuevo, de manera similar a lo que sucede con las atenuantes de reparación del daño, los condenados a los que se les ha aplicado alguna atenuante de confesión son minoría. Así, en el caso de los delitos de cohecho (gráfico 31), hubo 17 de 147 condenados a los que se les aplicó alguna de estas atenuantes. Esa proporción representa el 11,56% de la muestra (al 10,88%, 16 condenados, se les aplicó el art. 21.7ª CP, mientras que al 0,68% restante, que representa un condenado, se le aplicó el art. 21.4ª CP). En la muestra de malversación (gráfico 32), la proporción se incrementa hasta el 25,77%, con 25 de 97 condenados. La proporción más grande se encuentra en la muestra de delitos fiscales: de 269 condenados, hubo 111 (un 41,26%) a los que se les concedió alguna de las atenuantes ahora analizadas (gráfico 28). Recuérdese que en las muestras de delitos contra la Seguridad Social (gráfico 29) y de fraude de subvenciones (gráfico 30) no hubo procesos en los que se aplicaran estas atenuantes, por lo que en ellas no hubo ningún condenado beneficiado con tales circunstancias.

Si se observan los gráficos con algo más de detenimiento, se constata una tendencia algo llamativa: cuando se han aplicado las atenuantes de confesión, en la gran mayoría de las ocasiones lo han hecho bajo la forma de la figura del art. 21.7ª CP. Téngase presente que los órganos judiciales españoles suelen recurrir a la atenuante analógica de confesión cuando no es posible aplicar la atenuante «pura» del art. 21.4ª CP. Esto es lo que normalmente sucede cuando los acusados, a pesar de que han prestado una contribución importante para el esclarecimiento de los hechos delictivos o la identificación de otros responsables, han actuado con posterioridad a conocer que el proceso judicial se dirige contra ellos. Parece, por tanto, que los supuestos en los que los culpables actúan dentro del límite preclusivo establecido en el art. 21.4ª CP son la excepción. De hecho, sólo hubo 4 casos de aplicación de la atenuante «pura» en las tres muestras representadas: dos en la de delitos fiscales, otro en la de cohecho y otro en la de malversación.

Los dos supuestos de la muestra de delitos fiscales son muy similares. Cronológicamente hablando, el primero de ellos se dio en el marco de la STS 1002/2021, de 17 de diciembre (caso La

Muela) (ECLI:ES:TS:2021:4939). La aplicación se produjo en el primer pronunciamiento que realizó el órgano de primera instancia, la SAP Zaragoza (1ª) 291/2016, de 23 de septiembre (ECLI: ES:APZ:2016:1252). El condenado al que se le aplicó esta atenuante[72] llegó a un acuerdo con las acusaciones con posterioridad a la celebración del juicio oral. Esto hizo que, en la sentencia, se omitiera todo razonamiento en torno a por qué procedía la apreciación de esta circunstancia; en efecto, la AP de Zaragoza se limitó a dictar una sentencia ajustada al convenio al que llegaron las acusaciones y las defensas[73].

El otro se dio en el proceso que zanjó la STS 310/2018, de 26 de junio (ECLI: ES:TS:2018:2753). La aplicación de la atenuante en este caso también se produjo en la primera instancia, decidida en la SAN (1ª) 8/2017, de 13 de marzo (ECLI: ES:AN:2017:499), y también se dio como consecuencia de que la acusación y la defensa llegaran a un acuerdo con posterioridad a la celebración del juicio oral[74]. De nuevo, esta resolución tampoco es especialmente explícita acerca de los motivos que hicieron al inculpado merecedor de la atenuante; cuanto se indica en ella es que tanto él como muchos otros acusados (de hecho, la mayoría: 14 de 16) «reconocieron los hechos» en el acto del juicio y «aportaron datos relevantes sobre la intervención de otros en la trama» de defraudación del IVA que constituía el objeto del proceso[75].

---

72 Al cual se le llama Javier Dionisio en el proceso ante la AP.

73 Ver SAP Zaragoza (1ª) 291/2016, de 23 de septiembre (ECLI: ES:APZ:2016:1252), FD 2 SAP, pp. 169-172. En esa sección de la resolución de instancia, el tribunal reflexiona sobre el régimen jurídico de la conformidad en sentido estricto, remitiéndose, de hecho, a los arts. 655 y ss. LECrim. Sin embargo, en el Antecedente de Hecho 9 de la misma resolución se aclara que el acuerdo al que llegan las acusaciones y las defensas se dio con posterioridad a la celebración del juicio oral, con ocasión de la elevación de las conclusiones a definitivas. Es por eso que, a los efectos de esta investigación, no se ha considerado que ese acuerdo sea de conformidad *stricto sensu*. Ibid., p. 47.

74 El condenado que resultó beneficiado con esta atenuante es llamado Lázaro Dámaso en la resolución de primera instancia.

75 SAN (1ª) 8/2017, de 13 de marzo (ECLI: ES:AN:2017:499), Hecho Probado 5, p. 16.

Por su parte, los 2 supuestos restantes se refieren al mismo condenado, al cual se le imputaban tanto un delito continuado de malversación como varios delitos de cohecho en el mismo procedimiento. El proceso en el que resultó condenado fue el decidido en la STS 507/2020, de 14 de octubre (caso Gürtel) (ECLI: ES:TS:2020:3191)[76]. La aplicación de la atenuante se produjo en la sentencia de primera instancia, la SAN (2ª) 20/2018, de 17 de mayo (ECLI: ES:AN:2018:1915). En el relato de hechos probados se indica que el procedimiento del que se desgajó la pieza separada que dio lugar a la SAN (las Diligencias Previas 275/2008), se incoaron gracias a una denuncia formulada por el beneficiado con la atenuante, el cual aportó «numerosas grabaciones de conversaciones mantenidas con otros acusados». Según la AN, estas grabaciones corroboraban lo afirmado en la denuncia y terminaron resultando «de gran ayuda para un mejor esclarecimiento de los hechos y partícipes en ellos»[77]. La circunstancia se estimó como muy cualificada y la pena que le correspondió tanto por el delito de malversación como los de cohecho por los que finalmente fue condenado se rebajó en dos grados[78]. Pese a que este condenado recurrió en casación y, de hecho, cuestionó la manera en la que el órgano de instancia había determinado su pena, el tratamiento que la AN dispensó a esta circunstancia quedó intacto[79].

En los gráficos 33 a 35 se contiene la información relativa a la intensidad de las atenuaciones por confesión concedida a cada beneficiado.

---

76 Se trata del condenado llamado Abilio tanto en la sentencia de primera instancia como en la de casación.

77 SAN (2ª) 20/2018, de 17 de mayo (ECLI: ES:AN:2018:1915), Hecho Probado 5 del apartado «Introducción», p. 66.

78 Ibid., p. 379.

79 STS 507/2020, de 14 de octubre (caso Gürtel) (ECLI: ES:TS:2020:3191), FFDD 170-172, pp. 320-321.

Gráficos 33 a 35: Intensidad de la atenuación con base en la confesión (por grupos de beneficiados)

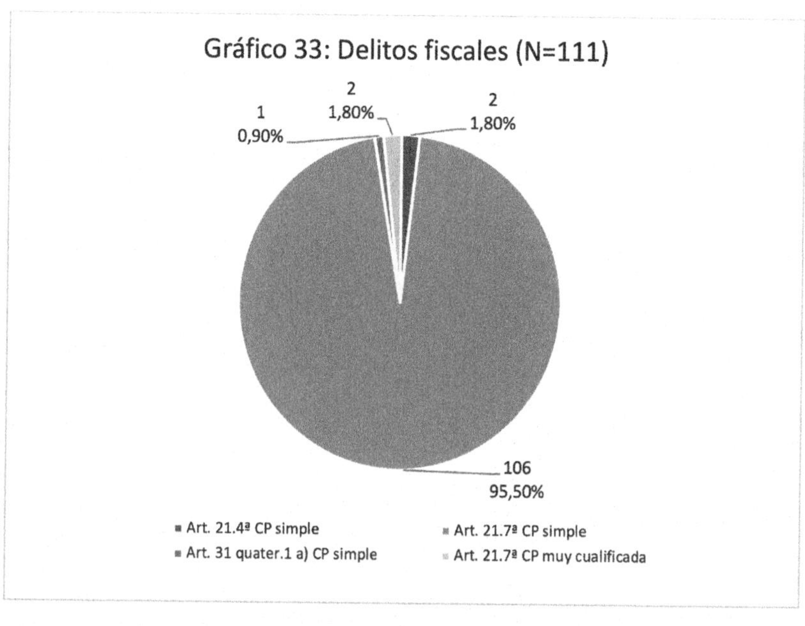

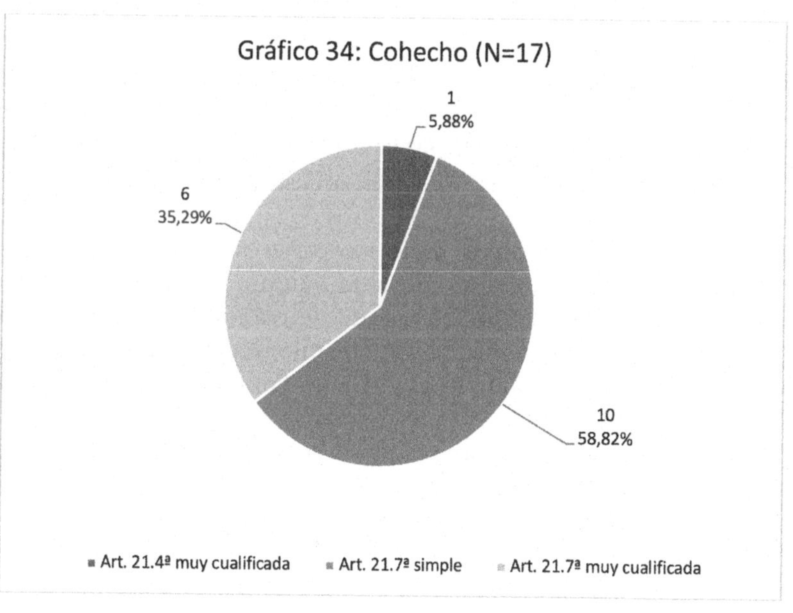

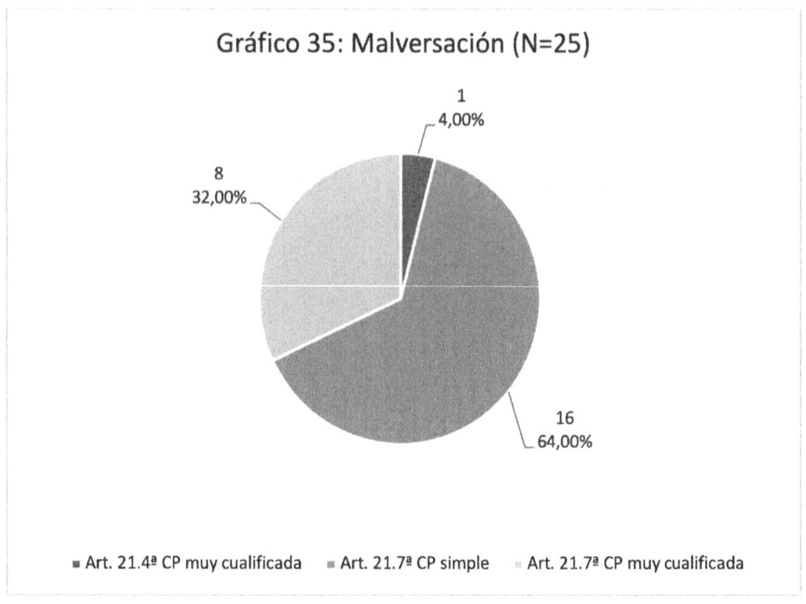

De modo similar a como sucede con las atenuantes de reparación del daño, la mayoría de las veces que se ha concedido una atenuante de confesión ésta se ha apreciado como simple. Esto es especialmente claro en la muestra de delitos fiscales (gráfico 33), en la que a 106 de los 111 condenados tomados en consideración se les aplicó una atenuante analógica simple de confesión (un 95,50% de la muestra).

Dicho esto, lo cierto es que en las muestras de cohecho (gráfico 34) y malversación (gráfico 35) los casos de aplicación de atenuantes muy cualificadas, aun siendo minoritarios, se dieron en una proporción no desdeñable. Así, en la primera muestra hubo 7 condenados que se beneficiaron de una atenuante de esa naturaleza. A uno de ellos se le aplicó una atenuante «pura», mientras que a los otros 6 se les concedió una atenuante analógica como muy cualificada. Tomando en consideración que la muestra estaba constituida en este caso por 17 beneficiados, el porcentaje de condenados que recibieron una atenuante muy cualificada con respecto al resto asciende hasta el 41,17% (es la suma del 5,88% que representa el condenado al que se le aplicó la atenuante «pura» y el 35,29% que representan los otros 6 a los que se les aplicó la atenuante analógica). Por su parte, en la muestra de malversación hubo 9 de 25 beneficiados con atenuantes de confesión a los que la circunstancia se les apreció como muy cualificada (36%): a uno de ellos como atenuante «pura» (4%) y a otros 8 como analógica (32%).

Si se recuerda, en las mismas muestras sólo hubo un caso de aplicación de la atenuante analógica de reparación del daño como muy cualificada. Ya se dijo en su momento que eso parecía ir en la línea jurisprudencial que sostiene que las atenuantes analógicas sólo pueden estimarse como muy cualificadas de forma excepcional. Sin embargo, en atención a los datos recién comentados, este razonamiento parece relajarse en lo que tiene que ver con la aplicación de la atenuante analógica de confesión: los casos de aplicación de la atenuante analógica de confesión como muy cualificada son mucho más abundantes que los de la atenuante analógica de reparación del daño.

Dos factores pueden ser potencialmente explicativos de esta tendencia. El primero, que, como se ha podido ver en los gráficos 28 a 32, los supuestos de aplicación de las atenuantes analógicas frente a las atenuantes «puras» son, proporcionalmente, mucho más frecuentes en el terreno de la confesión que en el de la reparación del daño. El segundo, el hecho de que, en la mayoría de las ocasiones en las que se ha aplicado a alguno de los condenados la atenuante analógica de confesión como muy cualificada, es porque se ha llegado a un acuerdo entre las acusaciones y las defensas.

Más adelante se hablará con mayor detenimiento de la relación entre el hecho de que se aprecie una atenuante genérica (cualquiera de las analizadas) y que se haya llegado a un acuerdo con las acusaciones. Por ahora, basta con llamar la atención sobre lo siguiente. En la muestra relativa a los delitos de cohecho hubo 6 condenados a los que se les aplicó la circunstancia del art. 21.7ª CP como muy cualificada. Todos ellos llegaron a algún tipo de acuerdo con las acusaciones. Así, 5 alcanzaron un acuerdo de conformidad *stricto sensu*[80]

---

80 Estos 5 beneficiados fueron enjuiciados en el mismo proceso: el resuelto en la STS 394/2014, de 7 de mayo (ECLI: ES:TS:2014:2019). La aplicación de las atenuantes (y la celebración del acuerdo de conformidad) se produjo en la primera instancia, decidida en la SAP Islas Baleares (1ª) 73/2013, de 26 de julio

mientras que el otro se adhirió a la calificación definitiva de las acusaciones una vez que se celebró el juicio oral[81]. Por otra parte, en la muestra de malversación, de los 8 casos en los que se apreció la atenuante analógica como muy cualificada, 7 se dieron en una situación de transacción entre acusación y defensa (87,5%): 6 como acuerdo de conformidad *stricto sensu* y uno como adhesión a las conclusiones definitivas tras la celebración del juicio oral[82].

Es más: el número de beneficiados con la atenuante analógica muy cualificada de confesión que llegaron a un acuerdo con las acusaciones puede ser aún mayor si se atiende a ciertos indicios. Explicaré esto con un poco más de detalle.

Cuando las acusaciones y las defensas llegan a un acuerdo de conformidad *stricto sensu*, esto suele reflejarse de manera clara en la sentencia de primera instancia: se citan los arts. 655 o 787 (ter) y ss. LECrim, se expresa que, cuando todos los acusados conforman, la vista oral no se ha celebrado —o, si lo ha hecho, ha sido para determinar cuestiones ajenas a la calificación jurídico-penal—, y se expresa que el juez o tribunal está vinculado por el acuerdo al que han llegado las partes[83]. Esto no es tan claro cuando lo que sucede es que se celebra

---

(ECLI: ES:APIB:2013:1536). Ver Antecedente de Hecho 4, p. 12, de esta última sentencia.

81 Se trata del acusado llamado Cirilo Eugenio, tanto en instancia como en casación, en la STS 507/2020, de 14 de octubre (caso Gürtel) (ECLI: ES:TS:2020:3191). Sobre el acuerdo al que llegó con la acusación, ver SAN (2ª) 20/2018, de 17 de mayo (ECLI: ES:AN:2018:1915), p. 66 y FD 3 relativo al apartado «Pozuelo de Alarcón», p. 515.

82 De nuevo, todos ellos fueron enjuiciados en el mismo procedimiento. En esta ocasión, se trata del resuelto por la STS 482/2020, de 30 de septiembre (caso Emarsa) (ECLI: ES:TS:2020:3893). El pronunciamiento de primera instancia es la SAP Valencia (1ª) 349/2018, de 19 de junio (ECLI: ES:APV:2018:1960), mencionada más arriba por ser uno de los tres casos en los que se solicitó, infructuosamente, la aplicación del art. 434 CP (ver apartado 3.1., *supra*). La adhesión a las conclusiones definitivas obra en el Antecedente de Hecho 9 de la SAP Valencia (1ª) 349/2018, de 19 de junio (ECLI: ES:APV:2018:1960), p. 27 (se trata del acusado llamado Luis Francisco en la primera instancia). Por su parte, los acuerdos de conformidad *stricto sensu* constan en ibid., Antecedente de Hecho 22, pp. 28-31.

83 Paradigmática en este sentido, la SAP Murcia (3ª) 561/2016, de 27 de octubre (ECLI: ES:APMU:2016:2451). En ella, los 7 acusados llegaron a un acuerdo de conformidad. Sin embargo, todos ellos recurrieron en casación, dando lugar

el juicio oral y, tras la práctica de la prueba, la defensa de uno, varios o todos los acusados declaran adherirse a la calificación definitiva más grave de las acusaciones, que normalmente se habrá modificado con respecto a la formulada antes del juicio para dar entrada a alguna atenuante postdelictiva como, en lo que ahora interesa, una atenuante analógica muy cualificada de confesión. Hay veces en las que sí se indica, expresamente, que las defensas se han adherido a esa calificación y que, consecuentemente, el órgano jurisdiccional queda vinculado por el acuerdo alcanzado. Eso es lo que sucede en los casos de los que se ha hablado al comentar las muestras de cohecho y malversación.

Sin embargo, hay otros casos en los que no se menciona de manera inequívoca la existencia de ese acuerdo, aunque concurran ciertos indicios que la sugieran. Me refiero a datos como el hecho de que, tras la celebración del juicio oral, las acusaciones modifiquen sus conclusiones definitivas, que esa modificación incorpore la petición de atenuantes para los acusados y que, después, ninguno de esos acusados (y condenados) que han recibido un trato favorable por la solicitud de una pena menor por parte de la acusación recurra. Cosas como éstas son las que suceden en los casos que se van a comentar a continuación. Como en este tipo de sentencias no existe certeza absoluta en cuanto a la existencia de un acuerdo entre la defensa y las acusaciones, se ha optado por no contarlas como tales. Aun así, parece oportuno tener presente estos indicios que sugieren que las partes del proceso mantienen negociaciones al margen de las formalidades legales en las que las atenuantes por comportamiento postdelictivo constituyen un arma más.

Volvamos a las muestras. En concreto, empecemos con la de los delitos de malversación. Se ha dicho que, en ella, hubo 8 beneficia-

---

a la STS 253/2017, de 11 de diciembre (ECLI.: ES:TS:2017:4830). Tanto en la SAP como la STS el único punto en discordia fue la cuantía a la que ascendían los intereses que los condenados debían abonar a la Hacienda Pública en concepto de responsabilidad civil. Ello no obsta a que el TS considerase que la sentencia dictada fuera, en lo que atañía a las cuestiones jurídico-penales, una sentencia de conformidad de las reguladas en el art. 787 (ter) LECrim. Sobre la naturaleza y efectos del acuerdo de conformidad alcanzado, ver STS 253/2017, de 11 de diciembre (ECLI: ES:TS:2017:4830), FFDD 2-3, pp. 11-12.

dos con la atenuante analógica muy cualificada de confesión. Se sabe con certeza que 7 de esos 8 alcanzaron un acuerdo con la acusación. Sin embargo, hubo otro beneficiado para el cual esto no se afirmó de modo expreso. Éste fue condenado en la SAP (1ª) Islas Baleares 13/2017, de 17 de febrero (caso Nòos) (ECLI: ES:APIB: 2017:40)[84]. En el FD 6 de esta resolución consta algo llamativo: quienes solicitaron en primer lugar la apreciación de la atenuante analógica muy cualificada de confesión en ese procedimiento no fueron las defensas, sino las acusaciones. El tribunal afirma que, en una situación como ésa, está vinculado por el principio acusatorio, por lo que accedió a la petición sin indicar nada sobre en qué consistió la colaboración de este inculpado más allá de que concurren todos los requisitos necesarios para la estimación de la atenuante de confesión «salvo el temporal, lo que conlleva a [*sic*] su apreciación por analogía»[85]. El condenado no recurrió en casación[86]. Esto son indicios que sugieren que también habría podido llegar a un acuerdo con las acusaciones. Sin embargo, en los antecedentes de hecho de la SAP no se afirma la existencia de este acuerdo, como sí sucede en los otros casos comentados en este epígrafe. Tampoco en la fundamentación jurídica se habla de algo similar. No habiendo certeza sobre si el final del proceso para este acusado fue negociado o no, se ha optado por no computar este caso como uno en el que se haya alcanzado un acuerdo entre las acusaciones y la defensa.

Algo parecido sucede en la muestra de delitos fiscales. Los dos únicos condenados a los que se les aplicó la atenuante analógica de confesión como muy cualificada fueron condenados en el mismo procedimiento: el resuelto por la STS 602/2018, de 28 de noviembre (ECLI: ES:TS:2018:4037). La aplicación de la atenuante se produjo en la primera instancia, que terminó con la SAN (3ª) 21/2017, de 28 de septiembre (ECLI: ES:AN:2017:3729). Al igual que en el caso que se ha comentado antes, en esta sentencia también consta que quienes solicitaron la apreciación de la atenuante fueron el Ministerio

---

84 Se trata del llamado Alberto en esa sentencia.

85 Ver SAP (1ª) Islas Baleares 13/2017, de 17 de febrero (ECLI: ES:APIB:2017:40), FD 6, p. 325.

86 La sentencia que resuelve esta fase procesal es la STS 277/2018, de 8 de junio (ECLI.: ES:TS:2018:2056).

Fiscal y la Abogacía del Estado, únicas acusaciones personadas en el procedimiento. También se indica expresamente que la defensa de uno de los acusados «mostró su conformidad» con las conclusiones definitivas de estos acusadores. En cambio, con una frase algo confusa, parece afirmarse que el otro acusado al que se acaba aplicando esta atenuante no se aquietó con la calificación, sino que solicitó, además de lo pedido por las acusaciones, la apreciación de la atenuante de dilaciones indebidas. Por todo ello, sólo se ha considerado que el primero de ellos llegó a un acuerdo con las acusaciones. Sin embargo, ninguno de los dos beneficiados recurrió en casación, lo que, nuevamente, es un indicio que sugiere que el final para ambos fue pactado[87].

---

87 Los datos sobre la solicitud de las atenuantes por parte de la acusación y la adhesión de uno de los acusados, llamado Luciano Víctor en la primera instancia, obran en los Antecedentes de Hecho 4 y 5 de la SAN (3ª) 21/2017, de 28 de septiembre (ECLI: ES:AN:2017:3729), pp. 11-12. Antes de transcribir la frase confusa a la que se ha hecho mención en el texto hay que decir que el hecho de que Luciano Víctor haya llegado a un acuerdo se hace constar del siguiente modo: «[l]a Defensa de Luciano Víctor mostró su conformidad en la calificación del Ministerio Fiscal y en la dosificación penológica». Téngase en cuenta que la Abogacía del Estado se adhirió a la calificación del Ministerio Fiscal, por lo que pronunciarse de conformidad con las conclusiones de esta última acusación es, también, hacerlo con las de la primera. Inmediatamente después se indica lo siguiente para el otro acusado al que también se aplica la atenuante, llamado Sabino Lucio: «[l]a Defensa de Sabino Lucio, en el mismo sentido, si bien sólo para caso de que se apreciara la atenuante de dilaciones indebidas fuera aplicada a su patrocinado». El hecho de que se mencione que esta defensa procede «en el mismo sentido» que la del acusado que «mostró su conformidad» con las acusaciones sugiere que también habría llegado a un acuerdo con ellas. Sin embargo, se menciona que ese proceder «en el mismo sentido» sólo resulta «para [el] caso de que se apreciara la atenuante de dilaciones indebidas». A Luciano Víctor, el acusado conforme con las acusaciones, no se le apreció la atenuante de dilaciones indebidas. En cambio, quien sí solicitó la estimación de esa atenuante fue el tercer y último acusado, llamado Indalecio Héctor. Éste, inequívocamente, no llegó a ningún acuerdo con las acusaciones: su defensa pidió la absolución al formular las conclusiones definitivas y la solicitud de la atenuante de dilaciones indebidas sólo se planteó de forma subsidiaria. Por eso se ha dicho que la frase que describe el proceder de Sabino Lucio resulta confusa. De ahí que no se haya considerado que haya llegado a ningún acuerdo, pese a los indicios que constan a favor de esta hipótesis.

Otro de los parámetros estudiados es el que tiene que ver con la posible concurrencia de atenuantes. En los gráficos 36 a 38 (a continuación) se representa la proporción de beneficiados con atenuantes de confesión a los que, además, se les aplicó alguna atenuante genérica de reparación del daño (arts. 21.5ª, 21.7ª o 31 quater.1 c) CP) o la de dilaciones indebidas (art. 21.6ª CP). El panorama que resulta de éstos es coherente con el que se refleja en los gráficos 15 a 18, analizados en el apartado 3.2.1. b) *supra.* Si en aquel entonces se dijo que a la mayoría de los beneficiados con alguna atenuante genérica de reparación del daño también se les había apreciado alguna otra circunstancia de las estudiadas, lo mismo puede decirse en lo que se refiere a las atenuantes genéricas de confesión.

Gráficos 36 a 38: Concurrencia de las atenuantes genéricas de confesión con otras atenuantes (por grupos de beneficiados)

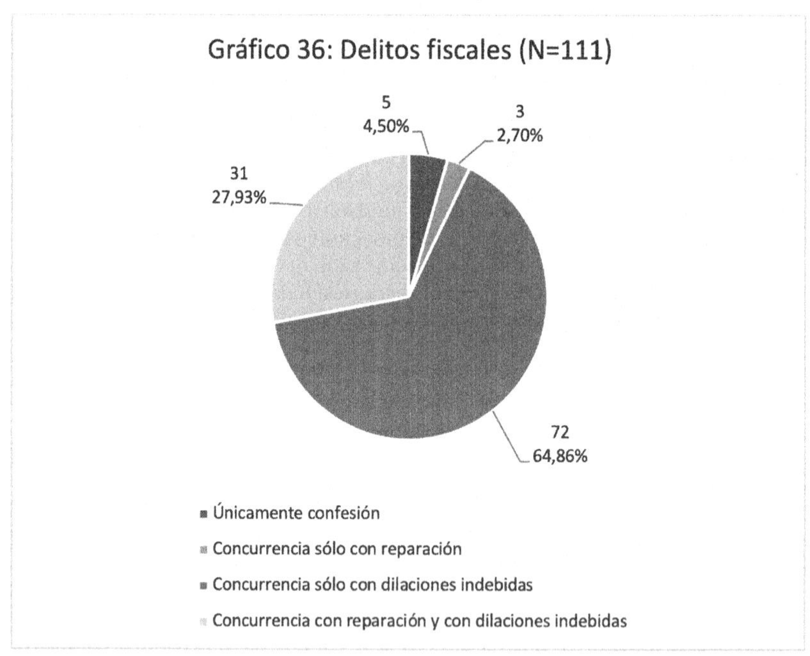

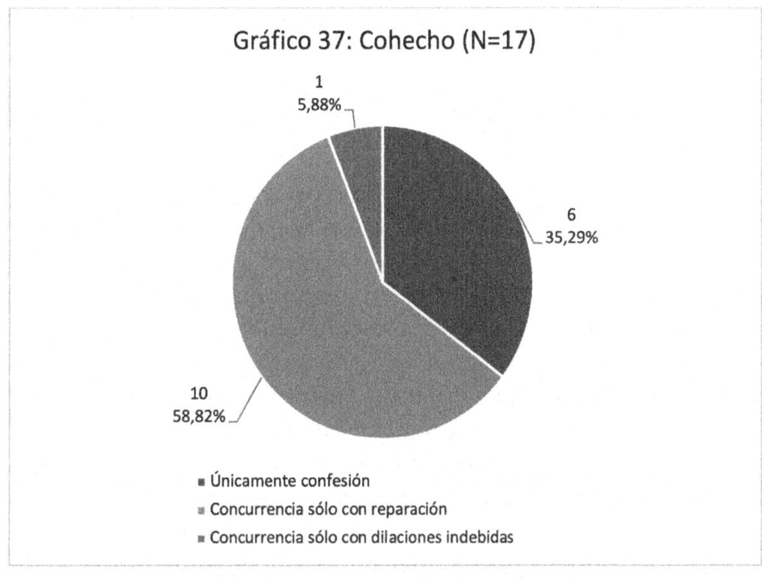
Gráfico 37: Cohecho (N=17)
1
5,88%
6
35,29%
10
58,82%
Únicamente confesión
Concurrencia sólo con reparación
Concurrencia sólo con dilaciones indebidas

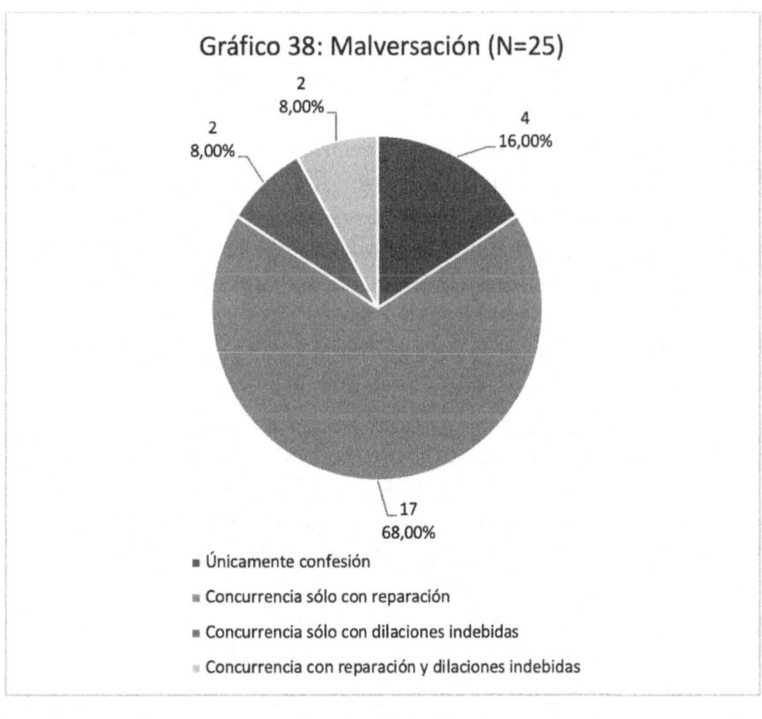
Gráfico 38: Malversación (N=25)
2
8,00%
2
8,00%
4
16,00%
17
68,00%
Únicamente confesión
Concurrencia sólo con reparación
Concurrencia sólo con dilaciones indebidas
Concurrencia con reparación y dilaciones indebidas

En todas las muestras se cumple que a más del 60% de condenados a los que se les aplicó una atenuante genérica de confesión también se les concedió, o bien una atenuante genérica de reparación del daño, o bien la atenuante de dilaciones indebidas, o bien ambas junto con la de confesión.

La muestra en la que el porcentaje de concurrencias fue menor es la que se refiere a los delitos de cohecho (gráfico 37). Esa muestra está constituida por 17 condenados. A 6 de ellos (esto es, el 35,29%) les fue concedida, únicamente, una atenuante genérica de confesión. Correlativamente, a los 11 condenados restantes (esto es, el 64,71% de la muestra) se les aplicó, además, alguna otra atenuante. De estos 11, el grupo mayoritario, constituido por 10 condenados, fue beneficiado con una atenuante genérica de reparación del daño (un 58,82% de la muestra). Hubo un condenado al cual le fue estimada, además de una atenuante genérica de confesión, la atenuante de dilaciones indebidas del art. 21.6ª CP. En esta muestra no hubo condenados a los que se les aplicara, de modo simultáneo, los tres tipos de atenuantes ahora estudiadas.

La proporción de concurrencias aumenta significativamente en las otras dos muestras. El gráfico 38 se refiere a los beneficiados con las atenuantes genéricas de confesión en la muestra de malversación. En total, hubo 25 condenados en esa muestra a los que se les aplicó alguna de esas atenuantes. Sólo a 4 de ellos se les estimó, exclusivamente, alguna atenuante de confesión (16%). Esto quiere decir que a los 21 condenados restantes (84%) les fue apreciada, junto con ésta, o bien una atenuante genérica de reparación del daño (17 condenados, un 68% de la muestra), o bien la atenuante de dilaciones indebidas (2 condenados, un 8% de la muestra), o bien ambas atenuantes junto con la de confesión (otros 2 condenados, el 8% restante).

Las concurrencias fueron todavía más frecuentes en la muestra de delitos fiscales (gráfico 36). De los 111 beneficiados con alguna atenuante de confesión, sólo hubo 5 a los que no se les concedió ninguna otra circunstancia (4,50%). Esto quiere decir que a los 106 condenados restantes (un 95,50% de la muestra) también se les estimó, o bien una atenuante de reparación del daño (3 condenados, un 2,70% de la muestra), o bien la atenuante de dilaciones indebidas (72 condenados, un 64,86%), o bien ambas atenuantes junto con la de confesión (31 condenados, un 27,93%).

Este análisis de casos de apreciación de las atenuantes genéricas de confesión se cierra con el estudio del número de condenados cuyas penas fueron reducidas en uno o dos grados. La información que tiene que ver con este parámetro se contiene en los gráficos 39 a 41, dispuestos a continuación.

Gráficos 39 a 41: Rebajas de grado por atenuantes genéricas de confesión

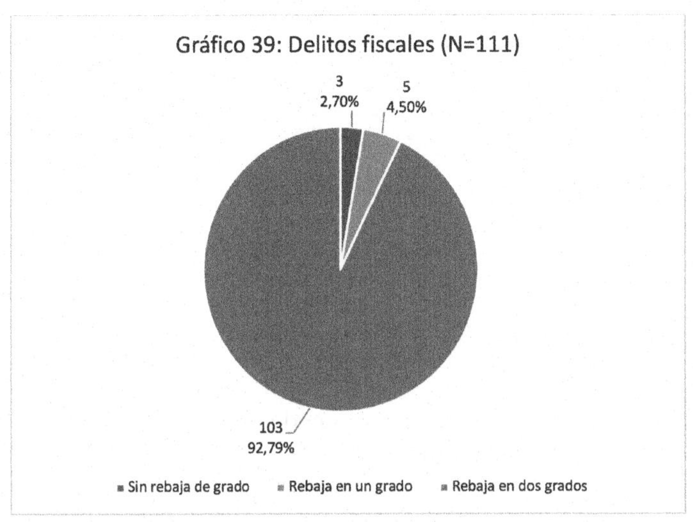

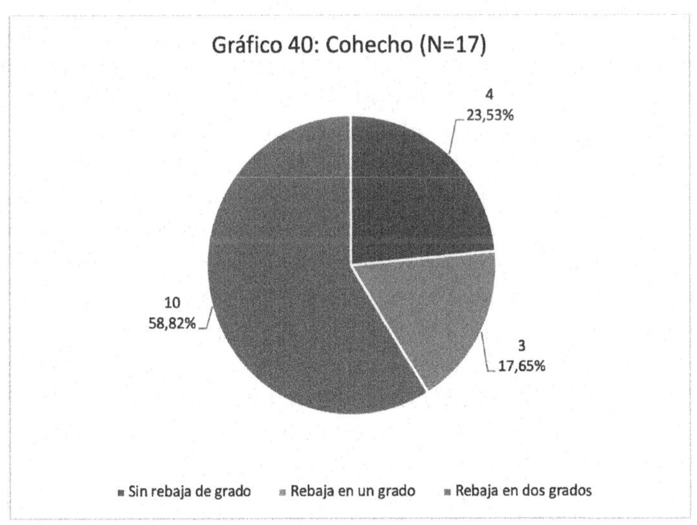

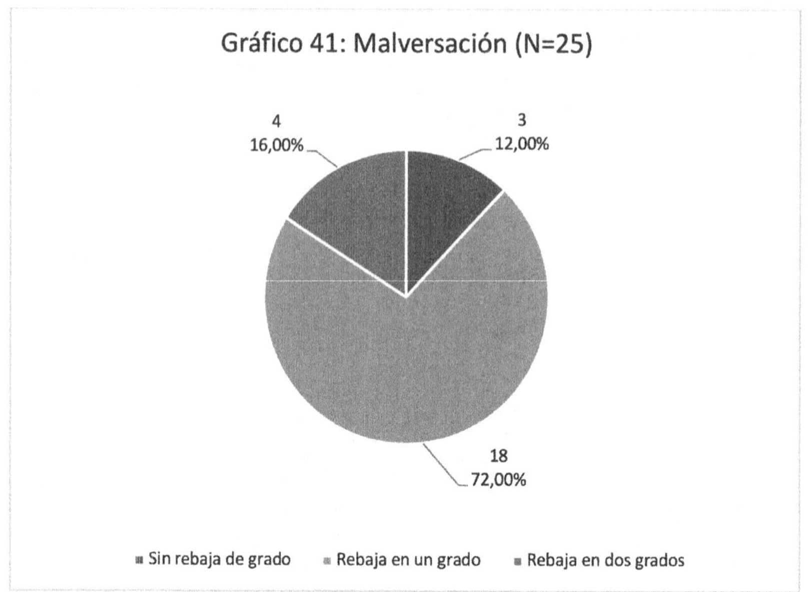

De manera semejante a lo que sucede con las atenuantes de reparación del daño, son mayoría los condenados a los que se les redujo la sanción en uno o dos grados; esto es, aquellos a los que se les concedió una contrapartida similar a la que podría haberse alcanzado de aplicar algunos de los incentivos constitutivos del objeto de estudio.

Así, en la muestra de delitos de malversación (N=25), el conjunto de los condenados que obtuvieron esa ventaja representa el 88% del total (22 casos): a 18 se les rebajó la pena en un grado (72%), mientras que a otros 4 se les rebajó en dos (16%). Por su parte, en la muestra de delitos de cohecho (N=17), la proporción de beneficiados con reducciones semejantes alcanzó el 76,47% (13 casos): en esa muestra hubo 3 beneficiados con una atenuante genérica de confesión a los que se les rebajó la pena un grado (17,65%), mientras que a otros 10 se les redujo la pena en dos (58,82%). La distribución más llamativa es la de la muestra de delitos fiscales (N=111). En ella, hubo 108 beneficiados con una rebaja de pena de uno o dos grados (97,29%). El aspecto más característico de esta última muestra es que, de este grupo de 108 beneficiados, sólo hubo 5 (4,50%) a los que se les concedió una reducción de un grado. A la inmensa mayoría, constituida por los 103 beneficiados restantes (92,79%) se le concedió una rebaja de pena de dos grados.

De nuevo, estas cifras parecen estar estrechamente relacionadas con los datos de concurrencia de las atenuantes. Como se acaba de decir, en la muestra relativa a los delitos de malversación hubo 22 beneficiados con una atenuante de confesión a los que se les concedió una rebaja de pena de uno o dos grados. Si se observa nuevamente el gráfico 38, se podrá comprobar cómo en esa misma muestra hubo 21 beneficiados a los que se les aplicó, además de una atenuante de confesión, una de reparación del daño, la de dilaciones indebidas o ambas. También es posible hallar, en esa misma muestra, un beneficiado al cual le fue concedida sólo una atenuante de confesión como muy cualificada. Se trata, precisamente, del único caso de aplicación de la atenuante «pura» del art. 21.4ª CP para esa muestra; es decir, el que se dio en la STS 507/2020, de 14 de octubre (caso Gürtel) (ECLI: ES:TS:2020:3191). La rebaja que se le concedió es, como también se dijo en su momento, de dos grados[88].

Lo mismo sucede en la muestra de delitos de cohecho. En esa muestra, representada en el gráfico 40 a los efectos que ahora interesan, hubo 13 casos de rebaja de uno o dos grados. Si se acude otra vez al gráfico 37, se comprobará cómo en ella hubo, también, 11 casos de concurrencia entre una atenuante genérica de confesión y una de reparación del daño o la de dilaciones indebidas —recuérdese que en esta muestra no hubo casos de aplicación de los tres tipos de atenuantes de modo simultáneo—. Habría, por tanto, dos condenados a los que se les apreció aisladamente una atenuante de confesión muy cualificada con una rebaja de uno o de dos grados de la pena. Éstos se encuentran en la misma STS 507/2020, de 14 de octubre (caso Gürtel) (ECLI: ES:TS:2020:3191). Uno de ellos fue el condenado al que se le apreció la atenuante «pura» de confesión que, además de por un delito continuado de malversación del art. 432.1 CP en su redacción de 1995, también fue condenado por un delito continuado de cohecho pasivo del art. 419 CP en la misma redacción. Del otro condenado que interesa también se ha hablado más arriba: es uno

---

88 Recuérdese que a este condenado se le llama Abilio tanto en la sentencia de primera instancia como en la de casación.

de los que llegó a un acuerdo con la acusación con posterioridad a la celebración del juicio oral. En virtud de dicho acuerdo se estimó una atenuante analógica muy cualificada de confesión. A éste, en cambio, se le concedió una reducción de pena de sólo un grado.

Por último, los números también «cuadran» en lo que respecta a la muestra de delitos fiscales. En ella, hubo 108 beneficiados con atenuantes de confesión a los que se les rebajó la pena en uno o dos grados (gráfico 39). En esa misma muestra, hubo 106 casos de concurrencias de esas atenuantes con otra u otras (gráfico 36). Eso quiere decir que hubo dos condenados a los que se les apreció únicamente una atenuante de confesión como muy cualificada y que eso les reportó una rebaja equiparable. Estos condenados fueron los de la STS 602/2018, de 28 de noviembre (ECLI: ES:TS:2018:4037) de los que, también, se habló en su momento. En efecto, de ellos se dijo que fueron beneficiados con una atenuante analógica muy cualificada de confesión, que uno llegó a un acuerdo con las acusaciones con posterioridad a la celebración del juicio oral y que el otro no estaba del todo claro que también lo hubiese hecho, pero que había indicios que así lo sugerían. A los dos, en cualquier caso, se les concedió una rebaja de pena de un grado.

3.2.3. Atenuante de dilaciones indebidas: art. 21.6ª CP

Finalizaremos el análisis de las atenuantes aplicadas a los condenados de cada una de las muestras con el estudio de la circunstancia de dilaciones indebidas, contenida, actualmente, en el art. 21.6ª CP. El esquema empleado en los dos epígrafes anteriores se repetirá una vez más aquí, aunque con una variación importante: en lugar de analizar los casos en los que la atenuante de dilaciones indebidas ha concurrido con las atenuantes genéricas de reparación del daño y de confesión, se prestará atención a los casos en los que la circunstancia del art. 21.6ª CP se ha aplicado en solitario. Ello porque, cuando esta figura se aplica como muy cualificada aun sin concurrir con otras circunstancias atenuantes, también es posible llegar a una rebaja de pena de uno o dos grados. Como se ha dicho en varias ocasiones, esta reducción es la misma que la que prevén todas las disposiciones constitutivas del objeto de esta investigación, salvo el art. 426 CP. En otras palabras: a través de la aplicación de la atenuante de dilaciones indebidas se puede conseguir lo mismo que a través de la aplicación de los incentivos para la colaboración con las autoridades, *pero sin colaborar con las autoridades*. Desde mi punto de vista, analizar si en la práctica se dan situaciones de este tipo tiene un notable interés para teorizar sobre los motivos potencialmente influyentes en la escasa aplicación de los incentivos.

Dicho esto, primero se reflejará el número de procesos en los que se ha aplicado esta atenuante a *alguno* de los condenados. Después, se desglosará la cantidad de condenados a los que se les ha aplicado esta circunstancia. Seguidamente, se comentará si la atenuante en cuestión se ha aplicado como simple o como muy cualificada. Y, por último, se estudiará a cuántos condenados se les ha aplicado, en cada muestra, la atenuante de dilaciones indebidas en solitario y qué tipo rebaja de pena se les ha concedido, en su caso.

Empecemos, pues, por el principio: viendo el número de procesos de cada muestra en los que hubo *algún* condenado que se benefició de la atenuante de dilaciones indebidas. Esta información se contiene en los gráficos 42 a 46, dispuestos a continuación.

Gráficos 42 a 46: Aplicación de la atenuante de dilaciones indebidas (por grupos de procesos)

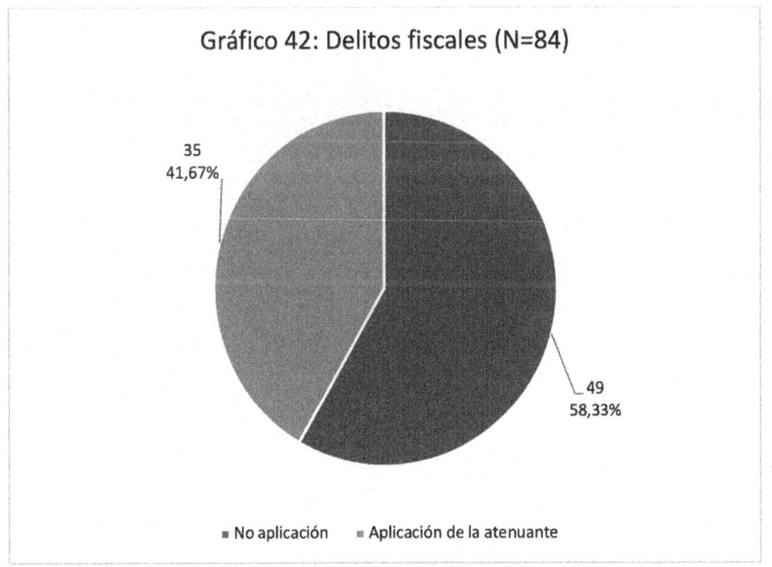

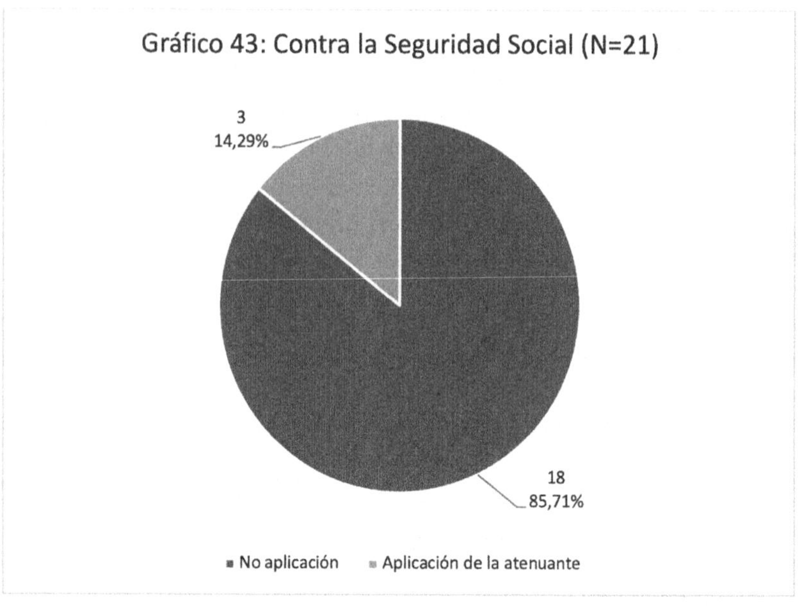
Gráfico 43: Contra la Seguridad Social (N=21)
3
14,29%
18
85,71%
No aplicación
Aplicación de la atenuante

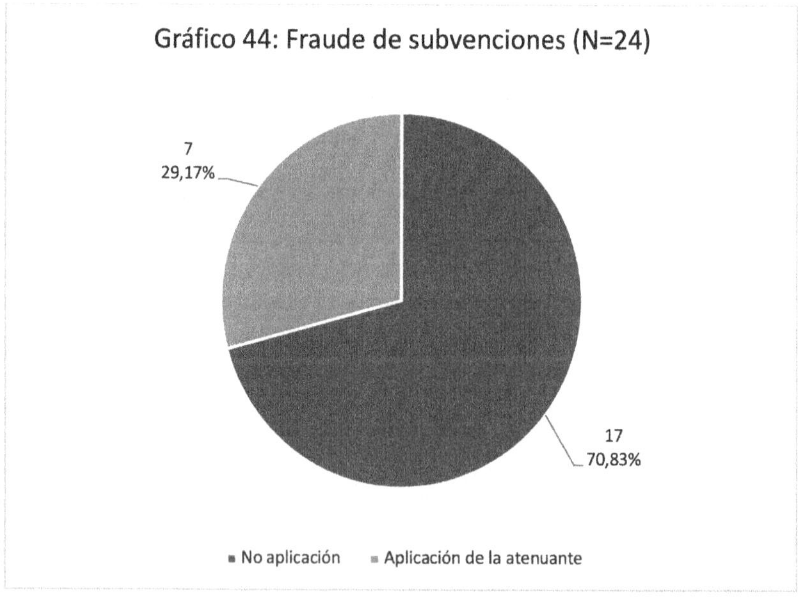
Gráfico 44: Fraude de subvenciones (N=24)
7
29,17%
17
70,83%
No aplicación
Aplicación de la atenuante

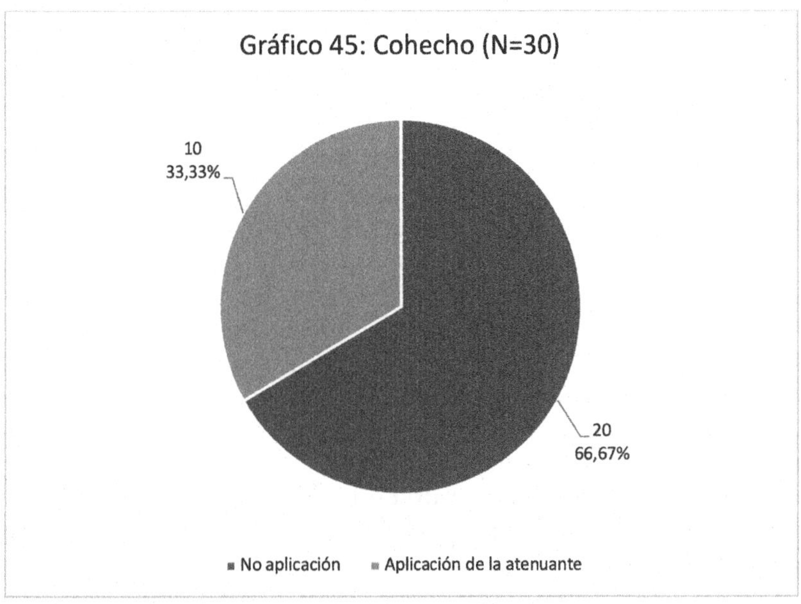
Gráfico 45: Cohecho (N=30)
10
33,33%
20
66,67%
No aplicación
Aplicación de la atenuante

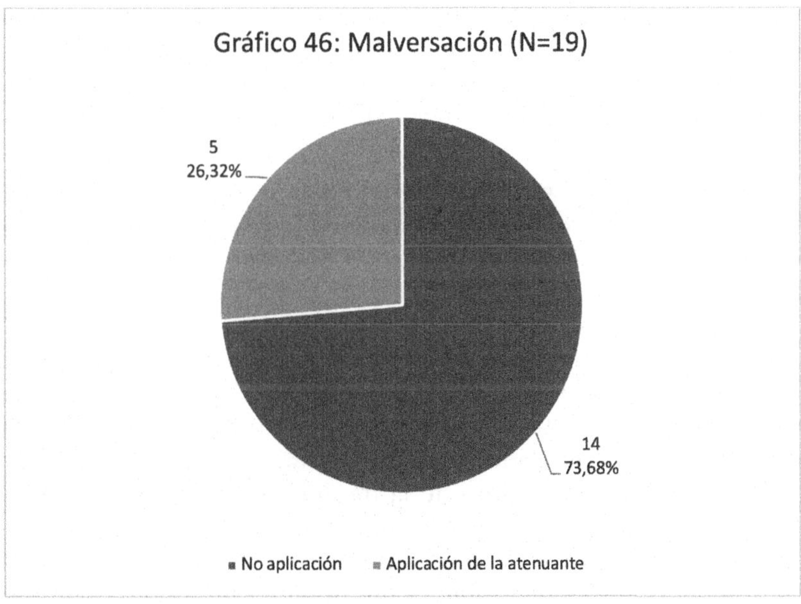
Gráfico 46: Malversación (N=19)
5
26,32%
14
73,68%
No aplicación
Aplicación de la atenuante

Tal y como sucedía con las otras atenuantes, son mayoría los procesos en los que ningún condenado se benefició de la circunstancia de dilaciones indebidas. Con todo, hay dos aspectos llamativos que, en mi opinión, merecen ser resaltados.

El primero es que, a diferencia de lo que sucede con las estudiadas en los apartados anteriores, la atenuante de dilaciones indebidas se ha aplicado en todas las muestras que se han analizado. Si se recuerda, no había casos de aplicación de las atenuantes genéricas de reparación del daño en la muestra de delitos contra la Seguridad Social. Tampoco había casos de aplicación de las atenuantes genéricas de confesión en esta última muestra ni en la relativa al delito de fraude de subvenciones. En cambio, la circunstancia del art. 21.6ª CP ha sido aplicada, además de en las muestras de delitos fiscales (gráfico 42), cohecho (gráfico 45) y malversación (gráfico 46), tanto en la muestra de los delitos contra la Seguridad Social (gráfico 43) como en la de fraude de subvenciones (gráfico 44).

El segundo aspecto llamativo es que, con la salvedad de la de malversación, la atenuante de dilaciones indebidas es la circunstancia que en más procesos se ha aplicado en cada muestra. Ello si se razona tanto desde el punto de vista de la frecuencia absoluta como si se observa la frecuencia relativa de aplicación. Veamos esto más detalladamente.

En términos absolutos, la circunstancia que ahora interesa se aplicó en 35 procesos de la muestra de delitos fiscales, en 3 de la de delitos contra la Seguridad Social, en 7 de la de fraude de subvenciones y en 10 de la de cohecho. En cambio, las atenuantes genéricas de reparación del daño se aplicaron en 13 procedimientos de la muestra de delitos fiscales, en ninguno de la de delitos contra la Seguridad Social, en 2 de la de fraude de subvenciones y en otros 2 de la de cohecho. Por su parte, las de confesión se han aplicado en 10 procedimientos de la muestra de delitos fiscales, en ninguno de la de delitos contra la Seguridad Social ni de la de fraude de subvenciones y en 6 de la de cohecho. Es decir, que, en total, la atenuante del art. 21.6ª CP es la que se ha aplicado en un mayor número de procedimientos en cada una de las muestras señaladas hasta aquí. La muestra de malversación es, como se ha dicho, la excepción: en ella, la circunstancia de dilaciones indebidas fue apreciada en 5 procesos, mientras que las atenuantes genéricas de reparación del daño lo fueron en 7 y las de confesión en 6.

Algo similar sucede si se piensa en términos relativos, es decir, si se reflexiona sobre la proporción de procesos en los que cada atenuante se aplicó con respecto al total dentro de cada muestra. Así, la atenuante de dilaciones indebidas se apreció en un 41,67% de los procesos en la muestra de delitos fiscales (N=84), un 14,29% en la de delitos contra la Seguridad Social (N=21), un 29,17% en la de fraude de subvenciones (N=24) y un 33,33% en la de cohecho (N=30). Las atenuantes de reparación del daño, por su parte, se estimaron en un 15,48% de los procesos de la muestra de delitos fiscales, un 0% de la de delitos contra la Seguridad Social, un 8,33% de la de fraude de subvenciones y un 6,67% de la de cohecho. Y las de confesión se concedieron en un 11,90% de procesos de la muestra de delitos fiscales, un 0% de la de delitos contra la Seguridad Social y de fraude de subvenciones y un 20% de la de cohecho. Así que, de nuevo, la atenuante de dilaciones indebidas fue la que se aplicó, proporcionalmente, a una mayor cantidad de procesos en cada muestra. La excepción vuelve a ser la muestra de malversación (N=19): la atenuante de dilaciones indebidas se aplicó en un 26,32% de los procesos, frente al 36,84% de las atenuantes de reparación del daño y el 31,58% de las de confesión.

Visto el número de procesos de cada muestra en el cual se apreció la atenuante de dilaciones indebidas, se expondrá, ahora, el número concreto de condenados que se benefició de la aplicación de esta circunstancia. Esta información se contiene en los gráficos 47 a 51, dispuestos a continuación.

Gráficos 47 a 51: Atenuante de dilaciones indebidas (por grupos de condenados)

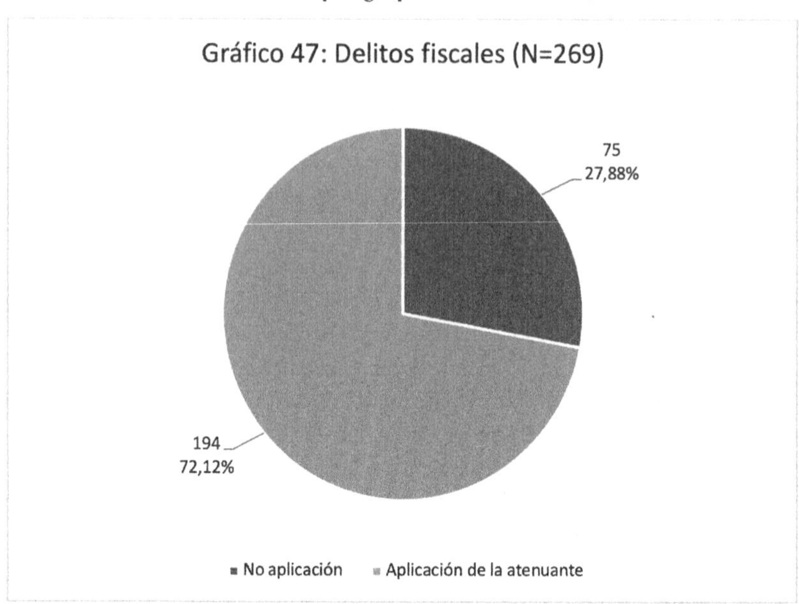

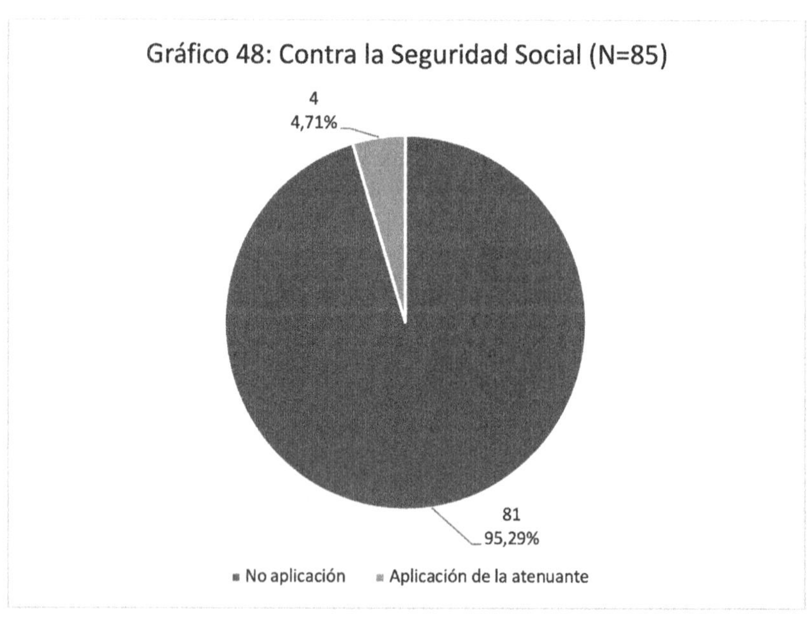

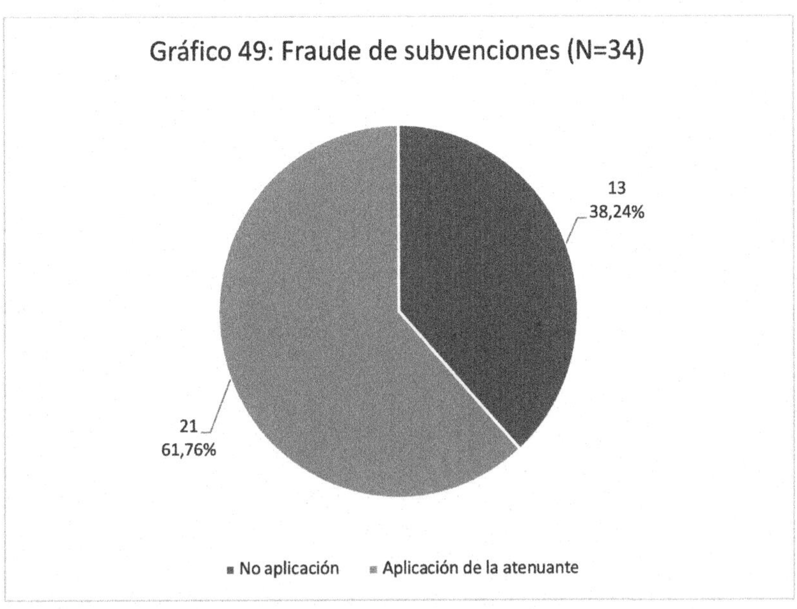
Gráfico 49: Fraude de subvenciones (N=34)
13
38,24%
21
61,76%
No aplicación
Aplicación de la atenuante

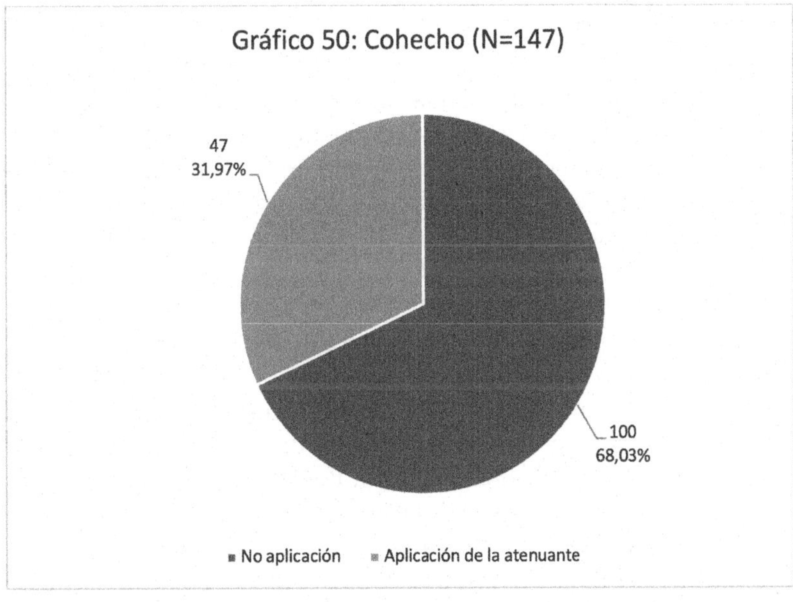
Gráfico 50: Cohecho (N=147)
47
31,97%
100
68,03%
No aplicación
Aplicación de la atenuante

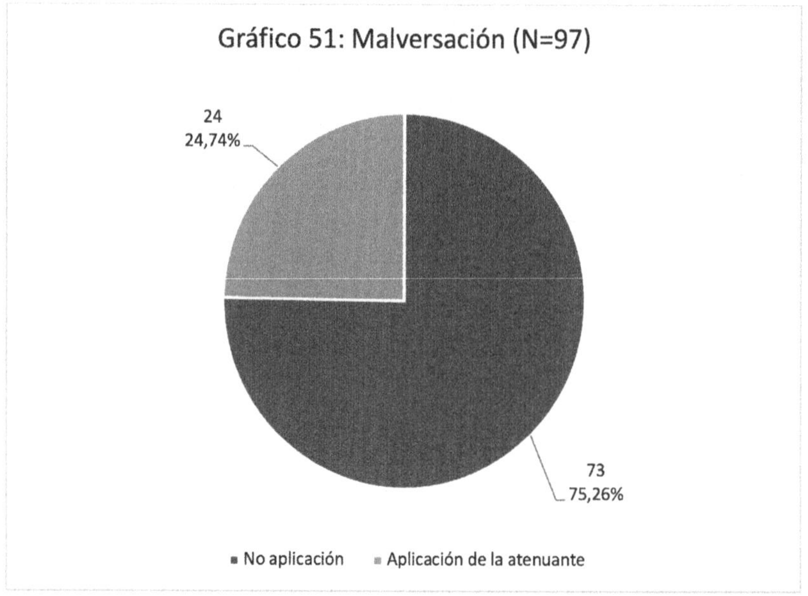

La situación de los condenados ofrece una lectura similar a la de los procedimientos. Como puede verse en los gráficos anteriores, con la salvedad de la muestra relativa a los delitos contra la Seguridad Social, y, por muy poco, la de malversación, la proporción de condenados que se beneficiaron de esta atenuante siempre iguala o supera el 25%. Lo cierto es que, si se atiende una vez más a las frecuencias absoluta y relativa de aplicación, se observa que la atenuante de dilaciones indebidas fue la circunstancia más aplicada en todas las muestras salvo, de nuevo, la de malversación.

Así, si se presta atención a la muestra de delitos fiscales (N=269), resulta que la circunstancia en cuestión se aplicó a 194 condenados (72,12%). En esa misma muestra, las atenuantes genéricas de reparación del daño y de confesión se aplicaron, respectivamente, a 55 (20,44%) y 111 condenados (41,26%). Por su parte, en la muestra de fraude de subvenciones (N=34), la atenuante de dilaciones indebidas se concedió a 21 condenados (61,76%). En esta misma muestra, hubo 6 beneficiados con atenuantes de reparación del daño (17,65%) y ninguno de confesión. En la de cohecho (N=147), la atenuante de dilaciones indebidas fue concedida a 47 condenados (31,97%), mientras que las de reparación del daño y de confesión lo fueron, respectivamente, a 10 (6,80%) y 17 (11,56%) La situación más llamativa es la de la muestra de delitos contra la Seguridad Social (N=35), en la que no hubo ni un solo beneficiado con las atenuantes genéricas de reparación del daño y de confesión, pero sí hubo 4 condenados a los que se les aplicó la circunstancia del art. 21.6ª CP (4,71%).

Como se ha dicho, esta tendencia se exceptúa, nuevamente, en la muestra de malversación. En esta muestra, constituida por 97 condenados, la atenuante de dilaciones indebidas se concedió a 24 de ellos (24,74%). Las atenuantes genéricas de reparación del daño se aplicaron, en cambio, a 33 condenados (34,02%), mientras que de las de confesión se beneficiaron 25 (25,77%).

En los gráficos 52 a 56, que se muestran a continuación, puede verse con qué intensidad se concedió la atenuante a cada uno de los beneficiados con ella; esto es, a cuántos de ellos se les aplicó como simple o como muy cualificada.

Gráficos 52 a 56: Intensidad de la atenuación con base en las dilaciones indebidas (por grupos de beneficiados)

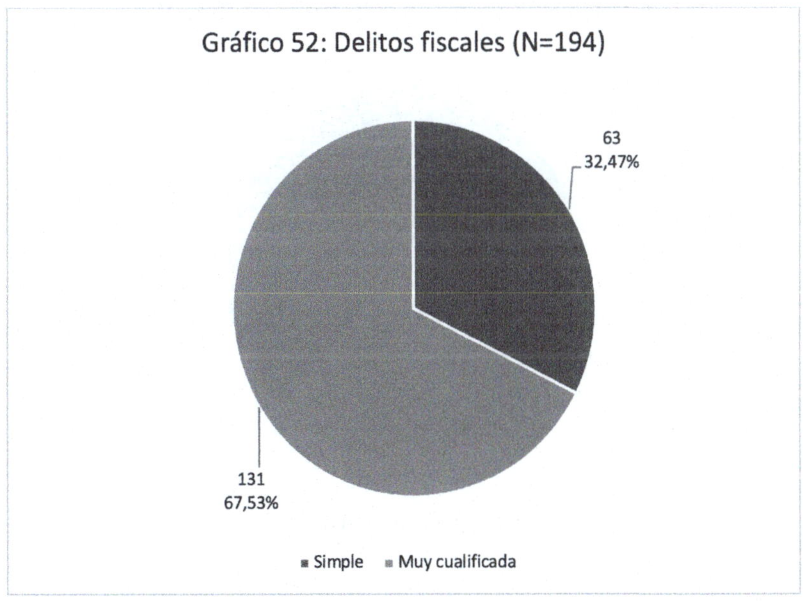

Gráfico 53: Contra la Seguridad Social (N=4)
2
50,00%
2
50,00%
Simple
Muy cualificada

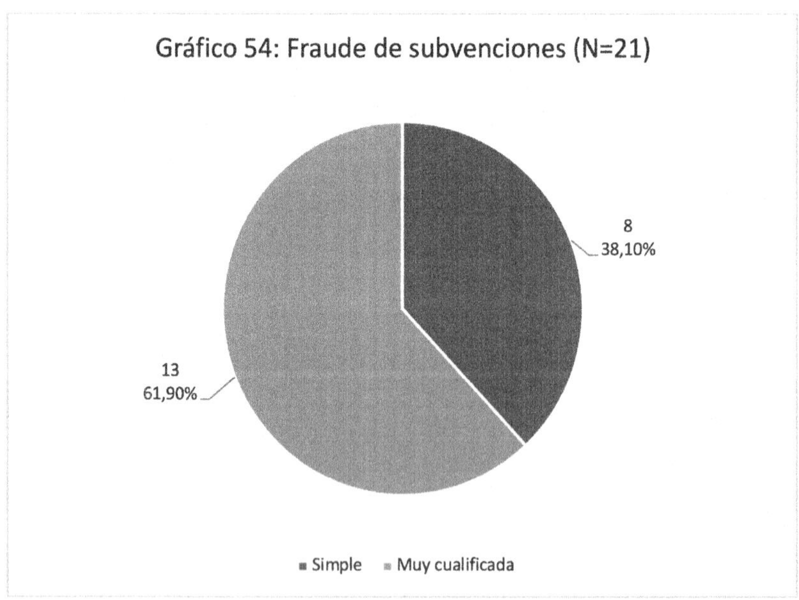
Gráfico 54: Fraude de subvenciones (N=21)
8
38,10%
13
61,90%
Simple
Muy cualificada

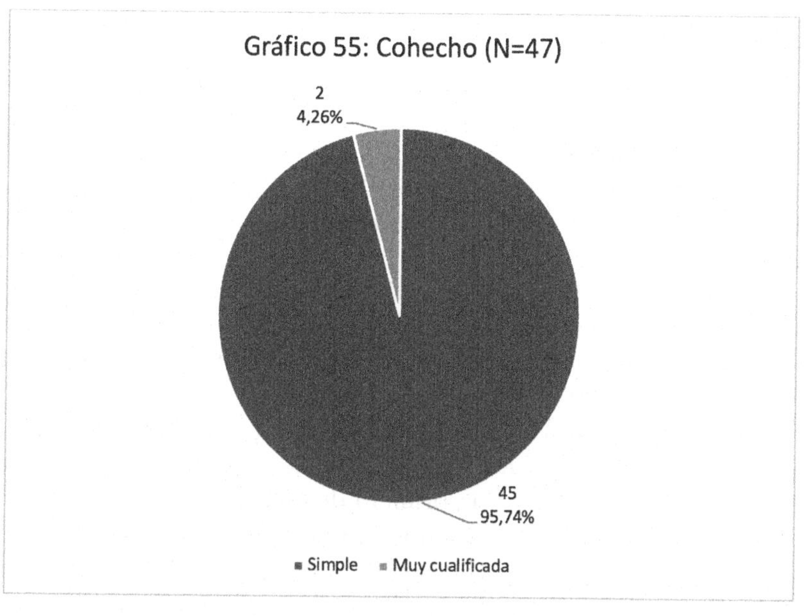
Gráfico 55: Cohecho (N=47)
2
4,26%
45
95,74%
Simple
Muy cualificada

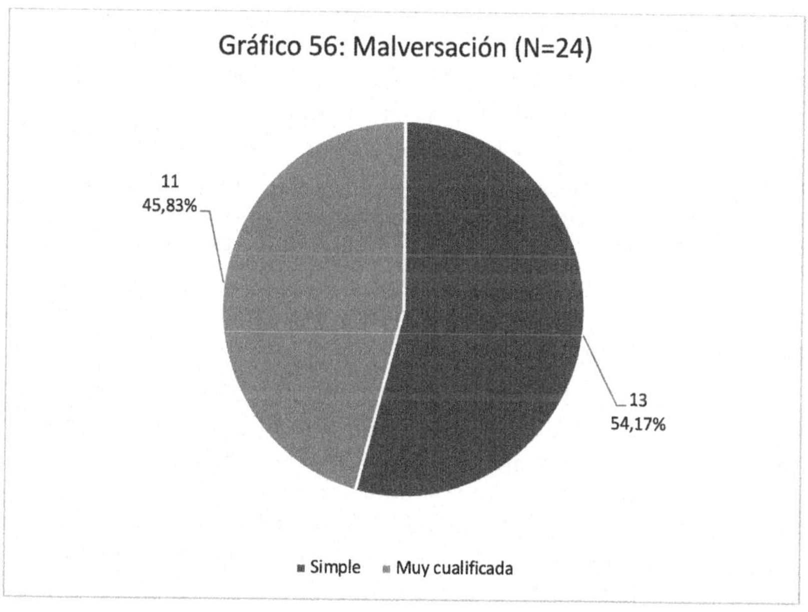
Gráfico 56: Malversación (N=24)
11
45,83%
13
54,17%
Simple
Muy cualificada

El análisis de la intensidad con la que se ha estimado la atenuante de dilaciones indebidas para cada condenado vuelve a aportar información interesante. Si se recuerda, tanto para las circunstancias genéricas de reparación del daño como para las de confesión se cumplía que, de forma mayoritaria, los tribunales españoles habían concedido las atenuantes como simples. Esto se cumple también en lo que tiene que ver con la atenuante de dilaciones indebidas en las muestras de malversación (gráfico 56) y, de manera muy clara, cohecho (gráfico 55). Así, en la de malversación, la atenuante se aplicó como simple a 13 de los 24 condenados (54,17%), mientras que en la de cohecho eso sucedió en el caso de 45 de los 47 beneficiados con la circunstancia (95,74%).

Sin embargo, las tornas cambian cuando se presta atención a las muestras de delitos fiscales (gráfico 52) y de fraude de subvenciones (gráfico 54). Si se observa la primera de ellas, se verá cómo, de los 194 beneficiados con la atenuante, hubo 63 para los que se estimó como simple (32,47%) y 131 a los que se les aplicó como muy cualificada (67,53%). En la muestra de fraude de subvenciones sucede algo parecido: de los 21 condenados a los que los jueces les concedieron la circunstancia del art. 21.6ª CP, ésta adoptó la forma de atenuante simple en 8 ocasiones (38,10%), haciéndolo como muy cualificada en las 13 restantes (61,90%). Una situación peculiar es la de la muestra de los delitos contra la Seguridad Social (gráfico 53): de los 4 condenados a los que se aplicó la atenuante de dilaciones indebidas, hubo 2 a los que se les estimó como simple y otros 2 a los que se concedió como muy cualificada. Pese a lo llamativo de esta última distribución, siguen siendo muy pocos casos de aplicación, por lo que no parece que esta información sea suficientemente significativa como para tenerla en cuenta.

Vuelve a ser interesante observar tanto la frecuencia absoluta de aplicación de la atenuante muy cualificada de dilaciones indebidas como la relativa con respecto al total de beneficiados con esta circunstancia. Sobre todo, si los resultados de esa observación se comparan con los mismos datos en lo que respecta al resto de las atenuantes analizadas en este estudio. Veámoslo con ayuda de una serie de cuadros. En las tablas 1, 2 y 3 se contiene, respectivamente, el número de beneficiados con las atenuantes genéricas de reparación del daño, confesión y dilaciones indebidas en cada muestra. Dentro de cada una de ellas se contiene, además, el número de veces que cada una de esas atenuantes se estimó como simple y como muy cualificada, así como la proporción que los casos en los que se aplicó cada una de estas dos modalidades representan sobre el total de beneficiados con cada circunstancia. Se han destacado en negrita las muestras en las que la proporción de estimaciones de las atenuantes como muy cualificadas son mayores.

Tabla 1: Atenuantes de reparación del daño. Beneficiados en cada muestra y proporción de atenuaciones simples y muy cualificadas

	Total de beneficiados	Atenuante simple	Atenuante muy cualificada
Delitos fiscales	55	53 (96,36%)	2 (3,64%)
Contra la Seguridad Social	0	0	0
Fraude de subvenciones	6	6 (100,00%)	0 (0,00%)
Cohecho	10	8 (80,00%)	2 (20,00%)
Malversación	**33**	**22 (66,67%)**	**11 (33,33%)**

Tabla 2: Atenuantes de confesión. Beneficiados en cada muestra y proporción de atenuaciones simples y muy cualificadas

	Total de beneficiados	Atenuante simple	Atenuante muy cualificada
Delitos fiscales	111	109 (98,20%)	2 (1,80%)
Contra la Seguridad Social	0	0	0
Fraude de subvenciones	0	0	0
Cohecho	**17**	**10 (58,82%)**	**7 (41,18%)**
Malversación	25	16 (64,00%)	9 (36,00%)

Tabla 3: Atenuante de dilaciones indebidas. Beneficiados en cada muestra y proporción de atenuaciones simples y muy cualificadas

	Total de beneficiados	Atenuante simple	Atenuante muy cualificada
Delitos fiscales	**194**	**63 (32,47%)**	**131 (67,53%)**
Delitos contra la Seguridad Social	4	2 (50,00%)	2 (50,00%)
Fraude de subvenciones	21	8 (38,10%)	13 (61,90%)
Cohecho	47	45 (95,74%)	2 (4,26%)
Malversación	24	13 (54,17%)	11 (45,83%)

Comenzaré comentando la situación de las atenuantes genéricas de reparación del daño (tabla 1)[89]. En la muestra de delitos fiscales hubo 55 beneficiados con alguna de estas atenuantes. Sólo hubo 2 a los que se apreció alguna de esas atenuantes como muy cualificada (3,64%). En la muestra de cohecho hubo 10 beneficiados con alguna de esas atenuantes, habiéndose aplicado como muy cualificada a 2 condenados (20%). Por su parte, en la de malversación hubo 33 beneficiados con estas atenuantes, habiéndose concedido como muy cualificadas a 11 condenados (33,33%). Ni en la muestra de delitos contra la Seguridad Social ni en la de fraude de subvenciones hubo ningún condenado que se beneficiara de una atenuante de reparación del daño como muy cualificada. En el primer caso, porque no hubo ningún caso de aplicación de esta circunstancia. En el segundo, porque, pese a que hubo 6 casos de aplicación, en los 6 se apreció como simple.

---

[89] Recuérdese que, a los efectos de este estudio, se ha considerado que dentro de la categoría de «atenuantes genéricas de reparación del daño» se incluyen las figuras contenidas en los arts. 21.5ª (atenuante «pura»), 21.7ª (atenuante analógica) y 31 quater.1 c) CP (atenuante para las personas jurídicas). En las cifras ahora reseñadas se incluyen los casos de aplicación de cualquiera de estos preceptos.

Veamos ahora el caso de las atenuantes genéricas de confesión (tabla 2)[90]. En la muestra de delitos fiscales hubo 111 condenados a los que se les aplicó alguna de estas circunstancias. A 2 de ellos se les apreció como muy cualificada (1,80%). En la muestra de cohecho, las atenuantes de confesión se aplicaron a 17 condenados, habiéndose concedido a 7 alguna de esas circunstancias como muy cualificada (41,18%). Y en la de malversación, de 25 beneficiados totales, a 9 de ellos se les apreció alguna de esas atenuantes como muy cualificada (36%). Una vez más, ni en la muestra de delitos contra la Seguridad Social ni en la de delitos de fraude de subvenciones hubo ningún caso de aplicación de las atenuantes genéricas de confesión como muy cualificadas. Esta vez, eso sucedió porque ni en una ni en otra hubo ningún condenado al que se le aplicaran estas circunstancias.

Comparemos estos datos con los resultantes del estudio de la atenuante de dilaciones indebidas (tabla 3). En la muestra de delitos fiscales hubo 194 beneficiados con esta circunstancia, para 131 de los cuales se apreció como muy cualificada (67,53%). En la de delitos contra la Seguridad Social hubo 4, para 2 de los cuales se apreció de este modo (50%). En la de fraude de subvenciones, de 21 beneficiados totales, 13 recibieron la atenuante muy cualificada (61,90%). En la de cohecho, de 47 condenados a los que se aplicó, a 2 de ellos se les apreció como muy cualificada (4,26%). Y en la de malversación, de 24 beneficiados totales, hubo 11 para los que la circunstancia se apreció de esta manera (45,83%).

El resultado es el que sigue: salvo en la de cohecho, la atenuante de dilaciones indebidas es la que, dentro de cada muestra, se ha aplicado un mayor número de veces como muy cualificada. Ello tanto en términos absolutos —es decir, atendiendo únicamente al número total de aplicaciones— como en términos relativos —es decir, po-

---

90 Recuérdese también que, a los efectos de este estudio, se ha considerado que dentro de la categoría de «atenuantes genéricas de confesión» se incluyen las figuras contenidas en los arts. 21.4ª (atenuante «pura»), 21.7ª (atenuante analógica) y 31 quater.1 a) CP (atenuante para las personas jurídicas). De nuevo, en las cifras que constan en el texto están englobados los casos de aplicación de cualquiera de esos artículos del Código Penal.

niendo en relación los casos de aplicación como muy cualificada con el total de aplicaciones de la atenuante—.

A partir de este momento, se va a introducir una variación en el esquema reproducido en el análisis de las atenuantes estudiadas en los epígrafes anteriores. Cuando se representaron los resultados referidos a la aplicación de las circunstancias genéricas de reparación del daño y de confesión, se dedicó un espacio a la observación de los casos de concurrencia de estas figuras con otras atenuantes. En aquel momento se vio cómo, en la mayoría de las ocasiones, estas atenuantes coincidían, si no entre sí, con la circunstancia de dilaciones indebidas (o con ésta y entre sí a la vez)[91]. También se dijo en su momento que esta situación parecía condicionar, incluso en mayor medida que la aplicación de las atenuantes genéricas como muy cualificadas, el hecho de que los tribunales españoles rebajaran la pena en uno o dos grados. En efecto, los supuestos de aplicaciones aisladas de las atenuantes de confesión y de reparación del daño fueron minoritarios en comparación con los casos de concurrencia. Aún más limitados fueron los casos de aplicación aislada de estas atenuantes como muy cualificadas. Sin embargo, la consecuencia que los órganos jurisdiccionales anudaban con mayor asiduidad a la aplicación de las circunstancias analizadas hasta aquí era la rebaja de pena en un grado[92]. Y esto es algo que, como también se ha dicho ya varias veces, sólo es posible cuando, de conformidad con lo dispuesto en el art. 66.1.2ª CP, en ausencia de circunstancias agravantes, o bien se aprecie (al menos) una circunstancia atenuante como muy cualificada, o bien se apliquen dos o más atenuantes simples.

En la medida en que ya se estudió la *concurrencia de las atenuantes de reparación del daño y de confesión con la de dilaciones indebidas*, creo que el análisis será más interesante si, en lugar de observar los casos de *concurrencia de la atenuante de dilaciones indebidas con*

---

91 Ver, para la situación relativa a las atenuantes genéricas de reparación del daño, gráficos 15 a 18, y, para la concerniente a las atenuantes genéricas de confesión, gráficos 36 a 38.

92 Ver, para la situación relativa a las atenuantes genéricas de reparación del daño, gráficos 19 a 22, y, para la concerniente a las atenuantes genéricas de confesión, gráficos 39 a 41.

las otras atenuantes, se presta atención a los casos de aplicación aislada de la circunstancia que ahora interesa. Ello, además de porque volver a efectuar otro análisis de concurrencias implicaría una repetición parcial de ciertos resultados, por lo siguiente. Si la atenuante de dilaciones indebidas es la atenuante que, salvo en determinadas muestras, no sólo parece aplicarse con más frecuencia, sino también apreciarse como muy cualificada en mayor proporción que ninguna otra de las analizadas hasta aquí, puede darse el caso de que haya un número considerable de condenados a los que se les haya rebajado la pena en uno o dos grados aun cuando se les haya aplicado, exclusivamente, la atenuante de dilaciones indebidas.

Esta situación presenta, en mi opinión un indudable interés para la presente investigación. Recuérdese una vez más que, salvo la figura del art. 426 CP, todos los incentivos que constituyen el objeto de este trabajo permiten llegar a una rebaja de pena de uno o dos grados. No se trata ahora de comprobar que puede llegarse a esa misma rebaja a través de la aplicación de atenuantes que persiguen comportamientos semejantes a los pretendidos por estos incentivos, como la reparación del daño —en aplicación de los arts. 21.5ª, 21.7ª o 31 quater.1 c) CP— o la colaboración para el esclarecimiento de los hechos o la identificación de sus perpetradores —en aplicación de los arts. 21.4ª, 21.7ª o 31 quater.1 a) o b) CP—. Por el contrario, con el análisis que se llevará a cabo a continuación se pretende comprobar en cuántos casos se ha alcanzado una rebaja similar a la posibilitada por los incentivos *sin reparar el daño ni llevar a cabo ningún comportamiento colaborador*, sino por el hecho de que el sistema ha sido muy lento a la hora de impartir justicia.

Gráficos 57 a 61: Aplicación exclusiva de la atenuante de dilaciones indebidas y rebaja de pena concedida (por grupos de beneficiados)

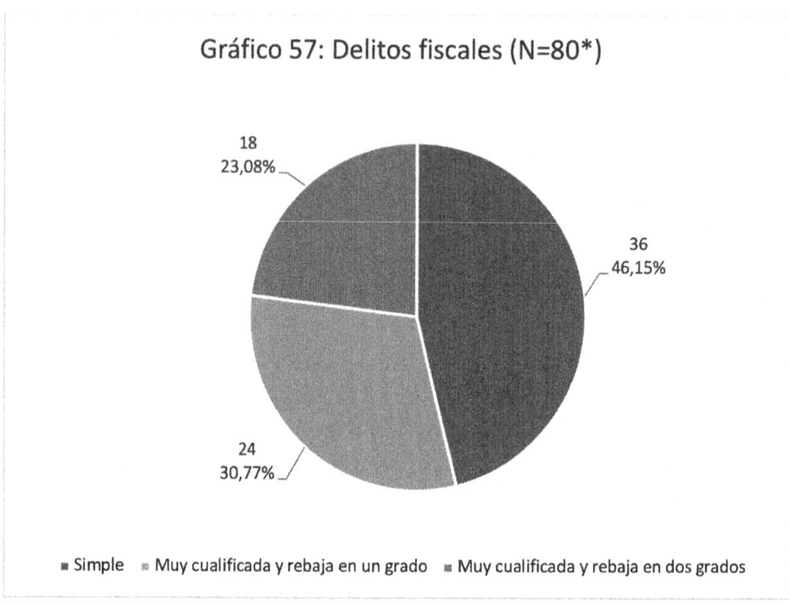

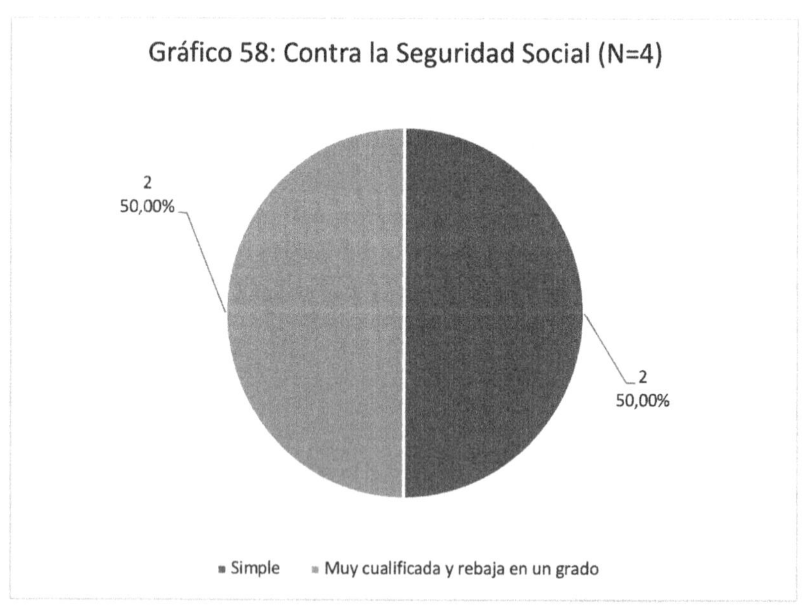

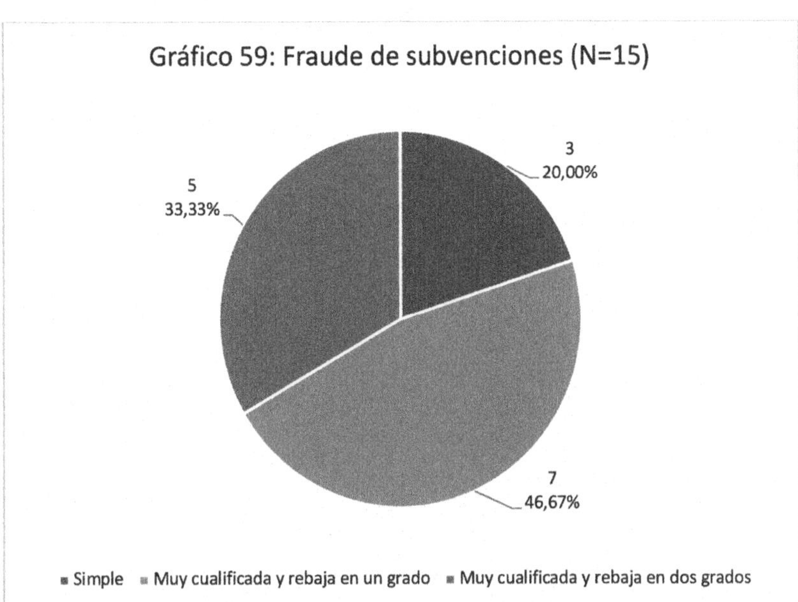
Gráfico 59: Fraude de subvenciones (N=15)
3
20,00%
5
33,33%
7
46,67%
Simple
Muy cualificada y rebaja en un grado
Muy cualificada y rebaja en dos grados

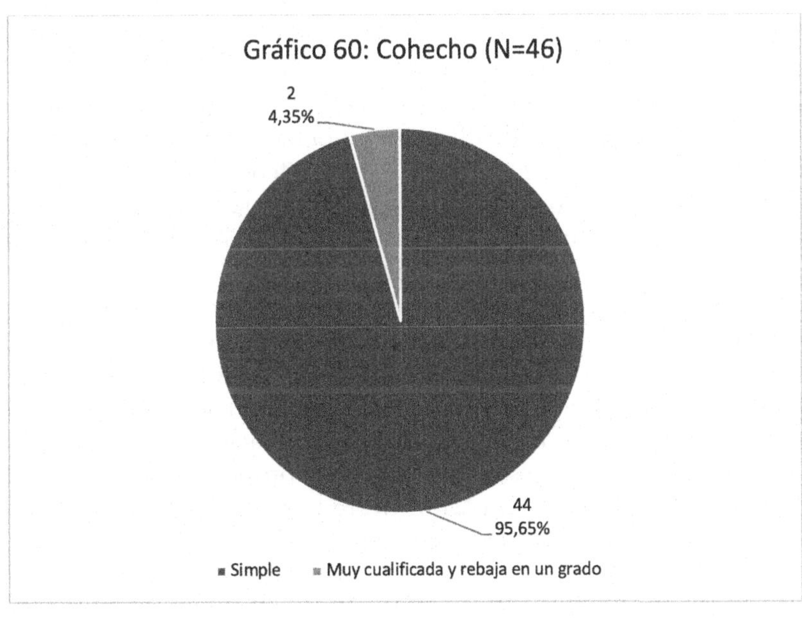
Gráfico 60: Cohecho (N=46)
2
4,35%
44
95,65%
Simple
Muy cualificada y rebaja en un grado

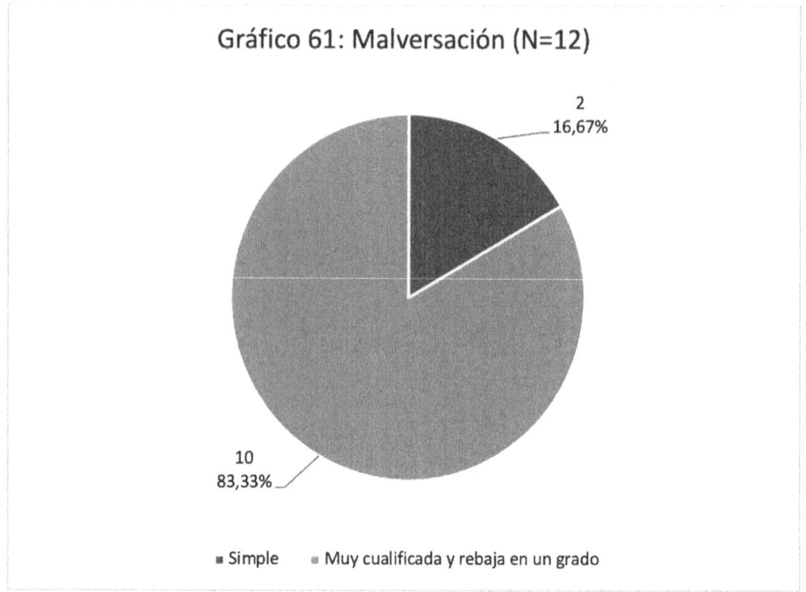

Antes de entrar a comentar lo que se refleja en los gráficos recién dispuestos, creo que es oportuno poner esa información en perspectiva y comparar el número de condenados a los que se les aplicó aisladamente la atenuante de dilaciones indebidas (es decir, el tamaño de las muestras representadas en estos gráficos) con el número de aplicaciones totales de esta circunstancia. En lo que sigue, se va a realizar una breve comparativa entre los gráficos 57 a 61 y los gráficos 47 a 51, expuestos *supra*. Para facilitar la exposición, se empleará, de nuevo, un cuadro. En la tabla 4 puede verse el total de beneficiados con la atenuante de dilaciones indebidas que hubo en cada muestra. En esa misma tabla se desglosa el número de condenados a los que se les concedió esa atenuante junto con otras circunstancias y aquellos a los que se les apreció en exclusiva la de dilaciones indebidas. La información del cuadro se completa con la proporción que, sobre el total de aplicaciones del art. 21.6ª CP, representan los casos de apreciación en concurso con otras atenuantes y los de aplicación aislada.

Tabla 4: Beneficiados con la atenuante de dilaciones indebidas en cada muestra y desglose de aplicación aislada y en concurso con otras atenuantes

	Total de beneficiados	**Aplicación en concurso**	**Aplicación aislada**
Delitos fiscales	**194**	**116 (59,79%)**	**78 (40,21%)**
Contra la Seguridad Social	4	0 (0,00%)	4 (100,00%)
Fraude de subvenciones	21	6 (28,57%)	15 (71,43%)
Cohecho	47	1 (2,13%)	46 (97,87%)
Malversación	24	12 (50,00%)	12 (50,00%)

Hay una muestra en la que los casos de aplicación aislada de la atenuante de dilaciones indebidas son minoritarios. Se trata de la muestra de delitos fiscales, en la que hubo 80 casos de aplicación aislada de la circunstancia en cuestión (gráfico 57)[93] frente a 116

93 Una precisión. Si se observa el gráfico 57, se verá cómo, pese a que se afirma que hubo 80 condenados a los que se les aplicó exclusivamente la atenuante de dilaciones indebidas, la suma de aquellos a los que se le apreció como simple (36) y la de aquellos a los que, habiéndoseles aplicado esta circunstancia como muy cualificada, se les concedió una rebaja de uno (24) o dos grados (18) da como resultado 78, no 80. La explicación es la siguiente: en la muestra hubo dos condenados a los que se les aplicó la atenuante de dilaciones indebidas como muy cualificada, pero el tribunal no les rebajó la pena en ningún grado. Se trata del caso resuelto por la STS 413/2016, de 13 de mayo (ECLI: ES:TS:2016:2294). La aplicación de la atenuante se produjo en la primera instancia, decidida en la SAN (2ª) 7/2015, de 10 de abril (ECLI: ES:AN:2015:1994). Los dos acusados fueron condenados por tres delitos fiscales cometidos en los ejercicios de 1989, 1990 y 1991. Dada la fecha de los hechos, el precepto que se les aplicó fue el art. 349 CP73 en la redacción dada por la LO 2/1985, de 29 de abril, de reforma del Código Penal en materia de delitos contra la Hacienda Pública (BOE n.º 103, de 30 de abril de 1985, p. 11985). Este precepto castigaba las conductas cometidas por los acusados con la pena de prisión menor y multa del tanto al séxtuplo de la cuantía defraudada. En el FD 3 de la SAN (2ª) 7/2015, de 10 de abril (p. 57) se indica que la circunstancia en cuestión se apreció, para ambos acusados, como muy cualificada. Los dos acusados fueron condenados, por cada uno de los tres delitos, a ocho meses de prisión menor y multa del tanto de la cantidad

en los que se apreció esa circunstancia en concurso con otra u otras atenuantes.

Como puede verse en la tabla 4, la situación es diferente en todas las demás muestras; a veces, mucho. En la muestra de malversación hubo 24 beneficiados con la atenuante de dilaciones indebidas (gráfico 51), a 12 de los cuales les fue apreciada de manera aislada (gráfico 61), resultando que los casos de aplicación en solitario igualan a los de aplicación en concurso. En la muestra de fraude de subvenciones el porcentaje de aplicaciones en solitario aumenta hasta el 71,43%: en esa muestra hubo 21 condenados a los que se les concedió la atenuante (gráfico 49) y ésta se apreció para 15 de ellos en solitario (gráfico 59). En la muestra de cohecho el porcentaje se eleva hasta el 97,87%: de los 47 condenados a los que se aplicó el art. 21.6ª CP (gráfico 50), a 46 no se les concedió ninguna otra atenuante (gráfico 60). Por último, en la muestra de delitos contra la Seguridad Social los casos de estimación aislada agrupan al 100% de los beneficiados (gráficos 48 y 58).

Lo que se pretende poner de relieve con esta comparación es que los casos de aplicación aislada de la atenuante de dilaciones indebidas son significativos en todas las muestras. Sólo son minoría frente a los supuestos de aplicación en concurso en una: la de delitos fiscales,

---

defraudada. El art. 61.5ª CP73 disponía que, cuando concurriera al menos una circunstancia muy calificada y ninguna agravante, los jueces estaban facultados para imponer «la pena inmediatamente inferior en uno o dos grados a la señalada». La pena de prisión menor tenía, de conformidad con el art. 30 CP73, una duración de seis meses y un día a seis años. Por otra parte, de acuerdo con lo señalado en el art. 73 CP73, la pena inferior en grado a la de prisión menor era la de arresto mayor (escala número 2, pena 6ª). El mismo art. 30 CP73 señalaba que la pena de arresto mayor tenía una duración de un mes y un día a seis meses. Si la pena finalmente impuesta por cada delito fiscal fue de ocho meses de prisión menor, parece que no se rebajó la pena en ningún grado, sino que, todo lo más, se impuso en su grado mínimo (que, según el art. 76 CP73 comprendía de seis meses y un día a dos años y cuatro meses). En casación, los recurrentes solicitaron una rebaja de pena mayor, aunque no indicaron que la pena no se les había reducido, en realidad, en ningún grado. El Alto Tribunal consideró, sin embargo, que la pena que se impuso a los recurrentes en la sentencia de instancia fue reducida en un grado, por lo que estaba determinada de manera correcta. La condena quedó, pues, intacta. Ver, en este sentido, STS 413/2016, de 13 de mayo (ECLI: ES:TS:2016:2294), FD 10, pp. 42-43.

y en ella constituyen un nada desdeñable 40,21% de los casos totales de aplicación. Esto constituye una variación con respecto a las otras circunstancias genéricas estudiadas en este capítulo. Si se recuerda, los casos de aplicación aislada de alguna atenuante de reparación del daño nunca superaban el 20% de los casos totales de aplicación. De hecho, la proporción más elevada, que se daba en la muestra de malversación, era un 18,18%: 33 condenados se beneficiaron de alguna atenuante de reparación, habiéndola obtenido de manera aislada sólo 6 de ellos[94]. Para las atenuantes de confesión, la proporción más grande se daba en la muestra de cohecho, donde los casos de aplicación aislada (6) constituían un 35,29% de todas las aplicaciones de estas circunstancias (17)[95]. En todas las demás muestras, la proporción quedaba, de nuevo, por debajo del 20%. A mi juicio, esta constatación no hace sino reforzar el interés de observar en qué casos de apreciación aislada de la atenuante de dilaciones indebidas se ha llegado a una rebaja de pena equiparable a la que podría haberse alcanzado de aplicarse los incentivos estudiados en esta investigación (con la salvedad, claro está, del art. 426 CP).

Teniendo esto en cuenta, puede comprenderse mejor la magnitud de lo que se representa en los gráficos 57 a 61. Los casos en los cuales los tribunales españoles estimaron la atenuante de dilaciones indebidas como muy cualificada y sin concurrir con otras circunstancias se han saldado, en su mayoría, con una rebaja de pena en uno o dos grados. La única excepción a esta tendencia la constituye, en este caso, la muestra de los delitos de cohecho, en la que la consecuencia más frecuente —además, por mucho— fue no rebajar la pena de grado.

Así, en la muestra de cohecho (gráfico 60), de los 46 beneficiados con la atenuante de dilaciones indebidas a los que no se les apreció ninguna otra circunstancia, sólo a 2 se les concedió aquélla como muy cualificada y se les rebajó la pena en un grado (4,35%). A todos los demás, la atenuante de dilaciones indebidas se les aplicó como simple (95,65%).

---

94 Ver gráfico 18 *supra*.

95 Ver gráfico 37, *supra*.

A partir de aquí, sin embargo, la situación cambia. En la muestra de malversación (gráfico 61) hubo 12 condenados a los que se les aplicó, en exclusiva, la atenuante de dilaciones indebidas. De ellos, 10 la recibieron como muy cualificada con rebaja de pena en un grado (83,33%). En la de fraude de subvenciones (gráfico 59), de los 15 condenados a los que se les apreció aisladamente la circunstancia del art. 21.6ª CP, a 12 se les estimó como muy cualificada (80%). De esos 12, a 7 se les rebajó la pena en un grado (46,67%), mientras que a los otros 5 se les rebajó en dos (33,33%). Por su parte, en la de delitos fiscales (gráfico 57), de los 80 beneficiados con la aplicación aislada de la atenuante hubo 42 para los que se estimó como muy cualificada (53,85%), y de esos 42, a 24 se les rebajó la pena en un grado (30,77%), mientras que a otros 18 se les rebajó en dos (23,08%)[96]. Finalmente, en la de delitos contra la Seguridad Social, que sólo cuenta con 4 casos de aplicación (aislada) de la atenuante, hubo 2 en los que la circunstancia se aplicó como muy cualificada con rebaja de pena en un grado, mientras que a los otros 2 beneficiados se les apreció como simple.

En definitiva: en la mayoría de las muestras no sólo se cumple que la de dilaciones indebidas fue la atenuante genérica que más se aplicó y la que con mayor frecuencia se estimó como muy cualificada, sino que también fue la que más se apreció de manera aislada. Y, cuando eso se produjo, en cada muestra hubo un número considerable de supuestos en los cuales la atenuante implicó una rebaja de uno o hasta dos grados de la pena. En ocasiones, incluso, los supuestos en los que se concedió una rebaja de esta entidad superaron a aquellos en los que no se concedió ninguna aun cuando la de dilaciones indebidas fue la única atenuante aplicada. Esto es algo que, en mi opinión, puede tener una notable influencia a la hora de decidir si colaborar es o no una estrategia «procesalmente rentable». Más allá de que se pueda llegar a rebajas semejantes a las posibilitadas por la aplicación de los incentivos a través de la alegación de las atenuantes genéricas de confesión y reparación del daño, con la estimación de la atenuante de dilaciones indebidas se pueden alcanzar esas reduc-

---

96 Ténganse en cuenta las precisiones hechas en las notas al pie anteriores para comprender los porcentajes reseñados aquí: éstos se han calculado sobre un total de 78 beneficiados, no sobre los 80 reflejados en el texto.

ciones sin necesidad de resarcir los perjuicios o de colaborar con las autoridades en el esclarecimiento de los hechos o la identificación de otros intervinientes en el hecho delictivo: basta con que el proceso penal penda durante el tiempo suficiente.

3.3. Posibles efectos de la colaboración con las autoridades

3.3.1. Consideraciones preliminares

El título de este epígrafe puede sorprender si se repara en que unas páginas más arriba se ha indicado que, entre los 178 procedimientos que constituyen la muestra, sólo hubo un supuesto de aplicación, a un único condenado, de uno de los incentivos estudiados: el art. 434 CP. Más aún, si se recuerda que la conducta que motivó la aplicación de esta disposición consistió, única y exclusivamente, en proceder a abonar en concepto de responsabilidad civil la cantidad de 370 €, que fue la suma de dinero público desviada para fines particulares. Tomando esto en consideración, no parece, pues, que sea procedente analizar mucho más allá la (in)eficacia de las figuras constitutivas del objeto de esta investigación.

Sin embargo, también se ha mostrado cómo otras figuras que podían cumplir con fines parecidos a los que buscaba el legislador con la creación de los incentivos se han aplicado mucho más. Me refiero a las atenuantes genéricas de confesión y reparación del daño. Estudiar qué clase de efectos han podido derivarse de la aplicación de estas figuras puede ser de utilidad en el debate sobre la permanencia o derogación de los incentivos.

En concreto, se prestará atención a los efectos derivados de la aplicación de la atenuante de confesión, y ello por los siguientes motivos. Muchos de los incentivos constitutivos del objeto de estudio pretenden facilitar, o, sencillamente, posibilitar la investigación del hecho delictivo o su imputación a quienes lo perpetraron. Éste es otro de los fines que también suele atribuirse —con ciertos recelos por parte de algunos sectores de la doctrina— a la atenuante de confesión, ya sea que se aplique como «pura» o analógica[97]. La hipótesis

[97] Esos «recelos» no pueden abordarse en detalle aquí. Para una revisión de los planteamientos críticos con el fundamento «utilitarista» de la atenuante de

de la que se parte es que, teniendo en cuenta la finalidad que se le asigna, la aplicación de la atenuante de confesión mejora los resultados de la investigación y enjuiciamiento del delito. De ser cierta, podría constituir un argumento a favor de los incentivos: en ese caso, podría afirmarse que la estrategia de fomentar que los intervinientes en el hecho delictivo colaboren con las autoridades funciona. Ello, incluso, a pesar de que los incentivos específicamente diseñados por el legislador para conseguirlo apenas se apliquen.

Este análisis de eficacia de la atenuante de confesión va a llevarse a cabo comparando las cifras de acusados y condenados por los delitos incluidos en el ámbito de aplicación de los incentivos de todos los procesos incluidos en cada muestra. En concreto, el estudio se va a realizar dividiendo los procedimientos de cada muestra en dos grandes grupos: por un lado, aquellos en los cuales se aplicó la atenuante de confesión a *alguno* de los condenados en cualquiera de sus modalidades —es decir, como atenuante «pura» (art. 21.4ª CP), analógica (art. 21.7ª CP) o para personas jurídicas (art. 31 quater.1 a) CP)— y, por otro, aquellos en los que no hubo aplicación de *ninguna* de esas circunstancias a *ninguno* de los encausados[98]. Esta forma de configurar el estudio trae consigo una primera consecuencia: un análisis de

---

confesión con mayor relevancia en la doctrina, ver Montero, F.: *Equivalentes funcionales de la pena retributiva. Teoría general y aplicación práctica al desistimiento de la tentativa, la regularización tributaria y la confesión.* Atelier: Barcelona, 2023, pp. 402-412; Garro Carrera, E.: «Comportamiento…, *op. cit.*, 2013, p. 7; La misma: «La atenuante de confesión: discusión sobre su fundamento», en Asúa Batarrita, A., y Garro Carrera, E. (eds.), *et al.*: *Hechos postdelictivos y sistema de individualización de la pena.* Universidad del País Vasco: Bilbao, 2009, pp. 160-168; Garro Carrera, E., y Asúa Batarrita, A.: *Atenuantes de reparación y de confesión. Equívocos de la orientación utilitaria.* Tirant lo Blanch: Valencia, 2008, pp. 83-98, y Faraldo Cabana, P.: *Las causas…, op. cit.*, 2000, pp. 101-103; 114-115, y 305-307.

98 Podría haber sido interesante añadir a este análisis un apartado específico para la circunstancia atenuante de colaboración con las autoridades para personas jurídicas, prevista en el art. 31 quater.1 b) CP. Sin embargo, como se dijo en su momento (apartado 3.2.1. b), *supra*, nota al pie 70), esa atenuante se aplicó a un único condenado en todas las muestras analizadas al que, además, también se le concedió la circunstancia atenuante de confesión del art. 31 quater.1 a) CP. Habiendo un único beneficiado por esta circunstancia, al que, además, se le aplicó la de confesión, no se ha considerado necesario dispensar un tratamiento especial a los supuestos de aplicación de la atenuante de colaboración con las

este tipo no puede llevarse a cabo en las muestras en las que nunca se hayan aplicado las citadas atenuantes. Por lo tanto, esta comparativa entre tipos de procesos no se realizará ni en la muestra de delitos contra la Seguridad Social ni en la de fraude de subvenciones.

Dicho esto, en el resto de las muestras se va a proceder del siguiente modo. En primer lugar, se mostrará el número total de acusados y condenados en cada uno de estos dos grupos de procedimientos; o sea, aquellos en los que se aplicó alguna de estas atenuantes y aquellos en los que no. Después, se analizará el número medio de acusados y de condenados en cada uno de esos dos grupos de procedimientos y se compararán entre sí y con el promedio general de acusados y de condenados de cada una de las muestras. Finalmente, se tomará como referencia la proporción media de acusados que resultaron condenados en cada uno de los dos grupos de procedimientos y, de nuevo, se compararán entre sí y con el promedio general de cada muestra.

Antes de comenzar con el análisis, parece oportuno comentar por qué este estudio se ha centrado sólo en las atenuantes genéricas de confesión y no en las de reparación del daño. La razón fundamental es que, a diferencia de lo que sucede con las atenuantes de confesión, los efectos derivados de la (in)aplicación de una atenuante de reparación del daño no siempre constan en sentencia. Esto convierte el estudio en imposible si sólo se analiza esta fuente de información. Explicaré esto con un poco más de detalle.

En una sentencia del orden jurisdiccional penal siempre consta —con mayor o menor claridad— el número de acusados, el número de condenados y, dentro de este último grupo, el número de beneficiados con alguna circunstancia atenuante. Se trata de cantidades mensurables y comparables entre sí. Esto posibilita un análisis como el pretendido, que toma como referencia las atenuantes genéricas de confesión y trata de evaluar cómo varían las cifras de acusados y de condenados cuando aquéllas se aplican y cuando no. Es cierto que, cuando se estima para algún condenado la atenuante de reparación del daño, en la sentencia también debería constar el monto al que

autoridades para personas jurídicas. Por lo demás, no deja de ser llamativa la escasez de casos de aplicación de esta última figura.

asciende la cantidad efectivamente abonada por el beneficiado con la circunstancia o, por lo menos, qué tipo de conducta llevó a cabo éste para ser merecedor de la minoración del reproche penal[99]. Sin embargo, no es posible efectuar ninguna comparativa con los casos en los que la atenuante de reparación del daño no se ha aplicado. O, más bien, habría que decir que esto no es posible si se cuenta sólo con los datos obrantes en la sentencia: que no se haya concedido la atenuante no quiere decir que, con posterioridad al dictado de la sentencia condenatoria, los responsables civiles no hayan reparado el perjuicio.

Por ejemplo, en un estudio que tomara como referencia los efectos de las atenuantes de reparación del daño podría analizarse en qué se diferencia la situación del erario en los procesos en los cuales éstas se aplican y los casos en los cuales éstas no se aplican. Algunos parámetros a los que atender podrían ser si la Administración perjudicada ha sido resarcida por completo en uno y otro grupo de procesos, el tiempo que se ha tardado en recibir el 100% de la indemnización en uno y otro caso o si, en caso de que ésta no se haya pagado por completo, qué cantidad queda pendiente de pago en uno y otro tipo de procedimientos. Nada de esto, sin embargo, puede reconstruirse sólo a través de la información que consta en las sentencias. Podrá identificarse a cuánto asciende el importe de lo reparado en los casos de aplicación de la atenuante, pero el hecho de que ésta no se haya apreciado no quiere decir que los condenados no hayan abonado la responsabilidad civil tras el pronunciamiento judicial. Si lo han hecho y, en su caso, en qué plazo, es algo que, como se ha dicho ya, no aparece en las resoluciones. De ahí que, en adelante, sólo se vaya a trabajar con la información relativa a la aplicación de la atenuante de confesión, el número de acusados y el número de condenados, que son extremos a los que sí se puede acceder.

---

[99] Recuérdese que, en la STS 749/2022, de 13 de septiembre (caso EREs) (ECLI: ES:TS:2022:3258), FD 136, p. 393, el Alto Tribunal concedió una atenuante analógica muy cualificada de reparación del daño a un condenado que, sin haber abonado nada en concepto de responsabilidad civil, sí que se dedicó, al tiempo en el que el desfalco estaba siendo perpetrado, «a conocer a fondo el problema que existía en su departamento y adoptar medidas para su corrección».

3.3.2. Número de acusados y de condenados en cada grupo de procedimientos

Lo primero que se va a estudiar es qué número de acusados y de condenados hubo en cada uno de los dos grupos de procesos mencionados: aquellos en los que se aplicó a *algún* interviniente una atenuante genérica de confesión y aquellos otros en los que no se aplicó a nadie. Antes de eso, resulta oportuno recordar en cuántos procedimientos de cada muestra se concedió alguna de esas atenuantes. Esta información se contiene en la tabla 5, dispuesta a continuación[100].

Tabla 5: Número de procedimientos de cada muestra en los que se ha aplicado la atenuante de confesión a *alguno* de los condenados

	Procesos totales	Atenuante de confesión	No atenuante de confesión
Delitos fiscales	84	10	74
Contra la Seguridad Social	21	0	21
Fraude de subvenciones	24	0	24
Cohecho	30	6	24
Malversación	19	6	13

Como se dijo en su momento, en todas las muestras es minoritario el grupo de procesos en los que hubo algún beneficiado con atenuantes genéricas de confesión. Tan es así que, en dos de ellas, la de delitos contra la Seguridad Social y la de fraude de subvenciones, no hubo ninguno. Tener esto en mente ayudará, en mi opinión, a interpretar los datos que se mostrarán a continuación.

Comenzaré exponiendo el número de acusados que hubo en cada grupo de procesos. Esa información, así como la proporción que, sobre el total de acusados, se concentra cada uno de ellos, se contiene en los gráficos 62 a 64.

[100] Esta tabla contiene información que también se ha reflejado en los gráficos 23 a 27.

Gráficos 62 a 64: Número de acusados en procesos en los que se ha aplicado alguna atenuante genérica de confesión y en procesos en los que no

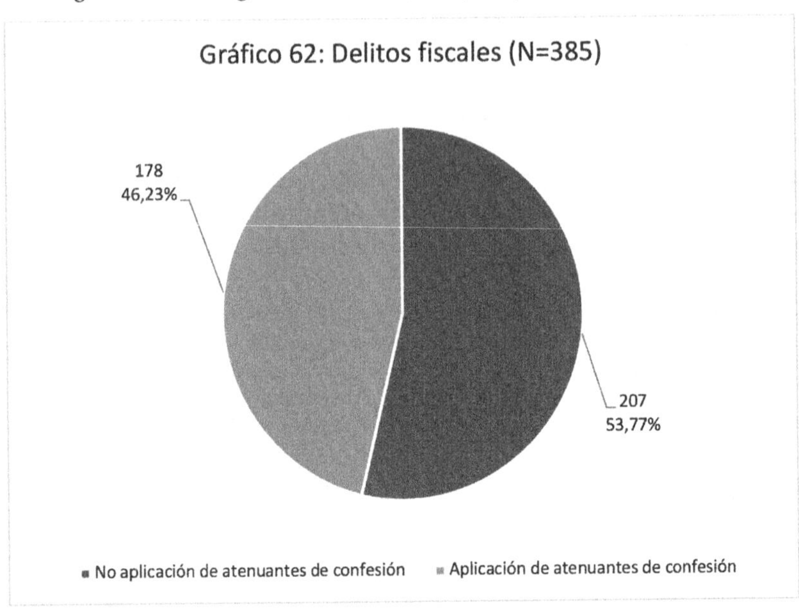

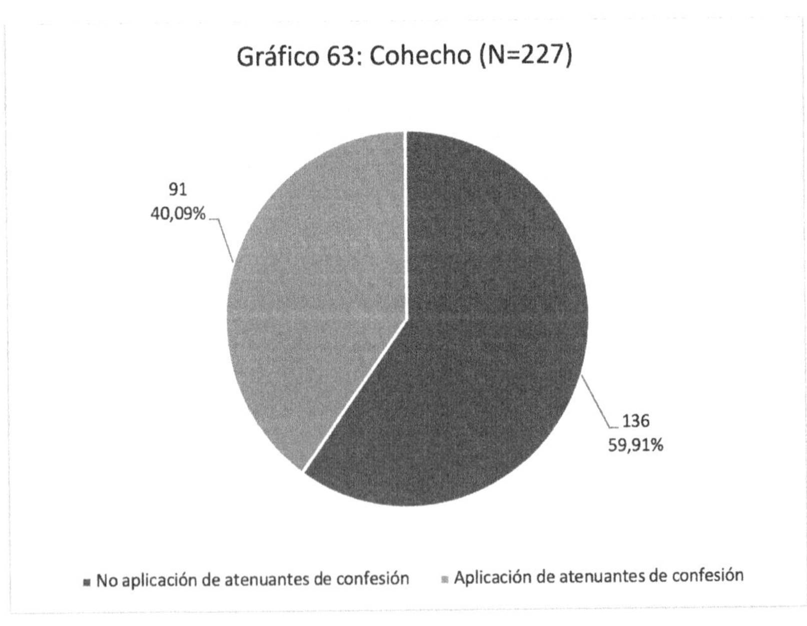

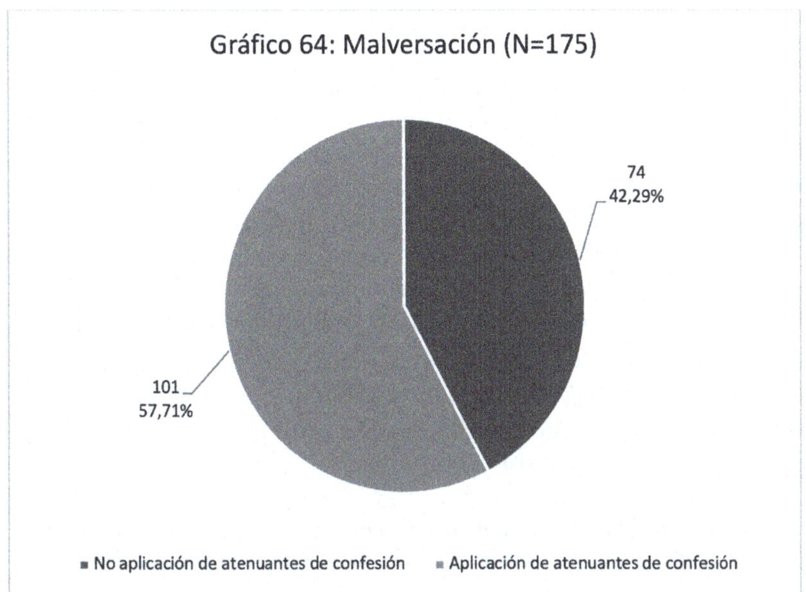

Una proporción considerable de acusados se condensa en los procesos en los cuales se aplicó una atenuante genérica de confesión a, al menos, uno de los condenados. Ello pese a que, como se acaba de ver, estos procesos son (muy) minoritarios con respecto a aquellos otros en los que no se aplicaron estas circunstancias. Veamos cada muestra por orden de menor a mayor concentración de acusados en los asuntos en los que se aplicaron las atenuantes.

En los 30 procesos que constituyeron la muestra de cohecho, hubo 227 acusados en total (gráfico 63). De esos 227, hubo 136 acusados en procesos en los cuales no se hizo uso de ninguna atenuante de confesión (59,91%). Es decir, que la mayoría de los acusados de la muestra se concentró en los 24 procedimientos en los que no se aplicó ninguna de las circunstancias que ahora interesan. Sin embargo, los 91 acusados restantes se acumularon en los 6 procesos en los cuales sí que se concedió alguna de esas atenuantes a *algún* condenado. Eso constituye un porcentaje ligeramente superior al 40% del total (40,09%). Algo similar sucede en la muestra de delitos fiscales (gráfico 62). En los 84 procesos que constituyeron esa muestra, hubo 385 acusados. De ellos, 207 se concentraron en los 74 procesos en los que no se aplicó a nadie ninguna atenuante de confesión. Eso es, de nuevo, una porción mayoritaria del total de acusados (53,77%). No obstante, los otros 178 (46,23%) comparecieron en los 10 procesos en los que alguien se benefició de esas atenuantes. La situación más llamativa es la de la muestra de malversación (gráfico 64), pues en ella la mayoría de los acusados se acumularon en los procesos en los que los jueces hicieron uso de las atenuantes genéricas de confesión: de los 175 acusados totales, 74 concurrieron en los 13 procesos en los que *no* hubo aplicación de ninguna de esas circunstancias (42,29%), mientras que 101 lo hicieron en los 6 en los que sí la hubo (57,71%).

La situación es similar en lo que tiene que ver con el número de condenados, aunque con algunas variaciones importantes. Su distribución entre los dos grupos de procesos estudiados se muestra en los gráficos 65 a 67, expuestos a continuación.

Gráficos 65 a 67: Número de condenados en procesos en los que se ha aplicado alguna atenuante de confesión y en procesos en los que no

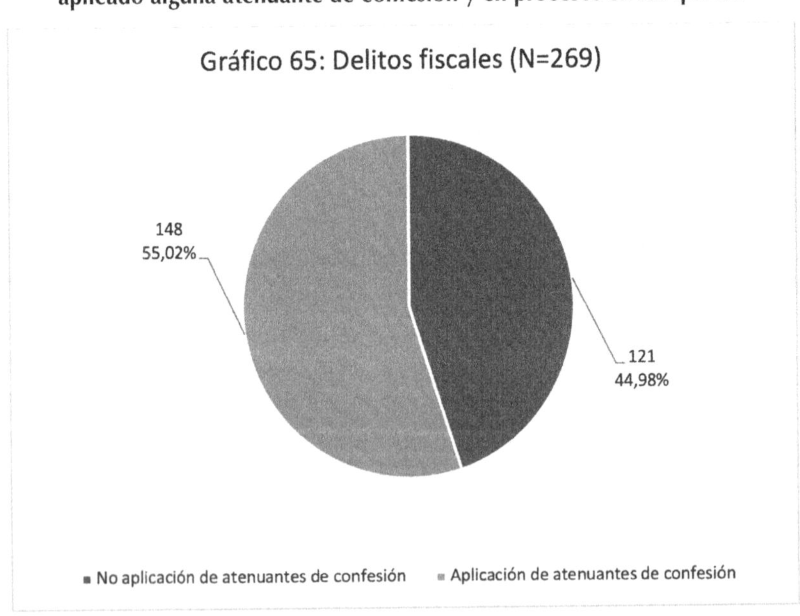

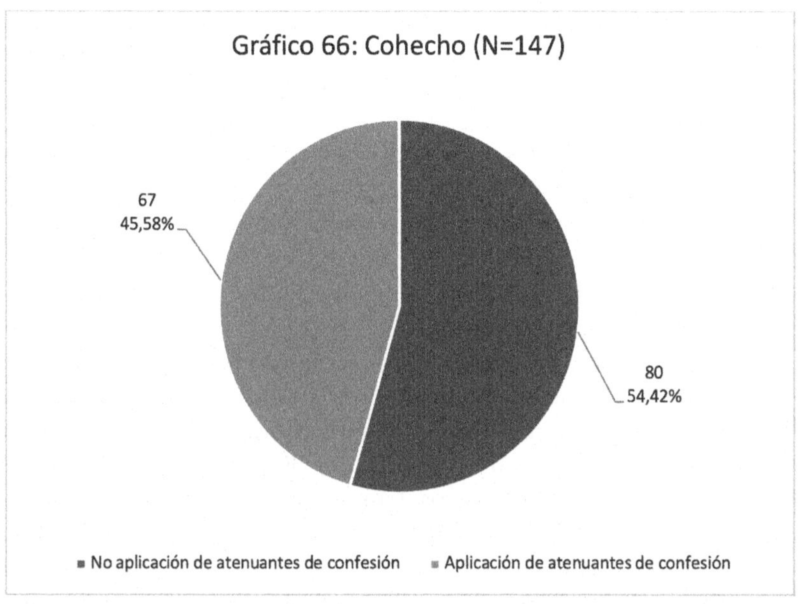
Gráfico 66: Cohecho (N=147)
67
45,58%
80
54,42%
No aplicación de atenuantes de confesión
Aplicación de atenuantes de confesión

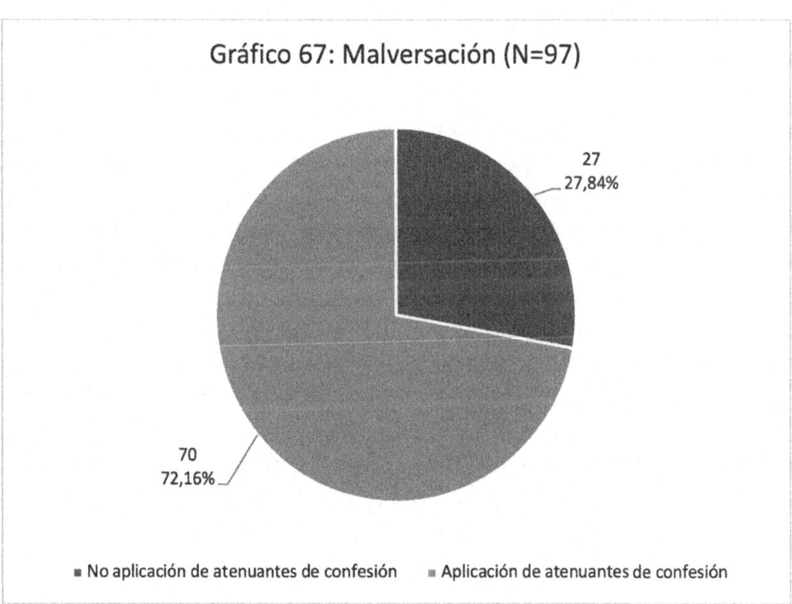
Gráfico 67: Malversación (N=97)
27
27,84%
70
72,16%
No aplicación de atenuantes de confesión
Aplicación de atenuantes de confesión

Es interesante la comparación de los gráficos 65 a 67 con los gráficos 62 a 64. En los que se han mencionado en último lugar se vio que una proporción notable de los acusados se concentraba en los procesos en los que se aplicaron las atenuantes de confesión. En los gráficos 65 a 67 se observa que la proporción de condenados que se acumula en esos procesos es todavía mayor. Hasta tal punto es así que tanto en la muestra de malversación como, ahora, en la de delitos fiscales, se produjeron más condenas en ese grupo minoritario de procesos que en el resto de los que compusieron las muestras. Veamos esto con un poco más detenimiento.

Volveré a exponer la situación empezando por la muestra en la que hay menor concentración de condenados en los procesos en los que se aplicaron las atenuantes que ahora interesan. Ésta es la muestra de cohecho (gráfico 66). En los 30 procedimientos que la integran, hubo 147 condenados. La mayoría de ellos, concretamente, 80, lo fueron en los 24 casos en los que no se aplicó ninguna atenuante de confesión (54,42%). Los otros 67 (45,58%), en cambio, resultaron condenados en los 6 casos restantes en los que hubo, al menos, un condenado que se benefició de la aplicación de esas circunstancias.

La concentración en ese grupo de procesos es mayor en la muestra de delitos fiscales (gráfico 65). En los 84 procesos que la componen se condenó a 269 personas por haber cometido un delito fiscal. De ellas, hubo 121 que resultaron condenadas en los 74 procesos en los que *no* se aplicó ninguna atenuante de confesión (44,98%); por tanto, la mayoría, los 148 condenados restantes (55,02%), fue enjuiciada en los 10 procesos en los que al menos un condenado se benefició de alguna de ellas. Esta tendencia es aún más pronunciada en la muestra de delitos de malversación (gráfico 67): si en los 19 procesos estudiados hubo un total de 97 condenados, sólo 27 se dieron en los 13 en los que no hubo aplicación de ninguna atenuante de confesión (27,84%), mientras que los 70 restantes (72,16%) fueron enjuiciados en los 6 casos en los que sí se aplicó alguna de esas circunstancias a *alguno* de los condenados.

3.3.3. Promedio de acusados, de condenados y de acusados condenados

Una vez que se ha estudiado el número total de acusados y de condenados que se acumula en los procesos en los que se aplicaron las atenuantes de confesión, así como el número de ellos en los asuntos en los que no se hizo uso de ninguna de estas circunstancias, en las páginas siguientes va a estudiarse el promedio que hubo de unos y otros en cada grupo de procedimientos. Como consecuencia del particular modo en el que los acusados y los condenados están distribuidos en las muestras, primero van a exponerse y compararse estas medias en cada grupo de procesos (a) y, después, se van a realizar ciertos comentarios con respecto a cómo deben interpretarse esas magnitudes (b). El análisis de los promedios se completará prestando atención a la proporción de acusados que resultaron condenados en cada grupo de procedimientos (c).

a) Número medio de acusados y de condenados

Comencemos analizando el número medio de acusados que hubo en cada grupo de procesos. Esta información se contiene en los gráficos 68 a 70. En ellos, no sólo se ha representado el promedio de acusados que hubo en cada tipo de proceso, sino que, también, se ha reflejado el número medio de acusados que hubo, en general, en toda la muestra.

Gráficos 68 a 70: Número medio de acusados en los procesos en los que se aplicó alguna atenuante de confesión y en los procesos en los que no se aplicó

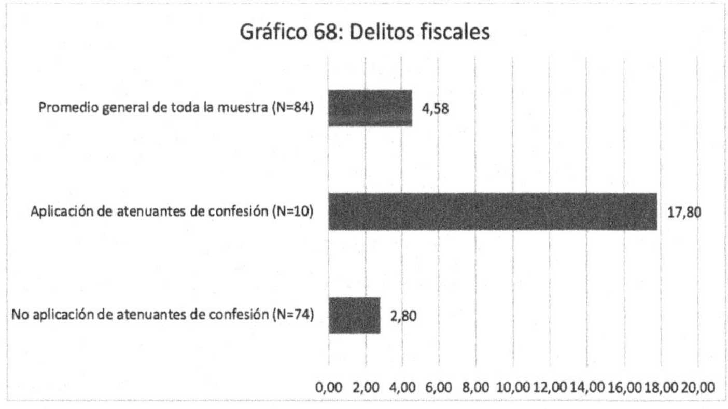

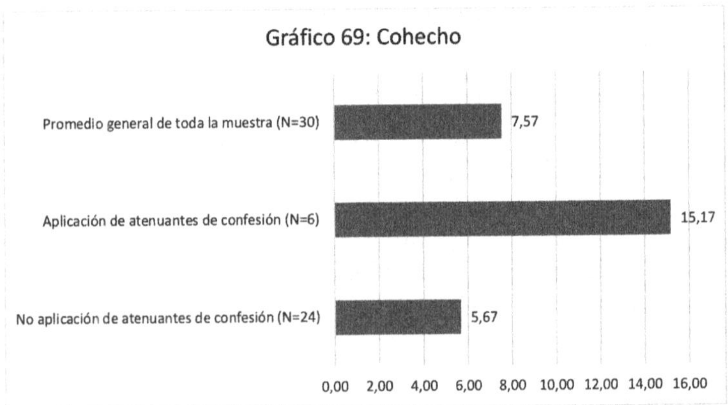

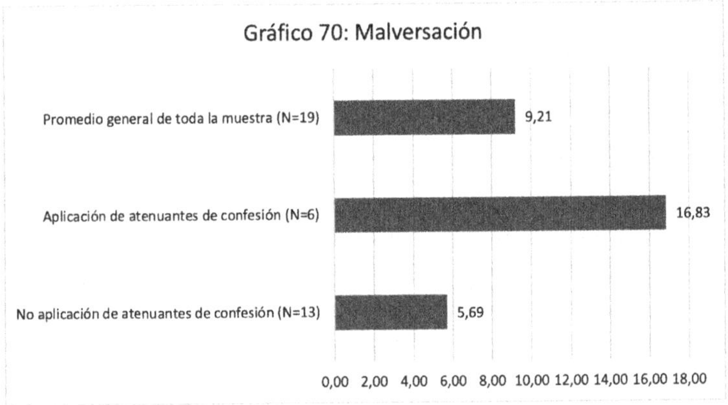

Como puede verse en los gráficos arriba dispuestos, en las tres muestras se cumple que el número medio de acusados es mayor en los procesos en los que se ha aplicado alguna de las circunstancias que ahora interesan. Comentemos la situación de cada muestra empezando por aquellas en las que las variaciones son menos pronunciadas.

En los 19 procesos que compusieron la muestra de malversación (gráfico 70) hubo, de media, 9,21 acusados por procedimiento judicial. Si la atención se fija sólo en los 13 en los que no se aplicó ninguna atenuante de confesión, se observa cómo el número medio de acusados decae hasta los 5,69. En cambio, si se analizan los 6 procesos en los que sí se aplicó esa circunstancia a *alguno* de los condenados, la media asciende hasta 16,83. Este patrón se repite en la muestra de cohecho y en la de delitos fiscales. En la primera (gráfico 69), se observa cómo, de media, hubo 7,57 acusados en los 30 procesos que componen la muestra. Si se analizan los 24 casos en los que no se hizo uso de ninguna atenuante de confesión, la media de acusados decae hasta 5,67. Sin embargo, si se presta atención a los 6 procesos en los que se aplicó la atenuante de confesión a *algún* encausado, esa media aumenta hasta 15,17. Las variaciones más significativas se encuentran en la muestra de delitos fiscales (gráfico 68). Así, en los 84 procesos analizados hubo, de media, 4,58 acusados por procedimiento. Cuando se calcula ese mismo promedio en los 74 procesos en los que no hubo beneficiados con atenuantes de confesión, éste pasa a ser de 2,80. Sin embargo, si se hace lo mismo en los 10 procesos en los que los órganos jurisdiccionales hicieron uso de estas circunstancias, la cifra aumenta hasta 17,80.

En los gráficos 71 a 73 se representa la misma información, aunque ahora, en lugar de tomar como referencia el número de acusados se observará el de condenados. Al igual que en los gráficos que se acaban de comentar, en los que se van a exponer a continuación también se refleja la media general de condenados por procedimiento para compararla con la de los dos grupos de procesos en los que las muestras se están dividiendo.

Gráficos 71 a 73: Número medio de condenados en los procesos en los que se aplicó alguna atenuante de confesión y en los que no se aplicó

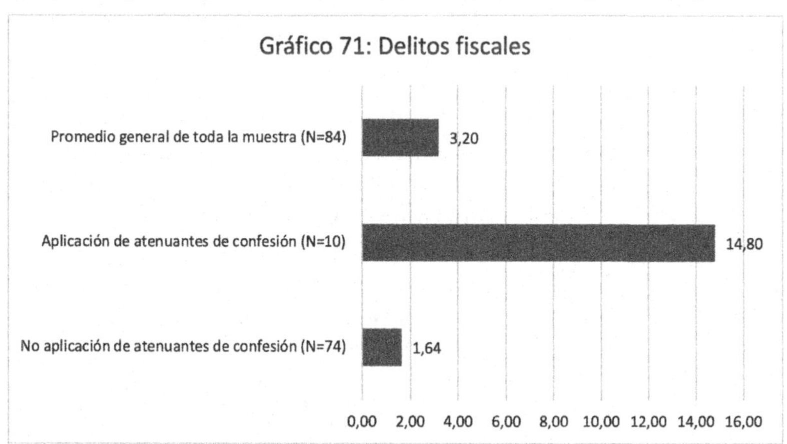

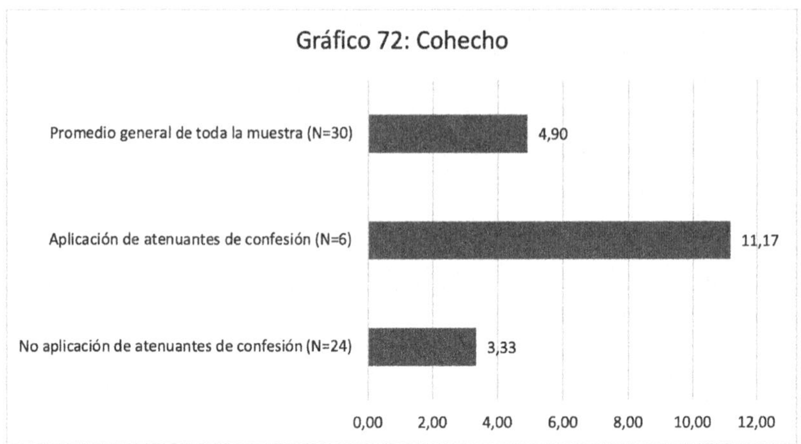

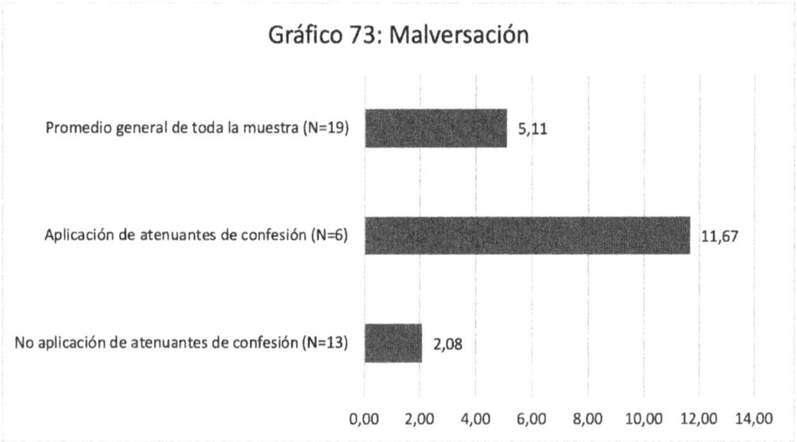

El panorama que resulta del análisis del número medio de condenados es bastante similar al visto en relación con el promedio de acusados. En los procesos en los que se hizo uso de alguna de las atenuantes genéricas de confesión no sólo hubo, de media, más acusados que en los procesos en los que no se aplicó ninguna de esas atenuantes y en los procesos que, en general, componen cada una de las muestras. También hubo, en promedio, más condenados.

Comenzaré, de nuevo, con la muestra en la que las variaciones son menos pronunciadas. Ésta es la de malversación (gráfico 73). En los 19 procesos que la componen, hubo, de media, 5,11 condenados en cada procedimiento. Esa cifra decae hasta 2,08 si, en lugar de prestar atención al total de asuntos, se observan los 13 en los que no se aplicó ninguna atenuante de confesión. Si, en cambio, se observan los 6 procesos en los que hubo *al menos un* beneficiado con alguna de estas circunstancias, el número medio de condenados aumenta hasta alcanzar los 11,67. Algo similar sucede en la muestra de cohecho (gráfico 72). En los 30 procesos que componen la muestra hubo 4,90 condenados por procedimiento. Sin embargo, en los 24 casos en los que no se aplicó ninguna atenuante de confesión, ese número se reduce hasta 3,33. Por el contrario, si se presta atención a los 6 asuntos en los que se hizo uso de alguna de esas circunstancias, la media de condenados por proceso se incrementa hasta los 11,17.

Una vez más, las variaciones más acentuadas entre uno y otro tipo de procesos se dan en la muestra de delitos fiscales (gráfico 71). En los 84 procesos que la componen hubo, de media, 3,20 condenados por asunto. Si se analiza el número medio de condenados en los 74 procesos en los que no se aplicó ninguna atenuante de confesión, entonces esa cifra decae hasta 1,64. En cambio, si se presta atención a los 10 procesos en los que los tribunales hicieron uso de esas circunstancias, el número medio de condenados aumenta hasta 14,80.

b) Representatividad de las medias de acusados y condenados: desviaciones típicas y valores extremos

Del epígrafe anterior puede extraerse una conclusión: en los procesos en los que se ha hecho uso de atenuantes de confesión hay, de media, más acusados y condenados por los delitos incluidos en el ámbito de aplicación de los incentivos que constituyen el objeto de estudio. Siendo esto cierto, el estudio debe completarse con un análisis de la representatividad de esos promedios para tener una imagen más fiel de lo que sucede en cada uno de los dos grupos de procesos. Explicaré a qué me refiero con un poco más de detenimiento.

Supongamos que tenemos dos procesos penales. En uno ha habido 10 acusados y en el otro sólo 1. Supongamos, también, que, en el primero, los 10 acusados han resultado condenados y que, en el segundo, el único acusado ha sido absuelto. Si se calcula la media de condenados, habría que decir que ésta ha sido de 5 en cada uno de ellos. Esto, sin embargo, es muy poco descriptivo de lo que ha sucedido en la realidad. Este ejemplo, un poco burdo, pero útil para ilustrar lo que va a tratarse en este epígrafe, es un caso de una media poco representativa.

En atención a lo que se acaba de decir, parece razonable completar la información que proporcionan las medias aritméticas de acusados y condenados con alguna magnitud que exprese su representatividad. La magnitud que se va a emplear en las páginas siguientes es la desviación típica (σ). La desviación típica expresa cuánto se alejan, en promedio, los valores incluidos en la muestra con respecto a su media. Cuanto más alto sea su valor, menos representativa será la media. Si, por ejemplo, se observa que, en un grupo de procesos hay 4 condenados de media, pero la desviación típica es de 7, eso quiere decir que, de media, los procesos incluidos en la muestra se desvían en 7 condenados con respecto a la media de 4 por proceso. Es decir, que se trataría de una media poco representativa de lo que sucede en la realidad.

A la luz de las desviaciones típicas, parece que ninguna de las medias a las que se ha hecho referencia hasta ahora es demasiado representativa. Veámoslo, en primer lugar, en relación con la muestra de delitos fiscales. En las tablas 6 y 7 se ponen en relación la media de acusados y condenados por procedimiento ($\overline{x}$) con sus respectivas desviaciones típicas (σ). En ellas se lleva a cabo, además, la misma distinción que se ha realizado en los gráficos del epígrafe anterior; es decir, se reflejan de manera separada las magnitudes que corresponden a la muestra en su conjunto y se las confronta, por un lado, con las propias de los asuntos en los que hubo aplicación de atenuantes de confesión y, por otro, con las de los procedimientos en los que *no* se hizo uso de esas circunstancias.

Tabla 6: Delitos fiscales. Media y desviación típica del número de acusados

	Media ($\overline{x}$)	**Desviación típica (σ)**
Promedio general de toda la muestra (N=84)	4,58	7,23
Aplicación de atenuantes de confesión (N=10)	**17,80**	**13,98**
No aplicación de atenuantes de confesión (N=74)	2,80	2,47

Tabla 7: Delitos fiscales. Media y desviación típica del número de condenados

	Media ($\overline{x}$)	**Desviación típica** (σ)
Promedio general de toda la muestra (N=84)	3,20	6,05
Aplicación de atenuantes de confesión (N=10)	**14,80**	**11,81**
No aplicación de atenuantes de confesión (N=74)	1,64	1,43

En los 84 procedimientos que componen la muestra, de media hubo 4,58 acusados y 3,20 condenados por delito fiscal. La desviación típica de una y otra media es, respectivamente, de 7,23 y 6,05. Ésta se atenúa, sin embargo, si se toman como referencia los procesos en los que *no* hubo aplicación de atenuantes de confesión: en ese caso, la desviación típica disminuye hasta 2,47 ($\overline{x} \simeq$ 2,80) y 1,43 en el de los condenados ($\overline{x} \simeq$ 1,64). Si, por el contrario, se observa esta magnitud en lo que tiene que ver con los procesos en los que sí se hizo uso de alguna de esas circunstancias, la desviación típica aumenta hasta 13,98 en el caso de los acusados ($\overline{x} \simeq$ 17,80) y 11,81 en el de los condenados ($\overline{x} \simeq$ 14,80).

Tomando en consideración estas cifras, parece claro que ninguna de las medias es especialmente representativa. Así, pese a que el promedio general de acusados en toda la muestra es de alrededor de 5, resulta que, en términos medios, los procesos incluidos en ella se desvían en cerca de 7 acusados. Algo parecido pasa con los condenados: si hay cerca de 3 de media en cada uno de los 84 procesos estudiados, cada uno de ellos se desvía, en promedio, en aproximadamente 6 condenados con respecto a dicha media. Si se acude al grupo de procesos en los que hubo aplicación de atenuantes de confesión, la tendencia es todavía más intensa: hay cerca de 18 acusados y 15 condenados de media, pero, en promedio, cada proceso se desvía en casi 14 acusados y 12 condenados. Incluso si se acude al grupo de procesos sin aplicación de atenuantes de confesión puede dudarse de la representatividad de la información aportada por la media. Es verdad que en ese grupo las desviaciones típicas son menores: algo más de 2 acusados y un poco más de 1 condenado. Sin embargo, la media de acusados es cercana a 3 y la de condenados es próxima a

2. Si, de media, los procesos se desvían respecto de la primera en 2 acusados y en 1 condenado respecto de la segunda, no parece que la media aritmética sea especialmente descriptiva.

Lo que se acaba de decir, con todo, no empaña la conclusión con la que se abría este epígrafe: en los procesos en los que se aplicaron atenuantes de confesión hubo, de media, más acusados y condenados que en aquellos asuntos en los que no se hizo uso de estas circunstancias. Sólo que los datos se encuentran más dispersos de lo que parece. Ante esta situación parece oportuno plantearse dos preguntas. La primera es por qué se producen estas desviaciones. La segunda, qué incidencia puede tener esto en la investigación. Creo que la respuesta a ambas se halla en el análisis de los procesos que acumulan el mayor número de acusados y de condenados en cada muestra. A estos máximos de acusados y condenados se les va a llamar, en adelante, «valores extremos».

En la muestra de delitos fiscales, el proceso en el que hubo más acusados fue, también, aquel en el que hubo más condenados: se trata del asunto que decidió la STS 40/2020, de 6 de febrero (ECLI: ES:TS:2020:596)[101]. En él hubo 54 acusados por delito fiscal, de los cuales 45 resultaron condenados. Este asunto pertenece al grupo de 10 procesos en los que se aplicaron atenuantes de confesión. Si, en cambio, se acude al grupo de 74 procesos en los que no hubo condenados beneficiados con esas circunstancias, las cifras son bien distintas. En ese grupo, el proceso con más acusados por delito fiscal es el resuelto en la tantas veces citada STS 507/2020, de 14 de mayo (caso Gürtel) (ECLI: ES:TS:2020:3191)[102]. En este proceso hubo, en total, 19 acusados por alguno de estos delitos. Sin salir de este grupo de asuntos —o sea, aquellos en los que *no* se aplicó ninguna atenuante de confesión—, el número mayor de condenados por delito fiscal es 7. Esa cifra se alcanzó en dos procesos: el resuelto por la STS 407/2018,

---

[101] Dimanante de la SAN (1ª) 13/2018, de 4 de mayo (ECLI: ES:AN:2018:2469).

[102] Dimanante de la SAN (2ª) 20/2018, de 17 de mayo (ECLI: ES:AN:2018:1915).

de 18 de septiembre (ECLI: ES:TS:2018:3159)[103] y el decidido en la STS 253/2017, de 11 de diciembre (ECLI: ES:TS:2017:4830)[104].

Lo primero que llama la atención de estos datos es que los máximos de acusados y de condenados de toda la muestra se condensan, precisamente, en los procesos en los cuales hubo aplicación de atenuantes de confesión. Más allá de ello, se quiere llamar la atención sobre lo siguiente. Las cifras de acusados y condenados que se alcanzaron en el proceso decidido por la STS 40/2020, de 6 de febrero, pueden ser una anomalía puntual que distorsione la conclusión con la que se abría el epígrafe. En otras palabras: a lo mejor el hecho de que la media de acusados y condenados sea mayor en los procesos en los que se hizo uso de las atenuantes de confesión se debe a que en ese grupo hubo, por las razones que sea, un asunto especialmente grande, como el que se acaba de mencionar, y, quizás, extrayendo del cálculo dicho proceso, las medias de los dos grupos de asuntos no sean tan diferentes. El hecho de que, como se ha visto unas líneas más arriba, la desviación típica del grupo de asuntos en los que se aplicaron atenuantes de confesión sea tan elevada podría apoyar esta conclusión. Parece razonable, por tanto, volver a calcular las medias y las desviaciones típicas omitiendo el proceso en el que se concentraron los valores extremos; esto es, el resuelto por la STS 40/2020, de 6 de febrero (ECLI: ES:TS:2020:596).

Pues bien, si se actúa de esta manera, la situación sigue siendo la misma: por lo general, de media, hay más acusados y condenados en los procesos en los que se aplicaron las atenuantes de confesión. Veámoslo en las tablas 8 y 9, que contienen, nuevamente, los promedios y desviaciones típicas de acusados y condenados en la muestra de delitos fiscales, aunque eliminando del cómputo el proceso en el que se concentraban los valores extremos.

---

103 Dimanante de la SAP Pontevedra (2ª) 156/2016, de 21 de julio (ECLI: ES:APPO:2016:1632).

104 Dimanante de la SAP Murcia (3ª) 561/2016, de 27 de octubre (ECLI: ES:APMU:2016:2451).

Tabla 8: Delitos fiscales. Media y desviación típica del número de acusados excluyendo valores extremos

	Media ($\overline{x}$)	Desviación típica (σ)
Promedio general de toda la muestra (N=83)	3,99	4,80
Aplicación de atenuantes de confesión (N=9)	**13,78**	**7,44**
No aplicación de atenuantes de confesión (N=74)	2,80	2,47

Tabla 9: Delitos fiscales. Media y desviación típica del número de condenados excluyendo valores extremos

	Media ($\overline{x}$)	Desviación típica (σ)
Promedio general de toda la muestra (N=83)	2,70	3,96
Aplicación de atenuantes de confesión (N=9)	**11,44**	**6,50**
No aplicación de atenuantes de confesión (N=74)	1,64	1,43

Si se omite el caso resuelto por la STS 40/2020, de 6 de febrero (ECLI: ES:TS:2020:596), la media de acusados en los 9 procesos restantes en los que aplicó alguna atenuante de confesión pasa de 17,80 acusados a 13,78. La desviación típica también se reduce, pasando de 13,98 a 7,44. Una cosa similar sucede con los condenados: el promedio disminuye de 14,80 a 11,44 y la desviación típica decae desde 11,81 hasta 6,50. Como puede verse, a pesar de que se reducen, los promedios de acusados y de condenados de estos 9 procedimientos siguen siendo los más elevados.

Todo cuanto se acaba de decir se reproduce más o menos de la misma manera en la muestra de cohecho. Veamos, en primer lugar, las medias y las desviaciones típicas del número de acusados y de condenados que hubo en los diferentes tipos de procesos comprendidos en ella. De modo similar a como se ha hecho con la muestra de delitos fiscales, esta información se contiene en las tablas 10 y 11.

Tabla 10: Cohecho. Media y desviación típica del número de acusados

	Media ($\overline{x}$)	**Desviación típica** (σ)
Promedio general de toda la muestra (N=30)	7,57	8,35
Aplicación de atenuantes de confesión (N=6)	**15,17**	**14,28**
No aplicación de atenuantes de confesión (N=24)	5,67	4,26

Tabla 11: Cohecho. Media y desviación típica del número de condenados

	Media ($\overline{x}$)	**Desviación típica** (σ)
Promedio general de toda la muestra (N=30)	4,90	6,50
Aplicación de atenuantes de confesión (N=6)	**11,17**	**10,51**
No aplicación de atenuantes de confesión (N=24)	3,33	3,60

La media de acusados en los 30 procesos que componen la muestra es de 7,57, mientras que la de condenados es de 4,90. La desviación típica de las medias es de 8,35 acusados y de 6,50 condenados. Si se presta atención a los 6 procesos en los que se aplicó alguna atenuante de confesión (en negrita en las tablas), la desviación típica aumenta de manera notable. Así, en el caso de los acusados en ese grupo de procesos, la desviación típica se incrementa hasta 14,28 ($\overline{x} \simeq 15{,}17$). Por su parte, en el caso de los condenados, ésta alcanza los 10,51 ($\overline{x} \simeq 11{,}17$). Si, por el contrario, la atención se fija en los 24 procesos en los que *no* se aplicó ninguna de las circunstancias que ahora interesan, las desviaciones son menores: 4,26 en el caso de los acusados ($\overline{x} \simeq 5{,}67$) y 3,60 en el de los condenados ($\overline{x} \simeq 3{,}33$). Es decir, que, en este último grupo de 24 procesos, las medias son más representativas que en el grupo de 6 en los que se hizo uso de las atenuantes de confesión.

De nuevo, prestar atención a los números máximos de acusados y condenados en cada grupo de procedimientos resulta interesante. En los procesos en los que *no* hubo aplicación de atenuantes de confesión, el máximo de acusados por cohecho en un único asunto fue de 15[105], mientras que el máximo de condenados fue de 13[106]. Por el contrario, si se analizan los supuestos en los que sí hubo beneficiados con alguna de esas circunstancias, el máximo de acusados asciende hasta 45, mientras que el de condenados lo hace hasta 33. De manera similar a como sucede en la muestra de delitos fiscales, estos dos máximos se dan en el mismo proceso: el resuelto por la STS 508/2015, de 27 de julio (caso Ballena Blanca) (ECLI: ES:TS:2015:3699)[107]. Ahora bien, aunque no se considere este proceso en su cálculo, la media de acusados y de condenados de los 5 procedimientos restantes en los que se aplicó la atenuante de confesión a *algún* encausado sigue siendo mayor que la de los otros 24 en los que estas atenuantes no se apreciaron y que la de los 29 restantes que habría en la muestra. Veámoslo con ayuda de las tablas 12 y 13.

Tabla 12: Cohecho. Media y desviación típica del número de acusados excluyendo valores extremos

	Media ($\overline{x}$)	**Desviación típica (σ)**
Promedio general de toda la muestra (N=29)	6,28	4,70
Aplicación de atenuantes de confesión (N=5)	**9,20**	**5,56**
No aplicación de atenuantes de confesión (N=24)	5,67	4,26

105 Este número de acusados se alcanzó en dos procesos: el resuelto por la STS 552/2015, de 23 de septiembre (ECLI: ES:TS:2015:4123), dimanante de la SAP Barcelona (4ª) de 27 de mayo de 2014 (ECLI: ES:APB:2014:4136), y el decidido en la STS 990/2013, de 30 de diciembre (ECLI: ES:TS:2013:6695), dimanante de la SAP Barcelona (9ª) de 27 de julio de 2011 (ECLI: ES:APB:2011:6528).

106 El cual se alcanzó en uno de los procesos citados en la nota anterior: el que dio lugar a la STS 552/2015, de 23 de septiembre (ECLI: ES:TS:2015:4123).

107 Dimanante de la SAP Málaga (1ª) 535/2013, de 4 de octubre (ECLI: ES:APMA:2013:1794).

Tabla 13: Cohecho. Media y desviación típica del número de condenados excluyendo valores extremos

	Media ($\overline{x}$)	**Desviación típica (σ)**
Promedio general de toda la muestra (N=29)	3,93	3,95
Aplicación de atenuantes de confesión (N=5)	**6,80**	**4,26**
No aplicación de atenuantes de confesión (N=24)	3,33	3,60

Si se presta atención a los procesos en los que se ha aplicado alguna atenuante de confesión, la media de acusados pasa de 15,17 a 9,20. La desviación típica también se reduce de forma significativa, pues pasa de 14,28 a 5,56. Aun así, la media de acusados sigue siendo mayor que la que resulta de los 24 procesos en los que no se hizo uso de las atenuantes de confesión (5,67) y que la de los 29 procesos que compondrían el resto de la muestra (6,28). Por su parte, con la eliminación de Ballena Blanca, la media de condenados en los asuntos en los que hubo aplicación de atenuantes de confesión pasa de 11,17 a 6,80. De nuevo, la desviación típica cae de manera ostensible, pasando de 10,51 a 4,26. Una vez más, pese a estas reducciones, la media de condenados sigue siendo mayor que la de los 24 procesos en los que no se hizo uso de las atenuantes de confesión (3,33) y que la de los otros 29 restantes en la muestra (3,93).

Con esto se llega a un punto interesante: la muestra de malversación. En ella sucede algo similar a lo que pasa en las otras dos muestras comentadas hasta aquí, aunque con algunas variaciones importantes que merece la pena comentar y que llevarán a la necesidad de tomar en consideración algunos parámetros adicionales. Estas diferencias justifican que cambiemos el orden del análisis en comparación con las muestras anteriores. En concreto, vamos a comenzar viendo cómo se comportan las medias y desviaciones típicas del número de acusados en los procesos que componen la muestra. Primero incluiremos en el cálculo el valor extremo y luego lo excluiremos. Sólo una vez hecho esto, procederemos a ver qué sucede con los datos de los condenados, en lugar de analizarlos simultáneamente.

El número medio de acusados en los distintos grupos de procesos que componen la muestra de malversación se encuentra reflejado, junto con sus desviaciones típicas, en la tabla 14, dispuesta a continuación.

Tabla 14: Malversación. Media y desviación típica del número de acusados

	Media ($\overline{x}$)	Desviación típica (σ)
Promedio general de toda la muestra (N=19)	**9,21**	**10,54**
Aplicación de atenuantes de confesión (N=6)	16,83	9,10
No aplicación de atenuantes de confesión (N=13)	5,69	9,22

La media de acusados en los 19 procedimientos que componen la muestra de malversación es de 9,21. De nuevo, la desviación típica es bastante alta, alcanzando los 10,54 acusados por proceso, lo cual indica que el promedio no es demasiado representativo.

Si se acude al grupo de 6 procesos en los que se aplicó alguna atenuante de confesión, sucede algo llamativo. En ese grupo de asuntos, la media de acusados es de 16,83. Sin embargo, la desviación típica es de 9,10 acusados. Es decir, que la desviación típica de la media de acusados en estos 6 procedimientos es menor que la que toma como referencia a los 19 que componen la muestra (por eso se ha remarcado en negrita). Es más: si se analiza la situación de los 13 procesos en los que *no* se hizo uso de estas circunstancias, la media, que cae hasta los 5,69 acusados por proceso, también tiene una desviación típica mayor que la de los procesos en los que sí se estimó alguna atenuante de confesión (9,22).

Esto es algo que, como se ha visto, no sucede ni en la muestra de delitos fiscales ni en la de cohecho. Este peculiar comportamiento de los datos puede explicarse parcialmente si se repara en que, a diferencia de lo que sucede en las dos anteriores, el máximo de acusados de la muestra de malversación se alcanzó en un proceso en el que *no* se aplicó ninguna atenuante de confesión. Se trata del caso que se resolvió en la STS 508/2015, de 27 de julio (Ballena Blanca) (ECLI: ES:TS:2015:3699). En dicho procedimiento se acusó a 34 personas de haber cometido alguno de estos delitos[108]. Si, en cambio, se acude al grupo de procesos en los que sí hubo aplicación de esas atenuantes, el número máximo de acusados que se alcanza es «sólo» 28[109]. Ahora bien, mientras que en este último grupo de procesos el número de acusados por malversación se ha mantenido algo más constante —el segundo proceso con más acusados acumuló 24[110], el tercero 23[111] y el cuarto 16[112]—, dicho número desciende de forma más abrupta en los procesos sin aplicación de atenuantes de confesión —de los 34 acusados que tuvo el proceso antes indicado, el segundo con más acusados acumuló 15[113], el tercero 11[114] y el cuarto 3[115], siendo el valor modal en este grupo, que se dio en 7 procesos, el de un único acusado[116]—.

---

108 Una precisión. Si se recuerda, en este mismo procedimiento se alcanzaron los máximos de acusados (45) y de condenados (33) para los delitos de cohecho. Cuando se comentó esa muestra, se dijo que aquel procedimiento correspondía a uno de los 6 en los que se había aplicado, a *alguno* de los condenados, una atenuante genérica de confesión de cualquier tipo. Puede sorprender que, sin embargo, al analizar este proceso desde la perspectiva del delito de malversación, se encuadre en uno de los 13 en los que *no* se aplicó esa circunstancia. La explicación a esta aparente contradicción es que, si bien se condenó a muchos de los acusados de haber cometido un delito de cohecho (33 de 45, o sea, un 73,33%), se condenó a un número muy reducido de acusados por malversación: 2 de 34 (5,88%). De ello se hablará, con algo más de profundidad, un poco más abajo (letra «c)» de este mismo apartado).

109 Es lo que sucede en el caso resuelto por la STS 625/2015, de 22 de diciembre (ECLI: ES:TS:2015:5806), dimanante de la SAN (3ª) 27/2013, de 30 de octubre (ECLI: ES:AN:2013:4952).

110 STS 482/2020, de 30 de septiembre (caso Emarsa) (ECLI: ES:TS:2020:3893), dimanante de la SAP Valencia (1ª) 349/2018, de 19 de junio (ECLI: ES:APV:2018:1960).

111 STS 507/2020, de 14 de octubre (caso Gürtel) (ECLI: ES:TS:2020:3191), dimanante de la SAN (2ª) 20/2018, de 17 de mayo (ECLI: ES:AN:2018:1915).

112 STS 627/2019, de 18 de diciembre (ECLI: ES:TS:2019:4342), dimanante de la SAP Almería (3ª) 116/2018, de 5 de marzo (ECLI: ES:APAL:2018:1042).

113 STS 749/2022, de 13 de septiembre (caso EREs) (ECLI: ES:TS:2022:3258), dimanante de la SAP Sevilla (1ª) 490/2019, de 19 de noviembre (ECLI: ES:APSE:2019:1101).

114 STS 83/2017, de 14 de febrero (ECLI: ES:TS:2017:570), dimanante de la SAP Málaga (8ª) 642/2015, de 18 de diciembre (ECLI: ES:APMA:2015:2732).

115 STS 229/2018, de 17 de mayo (ECLI: ES:TS:2018:1916), dimanante de la SAP Badajoz (3ª) 559/2017, de 7 de junio (ECLI: ES:APBA:2017:559).

116 SSTS 568/2019, de 21 de noviembre (ECLI: ES:TS:2019:3704), dimanante de la SAP Almería (3ª) 74/2018, de 14 de febrero (ECLI: ES:APAL:2018:492),

Esta distribución hace que, si se elimina el valor extremo, la tendencia vuelva a parecerse más a la que se presenta en las dos muestras anteriores. Veámoslo en la tabla 15, que se dispone a continuación.

Tabla 15: Malversación. Media y desviación típica del número de acusados excluyendo valores extremos

	Media ($\bar{x}$)	**Desviación típica** (σ)
Promedio general de toda la muestra (N=18)	7,83	9,01
Aplicación de atenuantes de confesión (N=6)	16,83	9,10
No aplicación de atenuantes de confesión (N=12)	**3,33**	**4,44**

Prestemos atención a los asuntos en los cuales *no* se hizo uso de ninguna atenuante de confesión. Si se prescinde del caso Ballena Blanca, la media de acusados en los 12 procesos restantes de este grupo se reduce, pasando de 5,69 a 3,33. Lo que también disminuye, de modo ostensible ahora, es la desviación típica: eliminando el procedimiento antes mencionado, ésta pasa de 9,22 acusados

cuyo recurso de apelación se resolvió en la STSJ Andalucía (1ª) 41/2018, de 22 de mayo (ECLI: ES:TSJAND:2018:18121); 66/2019, de 7 de febrero (ECLI: ES:TS:2019:282), dimanante de la SAN (3ª) 2/2018, de 12 de enero (ECLI: ES:AN:2018:2022); 341/2018, de 10 de julio (ECLI: ES:TS:2018:2648), dimanante de la SAP Madrid (15ª) 651/2016, de 1 de diciembre (ECLI: ES:APM:2016:16161), cuyo recurso de apelación se resolvió en la STSJ Madrid (1ª) 21/2017, de 31 de mayo (ECLI: ES:TSJM:2017:3482); 197/2018, de 25 de abril (ECLI: ES:TS:2018:1468), dimanante de la SAP Almería (3ª) 86/2017, de 22 de febrero (ECLI: ES:APAL:2017:163); 461/2017, de 21 de junio (ECLI: ES:TS:2017:2444), dimanante de la SAP Las Palmas (1ª) 70/2016, de 19 de febrero (ECLI: ES:APGC:2016:543), cuyo recurso de apelación se resolvió en la STSJ Canarias (1ª) 4/2016, de 17 de noviembre (ECLI: ES:TSJICAN:2016:3821); 527/2016, de 16 de junio (ECLI: ES:TS:2016:2899), dimanante de la SAP Ourense (2ª) 433/2015, de 2 de diciembre (ECLI: ES:APOU:2015:798), y 427/2015, de 1 de julio (ECLI: ES:TS:2015:3233), dimanante de la SAP Cáceres (2ª) 57/2014, de 21 de febrero (ECLI: ES:APCC:2014:103), cuyo recurso de apelación se resolvió en la STSJ Extremadura (1ª) 1/2014, de 23 de octubre (ECLI: ES:TSJEXT:2014:1644).

a 4,44. Cuando se deja de computar el valor extremo, una y otra magnitud quedan, ahora sí, (muy) por debajo de las resultantes de haberlas calculado tomando como referencia los 6 procesos en los que sí se hizo uso de alguna atenuante de confesión. En esos 6 procesos, la media de acusados es de 16,83 y la desviación típica de 9,10.

Cuando se observa el número de condenados, la muestra de malversación se comporta igual que las de delitos fiscales y cohecho; de ahí que se haya postergado su análisis hasta la exposición de los datos referentes a los acusados. La media de condenados y su desviación típica en los distintos grupos de proceso que componen la muestra se encuentra en la tabla 16, obrante a continuación.

Tabla 16: Malversación. Media y desviación típica del número de condenados

	Media ($\overline{x}$)	**Desviación típica** (σ)
Promedio general de toda la muestra (N=19)	5,11	6,32
Aplicación de atenuantes de confesión (N=6)	**11,67**	**6,57**
No aplicación de atenuantes de confesión (N=13)	2,08	3,05

En los 6 procedimientos en los que los jueces hicieron uso de las atenuantes de confesión, la media de condenados es de 11,67. Por su parte, la desviación típica es de 6,57. Una y otra magnitud son superiores a las que se dan en los 13 procesos en los que no se aplicaron estas circunstancias ($x \simeq 2{,}08$; $\sigma \simeq 3{,}05$), así como las propias del total de procedimientos que componen la muestra ($x \simeq 5{,}11$; $\sigma \simeq 6{,}32$). Esto es algo que también sucede en las muestras de delitos fiscales y cohecho.

Las semejanzas no acaban ahí. Al igual que en esas otras dos muestras, el máximo de condenados en un mismo procedimiento de los incluidos en la muestra de malversación se dio en el grupo de 6 en los que hubo, al menos, uno que se beneficiara de alguna atenuante de confesión. Este «pico» se produjo en el caso resuelto por la STS 482/2020, de 30 de septiembre (caso Emarsa) (ECLI:

ES:TS:2020:3893)[117]. En este caso hubo 23 condenados por delitos de malversación. Si, en cambio, se acude al grupo de procesos en los que *no* se aplicó ninguna atenuante de confesión, el máximo de condenados decae hasta los 10. Esa cifra se dio en el procedimiento resuelto con la STS 749/2022, de 13 de septiembre (caso EREs) (ECLI: ES:TS:2022:3258)[118]. Aunque se elimine este proceso del cómputo, la media de condenados por delitos de malversación sigue siendo mayor en los 5 en los que se aplicaron las atenuantes que en los 13 en los que no se hizo uso de ellas y en los 18 que compondrían el total restante de la muestra. Esta información se refleja en la tabla 17, dispuesta a continuación.

Tabla 17: Malversación. Medias y desviaciones típicas del número de condenados excluyendo valores extremos

	Media ($\bar{x}$)	**Desviación típica** (σ)
Promedio general de toda la muestra (N=18)	4,11	4,83
Aplicación de atenuantes de confesión (N=5)	**9,40**	**4,59**
No aplicación de atenuantes de confesión (N=13)	2,08	3,05

Resumiré brevemente lo visto en este epígrafe y lo integraré con lo tratado en el anterior: en los procesos en los que se aplicó alguna atenuante de confesión, hay, de media, más acusados y condenados que en aquellos procesos en los que estas circunstancias *no* se aplicaron. Esa diferencia de promedios se debe, en parte, al hecho de que los procesos en los que más acusados y condenados hay (valores extremos) *suelen* darse en el grupo de procesos en los que los jueces han apreciado las circunstancias en cuestión. No obstante, incluso aunque se eliminen esos procedimientos del cálculo, el promedio de acusados y de condenados sigue siendo mayor, por norma general, en los asuntos en los que hubo beneficiados con estas atenuantes que en aquellos

117 Cuya primera instancia se decidió en la SAP Valencia (1ª) 349/2018, de 19 de junio (ECLI: ES:APV:2018:1960).

118 Dimanante de la SAP Sevilla (1ª) 490/2019, de 19 de noviembre (ECLI: ES:APSE:2019:1101).

procesos en los que no los hubo. Ahora bien, en algunas muestras el «pico» de acusados —*no así el de condenados*— se ha dado en alguno de los asuntos en los que no se hizo de las atenuantes de confesión. Eso es lo que ocurre, precisamente, en la muestra de malversación. Esto aconseja prestar atención a otro parámetro: la proporción de acusados que, en cada procedimiento, ha resultado condenado.

c) Proporción de acusados condenados

Volvamos al punto inicial del análisis. La hipótesis de la que se parte es que la aplicación de la atenuante de confesión puede fomentar que los intervinientes en los hechos delictivos colaboren con las autoridades y, por lo tanto, mejorar la investigación y el enjuiciamiento del delito. De ser eso cierto, es razonable pensar que en los procesos en los que esa circunstancia se estimó hubo un número mayor de acusados que fueron condenados en comparación con aquellos otros procesos en los que la atenuante no se aplicó. Para medir esto, habría que prestar atención a la proporción de acusados que son finalmente condenados por delitos de los incluidos en el ámbito de aplicación de los incentivos estudiados en esta investigación en cada procedimiento. Explicaré esto con algo más de detenimiento.

En todos los asuntos incluidos en cada muestra hubo un determinado número de acusados y de condenados por los delitos que resultaban de interés para este trabajo. Cuando se divide el último número entre el primero, se obtiene una proporción. Ésta representa el porcentaje de acusados que fueron condenados en cada procedimiento. Si sumamos esos porcentajes y los dividimos entre el total de asuntos que componen cada muestra se obtiene el porcentaje de acusados que, de media, fueron condenados en cada proceso.

En las páginas siguientes se va a trabajar con este último promedio. En concreto, se va a comparar esa proporción entre los diferentes grupos de procesos que se han analizado hasta ahora. Es decir, se va a confrontar el porcentaje medio de acusados que acabaron siendo condenados del total de la muestra con el de aquellos procesos en los cuales se aplicaron las atenuantes de confesión y el de aquellos otros en los que esas circunstancias no fueron apreciadas por los jueces. Esta información se ha representado en los gráficos 74 a 76, que se disponen a continuación.

Gráficos 74 a 76: Promedio de acusados condenados en cada muestra

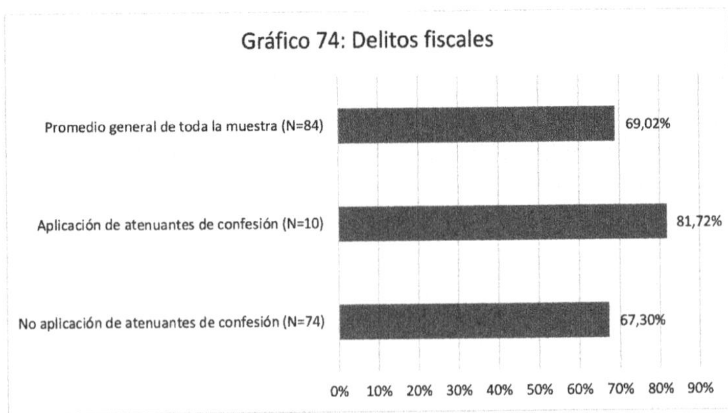

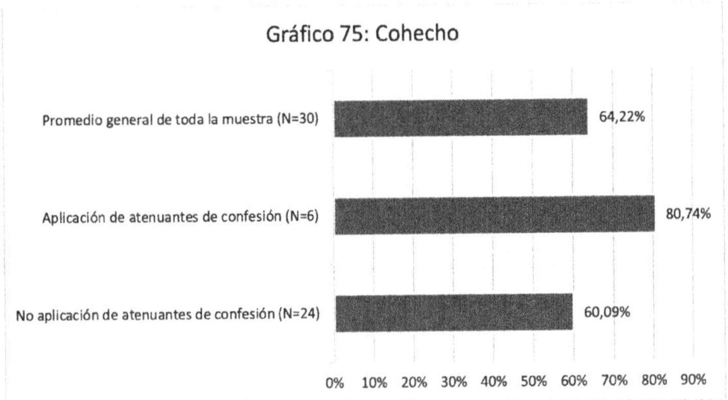

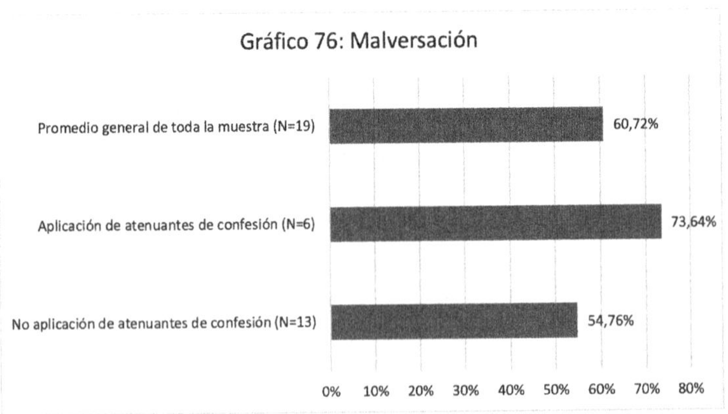

En atención a lo que se observa en los anteriores gráficos, la conclusión parece, de nuevo, clara: cuando se concedió alguna atenuante de confesión, la proporción de acusados que resultaron condenados fue mayor.

Así, en los 84 procesos que constituyen muestra de delitos fiscales (gráfico 74), se condenó, de media, al 69,02% de los acusados de haber cometido alguno de esos delitos. Si la atención se fija en los 10 procesos en los que se aplicó alguna atenuante de confesión, ese porcentaje se eleva notablemente, hasta alcanzar el 81,72%. Sin embargo, si se observan los 74 procesos restantes, en los que *no* se hizo uso de ninguna, el porcentaje se rebaja hasta el 67,30%.

Algo similar ocurre en la muestra de delitos de cohecho (gráfico 75). En los 30 procesos que componen esa muestra se condenó, de media, al 64,22% de los acusados por alguno de esos delitos. Cuando la observación se limita a los 6 procesos en los que hubo aplicación de atenuantes de confesión, ese porcentaje sube más de 16 puntos, hasta el 80,74%.

Finalmente, en la muestra de malversación también hay variaciones muy significativas (gráfico 76). Así, en los 19 procesos que la componen, se condenó, en términos medios, al 60,72% de los acusados de haber cometido alguno de esos delitos. En cambio, en los 6 procedimientos en los que hubo aplicación de alguna atenuante de confesión la proporción escaló hasta alcanzar el 73,64%. Si la atención se fija en los otros 13 procesos, en los que no se concedió a nadie ninguna de esas circunstancias, el porcentaje desciende con respecto al del total de la muestra en casi 6 puntos, hasta quedar en el 54,76%.

Tomando en consideración lo que se dijo en el epígrafe anterior sobre la representatividad de las medias de acusados y condenados, resulta obligado estudiar ahora, también, las desviaciones típicas de los promedios aquí representados. En líneas generales, habría que decir que las medias de las proporciones de acusados que resultan condenados son mucho más representativas que las vistas previamente. Eso es lo que se desprende, al menos, de la información contenida en la tabla 18, en la que constan estas medidas. La misma puede verse a continuación.

Tabla 18: Desviación típica de los promedios de la proporción de acusados que han sido condenados en cada muestra

	Grupo de procesos	Promedio ($\bar{x}$)	Desviación típica (σ)
Delitos fiscales	Total muestra (N=84)	69,02%	0,37%
	Aplican confesión (N=10)	**81,72%**	**0,20%**
	No aplican confesión (N=74)	67,30%	0,39%
Cohecho	Total muestra (N=30)	64,22%	0,38%
	Aplican confesión (N=6)	**80,74%**	**0,24%**
	No aplican confesión (N=24)	60,09%	0,40%
Malversación	Total muestra (N=19)	60,72%	0,39%
	Aplican confesión (N=6)	**73,64%**	**0,19%**
	No aplican confesión (N=13)	54,76%	0,44%

Ninguna de las desviaciones típicas alcanza el 1%. Eso quiere decir que la media es muy representativa de la distribución de las proporciones en todas las muestras estudiadas. En la tabla en cuestión se han destacado en negrita las desviaciones típicas más pequeñas; esto es, las asociadas a las medias que resultan más representativas de todas las analizadas. Estas desviaciones típicas son las propias de las medias de los procedimientos en los que se ha aplicado alguna atenuante de confesión. Como se ha visto antes, se da la circunstancia de que esos grupos de procesos son los que cuentan con una proporción media de acusados que acaban siendo condenados más elevada. Siendo estas últimas desviaciones tan bajas, parece razonable afirmar que, cuando se han aplicado las atenuantes examinadas, cualquiera que sea la muestra, se ha condenado, de media, a una proporción mayor de acusados en cada procedimiento.

Esto es coherente con un dato que se ha mostrado más arriba. En el epígrafe anterior se vio cómo, de media, en los procesos en los que se aplicó alguna atenuante de confesión hubo más acusados que en aquellos en los que estas circunstancias no se apreciaron. Podría esperarse, por lo tanto, que los procesos en los que hubo un mayor número de acusados pertenezcan a ese grupo. Eso es lo que, de hecho, sucedía tanto en la muestra de delitos fiscales como en la de cohecho. Sin embargo, en la muestra de malversación, el «pico» de acusados (34) se dio en uno de los 13 procesos en los que los tribunales *no* concedieron ninguna atenuante de confesión.

El proceso en cuestión fue el caso Ballena Blanca, resuelto en la STS 508/2015, de 27 de julio (ECLI: ES:TS:2015:3699) y dimanante de la SAP Málaga (1ª) 535/2013, de 4 de octubre (ECLI: ES:APMA:2013:1794). Lo llamativo de este caso es que, pese a que reunió el mayor número de acusados de la muestra, no está ni entre los 8 que más condenados tuvieron en ella. En efecto, el proceso se saldó con sólo 2 condenados por malversación, lo que representa un 5,88% de todos los acusados por este delito en ese procedimiento.

Lo que pretende ponerse de relieve en este momento es que, si bien no siempre se cumple que los procesos con más acusados estén comprendidos entre aquellos en los que se aplicó alguna atenuante de confesión —a pesar de que, de media, estos procesos sean los que más acusados reunieron—, en las tres muestras estudiadas sucede que los procesos con mayor número de condenados sí se encuentran en dicho grupo.

Así, en la muestra de delitos fiscales esto es lo que pasa con el proceso decidido por la STS 40/2020, de 6 de febrero (ECLI: ES:TS:2020:596)[119], en el que hubo 45 condenados por haber cometido este delito. De esos 45 condenados, 43 resultaron beneficiados con una atenuante de confesión (concretamente, de una atenuante analógica simple del art. 21.7ª CP). Como en este proceso hubo, además, 54 acusados, en él se da la doble circunstancia de que es el que más acusados y condenados por delito fiscal tuvo. Lo mismo ocurre en la muestra de cohecho. El proceso con más condenados es uno de los 6 en los que los jueces hicieron uso de alguna atenuante de confesión. Se trata, precisamente, del caso Ballena Blanca, en el que hubo 45 acusados por haber cometido algún delito de cohecho, 33 de los cuales resultaron condenados y sólo 2 fueron beneficiados con una atenuante de confesión (de nuevo, una atenuante analógica sim-

---

119 Dimanante de la SAN (1ª) 13/2018, de 4 de mayo (ECLI: ES:AN:2018:2469).

ple del art. 21.7ª CP). En la muestra de malversación, en cambio, el proceso en el que más condenados hubo no es aquel en el que concurrió el mayor número de acusados por este delito. Se trata del caso Emarsa, resuelto en la STS 482/2020, de 30 de septiembre (ECLI: ES:TS:2020:3893)[120], en el que hubo 24 acusados por malversación. De ellos, fueron condenados 23, y, de esos 23, hubo 10 a los que se les aplicó una atenuante de confesión (nuevamente, la atenuante analógica, aunque aquí hubo 3 condenados a los que se les apreció como simple y otros 7 a los que se les concedió como muy cualificada).

Todo cuanto se ha dicho hasta aquí sugiere que una de las hipótesis que, a veces, se ha esgrimido como crítica frente a los incentivos no está, quizá, del todo bien fundamentada. Me refiero a aquella que, como se vio en su momento, partía de la doctrina constitucional que exige que las declaraciones de los coimputados tengan que estar corroboradas por otros elementos de prueba para erigirse en prueba de cargo suficiente como para enervar la presunción de inocencia. De acuerdo con esta crítica, como se supone que normalmente los beneficiarios de los incentivos intervendrán como coimputados en el acto del juicio oral, era discutible que sus declaraciones pudieran servir para fundar las condenas de otros intervinientes. Es cierto que los incentivos no se han aplicado, prácticamente, en ninguna de las muestras. Sin embargo, los resultados de la aplicación de las atenuantes de confesión llevan a que se tome esa crítica *cum grano salis*: no sólo es que en los procesos en los que éstas se apreciaron el número medio de acusados sea mayor, sino que el número medio de condenados y —lo que quizás interesa más destacar ahora— la proporción media de los acusados que acabaron siendo condenados también aumentan. Aun así, se concede que, para rechazar esa crítica por completo, sería preciso estudiar el razonamiento probatorio de cada una de las sentencias en las que se ha aplicado alguna atenuante de confesión y comprobar en qué número de ellas se ha considerado que la aportación del beneficiado con ella fue el elemento determinante de la condena[121].

---

[120] Dimanante de la SAP Valencia (1ª) 349/2018, de 19 de junio (ECLI: ES:APV:2018:1960).

[121] Me parece necesario hacer la siguiente observación en este momento: un mayor *número* de confesiones —*rectius*, de «beneficiados con una atenuante de

3.4. Acuerdos entre la acusación y la defensa: número, proporción y aplicación de atenuantes «como moneda de cambio»

3.4.1. Consideraciones preliminares: el concepto de «acuerdo»

El último parámetro que se ha analizado es el número de condenados que han llegado a algún tipo de acuerdo con la acusación. Este dato se ha puesto en relación con el número total de condenados de cada muestra y con el número de beneficiados con alguna atenuante genérica de las estudiadas (*i.e.*, reparación del daño, confesión y/o dilaciones indebidas). Ello, con el objetivo de averiguar si existe algún tipo de correlación entre el hecho de que los órganos judiciales concedan alguna rebaja de pena mediante la aplicación de estas disposiciones y que el final del proceso haya sido «negociado». En otras palabras: se trata de averiguar si, ante la práctica inaplicación de los incentivos, las partes del proceso, con la anuencia de los tribunales, han empleado la pena «como moneda de cambio», valiéndose, para ello, del recurso a las atenuantes genéricas.

---

confesión»— no parece correlacionar siempre con un mayor número de condenas. Esto puede parecer paradójico si se toma en consideración que, para poder beneficiarse de una atenuante de confesión, hay que ser condenado. Sin embargo, puede ocurrir que, con sólo unos pocos sujetos que confiesen —*rectius*, con sólo unos pocos a los que se les haya concedido la atenuante— se consiga un gran número de condenas. Es decir, que *la calidad sea más importante que la cantidad*. Los procedimientos con mayor número de condenados en la muestra de delitos fiscales (45 condenados, de los cuales 43 fueron beneficiados con esta atenuante) y de cohecho (33 condenados y sólo 2 beneficiados) son, a mi juicio, un ejemplo muy elocuente de esta posibilidad: en el primero confesaron —*rectius*: fueron beneficiados con alguna atenuante de confesión— el 95,56% de los condenados por delito fiscal, mientras que en el segundo sólo hubo un 6,06% de condenados por delito de cohecho que actuaron de ese modo —más bien, a los que se les concedió la atenuante—. Pese a que son muy distintos en cuanto a la proporción que se acaba de indicar, los dos procesos tienen en común ser, como se ha dicho, los asuntos en los que, en cada una de sus respectivas muestras, se dio el valor extremo de condenados. Esto es lo que, en mi opinión, hace que hallar el coeficiente de correlación lineal (r) entre el número de beneficiados y el número de condenados de cada procedimiento pueda llevar a resultados potencialmente confusos, pues sólo habrá una correlación (positiva) fuerte cuando un elevado número de condenados esté acompañado de un elevado número de beneficiados con la atenuante de confesión. Eso es justo lo que sucede en la muestra de delitos fiscales ($r \approx 0{,}94$) y la de malversación ($r \approx 0{,}84$). En cambio, este coeficiente es mucho menor en la muestra de cohecho ($r \approx 0{,}37$).

Antes de mostrar los resultados de este análisis es preciso aclarar una serie de cuestiones. La primera de ellas es que la muestra está sesgada: las resoluciones analizadas son SSTS y, salvo los casos de aforamiento, el TS sólo puede pronunciarse sobre un asunto por vía de recurso. Cuando la defensa se conforma con la petición de la acusación, carecerá del gravamen que la legitime para recurrir. En la medida en que no hubo ningún caso de aforamiento entre las sentencias tomadas en consideración, todos los casos de acuerdo entre las partes que han integrado la muestra son supuestos en los que alguno de los condenados que *no* se ha conformado con la acusación ha recurrido. No hay duda de que existirán varias sentencias potencialmente útiles para esta investigación que no han sido incorporadas a la muestra. Ello habrá sucedido cuando *todos* los acusados hayan llegado a un acuerdo en alguna instancia previa y, en consecuencia, nadie haya recurrido. La información que se va a exponer a continuación cuenta, por tanto, con una limitación importante. Para paliar esa limitación, se ha realizado un estudio complementario de cuatro muestras de sentencias de Audiencias Provinciales (SSAP) y de la Audiencia Nacional (SSAN). Más adelante, en el apartado 3.5., se expondrán los resultados de dicho estudio.

Lo siguiente que hay que aclarar es qué se va a entender, en adelante, cada vez que se diga que las acusaciones y las defensas han llegado a un «acuerdo». A los efectos de este estudio, se ha considerado que las partes han llegado a un acuerdo cuando la representación procesal de la defensa se ha mostrado conforme *por completo* con la *calificación jurídico-penal más grave* que las acusaciones hayan asignado a los hechos. Explicaré esto con algo más de detenimiento.

La exigencia de que haya una conformidad *completa* implica que, desde luego, se han descartado todos aquellos casos en los cuales las acusaciones han considerado que los hechos sucedieron de un modo concreto y la defensa ha propuesto un relato de hechos alternativo. Además de eso, también se han rechazado los casos en los que la defensa ha reconocido los hechos, pero ha discrepado de su calificación jurídico-penal. Este último grupo de supuestos no sólo engloba a los casos en los que la defensa ha solicitado la absolución, sino también aquellos en los que ha pedido la aplicación de un tipo penal distinto a aquel por el que se formuló la acusación o los casos en los que, habiendo conformidad en lo sustancial en la calificación jurídico-penal de los hechos, la defensa ha pedido la aplicación de una atenuante que las acusaciones no han considerado concurrente o, sencillamente, la imposición de una pena menor. En suma, sólo se ha considerado que hubo un acuerdo si la coincidencia entre la calificación jurídico-penal que las acusaciones y la defensa dispensaron a los hechos fue total.

Por otro lado, la única calificación jurídica que se ha considerado importante en este análisis ha sido la *jurídico-penal*. Esto quiere decir que el hecho de que no haya habido acuerdo sobre extremos como la responsabilidad civil derivada del delito no ha tenido influencia a la hora de entender que un proceso ha tenido una solución convencional[122].

Finalmente, para poder hablar de acuerdo se ha exigido que la defensa haya consentido la calificación jurídico-penal *más grave* de todas las que las acusaciones hayan podido formular. Esto implica que, si la representación letrada del inculpado sólo se ha mostrado conforme con una calificación jurídico-penal, pero no con otra u otras concurrentes en el mismo proceso y que resulten más graves, el caso tampoco se ha computado como acuerdo.

Estos tres requisitos no sólo se han considerado como necesarios, sino también como suficientes para poder hablar de «acuerdo» a los efectos de este estudio. Esto quiere decir que el momento procesal en el que se haya manifestado la concurrencia de voluntades, el grado de formalidad que haya revestido o, incluso, la duración de las penas de los delitos sobre los cuales se haya proyectado no han sido aspectos relevantes desde el punto de vista conceptual[123]. Por lo

---

122 Ésta es, de hecho, la postura que se mantiene, a la hora de fijar de los requisitos necesarios para poder hablar de una sentencia *de conformidad*, en la STS 253/2017, de 11 de diciembre (ECLI: ES:TS:2017:4830), FFDD 2-3, pp. 11-12, citada más arriba. Aquí se ha optado por utilizar esos mismos criterios, si bien, como se verá de inmediato, el concepto de «acuerdo» que se maneja es más amplio que el de «conformidad».

123 Con la entrada en vigor de la LO 1/2025, de 2 de enero (lo que aconteció el 3 de abril de 2025), se ha eliminado la previsión que limitaba la posibilidad de dictar una sentencia de conformidad cuando la pena más grave de las solicitadas por las acusaciones fuera prisión superior a seis años. Esto conlleva, al margen de la observación que se ha hecho en el texto, que el criterio de la duración de la pena haya perdido toda su relevancia conceptual. Se ha considerado oportuno realizar esta precisión porque la ley en cuestión no estaba en vigor al momento de realizarse este estudio. De ahí que en algunos gráficos se mencione el art. 787 en lugar del art. 787 ter LECrim cuando se habla de conformidades en

tanto, dentro de la noción de «acuerdo» que aquí se mantiene quedan englobados, desde luego, los casos en los que las acusaciones y defensas han alcanzado un acuerdo de conformidad *stricto sensu* de los regulados en los arts. 655 y 787 (ter) LECrim, pero no sólo esos. También se han considerado acuerdos, como en su momento se dijo, aquellos casos en los que, tras la práctica de la prueba en el acto del juicio oral, la defensa ha manifestado su adhesión a la calificación definitiva más grave que hayan formulado las acusaciones.

Como puede verse, el concepto de acuerdo manejado es bastante amplio. Con ello se ha pretendido tomar en consideración todos aquellos casos en los cuales, en atención a la información contenida en la sentencia, resulte *evidente* que las acusaciones y las defensas han negociado el final del proceso y han pactado una calificación conjunta. Ahora bien, también se ha exigido que en el texto de la sentencia conste con claridad que se cumplen los tres requisitos mencionados antes. Esto ha tenido cierta influencia a la hora de valorar los asuntos en los cuales se ha producido una de estas adhesiones a la calificación definitiva más grave. Como se indicó en su momento, en algunas muestras hay ciertos supuestos en los que concurren indicios claros de que el final del proceso es pactado. Sin embargo, como en la sentencia no se afirma expresamente que la defensa se ha mostrado conforme con la calificación jurídico-penal más grave de las formuladas por las acusaciones, no se han contabilizado como casos de acuerdo, pues no hay certeza de que el mismo se haya alcanzado. En otras palabras: salvo error, *todos los casos que están contabilizados son casos de acuerdo, pero probablemente no todos los casos de acuerdo estén contabilizados.*

Una última precisión antes de continuar: siempre que se hable de «conformes» se está haciendo referencia a los condenados que hayan tomado parte en un acuerdo, sea del tipo que sea. Cuando se haga referencia, específicamente, a una conformidad de las reguladas en la LECrim, se hablará siempre de «conformidad en sentido estricto» o «*stricto sensu*».

---

sentido estricto en asuntos que discurrieron por los trámites del procedimiento abreviado. Debe entenderse, por tanto, que las referencias al art. 787 LECrim son al art. 787 ter LECrim (Ley Orgánica 1/2025, de 2 de enero, de medidas en materia de eficiencia del Servicio Público de Justicia, BOE n.º 3, de 3 de enero de 2025).

3.4.2. Número de procedimientos con acuerdos y número de conformes

En la tabla 19 se muestra el número de procesos en los que, en cada muestra, ha habido, al menos, *un* condenado que haya llegado a un acuerdo con las acusaciones. Por su parte, en la tabla 20 se muestra el número total de condenados que, en cada muestra, ha llegado a uno de esos acuerdos. Estas dos variables se han puesto en relación en la tabla 21, en la que se indica qué número medio de condenados ha conformado en cada uno de los procedimientos en los que la acusación y defensa han llegado a algún acuerdo.

Tabla 19: Número de procesos de cada muestra en los que *alguno* de los condenados ha alcanzado un acuerdo con las acusaciones

	Procesos totales (N)	Con acuerdo
Delitos fiscales	84	12 (14,29%)
Contra la Seguridad Social	21	2 (9,52%)
Fraude de subvenciones	24	2 (8,33%)
Cohecho	**30**	**8 (26,67%)**
Malversación	19	4 (21,05%)

Tabla 20: Número total de condenados que han llegado a algún acuerdo con las acusaciones

	Condenados totales (N)	Conformes
Delitos fiscales	269	123 (45,72%)
Contra la Seguridad Social	**85**	**67 (78,82%)**
Fraude de subvenciones	34	7 (20,59%)
Cohecho	147	18 (12,24%)
Malversación	97	12 (12,37%)

Los procesos en los cuales *algún* condenado llegó a un acuerdo con las acusaciones son minoritarios en todas las muestras. En términos absolutos, la muestra en la que hubo más asuntos de ese tipo es la de delitos fiscales. En ella, hubo 12 procedimientos en los cuales *algún* condenado pactó el final de su situación procesal con las partes activas. Sin embargo, la muestra en la que la proporción de procesos con acuerdo con respecto al total de asuntos incluidos en la muestra fue mayor es la de cohecho: en el 26,67% de los procedimientos hubo, al menos, un acuerdo (8 sobre 30).

El panorama varía si, en lugar de prestar atención al número de procesos, se observa *cuántos condenados en total* alcanzaron un acuerdo con las acusaciones y se los compara con el total de condenados de cada muestra. Así, mientras que en las muestras de fraude de subvenciones, cohecho y malversación la proporción de conformes no alcanza el 25% de las condenas totales (en las dos últimas, de hecho, no llegan ni al 15%), en la muestra de delitos fiscales alcanza el 45,72% (123 de 269). La situación más llamativa se da en la muestra de delitos contra la Seguridad Social: si en esta muestra hubo 85 condenados, 67 de ellos alcanzaron un acuerdo con la acusación. Esto es una proporción cercana al 80% de todos los condenados (78,82%).

Como es esperable, estas diferencias en las proporciones han tenido su influencia en ciertas estadísticas. En la tabla 21 se muestra el número medio de condenados conformes en cada procedimiento en el que ha habido algún acuerdo. Esta información se complementa con la desviación típica de ese promedio y con los valores extremos de cada muestra. A los efectos del análisis que se está llevando a cabo ahora, por «valor extremo» se entiende el número máximo de condenados que, en un único procedimiento, llegaron a un acuerdo con las acusaciones.

Tabla 21: Número medio de conformes en los procesos en los que acusación y defensa han llegado a un acuerdo. Desviación típica y valores extremos

	Procedimientos con acuerdo	**Conformes**	**Máximo**	$\overline{x}$	σ
Delitos fiscales	12	123	43	10,25	11,36
Contra la Seguridad Social	**2**	**67**	**49**	**33,5**	**15,50**
Fraude de subvenciones	2	7	6	3,5	2,50
Cohecho	8	18	8	2,25	2,22
Malversación	4	12	9	3	3,46

En la tabla 21 se observa una distancia muy grande entre muestras en función del número medio de conformes que hubo en cada asunto en el que se llegó a algún acuerdo. Por un lado, están las muestras de fraude de subvenciones, cohecho y malversación. Cuando, en ellas, la acusación y la defensa pactaron, los acuerdos abarcaron, de media, a 3,5 condenados en la primera, 2,25 en la segunda y 3 en la tercera. Por otro lado, están las muestras de delitos fiscales y delitos contra la Seguridad Social. En la primera de ellas, los acuerdos abarcaron, de media, a 10,25 condenados. En la muestra de delitos contra la Seguridad Social fueron muchos más: 33,5. Ahora bien, como quedó claro en el apartado 3.3.3., b), de esta parte del trabajo, es conveniente completar la información que aportan los promedios con el estudio de sus desviaciones típicas y de los valores extremos de cada muestra.

Comentaré en primer lugar la situación de los valores extremos. La muestra más llamativa en este sentido es, de nuevo, la de los delitos contra la Seguridad Social. En ella, hay un único proceso en el que hubo 49 inculpados que llegaron a un acuerdo con las acusaciones. No ha de sorprender que ese mismo proceso sea, también, aquel en el que se dio el mayor número de condenados (51) y de acusados por delito contra la Seguridad Social (54). No sólo eso: este procedimiento es, también, el que más acusados y condenados tuvo de todo el estudio empírico desarrollado en esta investigación. Se trata del caso resuelto en la STS 811/2021, de 25 de octubre (ECLI: ES:TS:2021:3894), dimanante de la SAP Valencia (4ª) 412/2019, de 17 de julio (ECLI: ES:APV:2019:6490).

Un detalle interesante de este asunto es que no parece encajar en lo que comúnmente se llamaría una «macrocausa», sino que estaría más cerca de un supuesto de «delincuencia de bagatela». Los 51 condenados —incluyendo a los 49 conformes—, lo fueron por un delito de fraude de prestaciones en su modalidad básica, tipificada en el primer inciso del art. 307 ter.1 CP. Su conducta consistió en haber recurrido a dos personas para que, a cambio de una remuneración, simularan contratarlas en diferentes empresas. Con ello, consiguieron cumplir, de modo fraudulento, el número mínimo de días necesario para poder acceder a la prestación y el subsidio de desempleo. Como la modalidad delictiva aplicada fue el tipo básico, a ninguno de los 51 trabajadores ficticios que fueron condenados se le impuso una pena superior a los nueve meses de prisión[124]. En casación, recurrió

---

124 Las dos personas que les dieron ficticiamente de alta, en cambio, fueron condenadas por sendos delitos de estafa del art. 250.1.5° CP, en su redacción actual, en concurso medial con un delito continuado de falsedad en documento oficial del art. 390.1.1° y 2° en relación con el art. 392 CP. El razonamiento que la AP empleó para castigar por estafa en lugar de por delito de fraude de prestaciones me parece (muy) discutible en algunos puntos. Así, el tribunal *a quo* parte del hecho de que algunas de las prácticas constitutivas del objeto del proceso se habían producido con anterioridad a la entrada en vigor de la LO 7/2012, de 27 de enero, que fue la que introdujo el delito de fraude de prestaciones en el Código Penal. La defraudación a la Seguridad Social excedió, en cómputo global, de los 50.000 €, por lo que, de haber castigado los hechos como un delito de fraude de prestaciones habría que haber aplicado, según el órgano de enjuiciamiento, la modalidad agravada del apartado 2 del art. 307 ter CP. Este precepto castiga los hechos con una pena de prisión de dos a seis años. Como se trató de una actuación prolongada en el tiempo que siempre respondía al mismo patrón, los hechos deberían haber sido castigados, además, como delito continuado. Esto es lo que, en opinión del tribunal de instancia, hacía preferible recurrir al delito de estafa del art. 250.1 CP como norma más favorable. A juicio de la AP, la estafa es un delito patrimonial, por lo que, cuando se comete en régimen de continuidad (como era el caso), le es aplicable la regla del art. 74.2 CP, que remite a la pena correspondiente por el perjuicio total causado. El delito de fraude de prestaciones, en cambio, no es un delito de esta naturaleza para el tribunal, por lo que, al haberse cometido como delito continuado, la regla aplicable sería la del art. 74.1 CP, que obliga a imponer la pena por la infracción más grave en su mitad superior, pudiendo llegar hasta la mitad inferior de la pena superior en grado. Esto quiere decir que, de haber aplicado el art. 307 ter.2 CP la pena imponible a estos acusados habría sido, como mínimo, prisión de cuatro a seis años. Por eso la AP consideró preferible recurrir al delito de estafa: como el perjuicio total causado superaba los 50.000 €, podía recurrirse

uno de los trabajadores que no conformó en la primera instancia. El recurso fue desestimado en su integridad, por lo que la solución de la primera instancia fue la que zanjó definitivamente el caso.

La cuestión se torna todavía más llamativa cuando se repara en que los otros 18 conformes que hubo en esa muestra no sólo se dieron, también, en un único procedimiento, sino que su objeto fue muy parecido al del asunto que se acaba de comentar. Se trata del caso resuelto por la STS 150/2020, de 18 de mayo (ECLI: ES:TS:2020:896), dimanante de la SAP Zaragoza (1ª) 128/2018, de 18 de mayo (ECLI: ES:APZ:2018:740) y cuya apelación fue resuelta en la STSJ Aragón (1ª) 35/2018, de 5 de octubre (ECLI: ES:TSJAR:2018:1888). En la resolución de instancia se condenó a 19 de los 20 acusados de haber cometido un delito de fraude de prestaciones. Los 18 que conformaron lo fueron, nuevamente, por la modalidad básica del primer inciso del art. 307 ter.1 CP. El condenado restante lo fue, en cambio, por el subtipo cualificado del art. 307 ter.2 CP, que castiga los hechos con una pena más grave cuando la defraudación supere los 50.000 €. Este último era un empresario que dio de alta, de forma ficticia, a los demás condenados como trabajadores en una sociedad mercantil de la que era socio único y administrador. Los 18 conformes, por su parte, reconocieron haber pagado al anterior una determinada cantidad para poder acceder a las prestaciones por desempleo y, en algunos casos, permisos de residencia. Mientras que el supuesto empleador fue condenado a la pena de cuatro años de prisión, los trabajadores ficticios lo fueron a penas que no superaron los siete meses. Pese a

---

a la modalidad del art. 250.1 CP que agrava la pena cuando la defraudación sobrepasa esa cantidad. La pena correspondiente a ese subtipo agravado de estafa, contenido actualmente en el ordinal 5º del art. 250.1 CP, era (y es) prisión de uno a seis años. Como su límite inferior es sensiblemente más leve que el de la otra pena imponible, la calificación por estafa es más benévola que la procedente por delito de fraude de prestaciones. Ahora bien, queda por resolver el concurso entre la estafa y el delito de falsedad documental. En opinión de la AP este concurso era medial. El régimen jurídico-penal de este concurso fue modificado por la LO 1/2015, de 30 de marzo. Para el órgano de enjuiciamiento, la redacción dada por esta última norma debía ser la aplicable porque, de nuevo, en su opinión, era la más favorable al reo. Esto es, desde mi punto de vista, incorrecto. La AP se ampara dos veces en el instituto de la (ir)retroactividad de las normas penales para aplicar un Código Penal en el que no haya entrado en

que este último recurrió su condena en apelación y en casación, la situación quedó igual a como se decidió en la primera instancia.

La otra muestra que llama la atención en cuanto a sus valores extremos es la de delitos fiscales: en ella hubo un procedimiento en el que 43 condenados llegaron a un acuerdo con la acusación. En este caso se trata, de nuevo, del procedimiento con más acusados (51) y condenados (45) de esa muestra: el decidido en la STS 40/2020, de 6 de febrero (ECLI: ES:TS:2020:596), dimanante de la SAN (1ª) 13/2018, de 4 de mayo (ECLI: ES:AN:2018:2469). En este caso, los 45 condenados lo fueron por delitos fiscales agravados de las modalidades previstas en las letras «a)» —utilización de personas interpuestas que dificulten la identificación del verdadero obligado tributario— y «b)» —especial trascendencia y gravedad de la defraudación en atención a la cuantía o a la existencia de una estructura organizativa que afecte o pueda afectar a una pluralidad de obligados— del art. 305.1 CP en su redacción conforme a la LO 15/2003, de 25 de noviembre, vigente a la fecha de los hechos. A diferencia de lo que sucede en la muestra de delitos contra la Seguridad Social, en este caso ya no se trata de conductas de escasa gravedad.

En las otras tres muestras, los «picos» ya no son tan espectaculares: 6 en la de fraude de subvenciones, 8 en la de cohecho y 9 en la de malversación. Eso no quita para que, en dos de esas muestras, la de fraude de subvenciones y la de malversación, se repita, con matices, el patrón que se ha visto en los delitos fiscales y contra la Seguridad Social. Con ello me refiero a que, tanto en una como en otra muestra, los procesos en los que hubo un mayor número de acuerdos

---

vigor la reforma operada por la LO 7/2012, de 27 de diciembre, pero sí lo haya hecho la LO 1/2015, de 30 de marzo. Con lo primero se evitaría la aplicación del art. 307 ter.2 CP y, con lo segundo, se posibilitaría la aplicación de la regla del art. 77.3 CP para resolver el concurso medial. O se aplica la redacción del Código Penal anterior a 2012 o se aplica la posterior. Lo que no puede hacerse es aplicar una redacción anterior a 2012 y añadirle, después, un elemento concreto creado en 2015. Sea como fuere, al final, uno de los artífices de las altas ficticias fue condenado, como autor del delito de estafa en concurso con la falsedad, a dos años de prisión. El otro, como cómplice —y funcionario público, aunque este extremo no parece tener importancia para el tribunal— lo fue a la pena de un año de prisión. Sobre la cuestión, ver SAP Valencia (4ª) 412/2019, de 17 de julio (ECLI: ES:APV:2019:6490), FFDD 3-4, pp. 10-13.

también fueron aquellos en los que se *condenó* a un mayor número de personas acusadas por la comisión de alguno de los delitos que les son propios. En el caso de la de fraude de subvenciones esto ocurrió en el proceso decidido en la STS 367/2019, de 3 de julio (ECLI: ES:TS:2019:2498), dimanante de la SAP Lugo (2ª) 199/2017, de 20 de noviembre (ECLI: ES:APLU:2017:598), en el que hubo 7 acusados. Los 7 fueron condenados, alcanzando 6 de ellos un acuerdo con las acusaciones. Por su parte, en la muestra de malversación, el proceso en el que hubo más acuerdos (9) fue el caso Emarsa (STS 482/2020, de 30 de septiembre), en el que se condenó a 23 de los 24 acusados de haber cometido un delito de malversación.

Se ha dicho que el patrón de las muestras de delitos fiscales y contra la Seguridad Social sólo se sigue «con matices» en las de fraude de subvenciones y malversación por un motivo: mientras que en las primeras los casos con mayor número de acuerdos también son los casos con más *acusados* y *condenados*, en las dos a las que se acaba de hacer mención sólo se cumple que los procesos con mayor número de acuerdos son los que tuvieron más *condenados*. Ya se mencionó que el caso con más acusados en la muestra de malversación fue Ballena Blanca (STS 508/2015, de 27 de julio), en el que, pese a que sólo hubo 2 condenados por malversación, hubo 34 acusados de haber cometido este delito. Por su parte, en la muestra de fraude de subvenciones, el proceso con mayor número de acusados es el que se resolvió con la STS 439/2020, de 10 de septiembre (ECLI: ES:TS:2020:2856), dimanante de la SAP Granada (1ª) 568/2017, de 23 de noviembre (ECLI: ES:APGR:2017:1832), en el que se acusó a 9 personas de haber cometido este delito, pero todas ellas resultaron absueltas[125].

---

125 Tres de ellas fueron condenadas, eso sí, por un delito de estafa. En este proceso es interesante el tratamiento de la relación concursal entre ese delito y el de fraude de subvenciones tras la reforma operada por la LO 7/2012, de 27 de diciembre, que, como se dijo en su momento, introdujo, entre otras cosas, el delito de fraude de prestaciones en el art. 307 ter CP. Ver STS 439/2020, de 10 de septiembre (ECLI: ES:TS:2020:2856), FD 2, pp. 11-13 y SAP Granada (1ª) 568/2017, de 23 de noviembre (ECLI: ES:APGR:2017:1832), FD 26, pp. 22-26, en las que se estudia en profundidad la jurisprudencia sobre la materia. Se trata, pues, de una cuestión parecida a la que se suscita con la condena de los artífices de las altas fraudulentas en la STS 811/2021, de 25 de octubre (ECLI:

La muestra de cohecho, en cambio, no está en esta línea: el proceso en el que se alcanzaron los 8 acuerdos es el que se zanjó con la STS 394/2014, de 7 de mayo (ECLI: ES:TS:2014:2019). En él, hubo 9 acusados de un delito de cohecho y se condenó a los 9, habiendo alcanzado 8 de ellos un pacto con las acusaciones. La resolución de primera instancia de este caso es la SAP Islas Baleares (1ª) 73/2013, de 26 de julio (ECLI: ES:APIB:2013:1536). Como se dijo en su momento, el asunto en el que hubo más acusados (45) y condenados (33) por haber cometido delitos de cohecho es, una vez más, el caso Ballena Blanca. Con todo, hay que decir que en él también hubo pactos: 2 de los condenados alcanzaron un acuerdo de conformidad con las acusaciones[126].

La existencia de estos máximos se deja sentir en las desviaciones típicas (σ) de los promedios reflejados en la tabla 21. Si se vuelve a ella, se comprobará cómo ninguna de las medias que aquí se han mencionado es especialmente representativa. La desviación típica más pequeña es la de la muestra de fraude de subvenciones y es de 2,5. Esto quiere decir que, de media, en cada proceso en el que se alcanzó un acuerdo hay una diferencia de casi 3 conformes con respecto al promedio. Si se toma en consideración que ese promedio es de 3,5 conformes en cada proceso con acuerdo, la conclusión es que ese promedio es más bien poco descriptivo de lo que sucede en la realidad. En el caso de las muestras de cohecho ($\sigma \approx 2{,}22$; $x \simeq 2{,}25$) y malversación ($\sigma \approx 3{,}46$; $x \simeq 3$) la situación es similar. Aun así, hay muestras en las que el promedio es *todavía menos representativo*: las desviaciones típicas más grandes son las de las muestras de delitos fiscales ($\sigma \approx 11{,}36$; $x \simeq 10{,}25$) y la de delitos contra la Seguridad Social ($\sigma \approx 15{,}50$; $x \simeq 33{,}5$).

Antes de concluir este epígrafe, se prestará atención al tipo de acuerdo que, en cada caso, han suscrito las defensas y las acusacio-

---

ES:TS:2021:3894), comentada con ocasión del estudio del número máximo de acuerdos alcanzados en la muestra de delitos contra la Seguridad Social.

126 Por si acaso el lector se lo estuviera preguntando, estos 2 condenados *no* son aquellos a los que se les aplicó la atenuante analógica de confesión. Mientras que los conformes son los llamados Vidal Gabriel y Avelino Urbano en la primera instancia, los beneficiados con la atenuante de confesión son los llamados Abelardo Gabriel y Remigio Urbano en esa misma fase procesal.

nes. En otras palabras: queda por ver en cuántas ocasiones las partes del proceso se han sujetado a los cauces previstos por la LECrim para la celebración de un acuerdo de conformidad en sentido estricto (regulado en los arts. 655 y 787 ter LECrim) y en cuántas otras se ha llevado a cabo un pacto *sui generis* mediante una adhesión de las defensas a las calificaciones definitivas de las acusaciones. Esta información se contiene en los gráficos 77 a 81, dispuestos a continuación.

Gráficos 77 a 81: Tipo de acuerdo alcanzado por cada condenado

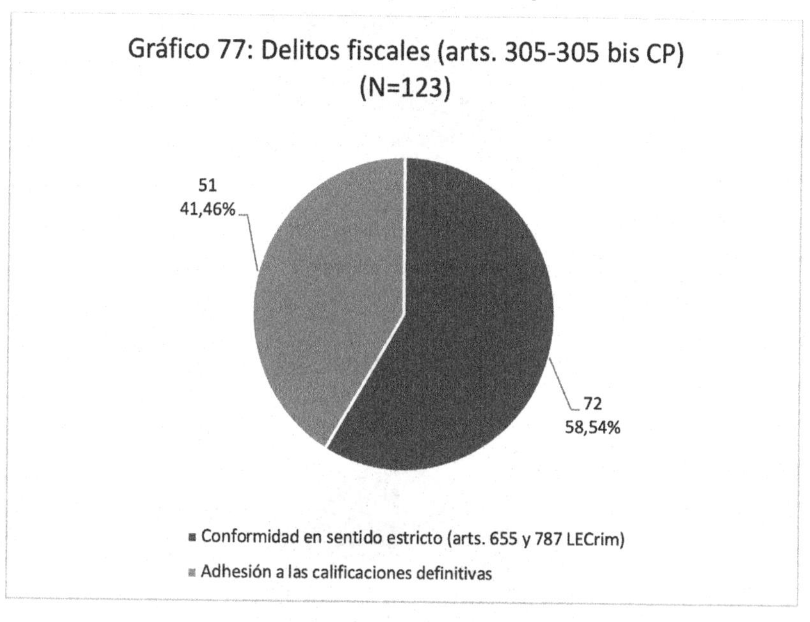

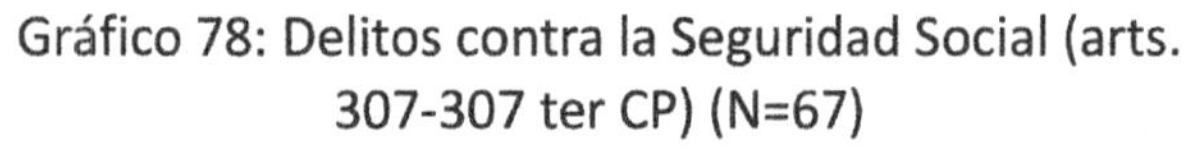
Gráfico 78: Delitos contra la Seguridad Social (arts. 307-307 ter CP) (N=67)

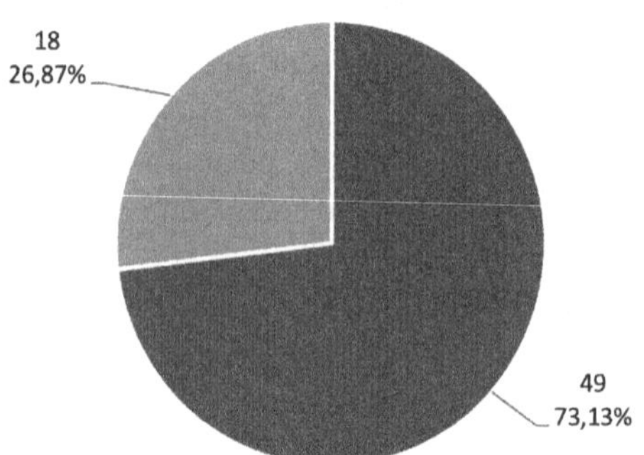
18
26,87%
49
73,13%
Conformidad en sentido estricto (arts. 655 y 787 LECrim)
Adhesión a las calificaciones definitivas

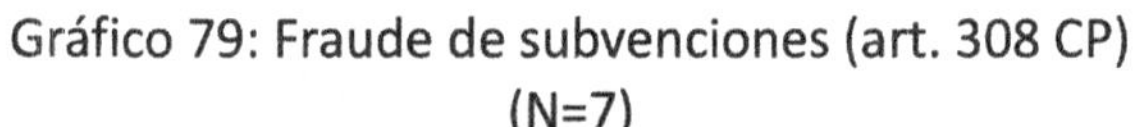
Gráfico 79: Fraude de subvenciones (art. 308 CP) (N=7)

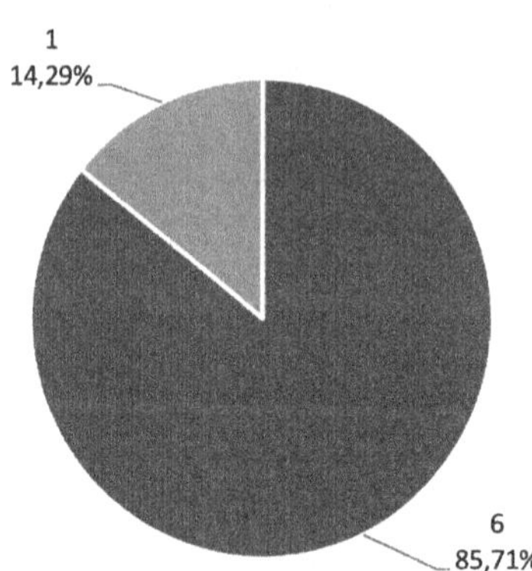
1
14,29%
6
85,71%
Conformidad en sentido estricto (arts. 655 y 787 LECrim)
Adhesión a las calificaciones definitivas

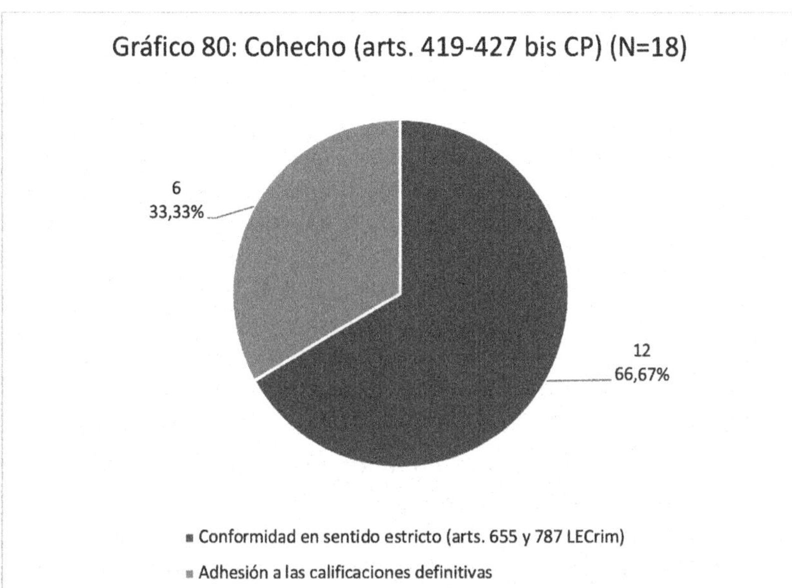
Gráfico 80: Cohecho (arts. 419-427 bis CP) (N=18)
6
33,33%
12
66,67%
Conformidad en sentido estricto (arts. 655 y 787 LECrim)
Adhesión a las calificaciones definitivas

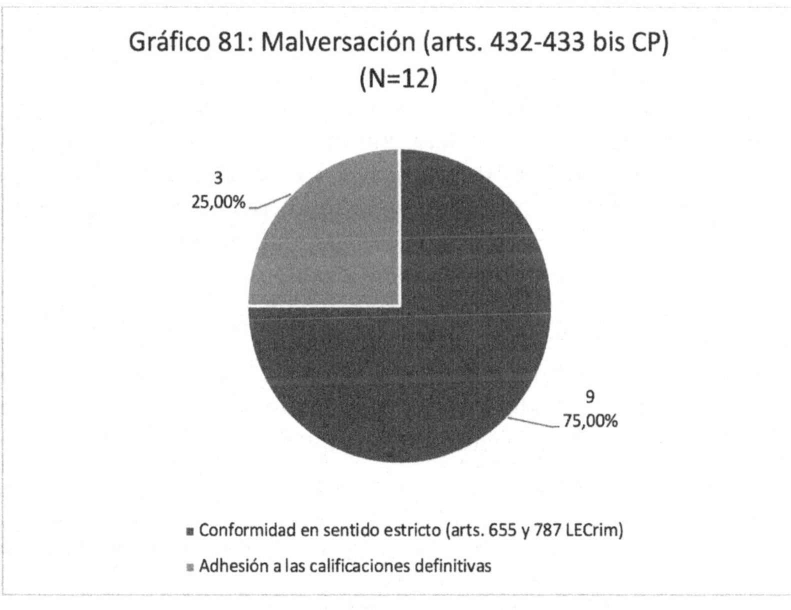
Gráfico 81: Malversación (arts. 432-433 bis CP) (N=12)
3
25,00%
9
75,00%
Conformidad en sentido estricto (arts. 655 y 787 LECrim)
Adhesión a las calificaciones definitivas

Tal y como puede verse, en todas las muestras se cumple que la forma mayoritaria de llegar a un final negociado del procedimiento es a través de las vías expresamente previstas en la legislación procesal. Dicho esto, no hay que perder de vista que, con la excepción de la muestra de fraude de subvenciones —en la que sólo hubo una adhesión—, la proporción de acuerdos *sui generis* con respecto al total de los alcanzados dista de ser meramente testimonial. Así, salvo en la muestra aludida, en todas las demás este tipo de acuerdos representan más de un 20% del total. El caso más llamativo probablemente sea el de la muestra de delitos fiscales (gráfico 77), en la que se cumple que el 41,46% de los casos de acuerdos fueron adhesiones de la defensa a la calificación más grave de las que las acusaciones formularon con posterioridad a la celebración del juicio oral.

Hay un último detalle que, en mi opinión, merece ser destacado, como es que la información de los gráficos que se acaban de comentar esté dispuesta por condenados en lugar de por procedimientos. El motivo es que hay un asunto en el cual se produjeron acuerdos de los dos tipos. Éste corresponde a la muestra de malversación y es, precisamente, el que reunió más condenados —que no acusados— por este delito: el caso Emarsa (STS 482/2020, de 30 de septiembre; ECLI: ES:TS:2020:3893). En él, hubo 9 personas que aceptaron la calificación de las acusaciones: 8 de ellas celebraron un acuerdo de conformidad en sentido estricto, mientras que otra sólo se mostró de acuerdo con los delitos que se le imputaban una vez que tuvo lugar el acto del juicio oral[127]. A este último condenado, al igual que a los otros 8 conformes, se le aplicó la atenuante pura de reparación del daño (art. 21.5ª CP) y la atenuante analógica muy cualificada de confesión (art. 21.7ª en relación con el art. 21.4ª CP). La única diferencia de trato que hubo es que, mientras que al resto de conformes se les aplicó la atenuante de reparación del daño también como muy cualificada, al que se adhirió a las acusaciones tras el juicio oral esta circunstancia le fue apreciada como simple[128].

---

127 El acusado que se adhirió a la calificación definitiva de las acusaciones es el llamado Luis Francisco en la primera instancia.

128 La cuestión se dilucida en la primera instancia y queda intacta en casación. SAP Valencia (1ª) 349/2018, de 19 de junio (ECLI: ES:APV:2018:1960), FD 19, p. 1145.

3.4.3. Relación entre acuerdos y aplicación de atenuantes genéricas

El último parámetro que se va a analizar en este estudio es la relación entre el hecho de que se alcance un acuerdo con la acusación y que se aplique alguna disposición que permita una rebaja en la pena. La información relativa a estos extremos se contiene en las tablas 22 y 23, dispuestas a continuación.

En la tabla 22 consta el número total de condenados de cada muestra que *no* alcanzó ningún acuerdo con la acusación. Justo al lado se indica el número de ellos a los que se les concedió alguna atenuante y la proporción que éstos representan sobre aquéllos. Debe indicarse que, en esta tabla, no sólo se han tenido en cuenta los casos de aplicación de las circunstancias genéricas de confesión —arts. 21.4ª, 21.7ª o 31 quater.1 a) CP—, reparación del daño —arts. 21.5ª, 21.7ª o 31 quater.1 c) CP— o dilaciones indebidas —arts. 21.6ª CP—. También se han computado los supuestos de aplicación de la figura contenida en el primer inciso del art. 305.6 —atenuante de «regularización tardía» en el delito fiscal[129]— y la del art. 434 CP —atenuante específica de colaboración con las autoridades o reparación del daño en el delito de malversación[130]—.

Por su parte, en la tabla 23 se muestra el número de condenados que *sí* llegaron a algún tipo de acuerdo con las acusaciones —*i.e.*, tanto si se trató de un acuerdo de conformidad en sentido estricto como si fue una adhesión a las calificaciones definitivas—, así como el número de ellos a los que se les aplicó alguna circunstancia atenuante y la proporción que éstos representan sobre el total de conformes. Como no hubo casos de aplicación de atenuantes específicas entre los condenados que alcanzaron pactos con la acusación, en esta tabla sólo se computan supuestos de aplicación de las circunstancias genéricas.

---

129 Lo que sucedió en el procedimiento que zanjó la STS 740/2018, de 6 de febrero (ECLI: ES:TS:2019:274), dimanante de la SAP Madrid (2ª) 591/2017, de 29 de septiembre (ECLI: ES:APM:2017:12282).

130 Lo cual ocurrió en el asunto concluido con la STS 341/2018, de 10 de julio (ECLI: ES:TS:2018:2648), procedente de la SAP Madrid (15ª) 651/2016, de 1 de diciembre (ECLI: ES:APM:2016:16161) y cuya apelación fue resuelta por la STSJ Madrid (1ª) 21/2017, de 31 de mayo (ECLI: ES:TSJM:2017:3482).

Tabla 22: Condenados que *no* alcanzaron ningún acuerdo y proporción de ellos a los que se les aplicó alguna atenuante

	Condenados no conformes	Aplicación de alguna atenuante
Delitos fiscales	146	87 (59,59%)
Contra la Seguridad Social	**18**	**4 (22,22%)**
Fraude de subvenciones	27	15 (55,56%)
Cohecho	129	49 (37,98%)
Malversación	85	41 (48,24%)

Tabla 23: Condenados que llegaron a un acuerdo y proporción de ellos a los que se les aplicó alguna atenuante

	Conformes	Aplicación de alguna atenuante
Delitos fiscales	123	122 (99,19%)
Contra la Seguridad Social	**67**	**0 (0,00%)**
Fraude de subvenciones	7	6 (85,71%)
Cohecho	18	14 (77,78%)
Malversación	12	11 (91,67%)

Como puede observarse, la proporción de conformes a los que se les aplicó alguna circunstancia atenuante es, por norma general, mucho mayor que la que corresponde a los condenados que *no* llegaron a ningún acuerdo. Si se presta atención a los condenados que *no* se conformaron con las acusaciones, resulta que sólo hay dos muestras en las cuales más del 50% de ellos fueron beneficiados con alguna atenuante —genérica o específica—: la de delitos fiscales, en la que, de 146 condenados *no* conformes, hubo 87 a los que se les aplicó alguna de estas figuras (59,59%), y la de fraude de subvenciones, en la que, de 27 condenados que *no* llegaron a ningún acuerdo, 15 fueron beneficiados con alguna de esas circunstancias (55,56%). En las tres muestras restantes nunca se alcanza semejante proporción. En cambio, si se presta atención a los condenados que *sí* alcanzaron algún acuerdo con las partes activas, la situación es bien distinta. Ya no es que en 4 de las 5 muestras los beneficiados con atenuantes superen el 75% del total de condenados conformes: es que en 2 de esas 4 se supera el 90%. Estas últimas son las muestras de malversación (91,67%) y delitos fiscales (99,19%).

Estos datos muestran, por tanto, que a la inmensa mayoría de los condenados que pactaron con las acusaciones se les concedió alguna circunstancia atenuante. Con todo, esta afirmación está sujeta a algunos matices. Se ha dicho que la proporción de beneficiados con atenuantes es superior en el caso de los condenados conformes *por norma general* porque hay una excepción notable: la muestra de delitos contra la Seguridad Social. En esa muestra sólo hubo, en total, 4 condenados a los que se les concedió alguna atenuante[131]. Ninguno de ellos alcanzó ningún tipo de acuerdo con las acusaciones. Esto puede sorprender si se repara en que la muestra de delitos contra la Seguridad Social es, como se ha visto en el epígrafe anterior, aquella en la que hubo un mayor número de condenados que conformaron; si se recuerda, cerca del 80% de los condenados —concretamente, el 78,82%— suscribieron un pacto con las acusaciones.

Creo que es importante tener en cuenta, a la hora de interpretar este dato, lo que se dijo en aquel momento sobre esta muestra. En el epígrafe previo se indicó que esa alta proporción de conformes se debía a que en ella hay dos procedimientos por delito de fraude de prestaciones del art. 307 ter CP en los que un número muy elevado de los acusados optaron por finalizar su andadura procesal firmando un acuerdo con las acusaciones. Así, si en toda esa muestra hubo 67 conformes, en uno de los dos procesos mentados concurrieron 49[132]

---

131 En concreto, se trata de la atenuante de dilaciones indebidas. Me remito al apartado 3.2.3. de esta segunda parte sobre la cuestión.

132 Se trata del caso resuelto en la STS 811/2021, de 25 de octubre (ECLI: ES:TS:2021:3894), dimanante de la SAP Valencia (4ª) 412/2019, de 17 de julio

y en el otro los 18 restantes[133]. Si se analizan las condenas que se impusieron a esos 67 condenados, se comprobará cómo ninguna de ellas superó los nueve meses de prisión en el primer asunto y los siete en el segundo. Lo que se pretende decir con esto es que, si bien en todas las muestras hubo conformes a los que no se les aplicó ninguna circunstancia atenuante, su trato fue, podría decirse, «benigno».

Y, para muestra, un botón (en realidad, varios). Si se acude nuevamente a la tabla 23, se comprobará cómo, además de los 67 conformes de la muestra de delitos contra la Seguridad Social, sólo hubo 7 conformes a los que no se les aplicó ninguna atenuante: 1 en la muestra de delitos fiscales[134], otro en la de fraude de subvenciones[135], 4 en la de cohecho[136] y 1 en la de malversación[137]. Ya se ha dicho que ninguno de los 67 de la muestra de delitos contra la Seguridad So-

---

(ECLI: ES:APV:2019:6490).

133 Se trata del caso resuelto por la STS 150/2020, de 18 de mayo (ECLI: ES:TS:2020:896), dimanante de la SAP Zaragoza (1ª) 128/2018, de 18 de mayo (ECLI: ES:APZ:2018:740) y cuya apelación fue resuelta en la STSJ Aragón (1ª) 35/2018, de 5 de octubre (ECLI: ES:TSJAR:2018:1888).

134 Se trata del condenado llamado Porfirio Saturnino en la SAP Zaragoza (1ª) 291/2016, de 23 de septiembre (caso La Muela) (ECLI: ES:APZ:2016:1252). Esta resolución fue recurrida en casación, dando lugar a la STS 213/2018, de 7 de mayo (ECLI: ES:TS:2018:1552), que ordenó la devolución de actuaciones al tribunal de instancia con respecto al fallo condenatorio de tres acusados. La resolución que se pronunció nuevamente en primera instancia fue la SAP Zaragoza (1ª) 227/2019, de 25 de mayo (ECLI: ES:APZ:2019:1165), que, a su vez, fue recurrida en casación, dando lugar a la STS 1002/2021, de 17 de diciembre (ECLI: ES:TS:2019:4939), que zanjó definitivamente el asunto. Ninguna de estas dos últimas sentencias (esto es, ni la de la «segunda primera instancia» ni la de la segunda casación) alteraron el pronunciamiento condenatorio respectivo al inculpado que ahora interesa.

135 Se trata del condenado llamado Marino en la SAP Jaén (3ª) 399/2019, de 16 de diciembre (ECLI: ES:APJ:2019:1708), que daría lugar, en apelación, a la STSJ Andalucía (201ª) 261/2020, de 7 de octubre (ECLI: ES:TSJAND:2020:19850) y, en casación, a la STS 709/2022, de 13 de julio (ECLI: ES:TS:2022:2831).

136 Se trata de los condenados llamados Vidal Gabriel y Avelino Urbano en la SAP Málaga (1ª) 535/2013, de 4 de octubre (caso Ballena Blanca) (ECLI: ES:APMA:2013:1794), que daría lugar, en casación, a la STS 508/2015, de 27 de julio (ECLI: ES:TS:2015:3699), y los llamados Evaristo y Luis Pedro en la SAP Cádiz (3ª) 219/2011, de 8 de julio (ECLI: ES:APCA:2011:570), que daría lugar, en casación, a la STS 636/2012, de 13 de julio (ECLI: ES:TS:2012:5634).

137 Es el llamado Vidal Gabriel en la SAP Málaga (1ª) 535/2013, de 4 de octubre (caso Ballena Blanca) (ECLI: ES:APMA:2013:1794).

cial fue condenado a ninguna pena que superara los nueve meses de prisión. Si se presta atención a los 7 restantes, sólo hubo uno que fue condenado a una pena superior a los dos años de prisión, que es el umbral cuyo respeto exigen los arts. 80 y ss. CP como requisito para suspender la ejecución de la pena privativa de libertad[138].

3.5. Estudio complementario: casos de aplicación y de solicitud de aplicación de los incentivos en las SSAP y SSAN

3.5.1. Consideraciones generales: justificación y método

Como se ha dicho en su momento, el estudio plasmado en esta segunda parte se ha llevado a cabo sobre cinco muestras de SSTS. Centrarse sólo en estas resoluciones cuenta con una limitación importante, como es que el TS, salvo los casos de aforamiento, sólo puede pronunciarse sobre un asunto vía recurso de casación. Los casos en los que ninguna de las partes haya interpuesto ese recurso no han constituido, por tanto, parte integrante de las muestras. Es probable, por tanto, que haya casos de solicitud y/o aplicación de los incentivos constitutivos del objeto de estudio que no se hayan tomado en consi-

---

138 Éste fue el condenado llamado Evaristo en la SAP Cádiz (3ª) 219/2011, de 8 de julio (ECLI: ES:APCA:2011:570). Al mismo se le impuso una pena de cuatro años de prisión, inhabilitación especial para el ejercicio del derecho de sufragio pasivo e inhabilitación especial para empleo o cargo público durante el mismo tiempo, así como multa de diez meses con una cuota diaria de 10 €. La pena en cuestión, según el fallo condenatorio, no sólo se le impuso por la comisión de un delito de cohecho del art. 423.1 CP en relación con el art. 419 CP, ambos en su redacción original. La misma resulta de la condena por la comisión, en calidad de cooperador necesario con aplicación del art. 65.3 CP, de un delito continuado de falsedad en documento oficial (arts. 390.1.1º, 2º y 3º CP) en concurso medial con un delito de estafa de más de 400 € (arts. 248 y 249 CP), con aplicación de la atenuante muy cualificada de reparación del daño para este último (art. 21.5ª CP) y, como ya se ha dicho, un delito de cohecho cometido por particular para ejecución de un acto constitutivo de delito (art. 423.1 en relación con el art. 419 CP). Tomando en consideración que la modalidad del delito de cohecho cometida estaba castigada con penas de prisión de dos a seis años, la condena finalmente impuesta también podría considerarse, en mi opinión, como benigna. El tribunal *a quo*, sin embargo, no razona por qué procedieron estas penas en concreto, sino que se limitó a imponerlas porque así fue como se pactaron. Sobre la cuestión, SAP Cádiz (3ª) 219/2011, de 8 de julio (ECLI: ES:APCA:2011:570), FD 4, pp. 29-30.

deración. Para paliar esta limitación, se ha llevado a cabo un estudio complementario de cinco muestras de Sentencias de Audiencias Provinciales (SSAP) y de la Audiencia Nacional (SSAN)[139].

Al igual que en el estudio de SSTS, las muestras se obtuvieron del CENDOJ. Los criterios comunes de búsqueda para las cinco muestras fueron la opción «Penal» en el campo «Jurisdicción», «Sentencia» en «Tipo de resolución» y «Audiencia Provincial» y «Audiencia Nacional, Sala de lo Penal» en «Tipo de órgano». El marco temporal seleccionado en la búsqueda de sentencias relativas a los incentivos del segundo inciso de los arts. 305.6, 307.5 y 308.8 CP (respectivamente, delitos fiscales, contra la Seguridad Social y de fraude de subvenciones) fue el mismo que el empleado en el estudio de SSTS (o sea, del 17 de enero de 2013 al 1 de enero de 2023). En el caso de la eximente del art. 426 CP (cohecho) y la atenuante del art. 434 CP (malversación), en cambio, la búsqueda se limitó a los últimos seis meses de cada año incluido en el marco temporal empleado para el estudio de SSTS para reducir las muestras a un tamaño manejable[140].

En las búsquedas relativas a cada incentivo se introdujeron en el texto libre los siguientes términos:

- Para el segundo inciso del art. 305.6 CP: «305» Y «contra la Hacienda Pública» Y «305.6»[141].

---

139 En realidad, cuatro muestras: como se verá de inmediato, no se encontraron resoluciones potencialmente relevantes para la atenuante del segundo inciso del art. 308.8 CP.

140 Esto quiere decir que, para el art. 426 CP, se realizaron 12 búsquedas. La primera se proyectó sobre las resoluciones dictadas entre el 30 de junio de 2011 y el 31 de diciembre de ese mismo año. Este marco temporal se repitió en las 10 búsquedas siguientes, empleándose para la última, en cambio, el periodo que va desde el 30 de junio de 2022 hasta el 1 de enero de 2023. Por su parte, para el art. 434 CP se realizaron 8 búsquedas. La primera se proyectó sobre las resoluciones dictadas entre el 1 de julio de 2015 (fecha de entrada en vigor de la LO 1/2015, de 30 de marzo) y el 31 de diciembre de ese mismo año. En las 6 búsquedas siguientes el marco se fijó entre el 30 de junio y el 31 de diciembre de cada año. Y, al igual que en el caso del art. 426 CP, en la última se dispuso como límite máximo el 1 de enero de 2023.

141 Añadir los términos «305 bis» no supone una variación en los resultados de búsqueda. Así, si se realiza la búsqueda con los criterios dispuestos en el texto, el portal devuelve 25 resultados; los mismos que si se emplearan los siguientes criterios: («305» O «305 bis») Y «contra la hacienda pública» Y «305.6».

- Para el segundo inciso del art. 307.5 CP: «307» Y «contra la Seguridad Social» Y «307.5»[142].
- Para el segundo inciso del art. 308.8 CP:
  - «308» Y «contra la seguridad social» Y «308.7».
  - «308» Y «contra la seguridad social» Y «308.8»[143].
- Para el art. 426 CP: («419» O «420» O «421» O «422» O «423» O «424» O «425» O «426» O «427» O «427 bis») Y («426» O «427») Y «cohecho».
- Para el art. 434 CP: («432» O «433» O «433 bis») Y «434» Y «malversación» Y «434».

De las búsquedas así efectuadas resultaron las siguientes muestras provisionales:

- Para el segundo inciso del art. 305.6 CP: 25 resoluciones
- Para el segundo inciso del art. 307.5 CP: 3 resoluciones
- Para el segundo inciso del art. 308.8 CP: 0 resoluciones
- Para el art. 426 CP: 44 resoluciones.
- Para el art. 434 CP: 35 resoluciones.

Las muestras se refinaron desechando de los resultados, en primer lugar, las resoluciones ya tomadas en consideración en el estudio de SSTS. Este descarte se realizó porque, como tales sentencias ya habían sido analizadas, no iban a aportar información nueva, incluso aunque fueran casos de solicitud o de aplicación de los incentivos. En total, se descartaron 18 sentencias: 2 correspondientes a la muestra relativa al art. 305.6 II CP, 12 de la del art. 426 CP y otras 4 de la del art. 434 CP. Tras ello, se eliminaron las sentencias en las que la acusación no se había formulado por ningún delito incluido en el ámbito de aplicación de los incentivos. Este fue el caso de otras 16 sentencias: 13 incluidas en la muestra del art. 426 CP y 3 relativas a

142 De forma similar a lo que ocurre con la búsqueda relativa al incentivo anterior, el empleo de los términos «307 bis» y «307 ter» no tiene ninguna incidencia: si se utilizan los criterios mostrados en el texto, el buscador devuelve 3 resultados, que son los mismos que aparecen si se emplean los términos («307» O «307 bis» O «307 ter») Y «contra la Seguridad Social» Y «307.5».

143 Recuérdese que la LO 1/2019, de 20 de febrero, desplazó la atenuante que ahora interesa del apartado 7 al 8 del art. 308 CP.

la del art. 434 CP. Por último, se descartaron aquellas resoluciones que, habiendo sido dictadas en apelación, se referían a procedimientos para los cuales la sentencia de instancia no estaba indexada en el portal de búsqueda de jurisprudencia del CENDOJ. El motivo de proceder de este modo es que, sin la sentencia de primera instancia, puede ser imposible conocer cuántos acusados solicitaron, en dicha fase procesal, la aplicación de cualquiera de los incentivos. Este fue el caso de 11 resoluciones relativas a la muestra del art. 305.6 II CP y otras 4 de la muestra del art. 434 CP. De todos modos, sobre esas 11 resoluciones descartadas de la muestra del art. 305.6 II CP se hablará más adelante, pues también son interesantes para este estudio.

Tras estas exclusiones, la muestra quedó definitivamente constituida por 58 resoluciones, distribuidas del siguiente modo:

- Para el segundo inciso del art. 305.6 CP: 12 resoluciones
- Para el segundo inciso del art. 307.5 CP: 3 resoluciones
- Para el art. 426 CP: 19 resoluciones.
- Para el art. 434 CP: 24 resoluciones.

Los parámetros tomados en consideración fueron similares a los vistos para el estudio de SSTS. Así, se prestó atención al número de veces que los incentivos se habían aplicado o, cuando menos, invocado por las partes; el número de condenados por delitos incluidos en el ámbito de aplicación de los incentivos, y de estos últimos, el número de ellos que alcanzó un acuerdo con (la más grave de) las acusaciones.

3.5.2. Análisis de los resultados

a) Muestra relativa al art. 305.6 II CP

En los 12 procedimientos que constituyeron la muestra relativa al art. 305.6 II CP se condenó a 17 personas por delito fiscal. De esos 12 asuntos, hubo uno en el que se aplicó la atenuante estudiada (8,33%): se trata del decidido en la SAP Zaragoza (6ª) 83/2020, de 2 de marzo (ECLI: ES:APZ:2020:237). En dicho procedimiento, sólo hubo un condenado que se benefició de la estimación de esa figura (5,88%)[144].

---

[144] Al condenado en cuestión se le llama Teófilo.

La sentencia no es demasiado expresiva ni con respecto a los motivos en virtud de los cuales procedía estimar la atenuante ni con respecto al tipo de rebaja que se concedió. Ello es debido a que, como la sentencia es de conformidad *stricto sensu* (es decir, de las regidas por el art. 787 ter LECrim), toda la fundamentación jurídica se limita a la mención de que la Sala queda obligada a imponer las penas pactadas.

Lo único que se dice sobre las razones justificantes de la concesión del incentivo es que el importe de la deuda tributaria se consignó por los otros dos acusados, condenados como autores del delito fiscal, y que el beneficiado por la atenuante del segundo inciso, condenado como cómplice, reconoció los hechos que se le imputaban[145]. Esto parece estar bastante lejos de *colaborar activamente para obtener pruebas decisivas para la identificación o captura de otros responsables, el completo esclarecimiento de los hechos delictivos o la averiguación del patrimonio del obligado tributario o de otros responsables del delito.*

La sentencia es aún más lacónica en lo que se refiere a la motivación de la rebaja de pena concedida. Cuanto se dice al respecto, además de que el beneficiado por el art. 305.6 II CP es condenado como cómplice, es que se le concede la atenuante de reparación del daño, sin especificar si ésta se reputa simple o muy cualificada. El delito por el que se le condena —como a los otros dos acusados— es el subtipo agravado del art. 305 bis.1 a) CP, que prevé una pena de prisión de dos a seis años, multa del doble al séxtuplo de la cantidad defraudada y pérdida de la posibilidad de obtener subvenciones o ayudas públicas y del derecho a gozar de los beneficios o incentivos fiscales o de la Seguridad Social de cuatro a ocho años. La pena que se impuso al condenado para el que se apreció la atenuante fue de tres meses de prisión, multa de 25.000 € y la aludida privación de derechos durante seis meses.

La sentencia no lo explicita, pero, como el acusado es condenado como cómplice, se le debería haber aplicado el art. 63 CP, que prevé una reducción imperativa de la pena de un grado. Por su parte, el art. 305.6 II CP prevé una rebaja facultativa de uno o dos grados. Si

---

145 SAP Zaragoza (6ª) 83/2020, de 2 de marzo (ECLI: ES:APZ:2020:237), Hecho Probado 1, p. 4.

además de estas dos circunstancias concurre la atenuante de reparación del daño, la única posibilidad para explicar la pena de prisión impuesta es que se haya concedido una rebaja de un grado *ex* art. 305.6 II CP y que la atenuante de reparación del daño —cuya relación concursal con las atenuantes del art. 305.6 CP tampoco se explica en la sentencia— se haya estimado como simple, dando como resultado la imposición de la pena en la mitad inferior[146].

Al margen del caso que se acaba de comentar, en 11 de los 12 procedimientos contenidos en la muestra (91,67%) se solicitó la aplicación de la atenuante del primer inciso del art. 305.6 CP (esto es, la dirigida a los «autores» del delito fiscal). No sólo eso: en esos 11 casos de solicitud, la atenuante en cuestión se aplicó. Entre estos casos de aplicación se incluye el proceso concluido con la SAP Zaragoza (6ª) 83/2020, de 2 de marzo, antes comentada; los dos condenados como autores se beneficiaron de la atenuante que ahora interesa. Más adelante se hablará de los posibles motivos de una incidencia tan elevada y su relación con los hallazgos del estudio de SSTS. Creo que ahora es preciso destacar otros aspectos llamativos.

El 100% de los condenados en esos 11 procedimientos (13 en total) fueron beneficiados con la atenuante. Todos ellos, además, se conformaron con las acusaciones recurriendo al procedimiento previsto a tal efecto por la LECrim (o sea, fueron casos de conformidad en sentido estricto). Para 12 de esos 13 condenados, la rebaja que se concedió en aplicación del art. 305.6 I CP fue de dos grados[147]. Es

---

146 Esta explicación, de todos modos, no es satisfactoria para los seis meses de pérdida de la posibilidad de obtener subvenciones o ayudas públicas y del derecho a gozar de los beneficios o incentivos fiscales o de la Seguridad Social que se impusieron al condenado. Como se ha visto en el texto, el art. 305 bis.1 a) CP dispone que dicha pena tendrá una extensión de cuatro a ocho años. Una rebaja en un grado *ex* art. 63 CP y otra *ex* art. 305.6 II CP tan sólo permitirían imponer una pena de uno a dos años menos un día, no de seis meses. Parece que la pena solicitada por las acusaciones no se determinó de forma respetuosa con las reglas previstas al efecto en el Código Penal. El tribunal, aun así, no formuló ningún reparo a la petición que éstas hicieron (al menos, ninguno que conste en el texto de la sentencia).

147 En total, hubo 10 de 11 procedimientos en los que la rebaja concedida a todos los condenados (12) fue de dos grados. En 8 de esos 10 no concurrieron atenuantes genéricas y, aun así, la pena se impuso en la mitad inferior (8 condenados estuvieron en esta situación). Esta forma de determinar la pena se ajusta a

dudoso si el restante, condenado en la SAP Barcelona (8ª) 47/2016, de 27 de enero (ECLI: ES:APB:2016:836), también recibió una rebaja de dos grados o sólo de uno. Ello es así porque, de modo semejante a como ocurre en la SAP Zaragoza (6ª) 83/2020, de 2 de marzo, también se aplicó al condenado la atenuante pura de confesión sin que la Sala haya dedicado una sola línea a explicar qué relación concursal hay entre los arts. 21.4ª y 305.6 I CP. Lo que, a diferencia de la sentencia de Zaragoza, sí dijo el tribunal en este caso, es que la atenuante genérica se apreció como muy cualificada. Como la condena que se le impuso fue por el subtipo agravado del art. 305 bis.1 a) CP y las penas fueron seis meses de prisión, multa de 4.643.516,43 € y pérdida de la posibilidad de obtener subvenciones o ayudas públicas y del derecho a gozar de beneficios o incentivos fiscales o de la Seguridad Social durante un año, parece que la rebaja total concedida fue de dos grados. Concurriendo, como se ha dicho, el art. 305.6 I CP y una atenuante genérica muy cualificada, la única solución posible es que haya procedido una reducción de la pena de un grado por cada una de las dos circunstancias apreciadas[148].

Antes se dijo que los casos de esta muestra en los que la sentencia de instancia no estaba indexada también eran interesantes. Es el momento de volver sobre ello. En la muestra provisional había 11 procedimientos en los que la sentencia de primera instancia no estaba incluida en la base de datos del CENDOJ. En 1 de esos 11 asuntos se solicitó, en el recurso de apelación, la aplicación de la atenuante del segundo inciso del art. 305.6 CP. Junto a éste, hubo 3 casos de solicitud, en el recurso de apelación, de la atenuante del primer inciso y

---

la interpretación de la regla del art. 66.1.8ª CP que se propuso más arriba (ver nota 102 de la primera parte). En cualquier caso, hay que decir que en ninguna de esas 8 resoluciones se menciona el art. 66.1.8ª CP, por lo que se desconoce hasta qué punto esa regla se tomó en consideración por los órganos jurisdiccionales para fundar su decisión.

148 No me resisto a apuntar que, si en la muestra hubo en total 13 beneficiados con la atenuante del art. 305.6 I, 8 de ellos (61,54%) fueron jugadores, administradores de clubes o, incluso, clubes de la Liga de Fútbol Profesional. Recuérdese que el caso de aplicación de esta circunstancia que se encontró en el estudio de SSTS (la STS 740/2018, de 6 de febrero de 2019 (ECLI: ES:TS:2019:274) involucraba a un exentrenador del Real Madrid C.F. Parece que la asesoría jurídico-penal de ciertas caras conocidas del deporte español es mucho mejor que la fiscal.

otros 2 en los que las SSAP mencionan que esta última circunstancia se aplicó a los condenados en la primera instancia.

En el caso de solicitud de la atenuante del segundo inciso, resuelto en la SAP Sevilla (1ª) 405/2019, de 30 de septiembre (ECLI: ES:APSE:2019:1766)[149], la figura en cuestión no fue aplicada. Ello porque, en opinión del tribunal *ad quem*, los dos solicitantes, condenados en la primera instancia como cooperadores necesarios, tan sólo reconocieron los hechos una vez que el proceso judicial ya se había iniciado contra ellos. Al primero en confesarse culpable, eso sí, se le aplicó la atenuante analógica simple de confesión[150]. Esta solución contrasta en buena medida con el caso de la SAP Zaragoza (6ª) 83/2020, de 2 de marzo (ECLI: ES:APZ:2020:237), en la que, como se ha visto, el mero reconocimiento de los hechos por el cómplice, unido al pago de la deuda tributaria por los autores del delito fiscal, valió para rebajar la pena en (al menos) un grado en aplicación del art. 305.6 II CP.

Por su parte, los 3 casos en los que se solicitó la aplicación del art. 305.6 I CP en el recurso de apelación fueron los resueltos en las SSAP Jaén (2ª) 173/2022, de 20 de septiembre (ECLI: ES:APJ:2022:1236)[151]; Guadalajara (1ª) 105/2016, de 7 de diciembre (ECLI: ES:APGU:2016:316)[152], y Granada (2ª) 4/2016, de 18 de enero (ECLI: ES:APGR:2016:73)[153]. Ninguna de estas solicitudes terminó en aplicación de la figura, ya fuera porque no se había pagado la totalidad de la deuda tributaria (caso de la primera resolución)[154] o

149 De acuerdo con el Antecedente de Hecho 1 de la SAP, la resolución de primera instancia no indexada es una Sentencia del Juzgado de lo Penal n.º 4 de Sevilla, de 31 de mayo de 2016.

150 SAP Sevilla (1ª) 405/2019, de 30 de septiembre (ECLI: ES:APSE:2019:1766), FFDD 7-9, pp. 35-38. El solicitante al que se le aplicó la atenuante analógica de confesión es llamado Eloy. Al otro se le llama Estanislao.

151 Dimanante de la Sentencia del Juzgado de lo Penal n.º 4 de Jaén, de 4 de marzo de 2022.

152 Dimanante de la Sentencia del Juzgado de lo Penal n.º 1 de Guadalajara, de 14 de diciembre de 2015.

153 Dimanante de la Sentencia del Juzgado de lo Penal n.º 2 de Granada, de 7 de noviembre de 2014.

154 SAP Jaén (2ª) 173/2022, de 20 de septiembre (ECLI: ES:APJ:2022:1236), FD 2, pp. 4-5.

porque ni se había pagado la deuda por completo ni se habían reconocido los hechos imputados (caso de las otras dos resoluciones)[155].

Finalmente, es necesario mencionar que, en el grupo de 11 sentencias descartadas por no estar indexada la resolución de primera instancia, también hubo 2 casos en los que se habla de la aplicación de la atenuante del art. 305.6 I en esa fase procesal. Se trata de las SSAP Barcelona (5ª) 140/2019, de 18 de enero (ECLI: ES:APB:2019:2881)[156], y Valencia (5ª) 195/2017, de 21 de marzo (ECLI: ES:APV:2017:5242)[157]. En total, 4 condenados se beneficiaron de la atenuante en la primera instancia: 2 en cada una de las resoluciones recién citadas.

A los 2 condenados en la SAP Valencia (5ª) 195/2017, de 21 de marzo, se les concedió una rebaja de pena de un grado. De hecho, el motivo de su recurso de apelación es que, en su opinión, debería haberse reducido la pena en dos. De manera tan contundente como sorprendente, la AP denegó la petición y mantuvo la rebaja de un grado acordada por el Juzgado de lo Penal aduciendo que los acusados no habían reconocido los hechos pese a haber abonado la deuda tributaria[158]. Como el propio tribunal reconoce, el art. 305.6 I CP exige dos requisitos para su aplicación: el reconocimiento de los hechos y el pago de la deuda. Si no se cumplió uno de ellos, entonces la solución tendría que haber sido denegar la atenuación *ex* art. 305.6 I CP, no limitarla a «sólo» un grado. Una cuestión distinta es que hubiera procedido la apreciación de la atenuante, pura o analógica, de reparación del daño. La posible apreciación de esta circunstancia no sólo es algo sobre lo que la SAP guarda silencio, sino que en la transcripción del fallo de la resolución de primera instancia se afirma, con claridad, que el juez *a quo* no apreció ninguna atenuante genérica y

---

155 SSAP Guadalajara (1ª) 105/2016, de 7 de diciembre (ECLI: ES:APGU:2016:316), FD 4, pp. 8-9, y Granada (2ª) 4/2016, de 18 de enero (ECLI: ES:APGR:2016:73), FD 5, p. 10.

156 Dimanante de la Sentencia del Juzgado de lo Penal n.º 11 Barcelona, de 5 de junio de 2018.

157 Dimanante de una Sentencia del Juzgado de lo Penal n.º 9 de Valencia sobre la cual la SAP no especifica la fecha.

158 SAP Valencia (5ª) 195/2017, de 21 de marzo (ECLI: ES:APV:2017:5242), FD 5, p. 8.

que aplicó el art. 305.6 CP[159]. El razonamiento de la AP me parece, por tanto, defectuoso.

Más difícil resulta, en cambio, saber qué rebaja se concedió en la SAP Barcelona (5ª) 140/2019, de 18 de enero, en aplicación del art. 305.6 I CP. No hay duda de que la rebaja total que se apreció en la primera instancia a los 2 condenados —una persona física y una persona jurídica— fue de dos grados. A partir de aquí, hay dos datos contradictorios. Por un lado, en el FD 2 se afirma que el Juzgado de lo Penal concedió a los recurrentes las atenuantes de confesión y de reparación del daño; esta última, además, como muy cualificada[160]. De nuevo, nada se dice sobre la relación concursal entre estas atenuantes genéricas y la del art. 305.6 I CP. Sin embargo, por otro lado, en la transcripción del fallo de la resolución de primera instancia se afirma que el juez *a quo* no concedió circunstancias modificativas de la responsabilidad penal y que lo único que aplicó fue el art. 305.6 CP[161]. Faltando la sentencia de primera instancia, no está claro qué rebaja concreta se concedió en aplicación de este último precepto.

b) Muestra relativa al art. 307.5 II CP

El análisis de esta muestra ofrece menos matices. Estuvo compuesta por 3 procedimientos, en los cuales 5 personas fueron condenadas por delito contra la Seguridad Social. La atenuante en cuestión se aplicó sólo en un proceso, de la que se benefició una única condenada. En los otros dos, ni se aplicó ni se solicitó.

El caso de aplicación del art. 307.5 II CP es el proceso en el que recayó la SAP A Coruña (1ª) 135/2022, de 28 de marzo (ECLI: ES:APC:2022:938)[162]. A diferencia de lo que sucede con la muestra de delitos fiscales, en este caso la beneficiaria no alcanzó acuerdo

---

159 Ibid., Antecedente de Hecho 2, p. 2.

160 SAP Barcelona (5ª) 140/2019, de 18 de enero (ECLI: ES:APB:2018:2881), FD 2, pp. 6-7.

161 Ibid., Antecedente de Hecho 2, p. 2.

162 De los 5 condenados por delitos contra la Seguridad Social que hubo en la muestra, 4 lo fueron en este procedimiento. En otro de los que la constituyeron, en el que recayó la SAP A Coruña (2ª) 128/2022, de 22 de marzo (ECLI: ES:APC:2022:843), no hubo ninguno, y en el que se dictó la SAP Madrid (6ª) 432/2019, de 21 de junio (ECLI: ES:APM:2019:10049), se condenó al restante.

alguno con las acusaciones. La rebaja de pena concedida fue de un grado[163].

En la muestra no hubo solicitudes de aplicación de la atenuante del primer inciso. Teniendo en cuenta el número total de procesos y de condenados por delito contra la Seguridad Social de la muestra, resulta que el art. 307.5 II CP se ha aplicado al 33,33% de los asuntos estudiados y al 20% de los condenados. No obstante, el reducido tamaño de la muestra limita el valor descriptivo de las anteriores cifras.

c) *Muestra relativa al art. 434 CP*

Se ha optado por abordar la muestra relativa al art. 434 CP antes que la del art. 426 CP porque las consecuencias jurídicas de la primera son prácticamente las mismas que las de los arts. 305.6 II y 307.5 II CP.

En los 24 procesos que integran la muestra, hubo 7 en los que se solicitó la aplicación del art. 434 CP (29,17%)[164]. Todos esos casos se

---

163 A la beneficiada por el art. 307.5 II CP, llamada Bernarda, se la declaró culpable, al igual que a los otros 3 condenados, de haber cometido el subtipo agravado del art. 307 bis.1 CP, circunstancias a) y c). Este precepto contiene la misma pena que los subtipos agravados de delito fiscal del art. 305 bis.1 CP, o sea, prisión de dos a seis años, multa del doble al séxtuplo de la cantidad defraudada y pérdida de la posibilidad de obtener subvenciones o ayudas públicas y del derecho a gozar de los beneficios o incentivos fiscales o de la Seguridad Social de cuatro a ocho años. En la SAP A Coruña (1ª) 135/2022, de 28 de marzo (ECLI: ES:APC:2022:938), FD 5, p. 19, se indica que a Bernarda no sólo se le aplicó el art. 307.5 II CP, sino también el art. 65.3 CP, que faculta a los jueces y tribunales para reducir la pena de los *extranei* en los delitos especiales en un grado. Sabiendo que a esta condenada se le impuso una pena de prisión de ocho meses, una multa de 4.669,70 € y la privación de derechos antes aludida durante un año, la única solución posible es que se le haya rebajado la pena en un grado *ex* art. 65.3 y otro *ex* art. 307.5 II CP.

164 Se trata de los asuntos decididos en las siguientes resoluciones: SAP Castellón (1ª) 339/2021, de 3 de diciembre (ECLI: ES:APCS:2021:924); SAP Barcelona (21ª) 324/2021, de 14 de octubre (ECLI: ES:APB:2021:12896); SAP Granada (1ª) 258/2021, de 30 de junio (ECLI: ES:APGR:2021:1747); SAP Las Palmas (2ª) 163/2020, de 15 de julio (ECLI: ES:APGC:2020:876); SAP Zaragoza (1ª) 307/2017, de 8 de noviembre (ECLI: ES:APZ:2017:2287); SAP Islas Baleares (2ª) 180/2015, de 2 de diciembre (ECLI: ES:APIB:2015:2120), y SAP Zaragoza (6ª) 319/2015, de 1 de diciembre (ECLI: ES:APZ:2015:2408).

saldaron con la concesión de la atenuante a cuantos la invocaron. Si, en total, hubo 45 condenados por delitos de malversación en la muestra, 12 de ellos fueron solicitantes de y beneficiados con el art. 434 CP (26,67%). Al igual que en la muestra relativa al art. 305.6 II CP, el 100% de los condenados beneficiados con el art. 434 CP llegó a un acuerdo con las acusaciones. En este caso, no obstante, no todos los acuerdos fueron conformidades *stricto sensu*: en la SAP Islas Baleares (2ª) 180/2015, de 2 de diciembre (ECLI: ES:APIB:2015:2120), los 3 condenados por malversación se adhirieron a la calificación definitiva del Ministerio Fiscal, que fue la única acusación[165]. Todos los demás beneficiados por el incentivo que ahora se estudia (9 de 12, o sea, el 75%), llegaron a un acuerdo de conformidad de los previstos en el art. 787 ter LECrim.

La consecuencia jurídica más frecuente en los casos de aplicación fue la rebaja de pena en un grado: ésta se concedió a 8 de los 12 condenados que se beneficiaron del incentivo (66,67%)[166]. Esto quiere

[165] SAP Islas Baleares (2ª) 180/2015, de 2 de diciembre (ECLI: ES:APIB:2015:2120), Antecedente de Hecho 1, p. 2.

[166] Puede discutirse si el condenado en la SAP Las Palmas (2ª) 163/2020, de 15 de julio (ECLI: ES:APGC:2020:876) recibió una rebaja de uno o de dos grados en aplicación del art. 434 CP. Éste fue condenado por un delito continuado de malversación impropia de los arts. 432.2, 435.1° y 2° y 74 CP de conformidad con la redacción dada por la LO 1/2015, de 30 de marzo. Este delito estaba castigado con pena de prisión de dos a seis años. Tanto en el Antecedente de Hecho 2 de la SAP (p. 2), como en el fallo (p. 3) se menciona la concurrencia, además del art. 434 CP, de la atenuante de reparación del daño del art. 21.5ª CP. Una vez más, la Sala no explica ni con qué intensidad se estimó esta atenuante ni qué relación concursal tendría con la del art. 434 CP. La pena que se impuso al condenado fue prisión de un año y diez meses; eso es una rebaja total de dos grados. Si se estima que, junto con el art. 434 CP, el tribunal aplicó el art. 21.5ª CP, entonces la única solución posible para dar lugar a la pena finalmente impuesta es considerar que se concedió una rebaja de un grado en aplicación de una circunstancia atenuante de reparación del daño como muy cualificada y otra de otro *ex* art. 434 CP. Otra posibilidad, menos fiel con lo que dice el tribunal, pero más ajustada, en mi opinión, al *factum* (en el que sólo se indica que, antes de la constitución de la Sala, el condenado restituyó íntegramente el importe de los fondos malversados), es considerar que, en realidad, sólo se ha aplicado el art. 434 CP y que la rebaja de pena concedida fue de dos grados. Aun manejando esta interpretación, la tendencia descrita en el texto sigue siendo la misma: la consecuencia jurídica más frecuente en los casos de aplicación de la atenuante es la rebaja de pena en un grado, pues, en este caso, habría 7

decir que a uno de cada tres condenados que obtuvieron el incentivo —lo cual es, creo, una proporción considerable—, se les concedió una rebaja de dos grados de la pena[167].

d) Muestra relativa al art. 426 CP

Si se recuerda, esta muestra estaba integrada por 19 procedimientos. En ella, hubo 45 condenados por delito de cohecho. En ninguno de esos procesos se aplicó el art. 426 CP. Es más: éste tampoco se invocó por ninguna de las partes intervinientes en esos asuntos. La situación de esta muestra es, pues, la misma que la resultante del estudio de SSTS y la de los estudios empíricos previos.

---

de 12 condenados que la habrían obtenido (58,33%). Al margen de lo dicho hasta aquí, recibieron una rebaja de estas características las condenadas llamadas Nuria, Delfina, Gracia y Belén en la SAP Granada (1ª) 258/2021, de 30 de junio (ECLI: ES:APGR:2021:1747); el único condenado en la SAP Zaragoza (1ª) 307/2017, de 8 de noviembre (ECLI: ES:APZ:2017:2287), y los 2 condenados llamados Tomás y Benjamín en la SAP Islas Baleares (2ª) 180/2015, de 2 de diciembre (ECLI: ES:APIB:2015:2120).

167 A salvo, eso sí, de lo dicho en la nota al pie anterior. A los 4 condenados a los que, sin duda, se les rebajó la pena en dos grados en aplicación del art. 434 CP, se les impuso la pena en su mitad inferior aun cuando el art. 434 CP no concurrió con atenuantes genéricas. Se trata de los condenados en las SSAP Castellón (1ª) 339/2021, de 3 de diciembre (ECLI: ES:APCS:2021:924); Barcelona (21ª) 324/2021, de 14 de octubre (ECLI: ES:APB:2021:12896), el llamado Aurelio en la SAP Islas Baleares (2ª) 180/2015, de 2 de diciembre (ECLI: ES:APIB:2015:2120), y el condenado en la SAP Zaragoza (6ª) 319/2015, de 1 de diciembre (ECLI: ES:APZ:2015:2408). Esta determinación de la pena es coherente, de nuevo, con la interpretación propuesta de la regla del art. 66.1.8ª CP (ver nota 102 de la primera parte). Téngase presente, que, como sucedía con los casos de rebaja de pena en dos grados en aplicación del art. 305.6 I CP, en estos casos los tribunales tampoco mencionaron el art. 66.1.8ª. Además, a los condenados en las SSAP de Castellón e Islas Baleares la pena se impuso en el límite máximo de esa mitad: un año y seis meses de prisión por un delito continuado de malversación impropia de los arts. 432.1 y 2 en relación con los arts. 435.1º y 74 CP de conformidad con la redacción dada por la LO 1/2015, de 30 de marzo, y nueve meses de prisión por un delito de malversación del art. 432.1 CP según la misma redacción en concurso medial con un delito de prevaricación del art. 404 CP.

Tabla 24: Resumen de los resultados del estudio complementario

	Procesos totales	Casos de aplicación	Condenados totales	Beneficiados	De los cuales conformaron
305.6 II	12	1 (8,33%)	17	1 (5,88%)	1 (100%)
307.5 II	3	1 (33,33%)	5	1 (20%)	0 (0%)
308.8 II	0	No aplica	No aplica	No aplica	No aplica
426	19	0 (0%)	45	0 (0%)	No aplica
434	24	7 (29,17%)	45	12 (26,67%)	12 (100%)

Tabla 25: Resumen de los resultados del estudio de SSTS

	Procesos totales	Casos de aplicación	Condenados totales	Beneficiados	De los cuales conformaron
305.6 II	84	0 (0%)	269	0 (0%)	No aplica
307.5 II	21	0 (0%)	85	0 (0%)	No aplica
308.8 II	24	0 (0%)	34	0 (0%)	No aplica
426	30	0 (0%)	147	0 (0%)	No aplica
434	19	1 (5,26%)	97	1 (0,10%)	0 (0%)

3.5.3. Conclusiones. Relación con los hallazgos del estudio de SSTS

Hay algo evidente en los resultados de este estudio complementario: fuera de las SSTS analizadas hay más casos de aplicación y de solicitud de aplicación de los incentivos que constituyen el objeto de estudio. Creo, con todo, que eso no desmiente lo que se ha dicho con ocasión del estudio de SSTS: los incentivos apenas se aplican o se solicitan por las partes. Destacaré dos aspectos para poner en perspectiva los resultados comentados en este epígrafe del trabajo.

El primero es que, incluso aunque se busque en los tribunales inferiores, siguen sin encontrarse casos de aplicación y de solicitud de aplicación de dos de las cinco figuras constitutivas del objeto de investigación: los arts. 308.8 II y 426 CP. Y el segundo es que, si se ponen en relación los casos de aplicación efectiva con el total de casos de potencial aplicación de los incentivos, la proporción que los primeros representan sobre los segundos sigue siendo ínfima. Desarrollaré un poco más esta segunda idea.

Todas las búsquedas que se han realizado en este estudio complementario incluyeron en el cuadro de texto libre una mención a los artículos en los cuales se contienen las atenuantes aplicadas. Así, para las búsquedas relativas a las atenuantes del art. 305.6 II y 307.5 II CP se incluyeron los términos «305.6» y «307.5» de modo respectivo, para la eximente del art. 426 CP se utilizaron los términos «426» O «427» —recuérdese que, hasta 2010, la eximente estaba ubicada en el art. 427 CP— y para la figura del art. 434 CP se añadió «434». Esto debería haber incrementado la probabilidad de que los resultados obtenidos fueran, si no de aplicación, al menos sí de solicitud de las disposiciones estudiadas. Si se prescinde de esos términos (es decir, de «305.6», «307.5» y «434»), el universo de sentencias aumenta de manera muy considerable en cada una de las muestras: 1.584 para las búsquedas relativas a los delitos fiscales, 319 para las de delitos contra la Seguridad Social y 164 para las de malversación. Si se tienen en cuenta estos datos, los casos de aplicación o, al menos, invocación de los incentivos representan porcentajes muy pequeños del total de supuestos potenciales de aplicación: un 0,06% del universo de procesos por delito fiscal (1 de 1.584), un 0,31% del de delitos contra la Seguridad Social (1 de 319) y un 4,27% del de malversación (7 de 164).

Puede objetarse que, casi con seguridad, los universos no serán, en realidad, tan grandes como se acaba de decir. Dentro de esos resultados habrá varios procesos que, en realidad, no versen sobre delitos fiscales, contra la Seguridad Social o malversación y, por lo tanto, no sean asuntos de potencial aplicación de los incentivos. Por lo tanto, la estimación que se acaba de hacer no sería del todo precisa. Eso es cierto, pero creo que también es necesario recordar que sólo hubo asuntos que no versaron sobre delitos comprendidos en el ámbito de aplicación de los incentivos en dos muestras: la del art. 426 y la del art. 434 CP.

Como en la primera no hubo ni un solo caso de aplicación ni de solicitud del art. 426 CP, interesa poco, para el argumento que se está esgrimiendo ahora, el número de sentencias que se descartaron por no haberse formulado acusación por un delito de cohecho. En la del art. 434 CP sólo se eliminaron 3 sentencias por el motivo que se acaba de decir. Si se tiene en cuenta que la muestra provisional estaba constituida por 31 sentencias (35 resultados originales menos los 4 que ya se estudiaron en el estudio de SSTS), resulta que el porcentaje de asuntos de la muestra en los que nunca se podría haber aplicado el art. 434 CP es del 9,68% (3 de 31)[168]. Supongamos (y soy consciente de que esto es mucho suponer) que esa misma proporción se mantiene en la búsqueda relativa a todo el universo. El 9,68% de 164 son 16 sentencias. Habría que decir que, en realidad, el conjunto de casos de potencial aplicación del art. 434 CP sería de 148, no de 164 y que, por lo tanto, los casos de aplicación encontrados en el estudio complementario representan un porcentaje mayor que el 4,27% al que se ha hecho mención antes.

Incluso operando de esta manera, la proporción sigue siendo muy pequeña: 7 casos de 148 es un 4,73%. Un número que, por otra parte, está bastante próximo a aquél que resulta del estudio de SSTS. Si se recuerda, la muestra de malversación estuvo compuesta por 19 resoluciones, habiéndose aplicado el incentivo sólo en uno de ellos: eso es un 5,26% del total. Por otra parte, en las muestras de delitos fiscales y contra la Seguridad Social analizadas en este estudio complementario no hubo resoluciones descartadas por no versar sobre delitos incluidos en el ámbito de aplicación de los incentivos, por lo que, de considerar adecuada la estimación que se acaba de hacer, los porcentajes tan bajos de los que se hablaba más arriba se mantendrían sin cambios.

Cuanto se acaba de decir en las últimas líneas es un cálculo realizado de manera un poco burda. Aun así, creo que es interesante

---

168 Para realizar este cálculo se han computado las sentencias que, correspondiendo a un proceso seguido por malversación, fueron descartadas por faltar la resolución de primera instancia (4). Así, si a los 35 resultados originales se le restan los 4 estudiados en el análisis de SSTS, los 3 en los que no hubo acusación por malversación y los 4 sin sentencia de primera instancia indexada, se obtienen las 24 resoluciones finalmente tomadas en consideración.

tener estas proporciones en mente a la hora de interpretar los datos de este estudio complementario. Sobre todo, si se recuerda que, de las 3 sentencias integrantes de la muestra del art. 307.5 II CP una fue un caso de aplicación de esa atenuante (33,33%) y que, de las 12 resoluciones estudiadas en la muestra del art. 305.6 II CP, hubo 11 en las que se aplicó la atenuante del primer inciso (91,67%). Estos son, en mi opinión, porcentajes muy llamativos que, a lo mejor, pueden hacer perder de vista la proporción que los casos de aplicación efectiva pueden representar sobre el total de supuestos potenciales de aplicación.

Por lo demás, este estudio complementario ha servido para corroborar una tendencia que parecía estar presente en el estudio de SSTS: cuando se llega a un acuerdo con las acusaciones, los órganos jurisdiccionales parecen tratar con benignidad a los condenados. El 100% (¡!) de los casos de aplicación de las atenuantes del primer y segundo inciso del art. 305.6 CP y la del art. 434 CP se dieron en supuestos en los que los condenados se habían conformado con la acusación. Téngase presente, además, que 12 de los 13 condenados beneficiados con las atenuantes del art. 305.6 I CP (92,31%) y que 4 de los 12 a los que se les aplicó el art. 434 CP (25%) recibieron una rebaja de pena de dos grados[169]. Súmesele a ello los casos en los que los tribunales se limitaron a imponer la pena pedida por las acusaciones sin tener en cuenta si ésta se había determinado correctamente o si las atenuantes genéricas que concurrieron con los incentivos podían apreciarse simultáneamente con éstos o no. Da la sensación de que, cuando existe una conformidad (en sentido amplio o estricto), importa más cerrar el proceso y rebajar la sanción a la gravedad pactada que ajustarse a las reglas concursales y de determinación de la pena.

169 Con todo, recuérdense los matices hechos en relación con los casos de aplicación del art. 434 CP en el apartado 3.5.2, c) *supra*.

4. CONSIDERACIONES FINALES

4.1. Posibles razones de la escasa aplicación (e invocación) de los incentivos: una hipótesis

De lo expuesto en las páginas precedentes se evidencia que los incentivos que constituyen el objeto de la investigación ni se aplican, ni se invocan por las partes. Los números son elocuentes en este sentido: de los 178 procesos analizados en el estudio de SSTS, sólo hubo uno en el que se aplicó uno de los incentivos (el art. 434 CP) y otros 5 en los que se solicitó su apreciación (en 4 de ellos se trató, de nuevo, del art. 434 CP, mientras que en el otro fue la atenuante del segundo inciso del art. 305.6 CP).

Las razones explicativas de estos resultados pueden ser diversas. No creo que basten los datos aportados a lo largo de esta sección del trabajo para tener un diagnóstico definitivo: todo lo que se ha llevado a cabo es un análisis de sentencias. Sin embargo, esa información puede ser útil para formular ciertas hipótesis que, tal vez, puedan ser corroboradas a través de la realización de futuros estudios. Aquí me referiré a una en concreto.

Dicha hipótesis supone dar la razón a una de las objeciones que se han formulado contra los incentivos y que se trató al comienzo de la segunda parte del trabajo (apartado 1.1.): tal y como están configurados, los incentivos son poco atractivos. Esta hipótesis puede entenderse más o menos contrastada si se toman en consideración los siguientes datos.

Como ya se ha dicho en muchas otras ocasiones, el art. 66.1.2ª CP dispone que, si no hay agravantes *y* concurren dos o más atenuantes simples o una o varias muy cualificadas, los jueces y tribunales españoles impondrán la pena inferior en uno o dos grados a la que corresponda por el delito cometido. Salvo la eximente para los delitos de cohecho (art. 426 CP), todos los incentivos que se han estudiado pueden dar lugar a esa misma consecuencia jurídica. La regla de determinación de la pena del art. 66.1.2ª CP, junto con lo que parecen ciertas patologías endémicas del sistema de justicia penal español, puede hacer que la colaboración no sea una estrategia procesalmente rentable para los acusados.

Si se recuerda, la atenuante que se aplicó con más frecuencia en todas las muestras, salvo en la de malversación, fue la de dilaciones indebidas, contenida en el art. 21.6ª CP. También fue la que, salvo en la muestra de cohecho, se estimó más veces como muy cualificada. Teniendo esto en cuenta, puede darse el caso de que los acusados de haber cometido un delito incluido en el ámbito de aplicación de los incentivos reciban una rebaja similar a la prevista por éstos, *pero sin haber colaborado con las autoridades ni haber reparado el daño*. Por tanto, no parece descabellado pensar que una estrategia procesal que puede desembocar en un resultado valioso para los destinatarios de los incentivos sea, precisamente, la de propugnar su inocencia hasta el final: si no consiguen una sentencia absolutoria, pero el proceso dura lo suficiente, su sanción se verá rebajada de manera significativa. Esta aplicación tan habitual de la circunstancia de dilaciones indebidas podría explicar, aunque sea parcialmente, que apenas se solicite la aplicación de los incentivos; a la luz de este empleo tan abundante del art. 21.6ª CP, la vía consistente en colaborar o reparar el daño se revela poco atractiva.

A ello hay que sumarle los distintos problemas interpretativos a los que da lugar su tenor literal, tratados en la primera parte del trabajo. La apelación al fundamento de los incentivos —facilitar en la medida de lo posible el esclarecimiento de los hechos y la identificación de sus perpetradores o agilizar la reparación del perjuicio causado al patrimonio público— no está en condiciones de resolver esos problemas: como tuvo ocasión de verse, con base en dicho fundamento pueden defenderse interpretaciones contradictorias. No es de extrañar, pues, que, en el caso de que, finalmente, se opte por colaborar, las figuras que se invoquen con mayor frecuencia sean las atenuantes genéricas de confesión y de reparación del daño, sobre cuya interpretación hay mucho más consenso. Los resultados del estudio de SSTS, en el que se conocieron muchos más casos de aplicación de atenuantes genéricas que de los incentivos, apoyan esta idea.

4.2. Los (prometedores) efectos de las atenuantes de confesión

Ahora bien, una cosa es que los *incentivos* no estén cumpliendo adecuadamente con su función de estímulo y otra bien distinta es que la *estrategia político-criminal* consistente en fomentar determinadas conductas a través de la renuncia a la imposición de la pena no consiga ningún resultado. De ahí que, en mi opinión, defender el abandono de esa estrategia con base en la información tratada a lo largo de este estudio quizá sea algo precipitado. Máxime si se toman en consideración los datos relacionados con la aplicación de las atenuantes genéricas de confesión —arts. 21.4ª y 7ª y 31 quater.1 a) CP—.

Hay que partir de una cosa: pese a estimarse con una frecuencia notablemente mayor que los incentivos, estas atenuantes también se aplican más bien poco. De hecho, sólo hubo tres muestras de las cinco estudiadas en el análisis de SSTS en las que esas atenuantes se concedieron a algún condenado (delitos fiscales, cohecho y malversación). Sin embargo, si, dentro de esas tres muestras, se comparan los asuntos en los cuales se aplicaron y aquellos otros en los que no, se aprecian diferencias importantes. En primer lugar, los procesos en los que se aplicaron atenuantes de confesión aglutinaron, de media, un mayor número de condenados. En segundo lugar, los procesos con el número máximo de condenados de cada muestra (lo que se ha llamado «valores extremos» en el estudio) fueron procesos en los que hubo algún beneficiado con estas atenuantes. Y, en tercer lugar, en los procesos en los que hubo aplicación de atenuantes de confesión, la proporción media de acusados que finalmente terminaron siendo condenados fue mayor.

Estas constataciones pueden ayudar a rebatir una crítica que planteaban algunos autores al hecho de que el legislador haya recurrido a los incentivos para hacer frente a determinados fenómenos delictivos. En su opinión, la colaboración de sus potenciales beneficiarios probablemente acabaría tomando la forma de una declaración heteroincriminatoria realizada en el juicio oral. Si comparecen en dicho acto como acusados, dichas declaraciones no sirven, por sí solas, para enervar la presunción de inocencia; de conformidad con la jurisprudencia constitucional, necesitarían ser corroboradas por elementos adicionales para poder fundar la sentencia condenatoria. Teniendo esto en cuenta, se discute que el fomento de la colaboración con las autoridades vaya a desembocar en un mayor número de condenas por los delitos incluidos en el ámbito de aplicación de los incentivos.

Al margen de otras objeciones a esta crítica (que parece equiparar eficacia con, simplemente, un mayor número de condenas), las estadísticas ofrecidas permiten dudar de su veracidad. Desde luego, parece que, a la luz de los datos del estudio empírico, a través del empleo de la atenuante de confesión sí se están consiguiendo más condenas. Con todo, para rechazar por completo esa crítica, habría que estudiar el razonamiento judicial de las sentencias en las que se ha aplicado alguna atenuante de confesión y evaluar cuán decisiva ha sido la aportación del beneficiado para fundar la condena de los otros intervinientes en el hecho delictivo. Aun así, creo, de los datos no se deduce que la estrategia consistente en el fomento de la colaboración con las autoridades deba abandonarse porque no consigue resultados. Más bien, hay indicios que apuntan a lo contrario.

En suma: si uno de los objetivos del legislador a la hora de crear los incentivos era facilitar la investigación y enjuiciamiento de ciertos delitos que se consideran especialmente difíciles de perseguir, éstos no parecen estar cumpliendo su objetivo. Sin embargo, si se toman en consideración los resultados de la aplicación de las atenuantes genéricas de confesión, la estrategia consistente en fomentar la colaboración a través de la renuncia a la imposición de (parte de) la pena que correspondería por los hechos cometidos parece funcionar. Así lo sugieren, al menos, los resultados del estudio empírico presentados en este trabajo.

4.3. Algunas ideas para el futuro

Si los incentivos apenas se aplican (e invocan), si las atenuantes genéricas son mucho más frecuentes en la praxis, y si algunos de los objetivos que, se supone, se iban a conseguir con los incentivos se están consiguiendo a través de la aplicación de las atenuantes genéricas, cabe preguntarse lo siguiente: ¿acaso tiene sentido que los incentivos existan? ¿Qué aportan ellos que las atenuantes genéricas no aporten? Quizás el legislador español deba trabajar en la línea de prever criterios de aplicación más seguros de las atenuantes genéricas —sobre todo cuando se estiman como analógicas—, en lugar de continuar previendo incentivos que resulten de aplicación sólo a quienes hayan cometido determinados delitos, pero cuyos requisitos de aplicación y consecuencias jurídicas sean muy parecidos a los de las atenuantes genéricas; algo cuyo sentido dogmático y político-criminal cabe discutir.

En cualquier caso, quien escribe esto es consciente de las limitaciones del estudio que consta en la segunda parte del trabajo. De ahí que la propuesta más prudente que puede hacerse probablemente sea la de fomentar los análisis empíricos sobre los efectos derivados de la aplicación de los incentivos para la colaboración con las autoridades y de las atenuantes genéricas que, eventualmente, puedan cumplir (o mermar) esa misma función de estímulo.

A pesar de su aparente inconcreción, no creo que sea una propuesta ingenua. Como se vio al inicio de la segunda parte, la investigación empírica sobre la eficacia de los incentivos para la colaboración con las autoridades en España es realmente escasa, sobre todo en el ámbito del Derecho penal económico. Así, en el apartado 1.2.2. *supra* se hizo referencia a los trabajos de Cuerda Arnau (1995), García del Blanco (2009) y Núñez Fernández (2017 y 2021), centrados en los incentivos para la colaboración con las autoridades previstos para los delitos de terrorismo. Hasta donde alcanzo, los únicos estudios que analizan la aplicación de un incentivo de los que constituyen el objeto de la presente investigación, el art. 426 CP, son el informe del GRECO de 2009 y el que llevó a cabo Ortiz de Urbina Gimeno en 2011. Téngase en cuenta que todos los estudios que se acaban de mencionar se han llevado a cabo de manera independiente. Es decir, que ninguno de ellos responde a la pretensión del legislador de conocer qué está sucediendo en la práctica con las figuras que crea. Esta clase de análisis resultan obligados cuando dichas disposiciones se han previsto para conseguir determinados objetivos.

Es cierto que, en los últimos años, los actores oficiales en España parecen tener un mayor interés en la evaluación de políticas públicas mediante la realización de estudios empíricos. El hecho de que, en su Disposición adicional tercera, la Ley 2/2023, de 20 de febrero, reguladora de la protección de las personas que informen sobre infracciones normativas y de lucha contra la corrupción[170], haya previsto que cada año se elabore una memoria anual con ciertos datos relativos a las comunicaciones recibidas por la Autoridad Independiente de Protección al Informante, de la que se dará traslado a las Cortes Generales, me parece un buen ejemplo en este sentido. Sin embar-

---

170 BOE n.º 44, de 21 de febrero de 2023.

go, esto hace aún más difícil de comprender que no se haya previsto un procedimiento de fiscalización similar en los últimos incentivos añadidos al Código Penal: las eximentes por colaboración con las autoridades de los arts. 262.3 (alteración de precios en concursos y subastas públicas) y 288 bis CP (delitos contra el mercado y los consumidores), introducidas por la LO 14/2022, de 22 de diciembre.

Tal vez, gracias a la realización de este tipo de investigaciones, se esté en disposición de abordar uno de los problemas endémicos del sistema de justicia penal español que, según creo, se ha puesto de manifiesto en los resultados del estudio: la abundante aplicación de la atenuante de dilaciones indebidas del art. 21.6ª CP. Que dicha atenuante sea, de todas las estudiadas, la que se aplica con más frecuencia en los asuntos incluidos en casi todas las muestras me parece una situación indeseable por varios motivos. Por ahora, creo que basta con destacar dos. Por un lado, porque, como se ha dicho ya, esto puede mermar el atractivo de la estrategia procesal consistente en colaborar para obtener una menor sanción: si se puede conseguir la misma reducción de pena sólo por esperar al desenlace del proceso, no hay ninguna ventaja en colaborar. Por otro, porque dicha aplicación implica un reconocimiento de que el Estado está vulnerando de modo sistemático el derecho fundamental a obtener una tutela judicial efectiva en un plazo razonable, consagrado, entre otros preceptos, en los arts. 24.1 CE y 6.1 CEDH. De modo que, sin un incremento en la dotación de medios de la Administración de Justicia que permita agilizar la tramitación de los asuntos penales, creo que cualquier propuesta más o menos concreta terminará siendo ilusoria.

CONCLUSIONES

1. El legislador creó las atenuantes de los arts. 305.6 II, 307.5 II, 308.8 II y 434 CP y la eximente del art. 426 CP para incentivar a los intervinientes en los delitos incluidos en su ámbito de aplicación a, o bien poner en conocimiento de las autoridades determinados extremos relacionados con el hecho delictivo, o bien reparar el perjuicio causado al patrimonio público. El mecanismo escogido para ello es la renuncia a la imposición a todo o parte del castigo que correspondería por los hechos cometidos.
2. Pese a que el legislador ha pretendido legitimar las figuras constitutivas del objeto de estudio con base en los resultados que contribuirían a alcanzar, su tenor literal ofrece muchos problemas interpretativos que dificultan su aplicación. Es lo que, por ejemplo, sucede con la exigencia de que la denuncia deba interponerse «antes de la apertura del procedimiento» en el art. 426 CP —¿se refiere al que afecta al particular o al funcionario?—, el plazo de los dos meses que se menciona en el primer inciso de los arts. 305.6, 307.5 y 308.8 CP —¿es extensible a las atenuantes del segundo inciso?—, o la necesidad de que la colaboración del culpable sea «eficaz» en el art. 434 CP —¿constituye una obligación de medios o de resultado para el colaborador?—. Estos problemas no pueden resolverse, sin más, apelando al fundamento que, supuestamente, tienen estas figuras —la consecución de determinados objetivos político-criminales—, pues éste puede sustentar interpretaciones opuestas.
3. Las críticas que la doctrina española ha formulado apelando a la escasa eficacia de los incentivos no son demasiado convincentes, pues apenas se han llevado a cabo estudios empíricos que comprueben si estas figuras están cumpliendo o no con sus objetivos. Los únicos estudios disponibles sobre alguna de las figuras constitutivas del objeto de esta investigación son los llevado a cabo por el GRECO en 2009 y Ortiz de Urbina Gimeno en 2011 sobre la eximente del art. 426 CP. Estos estu-

dios sólo pusieron de relieve que, desde su creación, la figura se había aplicado en dos ocasiones. No se analizaron otros aspectos que podrían haber proporcionado información útil como, por ejemplo, si los órganos judiciales españoles habían tratado de fomentar la colaboración de los implicados en delitos de cohecho a través de otras vías, como la aplicación de atenuantes genéricas, ni qué efectos habría tenido el recurso a esa estrategia. Con la finalidad de completar esa información y poner a prueba los argumentos de la crítica relacionada con la eficacia, se ha realizado un análisis cuantitativo y cualitativo de 178 SSTS sobre los delitos incluidos en el ámbito de aplicación de los incentivos constitutivos del objeto de estudio dictadas entre el 31 de diciembre de 2010 y el 1 de enero de 2023.

4. Del análisis de sentencias resulta que los incentivos apenas parecen haber sido aplicados e, incluso, siquiera invocados. Ello porque tan sólo hubo una resolución en la que se aplicó uno de ellos: la atenuante del art. 434 CP (para los delitos de malversación). Junto a ella, hubo otros 5 casos en los que se solicitó la aplicación del art. 434 CP y otro en el que se pidió la de la atenuante del art. 305.6 II (para los delitos fiscales).
5. Las atenuantes de reparación del daño —arts. 21.5ª, 21.7ª en relación con esta última y 31 quater.1 c) CP— y de confesión —arts. 21.4ª, 21.7ª en relación con esta última y 31 quater.1 a) CP— han sido, en cambio, aplicadas con más frecuencia en los asuntos analizados. Esto sugiere que los intervinientes en el proceso penal prefieren recurrir a las atenuantes genéricas para «recompensar» la colaboración con las autoridades y la reparación de los perjuicios causados antes que a los incentivos que el legislador creó específicamente para ello.
6. Aun así, la proporción de procesos en los que se han aplicado las atenuantes de confesión y reparación del daño es, más bien, pequeña: a excepción de lo que sucede con los asuntos relacionados con la malversación, éstas nunca se han aplicado en más del 20% de los procesos analizados en cada muestra. A tenor de estos datos, no parece que los acusados por los delitos incluidos en el ámbito de aplicación de los incentivos

tengan especial predilección por escoger la vía de la cooperación.

7. Un factor que podría explicar, al menos parcialmente, la aparente «aversión» a la colaboración con las autoridades podría ser la frecuencia con la que se aplica la atenuante de dilaciones indebidas (art. 21.6ª CP). Ésta no sólo es, con diferencia, la atenuante que más veces se ha aplicado y de la que se ha beneficiado un mayor número de condenados: también es la que, con mayor frecuencia, se ha estimado como muy cualificada. Esto hace que, con la excepción de las muestras de delitos contra la Seguridad Social y cohecho, cuando se ha estimado la atenuante de dilaciones indebidas sin concurrir con ninguna otra atenuante, la consecuencia más frecuente haya sido la rebaja de pena en uno o en dos grados: la misma rebaja que posibilitan todos los incentivos que constituyen el objeto de la investigación (salvo, naturalmente, la eximente del art. 426 CP). En otras palabras: es posible obtener un trato penológico equiparable al que posibilitan la mayoría los incentivos para la colaboración con las autoridades, *pero sin colaborar con las autoridades*. Tan sólo se requiere que el proceso se prolongue lo suficiente. Tomando esto en consideración, una estrategia racional consiste en esperar lo máximo posible antes de cooperar: si no se acaba dictando una sentencia absolutoria, al menos podrá contarse con la estimación de la atenuante de dilaciones indebidas. Sólo si no es previsible que ésta se estime como muy cualificada, entonces lo racional será colaborar o resarcir el perjuicio para que entre en concurso con una atenuante genérica de confesión o de reparación del daño, asegurando con ello una rebaja de pena en uno o dos grados en aplicación del art. 66.1.2ª CP (siempre, claro está, que no concurran circunstancias agravantes).
8. Esto no quiere decir que la estrategia político-criminal consistente en fomentar la colaboración de los intervinientes en el hecho delictivo con las autoridades sea, aparentemente, inútil. Cuando se ha aplicado alguna atenuante de confesión (algo que ha sucedido en las muestras de delitos fiscales, cohecho y malversación), el número medio de acusados y de condenados ha aumentado de manera notable. Lo mismo

puede decirse del número medio de acusados que, finalmente, han resultado condenados en cada procedimiento. Es más: los procesos que, en cada muestra, han dado lugar al mayor número de condenas por delitos incluidos en el ámbito de aplicación de los incentivos, son asuntos en los que alguno de los condenados se ha beneficiado de una atenuante de confesión.

9. Los órganos jurisdiccionales españoles, además, parecen ser generosos en cuanto a la aplicación de atenuantes genéricas con los acusados que han llegado a algún tipo de acuerdo con las acusaciones, se ajuste éste o no a los cauces previstos en la LECrim. Si bien los condenados conformes fueron minoritarios —con la notable excepción de la muestra de delitos contra la Seguridad Social, en la que un 78,82% de los condenados llegó a un acuerdo con las acusaciones—, la inmensa mayoría de ellos —salvo, de nuevo, los de la muestra de delitos contra la Seguridad Social— se beneficiaron de la aplicación de atenuantes genéricas.

10. Por todo lo dicho hasta aquí, no creo que el legislador español deba renunciar al fomento de la colaboración de los intervinientes en el hecho delictivo en tareas como el esclarecimiento de los hechos y/o la identificación o captura de otros responsables. Otra cosa distinta es que, tal y como están diseñados, los incentivos creados específicamente para ello aporten algo que no pueda conseguirse ya a través de las atenuantes genéricas. Quizá sería conveniente, en el futuro, dejar de crear incentivos «sectoriales» y, en su caso, establecer criterios que aseguren la aplicación de las atenuantes genéricas para «recompensar» con ellas a los infractores que cooperen con las autoridades.

11. Aun así, es necesario continuar con la investigación empírica para contar con un diagnóstico más preciso acerca de la utilidad de la estrategia consistente en fomentar la colaboración con las autoridades en los delitos económicos en general y de los incentivos específicamente diseñados para ello en particular. La información que se ha plasmado en la segunda parte de este trabajo debe tomarse, pues, con cautela: sólo procede de un análisis de 178 SSTS. El hecho de que el legislador no

haya previsto que se evalúe, a través de la práctica de estudios más completos, el éxito o fracaso de las últimas eximentes por colaboración con las autoridades, creadas en 2022, es un tanto desalentador.

BIBLIOGRAFÍA

ALONSO GALLO, J.: «El delito fiscal tras la Ley Orgánica 7/2012», en *Actualidad jurídica Uría Menéndez*, n.º 34, 2013, pp. 15-38. Disponible en: https://www.uria.com/documentos/publicaciones/3801/documento/art01.pdf?id=4603 [Consulta: 02/01/2025].

AYALA GÓMEZ, I.: «Delitos contra la Hacienda pública y la Seguridad Social», en *Memento Penal Económico y de la Empresa*. Francis Lefebvre: Madrid, 2016, pp. 729-754.

BARJA DE QUIROGA, J., *et al.*: *Código Penal, Comentarios, concordancias, jurisprudencia e índice analítico*. Colex: A Coruña, 18ª edición, 2021.

BENÍTEZ ORTÚZAR, I. F.: *El colaborador con la justicia. Aspectos sustantivos, procesales y penitenciarios derivados de la conducta del «arrepentido»*. Dykinson: Madrid, 2004.

CAMARERO GONZÁLEZ, G., y CRESPO BARQUERO, P.: «Art. 426», en DEL MORAL GARCÍA, A. (dir.); ESCOBAR JIMÉNEZ, R. (coord.), *et al.*: *Código Penal. Comentarios y jurisprudencia. Tomo II. Arts. 234 a 616 quáter*. Comares: Granada, 2018, pp. 2575-2584.

CANCIO MELIÁ, M., y OUBIÑA BARBOLLA, S.: «Section I - Chapter 7: Spain», en DONINI, M.; BIN, L., y DIAMANTI, F. (eds.): *Preventing international terrorism. European models of rewarding measures for judicial cooperators*. Jovene Editore: Nápoles, 2021, pp. 259-297.

CGPJ:

- *Informe al Anteproyecto de Ley Orgánica por la que se modifica la Ley Orgánica 10/1995, de 23 de noviembre, del Código Penal*, 2013. Disponible en: https://www.poderjudicial.es/cgpj/es/Poder-Judicial/Consejo-General-del-Poder-Judicial/Actividad-del-CGPJ/Informes/Informe-al-Anteproyecto-de-Ley-Organica-por-la-que-se-modifica-la-Ley-Organica-10-1995–de-23-de-noviembre–del-Codigo-Penal [Consulta: 02/01/2025].
- *Informe al Anteproyecto de Ley Orgánica por la que se modifica la Ley Orgánica 10/1995, de 23 de noviembre, del Código Penal*, 2012. Disponible en: https://www.poderjudicial.es/cgpj/es/Poder-Judicial/Consejo-General-del-Poder-Judicial/Actividad-del-CGPJ/Informes/Informe-al-Anteproyecto-de-Ley-Organica-por-la-que-se-modifica-la-Ley-Organica-10-1995–de-23-de-noviembre–del-Codigo-Penal- [Consulta: 02/01/2025].
- *Informe al Anteproyecto de Ley Orgánica por la que se modifica la Ley Orgánica 10/1995, de 23 de noviembre, del Código Penal*, 2009. Disponible en: https://www.poderjudicial.es/cgpj/es/Poder-Judicial/Consejo-General-del-Poder-Judicial/Actividad-del-CGPJ/Informes/Informe-al-Anteproyecto-de-Ley-Organica-por-la-que-se-modifica-la-Ley-Organcia-10-1995–de-23-de-noviembre–del-Codigo-Penal [Consulta: 02/01/2025].
- *Informe al Anteproyecto de Ley Orgánica por la que se modifica la Ley Orgánica 10/1995, de 23 de noviembre, del Código Penal*, 2006. Disponible en

https://www.poderjudicial.es/cgpj/es/Poder_Judicial/Consejo_General_del_Poder_Judicial/Actividad_del_CGPJ/Informes/Informe_al_anteproyecto_de_Ley_Organica_por_el_que__se_modifica_la_Ley_Organica_10_1995__de_23_de_noviembre__del_Codigo_Penal [Consulta: 02/01/2025].

Cuerda Arnau, M.ª L.:

- «El premio por el abandono de la organización y la colaboración con las autoridades como estrategia de lucha contra el terrorismo en momentos de crisis interna», en *Estudios penales y criminológicos*, n.º 25, 2004, pp. 3-68. Disponible en: https://minerva.usc.es/entities/publication/57edcec0-8128-40e3-9325-2880a6d4ca83 [Consulta: 02/01/2025].
- *Atenuación y remisión de la pena en los delitos de terrorismo.* Ministerio de Justicia e Interior: Madrid, 1995.

De la Mata Barranco, N. J.: «Corrupción en el sector público y corrupción en el sector privado: novedades del Anteproyecto de Reforma del Código Penal de 2008», en *Cuadernos penales José María Lidón*, n.º 6, 2009, pp. 151-182. Disponible en: http://www.deusto-publicaciones.es/deusto/pdfs/lidon/lidon06.pdf [Consulta: 02/01/2025].

Del Moral García, A., y Abascal Junquera, A.: «Art. 305», en Del Moral García, A. (Dir.); Escobar Jiménez, R. (Coord.), *et al.*: *Código Penal. Comentarios y jurisprudencia. Tomo II.* Granada: Comares, 2018, pp. 1897-1909.

Díaz y García Conlledo, M.: «El delito de cohecho», en Asúa Batarrita, A. (ed.). *et al.*: *Delitos contra la Administración Pública.* Instituto Vasco de Administración Pública: Bilbao, 1997, pp. 161-178.

Dopico Gómez-Aller, J.: «La superatenuación por "regularización tardía" y la compra de la impunidad. Motivos para una derogación», en Demetrio Crespo, E., y Sanz Díaz-Palacios, J. A.: *El delito fiscal. Aspectos penales y tributarios.* Atelier: Barcelona, 2019, pp. 42-64.

Escobar Jiménez, R.: «Art. 307», en Del Moral García, A. (dir.); Escobar Jiménez, R. (coord.), *et al.*: *Código Penal. Comentarios y jurisprudencia. Tomo II. Arts. 234 a 616 quáter.* Comares: Granada, 2018, pp. 1911-1933.

Faraldo Cabana, P.: *Las causas de levantamiento de la pena.* Tirant lo Blanch: Valencia, 2000.

Ferré Olivé, J. C.: *Tratado de los delitos contra la Hacienda Pública y contra la Seguridad Social.* Tirant lo Blanch: Valencia, 2018.

Fiscalía General del Estado:

- *Informe del Consejo Fiscal al Anteproyecto de Ley Orgánica por la que se modifica la Ley Orgánica 10/1995, de 24* [sic] *de noviembre, del Código Penal*, 2013.
- *Informe del Consejo Fiscal sobre el Anteproyecto de Ley Orgánica por la que se modifica La Ley Orgánica 10/1995, de 23 de noviembre, del Código Penal (en materia de delitos contra la Hacienda Pública, contra la Seguridad Social, contra los derechos de los trabajadores, falsificación de certificados y malversación)*, 2012. Disponible en: https://perso.unifr.ch/derechopenal/assets/files/legislacion/l_20121008_04.pdf [Consulta: 02/01/2025].

Gallego Soler, J. I.: «Artículo 305», en Corcoy Bidasolo, M. (dir.); Mir Puig, S. (dir.); Vera Sánchez, J. S. (coord.), *et al.*: *Comentarios al Código Penal. Reformas LO 1/2015 y LO 2/2015*. Tirant lo Blanch: Valencia, 2015, pp. 1056-1072.

Gallego Soler, J. I., y Vera Sánchez, J. S.: «Artículo 376», en Corcoy Bidasolo, M. (dir.); Mir Puig, S. (dir.); Vera Sánchez, J. S. (coord.), *et al.*: *Comentarios al Código Penal. Reformas LO 1/2015 y LO 2/2015*. Tirant lo Blanch: Valencia, 2015, pp. 1291-1294.

García del Blanco, V.: «La dudosa eficacia de los beneficios premiales por arrepentimiento en terrorismo», en Cuerda Riezu, A., y Jiménez García, F. (dirs.): *Nuevos desafíos del Derecho penal internacional*. Tecnos: Madrid, 2009, pp. 99-121.

García España, E.: *El premio a la colaboración con la justicia. Especial consideración a la corrupción administrativa*. Comares: Granada, 2006.

García-Moreno, B.: *Del* whistleblower *al alertador. La regulación europea de los canales de denuncia*. Tirant lo Blanch: Valencia, 2020.

García Pérez, J. J.: «Artículo 426», en Sánchez Melgar, J. (coord.), *et al.*: *Código Penal. Comentarios y jurisprudencia. Tomo II*. Sepín: Madrid, 4ª ed., 2016, pp. 2941-2945.

García Pérez, O.: *La punibilidad en el Derecho penal*. Aranzadi: Pamplona, 1997.

Garro Carrera, E.:

- «Comportamiento postdelictivo positivo y delincuencia asociativa. Claves para una reelaboración», en *InDret*, n.º 1, 2013. Disponible en https://indret.com/wp-content/uploads/2013/01/Garro-Carrera-Comportamiento-postdelictivo-y-delincuencia-asociativa.pdf [Consulta: 02/01/2025].
- «La atenuante de confesión: discusión sobre su fundamento», en Asúa Batarrita, A., y Garro Carrera, E. (eds.), *et al.*: *Hechos postdelictivos y sistema de individualización de la pena*. Universidad del País Vasco: Bilbao, 2009, pp. 157-196.

Garro Carrera, E., y Asúa Batarrita, A.: *Atenuantes de reparación y de confesión. Equívocos de la orientación utilitaria*. Tirant lo Blanch: Valencia, 2008.

GRECO (Grupo de Estados contra la Corrupción del Consejo de Europa): *Tercera Ronda de Evaluación: Informe de evaluación relativo a España (Tema 1)*, 2009. Disponible en: https://rm.coe.int/CoERMPublicCommonSearchServices/DisplayDCTMContent?documentId=09000016806c9d6d [Consulta: 02/01/2025].

Iglesias Río, M. A.: «Delitos contra la Hacienda Pública y la seguridad social: Arts. 305 a 310 bis CP», en Álvarez García, F. J. (Dir.) y Dopico Gómez-Aller, J. (Coord.): *Estudio crítico sobre el anteproyecto de reforma penal de 2012*. Tirant lo Blanch: Valencia, 2013, pp. 809-832.

Manjón-Cabeza Olmeda, A.: *Las excusas absolutorias en Derecho Español. Doctrina y jurisprudencia*. Tirant lo Blanch: Valencia, 2014.

Manzanares Samaniego, J. L.: *Comentarios al Código Penal (tras las Leyes Orgánicas 1/2015, de 30 de marzo y 2/2015, de 30 de marzo)*. Wolters Kluwer: Madrid, 2016.

MARTELL PÉREZ-ALCALDE, C.: «El delito de malversación», en QUINTERO OLIVARES, G (dir.), *et al.*: *Comentarios a la reforma penal de 2015.* Aranzadi: Cizur Menor, 2015, pp. 691-697.

MIR PUIG, C.:

- «Artículo 426», en CORCOY BIDASOLO, M. (dir.); MIR PUIG, S. (dir.); VERA SÁNCHEZ, J. S. (coord.), *et al.*: *Comentarios al Código Penal. Reformas LO 1/2015 y LO 2/2015.* Tirant lo Blanch: Valencia, 2015, pp. 1437-1438.
- «Artículo 434», en CORCOY BIDASOLO, M. (dir.); MIR PUIG, S. (dir.); VERA SÁNCHEZ, J. S. (coord.), *et al.*: *Comentarios al Código Penal. Reformas LO 1/2015 y LO 2/2015.* Tirant lo Blanch: Valencia, 2015, pp. 1472-1473.

MONTERO, F.: *Equivalentes funcionales de la pena retributiva. Teoría general y aplicación práctica al desistimiento de la tentativa, la regularización tributaria y la confesión.* Atelier: Barcelona, 2023.

MORALES PRATS, F.:

- «Artículo 305», en QUINTERO OLIVARES, G. (dir.), y MORALES PRATS, F. (coord.), *et al.*: *Comentarios al Código Penal Español. Tomo II (Artículos 234 a DF. 7ª).* Thomson Reuters Aranzadi: Cizur Menor, 7ª ed., 2016, pp. 547-618.
- «Artículo 307 ter», en QUINTERO OLIVARES, G. (dir.), y MORALES PRATS, F. (coord.), *et al.*: *Comentarios al Código Penal Español. Tomo II (Artículos 234 a DF. 7ª).* Thomson Reuters Aranzadi: Cizur Menor, 7ª ed., 2016, pp. 652-656.

MORALES PRATS, F., y RODRÍGUEZ PUERTA, M.ª J.: «Artículo 426», en QUINTERO OLIVARES, G. (dir.), y MORALES PRATS, F. (coord.), *et al.*: *Comentarios al Código Penal Español. Tomo II (Artículos 234 a DF. 7ª).* Thomson Reuters Aranzadi: Cizur Menor, 7ª ed., 2016, pp. 1395-1398.

MUÑAGORRI LAGUÍA, A.: «Notas sobre fiscalidad, evasión de capitales y destrucción social», en DE LA CUESTA ARZAMENDI, J. L. (Dir.), y DE LA MATA BARRANCO, N. J. (Coord.): *Responsabilidad Penal de las Personas Jurídicas.* Cizur Menor: Thomson Reuters Aranzadi, 2013, pp. 343-359.

NÚÑEZ FERNÁNDEZ, J.:

- «La colaboración con la justicia de los condenados por terrorismo yihadista: posibles enseñanzas a partir de un estudio jurisprudencial», en *RECPC,* n.º 23, 2021. Disponible en: http://criminet.ugr.es/recpc/23/recpc23-05.pdf [Consulta: 02/01/2025].
- *Sobre punibilidad, terrorismo, víctimas y pena.* Thomson Reuters Aranzadi: Cizur Menor, 2017.

OBSERVATORIO DEL DELITO FISCAL: *Primer informe del Observatorio Administrativo previsto en el Convenio de 30 de junio de 2005 entre la Agencia Estatal de Administración Tributaria y la Secretaría de Estado de Justicia en materia de prevención y lucha contra el fraude fiscal,* 2006. Disponible en: https://www3.agenciatributaria.gob.es/static_files/Sede/Agencia_Tributaria/Planificacion/Plan_prevencion_del_fraude_fiscal/observatorio_es_es.pdf [Consulta: 02/01/2025].

OLAIZOLA NOGALES, I.: *El delito de cohecho.* Tirant lo Blanch: Valencia, 1999.

ORTIZ DE URBINA GIMENO, Í.:

- «Delitos contra la Administración Pública», en SILVA SÁNCHEZ, J. M.ª (dir.); RAGUÉS I VALLÈS, R. (coord.), *et al.*: *Lecciones de Derecho penal. Parte Especial.* Atelier: Barcelona, 10ª ed., 2025, pp. 393-431.
- «Delitos contra la Administración Pública», en SILVA SÁNCHEZ, J. M.ª (dir.); RAGUÉS I VALLÈS, R. (coord.), *et al.*: *Lecciones de Derecho penal. Parte Especial.* Atelier: Barcelona, 3ª ed., 2011, pp. 327-358.

ORTIZ PRADILLO, J. C.:

- Whistleblowing, *colaboración eficaz con la justicia y proceso penal.* La Ley: Madrid, 2024.
- *Los delatores en el proceso penal. Recompensas, anonimato, protección y otras medidas para incentivar una colaboración eficaz con la Justicia.* Wolters Kluwer: Madrid, 2018.

POZUELO PÉREZ, L.: *El desistimiento en la tentativa y la conducta postdelictiva.* Tirant lo Blanch: Valencia, 2003.

QUINTERO OLIVARES, G.: «Artículo 434», en QUINTERO OLIVARES, G. (dir.), y MORALES PRATS, F. (coord.), *et al.*: *Comentarios al Código Penal Español. Tomo II (Artículos 234 a DF. 7ª).* Thomson Reuters Aranzadi: Cizur Menor, 7ª ed., 2016, pp. 1434-1435.

ROCA DE AGAPITO, L.:

- «Una primera valoración de la reforma de la malversación: vuelta al pasado», en *Diario La Ley*, n.º 10230, 2023.
- «Delitos de malversación: arts. 432 y ss.», en ÁLVAREZ GARCÍA, F. J. (Dir.) y DOPICO GÓMEZ-ALLER, J. (Coord.): *Estudio crítico sobre el anteproyecto de reforma penal de 2012.* Tirant lo Blanch: Valencia, 2013, pp. 921-929.

RODRÍGUEZ-RAMOS LADARIA, G.: «La nueva configuración del fraude de subvenciones», en *Diario La Ley*, n.º 4326, 2019.

SÁNCHEZ GARCÍA DE PAZ, I.: «El coimputado que colabora con la justicia penal», en *RECPC*, n.º 7, 2005. Disponible en: http://criminet.ugr.es/recpc/07/recpc07-05.pdf [Consulta: 02/01/2025].

SÁNCHEZ MELGAR, J.:

- «Artículo 305», en SÁNCHEZ MELGAR, J. (coord.), *et al.*: *Código Penal. Comentarios y Jurisprudencia. Tomo II.* Sepín: Madrid, 4ª ed., 2016, pp. 2143-2198.
- «Artículo 307 ter», en SÁNCHEZ MELGAR, J. (coord.), *et al.*: *Código Penal. Comentarios y Jurisprudencia. Tomo II.* Sepín: Madrid, 4ª ed., 2016, pp. 2217-2221.
- «Artículo 434», en SÁNCHEZ MELGAR, J. (coord.), *et al.*: *Código Penal. Comentarios y Jurisprudencia. Tomo II.* Sepín: Madrid, 4ª ed., 2016, pp. 3013-3014.

SANZ MULAS, N.: «Despilfarro de fondos públicos y nuevo delito de malversación de caudales», en *RECPC*, n.º 19-05, 2017. Disponible en: http://criminet.ugr.es/recpc/19/recpc19-05.pdf [Consulta: 02/01/2025].

TERRADILLOS BASOCO, J. M.: «Nuevo tipo de fraude a la Seguridad Social (Art. 307 ter)», en ÁLVAREZ GARCÍA, F. J. (Dir.) y DOPICO GÓMEZ-ALLER, J. (Coord.):

Estudio crítico sobre el anteproyecto de reforma penal de 2012. Valencia: Tirant lo Blanch, 2013, pp. 855-862.

Tomás-Valiente Lanuza, C.: «Justicia negociada ¿a cualquier precio? Sobre las implicaciones sustantivas de la conformidad», en *InDret*, n.º 4, 2024, pp. 183-241. Disponible en: https://indret.com/wp-content/uploads/2024/10/1897.pdf [Consulta: 02/01/2025].

Valeije Álvarez, I.: «Malversación (arts. 432, 433, 434 y 435)», en González Cussac, J. L. (dir.), Górriz Royo, E. (coord.), y Matallín Evangelio, A. (coord.): *Comentarios a la Reforma del Código Penal de 2015.* Tirant lo Blanch: Valencia, 2ª ed., 2015, 1197-1208.

Valle Mariscal de Gante, M.: «La malversación (o cuando el legislador se hace trampas al solitario)», en Pérez Manzano, M. (coord.), *et al.*: *Estudios en homenaje a la profesora Susana Huerta CTocildo.* Servicio de publicaciones de la Universidad Complutense de Madrid (Facultad de Derecho): Madrid, 2020, pp. 785-798.

Varona Gómez, D.; Kemp, S, y Benítez i Manrique, O.: «La conformidad en España. Predictores e impacto en la penalidad», en *InDret*, n.º 1, 2022, pp. 307-336. Disponible en: https://indret.com/wp-content/uploads/2022/01/1679.pdf [Consulta: 02/01/2025].

ANEXOS

ANEXO 1: SSTS ESTUDIADAS EN EL ANÁLISIS EMPÍRICO

1. Muestra de delitos fiscales (N=84)

Resolución	ECLI	Sentencias fases previas
STS 904/2022, de 17 de noviembre	ES:TS:2022:4110	Instancia: SAP Almería (2ª) 3/2021, de 8 de enero (ECLI: ES:APAL:2021:32)
STS 895/2022, de 11 de noviembre	ES:TS:2022:4144	Instancia: SAP Madrid (15ª) 361/2020, de 30 de septiembre (ECLI: ES:APM:2020:12457)
STS 747/2022, de 27 de julio	ES:TS:2022:3236	Instancia: SAP Murcia (3ª) 364/2019, de 7 de noviembre (ECLI: ES:APMU:2019:2247)
STS 409/2022, de 26 de abril	ES:TS:2022:1595	Instancia: SAP Barcelona (21ª) 163/2019, de 25 de junio (ECLI: ES:APB:2019:17427)
STS 209/2019, de 22 de abril	ES:TS:2019:1369	Instancia: SAP Madrid (3ª) 30/2018, de 18 de enero (ECLI: ES:APM:2018:282)
STS 381/2022, de 20 de abril	ES:TS:2022:1646	Instancia: SAP Madrid (5ª) 2/2020, de 11 de febrero (ECLI: ES:APM:2020:719)
STS 369/2022, de 18 de abril	ES:TS:2022:1593	Instancia: SAP Madrid (23ª) 492/2020, de 3 de noviembre (ECLI: ES:APM:2020:13436); Apelación: STSJ Madrid (1ª) 169/2021, de 19 de mayo (ECLI: ES:TSJM:2021:5213)
STS 363/2022, de 8 de abril	ES:TS:2022:1503	Instancia: SAP Madrid (17ª) 9/2020, de 13 de enero (ECLI: ES:APM:2020:1624)
STS 145/2022, de 17 de febrero	ES:TS:2022:643	Instancia: SAP Barcelona (2ª) 680/2019, de 23 de octubre (ECLI: ES:APB:2019:14626)

Resolución	ECLI	Sentencias fases previas
STS 1002/2021, de 17 de diciembre	ES:TS:2021:4939	Instancia: SAP Zaragoza (1ª) 291/2016, de 23 de septiembre (ECLI: ES:APZ:2016:1252); Primera casación: STS 213/2018, de 7 de mayo (ECLI: ES:TS:2018:1552); Nueva instancia: SAP Zaragoza (1ª) 227/2019, de 25 de mayo (ECLI: ES:APZ:2019:1165); Nueva casación: STS 1002/2021, de 17 de diciembre (ES:TS:2021:4939)
STS 917/2021, de 24 de noviembre	ES:TS:2021:4352	Instancia: SAP Madrid (4ª) 129/2018, de 8 de abril de 2019 (ECLI: ES:APM:2019: 4793); Apelación: STSJ Madrid (1ª) 223/2019, de 30 de octubre (ECLI: ES:TSJM:2019:11441)
STS 846/2021, de 4 de noviembre	ES:TS:2021:4043	Instancia: SAP Madrid (16ª) 191/2019, de 22 de marzo (ECLI: ES:APM:2019:3057); Apelación: STSJ Madrid (1ª) 196/2019, de 2 de octubre (ECLI: ES:TSJM:2019:9108)
STS 796/2021, de 20 de octubre	ES:TS:2021:3944	Instancia: SAP Málaga (9ª) 54/2019, de 4 de marzo (ECLI: ES:APMA:2019:1268)
STS 639/2021, de 15 de julio	ES:TS:2021:2874	Instancia: SAP Barcelona (6ª) 388/2019, de 7 de junio (ECLI: ES:APB:2019:8549)
STS 619/2021, de 9 de julio	ES:TS:2021:3252	Instancia: SAN (4ª) 9/2019, de 23 de abril (ECLI: ES:AN:2019:1485)
STS 601/2021, de 7 de julio	ES:TS:2021:2738	Instancia: SAN (3ª) 24/2019, de 30 de mayo (ECLI: ES:AN:2019:2125)
STS 448/2021, de 26 de mayo	ES:TS:2021:2094	Instancia: SAP Las Palmas (6ª) 129/2019, de 10 de mayo (ECLI.: ES:APGC:2019:1390)
STS 429/2021, de 20 de mayo	ES:TS:2021:2089	Instancia: SAP Madrid (2ª) 49/2019, de 30 de enero (ECLI: ES:APM:2019:302)
STS 434/2021, de 20 de mayo	ES:TS:2021:2257	Instancia: SAP Madrid (7ª) 134/2019, de 4 de marzo (ECLI: ES:APM:2019:2062)
STS 307/2021, de 9 de abril	ES:TS:2021:1326	Instancia: SAN (3ª) 18/2019, de 4 de abril (ECLI: ES:AN:2019:1205); Nueva instancia: SAN (1ª) 16/2021, de 2 de junio (ECLI: ES:AN:2021:2168)

Resolución	ECLI	Sentencias fases previas
STS 212/2021, de 10 de marzo	ES:TS:2021:916	Instancia: SAP Madrid (17ª) 831/2018, de 20 de diciembre (ECLI: ES:APM:2018:18267)
STS 196/2021, de 4 de marzo	ES:TS:2021:776	Instancia: SAP Barcelona (2ª) 100/2019, de 11 de febrero (ECLI: ES:APB:2019:17351)
STS 160/2021, de 24 de febrero	ES:TS:2021:589	Instancia: SAP Madrid (16ª) 189/2019, de 21 de marzo (ECLI: ES:APM:2019:3058)
STS 115/2021, de 11 de febrero	ES:TS:2021:556	Instancia: SAP Madrid (16ª) 44/2019, de 25 de enero (ECLI: ES:APM:2019:1125)
STS 108/2021, de 10 de febrero	ES:TS:2021:368	Instancia: SAP Madrid (23ª) 56/2019, de 23 de enero (ECLI: ES:APM:2019:803)
STS 686/2020, de 14 de diciembre	ES:TS:2020:4205	Instancia: SAP Bizkaia (2ª) 5/2019, de 15 de enero (ECLI: ES:APBI:2019:12)
STS 586/2020, de 5 de noviembre	ES:TS:2020:3621	Apelación: SAP Barcelona (6ª) 554/2019, de 9 de septiembre (ECLI: ES:APB:2019:12338) /Instancia: SJPe nº7 de Barcelona de 26 de febrero de 2019 (ECLI: ES:JP:2019:4270)
STS 507/2020, de 14 de octubre (Gürtel)	ES:TS:2020:3191	Instancia: SAN (2ª) 20/2018, de 17 de mayo (ECLI: ES:AN:2018:1915)
STS 496/2020, de 8 de octubre (Rayo Vallecano)	ES:TS:2020:3201	Instancia: SAP Madrid (17ª) 545/2018, de 16 de julio (ECLI: ES:APM:2018:14343) (Rayo Vallecano)
STS 359/2020, de 1 de julio	ES:TS:2020:2101	Instancia: SAP Madrid (2ª) 629/2018, de 6 de septiembre (ECLI: ES:APM:2018:16431); Nueva instancia: SAP Madrid (2ª) 377/2020, de 30 de julio (ECLI: ES:APM:2020:9051)
STS 296/2020, de 10 de junio	ES:TS:2020:2797	Instancia: SAP Barcelona (5ª) 113/2018, de 11 de febrero (ECLI: ES:APB:2018:3605)
STS 238/2020, de 26 de mayo	ES:TS:2020:1309	Instancia: SAP Badajoz (1ª) 31/2018, de 27 de junio (ECLI: ES:APBA:2018:645)
STS 168/2020, de 19 de mayo (Rayo Vallecano)	ES:TS:2020:997	Instancia: SAP Madrid (6ª) 402/2018, de 30 de mayo (Caso Rayo Vallecano) (ECLI: ES:APM:2018:6839)
STS 40/2020, de 6 de febrero	ES:TS:2020:596	Instancia: SAN 13/2018, de 4 de mayo (ECLI: ES:AN:2018:2469)

Resolución	ECLI	Sentencias fases previas
STS 675/2019, de 21 de enero de 2020	ES:TS:2020:194	Instancia: SAN (3ª) 6/2018, de 12 de febrero (ECLI: ES:AN:2018:498)
STS 441/2019, de 2 de octubre	ES:TS:2019:3125	Instancia: SAP Madrid (17ª) 777/2017, de 30 de noviembre (ES:APM:2017:18347)
STS 284/2019, de 30 de mayo	ES:TS:2019:1851	Primera instancia: SAP Huelva (1ª) 302/2015, de 22 de julio (ECLI: ES:APH:2015:593); casación: STS 341/2016, de 21 de abril (ECLI: ES:TS:2016:1682); Nueva instancia: SAP Huelva (1ª) 289/2017, de 31 de octubre (ECLI: ES:APH:2017:910); Nueva casación: STS 284/2019, de 30 de mayo (ECLI: ES:TS:2019:1851)
STS 693/2019, de 29 de abril	ES:TS:2020:813	Instancia: SAP Barcelona (10ª) de 29 de diciembre de 2017 (ECLI: ES:APB:2017:11722)
STS 123/2019, de 8 de marzo	ES:TS:2019:757	Instancia: SAP Pontevedra (4ª) 7/2018, de 2 de marzo (ES:APPO:2018:280); Casación: STS 123/2019, de 8 de marzo (ECLI: ES:TS:2019:757); Nueva instancia: SAP Pontevedra (4ª) 29/2021, de 18 de junio (ECLI: ES:APPO:2021:931)
STS 89/2019, de 19 de febrero	ES:TS:2019:504	Instancia: SAP Madrid (23ª) 744/2017, de 18 de diciembre (ES:APM:2017:17566)
STS 746/2018, de 13 de febrero de 2019	ES:TS:2019:392	Instancia: SAP Pontevedra (4ª) 38/2017, de 30 de junio (ECLI: ES:APPO:2017:1336)
STS 632/2018, de 12 de diciembre	ES:TS:2018:4176	Instancia: SAP Madrid (2ª) 450/2017, de 30 de junio (ECLI: ES:APM:2017:18415)
STS 612/2018, de 29 de noviembre	ES:TS:2018:4002	Instancia: SAP Madrid (3ª) 324/2018, de 4 de mayo (ECLI: ES:APM:2018:6091)
STS 602/2018, de 28 de noviembre	ES:TS:2018:4037	Instancia: SAN (3ª) 21/2017, de 28 de septiembre (ECLI: ES:AN:2017:3729)
STS 561/2018, de 15 de noviembre	ES:TS:2018:3812	Apelación: STSJ Cataluña (201ª) 29/2017, de 28 de septiembre (ECLI: ES:TSJCAT:2017:5040); Instancia: SAP Barcelona (5ª) 50/2017, de 23 de enero (ECLI: ES:APB:2017:15217)

Resolución	ECLI	Sentencias fases previas
STS 426/2018, de 26 de septiembre	ES:TS:2018:3492	Instancia: SAP Barcelona (8ª) 343/2017, de 12 de mayo (ECLI: ES:APB:2017:6764)
STS 407/2018, de 18 de septiembre	ES:TS:2018:3159	Instancia: SAP Pontevedra (2ª) 156/2016, de 21 de julio (ECLI: ES:APPO:2016:1632)
STS 310/2018, de 26 de junio	ES:TS:2018:2753	Instancia: SAN (1ª) 8/2017, de 13 de marzo (ECLI: ES:AN:2017:499)
STS 290/2018, de 14 de junio	ES:TS:2018:2286	Instancia: SAP (8ª) Málaga 443/2016, de 17 de octubre (ECLI: ES:APMA:2016:1461)
STS 277/2018, de 8 de junio (Nòos)	ES:TS:2018:2056	Instancia: SAP (1ª) Islas Baleares 13/2017, de 17 de febrero (ECLI: ES:APIB:2017:40)
STS 157/2018, de 5 de abril	ES:TS:2018:1301	Instancia: SAP Madrid (23ª) 225/2017, de 4 de abril (ECLI: ES:APM:2017:5316)
STS 756/2018, de 13 de marzo	ES:TS:2019:1515	Instancia: SAN (2ª) 7/2017, de 31 de marzo (ECLI: ES:AN:2017:1273)
STS 752/2018, de 26 de febrero	ES:TS:2019:643	Instancia: SAP Jaén (2ª) 233/2017, de 17 de octubre (ECLI: ES:APJ:2017:936)
STS 740/2018, de 6 de febrero (Mourinho)	ES:TS:2019:274	Instancia: SAP Madrid (2ª) 591/2017, de 29 de septiembre (ECLI: ES:APM:2017:12282)
STS 45/2018, de 26 de enero	ES:TS:2018:265	Instancia: SAN 10/2017, de 3 de abril (ECLI: ES:AN:2017:1189)
STS 704/2018, de 15 de enero	ES:TS:2019:36	Instancia: SAP Valencia (5ª) 244/2016, de 26 de abril (ECLI: ES:APV:2016:8)
STS 253/2017, de 11 de diciembre	ES:TS:2017:4830	Instancia: Instancia: SAP Murcia (3ª) 561/2016, de 27 de octubre (ECLI: ES:APMU:2016:2451)
STS 751/2017, de 23 de noviembre	ES:TS:2017:4214	Instancia: SAP Madrid (16ª) 513/2016, de 30 de septiembre (ECLI: ES:APM:2016:12571)
STS 749/2017, de 21 de noviembre	ES:TS:2017:4008	Instancia: SAN (1ª) 22/2016, de 27 de julio (ECLI: ES:AN:2018:2738)
STS 649/2017, de 3 de octubre	ES:TS:2017:3493	Instancia: SAP Barcelona (7ª) 698/2016, de 18 de octubre de 2016 (ECLI: ES:APB:2016:13497)
STS 407/2017, de 6 de junio	ES:TS:2017:2269	Instancia: SAP Madrid (1ª) 217/2016, de 29 de abril (ECLI: ES:APM:2016:5512)

Resolución	ECLI	Sentencias fases previas
STS 306/2017, de 27 de abril	ES:TS:2017:1646	Instancia: SAP Madrid (30ª) 368/2016, de 31 de mayo (ECLI: ES:APM:2016:7379)
STS 116/2017, de 23 de febrero (Falciani)	ES:TS:2017:471	Instancia: SAP Madrid 280/2016, de 29 de abril (ECLI: ES:APM:2016:3742)
STS 88/2017, de 15 de febrero	ES:TS:2017:482	Instancia: SAP Madrid (17ª) 133/2016, de 17 de marzo (ES:APM:2016:3831)
STS 44/2017, de 1 de febrero	ES:TS:2017:360	Instancia: SAP CA 810/2016 (ES:APCA:2016:810)
STS 970/2016, de 21 de diciembre	ES:TS:2016:5658	Instancia: SAP Islas Baleares (2ª) 161/2015, de 29 de octubre (ECLI: ES:APIB:2015:1887)
STS 890/2016, de 25 de noviembre	ES:TS:2016:5671	Instancia: SAP Badajoz (1ª) 1/2016, de 11 de enero (ECLI: ES:APBA:2016:1)
STS 892/2016, de 25 de noviembre	ES:TS:2016:5182	Instancia: SAP Madrid (16ª) 77/2016, de 10 de febrero (ES:APM:2016:1005)
STS 717/2016, de 27 de septiembre	ES:TS:2016:4173	Instancia: SAP Jaén (2ª) 252/2015, de 16 de noviembre (ECLI: ES:APJ:2015:875)
STS 665/2016, de 20 de julio	ES:TS:2016:3700	Primera instancia: SAP Ourense (2ª) 469/2013, de 4 de diciembre (ECLI: ES:APOU:2013:886); Primera casación: STS 704/2014, de 24 de octubre (ECLI: ES:TS:2014:4456); Segunda instancia: SAP Ourense (2ª) 425/2014, de 27 de noviembre (ECLI: ES:APOU:2014:991); Segunda casación: STS 523/2015, de 5 de octubre (ECLI: ES:TS:2015:4369); Tercera instancia: SAP Ourense (2ª) 401/2015, de 13 de noviembre (ECLI: ES:APOU:2015:790); Tercera casación: STS 665/2016, de 20 de julio (ECLI: ES:TS:2016:3700)
STS 499/2016, de 9 de junio	ES:TS:2016:2589	Instancia: SAN (3ª) 6/2015, de 6 de marzo (ECLI: ES:AN:2015:611)
STS 413/2016, de 13 de mayo	ES:TS:2016:2294	Instancia: SAN (2ª) 7/2015, de 10 de abril (ECLI: ES:AN:2015:1994)
STS 223/2016, de 16 de marzo	ES:TS:2016:1177	Instancia: SAP La Rioja (1ª) 95/2015, de 23 de junio (ECLI: ES:APLO:2015:322)

Resolución	ECLI	Sentencias fases previas
STS 508/2015, de 27 de julio (Ballena Blanca)	ES:TS:2015:3699	Instancia: SAP Málaga (1ª) 535/2013, de 4 de octubre (ECLI: ES:APMA:2013:1794)
STS 486/2015, de 16 de julio	ES:TS:2015:3472	Instancia: SAP Barcelona (2ª) 1077/2014, de 11 de diciembre (ECLI: ES:APB:2014:14405)
STS 609/2015, de 4 de febrero	ES:TS:2016:186	Instancia: SAN (1ª) 6/2015, de 6 de febrero (ECLI: ES:AN:2015:1500)
STS 741/2014, de 12 de noviembre	ES:TS:2014:4654	Instancia: SAP Bizkaia (6ª) 16/2014, de 14 de marzo (ECLI: APBI 820/2014)
STS 586/2014, de 23 de julio	ES:TS:2014:3085	Instancia: SAP Castellón (1ª) 354/2013, de 25 de noviembre (ECLI: ES:APCS:2013:1310)
STS 494/2014, de 18 de junio	ES:TS:2014:3078	Instancia: SAP Asturias (8ª) 61/2013, de 25 de noviembre (ECLI: ES:APO:2013:3271)
STS 456/2014, de 5 de junio	ES:2014:2270	Instancia: SAP Madrid (5ª) 84/2013, de 10 de diciembre (ECLI: ES:APM:2013:18832)
STS 182/2014, de 11 de marzo	ES:TS:2014:1013	Instancia: SAN 7/2013, de 3 de abril (ECLI: ES:AN:2013:3431)
STS 832/2013, de 24 de octubre	ES:TS:2013:5811	Instancia: SAP Madrid (4ª) 80/2012, de 29 de junio (ECLI: ES:APM:2012:11087)
STS 356/2013, de 19 de abril	ES:TS:2013:2104	Instancia: SAP Bizkaia (6ª) 60/2012, de 13 de julio (ECLI: ES:APBI:2012:3310)
STS 235/2013, de 19 de marzo	ES:TS:2013:1639	Instancia: SAP Almería (2ª) 91/2012, de 12 de marzo (ECLI: ES:APAL:2012:1081)

2. *Muestra de delitos contra la Seguridad Social (N=21)*

Resolución	ECLI	Sentencias fases previas
STS 640/2022, de 23 de junio	ES:TS:2022:2691	Instancia: SAP Barcelona (10ª) 54/2020, de 28 de enero (ECLI: ES:APB:2020:14764)
STS 561/2022, de 8 de junio	ES:TS:2022:2225	Instancia: SAP Barcelona (3ª) 531/2019, de 4 de noviembre (ECLI: ES:APB:2019:17096)

Resolución	ECLI	Sentencias fases previas
STS 551/2022, de 2 de junio	ES:TS:2022:2287	Instancia: SJPe nº2 de Las Palmas de Gran Canaria 144/2019, de 11 de junio (ECLI: ES:JP:2019:4290); Apelación: SAP Las Palmas (6ª) 283/2019, de 9 de octubre (ECLI: ES:APGC:2019:2463)
STS 539/2022, de 31 de mayo	ES:TS:2022:2319	Instancia: SAP Valladolid (4ª) 282/2019, de 14 de octubre (ECLI: ES:APVA:2019:1171); Apelación: STSJ Castilla y León (1ª) 4/2020, de 21 de enero (ECLI: ES:TSJCL:2020:410)
STS 227/2022, de 10 de marzo	ES:TS:2022:952	Instancia: SAP Alicante (10ª) 80/2020, de 26 de febrero (ECLI: ES:APA 4354/2020); Apelación: STSJ Comunidad Valenciana (1ª) 207/2020, de 30 de octubre (ECLI:ES:TSJCV:2020:9562)
STS 833/2021, de 29 de octubre	ES:TS:2021:3975	Instancia: SAP Cantabria (3ª) 174/2019, de 3 de mayo (ECLI: ES:APS:2019:1092); Apelación: STSJ Cantabria (1ª) 13/2019, de 25 de septiembre (ECLI: ES:TSJCANT:2019:649)
STS 811/2021, de 25 de octubre	ES:TS:2021:3894	Instancia: SAP Valencia (4ª) 412/2019, de 17 de julio (ECLI: ES:APV:2019:6490)
STS 518/2021, de 14 de junio	ES:TS:2021:2370	Instancia: SAP Palencia (1ª) 10/2019, de 11 de abril (ECLI: ES:APP:2019:137)
STS 283/2021, de 29 de marzo	ES:TS:2021:1297	Instancia: SAP Las Palmas (2ª) 75/2019, de 1 de marzo (ECLI: ES:APGC:2019:3)
STS 48/2021, de 21 de enero	ES:TS:2021:75	Instancia: SAP Zamora (1ª) 12/2018, de 30 de julio (ECLI: ES:APZA:2018:350); Apelación: STSJ Castilla y León (1ª) 1/2019, de 16 de enero (ECLI: ES:TSJCL:2019:1)
STS 698/2020, de 16 de diciembre	ES:TS:2020:4294	Apelación: STSJ Aragón (1ª) 44/2018, de 4 de diciembre (ECLI: ES:TSJ:AR:2018:1881) / Instancia: SAP Zaragoza (1ª) 176/2018, de 29 de junio (ECLI: ES:APZ:2018:1373)
STS 150/2020, de 18 de mayo	ES:TS:2020:896	Apelación: STSJ Aragón (1ª) 35/2018, de 5 de octubre (ECLI: ES:TSJAR:2018:1888) / Instancia: SAP Zaragoza (1ª) 128/2018, de 18 de mayo (ECLI: ES:APZ:2018:740)

Resolución	ECLI	Sentencias fases previas
STS 101/2020, de 10 de marzo	ES:TS:2020:1937	Instancia: SAP Granada (1ª) 176/2018, de 28 de marzo (ECLI: ES:APGR:2018:432)
STS 552/2019. de 12 de noviembre	ES:TS:2019:3683	Instancia: SAP Valencia (2ª) 233/2018, de 19 de abril (ECLI: ES:APV:2018:6322)
STS 524/2019, de 30 de octubre	ES:TS:2019:3426	Instancia: SAP Valencia (1ª) 33/2018, de 18 de octubre (ECLI: ES:APV:2018:6320)
STS 725/2018, de 29 de enero de 2019	ES:TS:2019:236	Instancia: SAP Vitoria (2ª) 260/2017, de 26 de septiembre (ECLI: ES:APVI:2017:590)
STS 582/2018, de 22 de noviembre	ES:TS:2018:4001	Instancia: SAP Segovia (1ª) 12/2017, de 14 de julio (ECLI: ES:APSG:2017:242)
STS 564/2018, de 19 de noviembre	ES:TS:2018:3891	Instancia: SAP Vitoria (2ª) 268/2017, de 4 de octubre (ECLI: ES:APVI:2017:810)
STS 799/2017, de 11 de diciembre	ES:2017:4526	Instancia: SAP Vitoria (2ª) 69/2017, de 24 de febrero (ECLI: ES:APVI:2017:91)
STS 657/2017, de 5 de octubre	ES:2017:3610	Instancia: SAP Zaragoza (3ª) 540/2016, de 9 de noviembre (ECLI: ES:APZ:2016:1917)
STS 625/2015, de 22 de diciembre	ES:TS:2015:5806	Instancia: SAN (3ª) 27/2013, de 30 de octubre (ECLI: ES:AN:2013:4952)

3. Muestra de fraude de subvenciones (N=24)

Resolución	ECLI	Sentencias fases previas
STS 948/2022, de 13 de diciembre	ES:TS:2022:4500	Instancia: SAP Valencia (5ª) 154/2020, de 24 de abril (ECLI: ES:APV:2020:464)
STS 709/2022, de 13 de julio	ES:TS:2022:2831	Instancia: SAP Jaén (3ª) 399/2019, de 16 de diciembre (ECLI: ES:APJ:2019:1708); STSJ Andalucía (201ª) 261/2020, de 7 de octubre (ECLI: ES:TSJAND:2020:19850)
STS 561/2022, de 8 de junio	ES:TS:2022:2225	Instancia: SAP Barcelona (3ª) 531/2019, de 4 de noviembre (ECLI: ES:APB:2019:17096)

Resolución	ECLI	Sentencias fases previas
STS 1002/2021, de 17 de diciembre	ES:TS:2021:4939	Instancia: SAP Zaragoza (1ª) 291/2016, de 23 de septiembre (ECLI: ES:APZ:2016:1252); Primera casación: STS 213/2018, de 7 de mayo (ECLI: ES:TS:2018:1552); Nueva instrancia: SAP Zaragoza (1ª) 227/2019, de 25 de mayo (ECLI: ES:APZ:2019:1165); Nueva casación: STS 1002/2021, de 17 de diciembre (ECLI: ES:TS:2021:4939)
STS 804/2021, de 20 de octubre	ES:TS:2021:3941	Instancia: SAP Murcia (3ª) 279/2018, de 27 de junio (ECLI: ES:APMU:2018:945)
STS 776/2021, de 14 de octubre	ES:TS:2021:3771	Instancia: SAP Ourense (2ª) 191/2019, de 19 de junio (ECLI: ES:APOU:2019:342)
STS 470/2021, de 2 de junio	ES:TS:2021:2197	Instancia: SAP Bizkaia (1ª) 21/2019, de 5 de abril (ECLI: ES:APBI:2019:1047)
STS 156/2021, de 24 de febrero	ES:TS:2021:638	Instancia: SAP Zaragoza (6ª) 155/2019, de 29 de abril (ECLI: ES:APZ:2019:640); Apelación: STSJ Aragón (1ª) 54/2019, de 16 de septiembre (ECLI: ES:TSJAR:2019:1968)
STS 439/2020, de 10 de septiembre	ES:TS:2020:2856	Instancia: SAP Granada (1ª) 568/2017, de 23 de noviembre (ECLI: ES:APGR:2017:1832)
STS 367/2019, de 3 de julio	ES:TS:2019:2498	Instancia: SAP Lugo (2ª) 199/2017, de 20 de noviembre (ECLI: ES:APLU:2017:598)
STS 234/2019, de 8 de mayo	ES:TS:2019:1470	Instancia: SAP Valencia (5ª) 587/2017, de 9 de noviembre (ECLI: ES:APV:2017:3991)
STS 81/2019, de 13 de febrero	ES:TS:2019:412	Instancia: SAP Murcia (3ª) 369/2017, de 11 de septiembre (ECLI: ES:MU:2017:2391)
STS 197/2018, de 25 de abril	ES:TS:2018:1468	Instancia: SAP Almería (3ª) 86/2017, de 22 de febrero (ECLI: ES:APAL:2017:163)
STS 756/2018, de 13 de marzo	ES:TS:2019:1515	Instancia: SAN (2ª) 7/2017, de 31 de marzo (ECLI: ES:AN:2017:1273)
STS 736/2018, de 5 de febrero	ES:TS:2019:273	Instancia: SAP Coruña (2ª) 397/2017, de 31 de julio (ECLI: ES:APC:2017:1791)
STS 543/2017, de 12 de julio	ES:TS:2017:2809	Instancia: SAP Barcelona (8ª) 825/2016 (ECLI: ES:APB:2016:11826)

Resolución	ECLI	Sentencias fases previas
STS 455/2017, de 21 de junio	ES:TS:2017:2528	Instancia: SAP Salamanca (1ª) 14/2016, de 21 de junio (ECLI: ES:APSA:2016:357)
STS 316/2017, de 3 de mayo	ES:TS:2017:1671	Instancia: SAP Málaga (9ª) 467/2016, de 13 de julio (ECLI: ES:APMA:2016:2575)
STS 22/2017, de 23 de enero	ES:TS:2017:96	Instancia: SAP (1ª) 600/2015, de 14 de diciembre (ECLI: ES:APSE:2015:3500)
STS 890/2016, de 25 de noviembre	ES:TS:2016:5671	Instancia: SAP Badajoz (1ª) 1/2016, de 11 de enero (ECLI: ES:APBA:2016:1)
STS 509/2015, de 10 de julio	ES:TS:2015:3514	Instancia: SAP Teruel (1ª) 13/2014, de 21 de octubre (ECLI: ES:APTE:2014:173)
STS 277/2015, de 3 de junio	ES:TS:2015:2563	Instancia: STSJ Comunidad Valenciana (1ª) 4/2014, de 27 de mayo (ECLI: ES:TSJCV:2014:1628)
STS 149/2015, de 11 de marzo	ES:TS:2015:960	Instancia: SAP Cádiz (3ª) 253/2013, de 22 de julio (ECLI: ES:APCA:2013:1481)
STS 1030/2013, de 28 de noviembre	ES:TS:2013:6649	Instancia: SAP Valladolid (4ª) 484/2012, de 30 de noviembre (ECLI: ES:APVA:2012:1624)

4. Muestra de cohecho (N=30)

Resolución	ECLI	Sentencias fases previas
STS 1002/2021, de 17 de diciembre	ES:TS:2021:4939	Instancia: SAP Zaragoza (1ª) 291/2016, de 23 de septiembre (ECLI: ES:APZ:2016:1252); Primera casación: STS 213/2018, de 7 de mayo (ECLI: ES:TS:2018:1552); Nueva instancia: SAP Zaragoza (1ª) 227/2019, de 25 de mayo (ECLI: ES:APZ:2019:1165); Nueva casación: STS 1002/2021, de 17 de diciembre (ECLI: ES:TS:2021:4939)
STS 657/2021, de 28 de julio	ES:TS:2021:3275	Instancia: SAN (2ª) 10/2019, de 27 de mayo (ECLI: ES:AN:2019: 1900)
STS 427/2021, de 20 de mayo	ES:TS:2021:2086	Instancia: SAP Málaga (2ª) 118/2019, de 29 de marzo (ECLI: ES:APMA:2019:3126)
STS 664/2020, de 3 de diciembre	ES:TS:2020:4291	Instancia: SAN 31/2018, de 29 de junio (ECLI: ES:AN:2018:2467)

Resolución	ECLI	Sentencias fases previas
STS 507/2020, de 14 de octubre (Gürtel)	ES:TS:2020:3191	Instancia: SAN 20/2018, de 17 de mayo (ECLI: ES:AN:2018:1915)
STS 482/2020, de 30 de septiembre (EMARSA)	ES:TS:2020:3893	Instancia: SAP Valencia (1ª) 349/2018, de 19 de junio (ECLI: ES:APV:2019:1960)
STS 245/2020, de 27 de mayo	ES:TS:2020:4515	Instancia: SAP (3ª) Málaga 130/2018 (ECLI: ES:APMA:2018:1619)
STS 626/2019, de 18 de diciembre	ES:TS:2019:4216	Apelación: STSJ Canarias (Secc. 1ª) 22/2018, de 6 de junio (ECLI: ES:TSJICAN:2018: 1174); Instancia: SAP(TJ) Las Palmas (100ª) 225/2017, de 24 de julio (ECLI: ES:APGC:2017:2578)
STS 402/2019, de 12 de septiembre	ES:TS:2019:3110	Instancia: SAP Oviedo (Sección 3ª) 387/2017, de 12 de septiembre (ECLI: ES:APO:2017:2337)
STS 257/2019, de 22 de mayo	ES:TS:2019:1601	Apelación: STSJ (Secc. 1ª) de Castilla y León 2/2018, de 8 de enero (ECLI: ES:TSJCL:2018:17); Instancia: SAP Zamora (1ª) 15/2017, de 9 de junio (ECLI: ES:APZA:2017:253)
STS 613/2018, de 29 de noviembre	ES:TS:2018:4046	Instancia: SAP (9ª) Málaga 278/2017, de 4 de julio (ECLI: ES:APMA:2017: 2562)
STS 463/2018, de 11 de octubre	ES:TS:2018:4061	Instancia: SAP (6ª) Santa Cruz de Tenerife 14/2017, de 26 de enero (ECLI: ES:APTF:2017:2832)
STS 290/2018, de 14 de junio	ES:TS:2018:2286	Instancia: SAP Málaga (8ª) 443/2016, de 17 de octubre (ECLI: ES:APMA:2016:1461)
STS 214/2018, de 8 de mayo	ES:TS:2018:1551	Instancia: STSJ Comunidad Valenciana (1ª) 2/2017, de 8 de febrero (ECLI: ES:TSJCV:2017:1)
STS 400/2017, de 1 de junio	ES:TS:2017:2800	Instancia: SAP Barcelona (8ª) 260/2016, de 27 de mayo (ECLI: ES:APB:2016:7998)
STS 795/2016, de 25 de octubre	ES:TS:2016:4622	Instancia: STSJ Cataluña (1ª) 25/2015, de 5 de noviembre (ECLI: ES:TSJCAT:2015:11181)
STS 552/2015, de 23 de septiembre	ES:TS:2015:4123	Instancia: SAP Barcelona (4ª) de 27 de mayo de 2014 (ECLI: ES:APB:2014:4136)

Resolución	ECLI	Sentencias fases previas
STS 508/2015, de 27 de julio (Ballena Blanca)	ES:TS:2015:3699	Instancia: SAP Málaga (1ª) 535/2013, de 4 de octubre (ECLI: ES:APMA:2013:1794)
STS 342/2015, de 2 de junio	ES:TS:2015:2718	Instancia: SAP Huelva (3ª) 105/2014, de 31 de marzo (ECLI: ES:APH:2014:644)
STS 14/2015, de 26 de enero	ES:TS:2015:217	Apelación: STSJ Islas Baleares (1ª) 1/2014, de 19 de mayo (ECLI: ES:TSJBAL:2014:344)/Instancia: SAP Islas Baleares 4/2013, de 11 de diciembre (ECLI: ES:APIB:2013:2548)
STS 773/2014, de 28 de octubre	ES:TS:2014:4627	Instancia: SAP Valladolid (2ª) 411/2013, de 22 de noviembre (ECLI: ES:APVA:2013:1396)
STS 586/2014, de 23 de julio	ES:TS:2014:3085	Instancia: SAP Castellón (1ª) 354/2013, de 25 de noviembre (ECLI: ES:APCS:2013:1310)
STS 487/2014, de 9 de junio	ES:TS:2014:2563	Instancia: SAP Málaga (2ª) 179/2013, de 16 de abril (ECLI: ES:APMA:2013:1)
STS 394/2014, de 7 de mayo	ES:TS:2014:2019	Instancia: SAP Islas Baleares (1ª) 73/2013, de 26 de julio (ECLI: ES:APIB:2013:1536)
STS 123/2014, de 20 de febrero	ES:TS:2014:724	Instancia: SAP Málaga (3ª) 268/2013, de 6 de mayo (ECLI: ES:APMA:2013:2581)
STS 990/2013, de 30 de diciembre	ES:TS:2013:6695	Instancia: SAP Barcelona (9ª) de 27 de julio de 2011 (ECLI: ES:APB:2011:6528)
STS 944/2013, de 11 de diciembre	ES:TS:2013:5902	Instancia: SAP Málaga (8ª) 514/2012, de 1 de octubre (ECLI: ES:APMA:2012:3960)
STS 684/2013, de 3 de septiembre	ES:TS:2013:4753	Instancia: SAP Málaga (8ª) 1/2012, de 18 de enero (ECLI: ES:APMA:2012:4)
STS 636/2012, de 13 de julio	ES:TS:2012:5634	Instancia: SAP Cádiz (3ª) 219/2011, de 8 de julio (ECLI: ES:APCA:2011:570)
STS 424/2012, de 23 de abril	ES:TS:2013:1918	Instancia: STSJ Comunidad Valenciana (1ª) 2/2012, de 30 de enero (ECLI: ES:TSJCV:2012:1)

5. Muestra de malversación (N=19)

Resolución	ECLI	Sentencias fases previas
STS 859/2022, de 2 de noviembre	ES:TS:2022:4105	Instancia: SAP Granada (2ª) 236/2020, de 21 de julio (ECLI: ES:APGR:2020:766)
STS 749/2022, de 13 de septiembre (EREs)	ES:TS:2022:3258	Instancia: SAP Sevilla (1ª) 490/2019, de 19 de noviembre (ECLI: ES:APSE:2019:1101)
STS 507/2020, de 14 de octubre (Gürtel)	ES:TS:2020:3191	Instancia: SAN 20/2018, de 17 de mayo (ECLI: ES:AN:2018:1915)
STS 482/2020, de 30 de septiembre	ES:TS:2020:3893	Instancia: SAP Valencia (1ª) 349/2018, de 19 de junio (ECLI: ES:APV:2018:1960)
STS 627/2019, de 18 de diciembre	ES:TS:2019:4342	Instancia: SAP Almería (3ª) 116/2018, de 5 de marzo (ECLI: ES:APAL:2018:1042)
STS 568/2019, de 21 de noviembre	ES:TS:2019:3704	Instancia: SAP Almería (100ª) 74/2018, de 14 de febrero (ECLI: ES:APAL:2018:492)/ Apelación: STSJ Andalucía (1ª) 41/2018, de 22 de mayo (ECLI: ES:TSJAND:2018:18121)
STS 693/2019, de 29 de abril	ES:TS:2020:813	Instancia: SAP Barcelona (10ª) de 29 de diciembre de 2017 (ECLI: ES:APB:2017:11722)
STS 66/2019, de 7 de febrero	ES:TS:2019:282	Instancia: SAN (3ª) 2/2018, de 12 de enero (ECLI: ES:AN:2018:2022)
STS 613/2018, de 29 de diciembre	ES:TS:2018:4046	Instancia: SAP (9ª) Málaga 278/2017, de 4 de julio (ECLI: ES:APMA:2017:2562)
STS 341/2018, de 10 de julio	ES:TS:2018:2648	Instancia: SAP Madrid (100ª) 651/2016, de 1 de diciembre (ECLI: ES:APM:2016:16161)//Apelación: STSJ Madrid (1ª) 21/2017, de 31 de mayo (ECLI: ES:TSJM:2017:3482)
STS 277/2018, de 8 de junio (Nòos)	ES:TS:2018:2056	Instancia: SAP (1ª) Islas Baleares 13/2017, de 17 de febrero (ECLI: ES:APIB:2017:40)
STS 229/2018, de 17 de mayo	ES:TS:2018:1916	Instancia: SAP Mérida (3ª) 559/2017, de 7 de junio (ECLI: ES:APBA:2017:559)
STS 197/2018, de 25 de abril	ES:TS:2018:1468	Instancia: SAP Almería (3ª) 86/2017, de 22 de febrero (ECLI: ES:APAL:2017:163)

Resolución	ECLI	Sentencias fases previas
STS 461/2017, de 21 de junio	ES:TS.2017:2444	Instancia: SAP Las Palmas (100ª) 70/2016, de 19 de febrero (ECLI: ES:APGC:2016:543) /Apelación: STSJ Canarias (1ª) 4/2016, de 17 de noviembre (ECLI: ES:TSJICAN:2016:3821)
STS 83/2017, de 14 de febrero	ES:TS:2017:570	Instancia: SAP Málaga (8ª) 642/2015, de 18 de diciembre (ECLI: ES:APMA:2015:2732)
STS 527/2016, de 16 de junio	ES:TS:2016:2899	Instancia: SAP Ourense (2ª) 433/2015, de 2 de diciembre (ECLI: ES:APOU:2015:798)
STS 625/2015, de 22 de diciembre	ES:TS:2015:5806	Instancia: SAN (3ª) 27/2013, de 30 de octubre (ECLI: ES:AN:2013:4952)
STS 508/2015, de 27 de julio	ES:TS:2015:3699	Instancia: SAP Málaga (1ª) 535/2013, de 4 de octubre (ECLI: ES:APMA:2013:1794)
STS 427/2015, de 1 de julio	ES:TS:2015:3233	Instancia: SAP Cáceres (2ª) 57/2014, de 21 de febrero (ECLI: ES:APCC:2014:103) / Apelación: STSJ Extremadura (1ª) 1/2014, de 23 de octubre (ECLI: ES:TSJEXT:2014:1644)

ANEXO 2: SENTENCIAS ANALIZADAS EN EL ESTUDIO COMPLEMENTARIO

1. Muestra relacionada con el art. 305.6 II CP (N=12)

Sentencia	ECLI
SAP Madrid (2ª) 259/2020, de 4 de junio	ES:APM:2020:5628
SAP Zaragoza (6ª) 83/2020, de 2 de marzo	ES:APZ:2020:237
SAP Madrid (4ª) 16/2019, de 16 de enero	ES:APM:2019:2586
SAP Bizkaia (1ª) 86/2018, de 17 de diciembre	ES:APBI:2018:2177
SAP Barcelona (2ª) 431/2018, de 19 de junio	ES:APB:2018:7848
SAP Madrid (17ª) 409/2018, de 30 de mayo	ES:APM:2018:7275
SAP Madrid (29ª) 279/2018, de 23 de mayo	ES:APM:2018:7525
SAP Lleida (1ª) 82/2018, de 28 de febrero	ES:APL:2018:315
SAP Madrid (7ª) 935/2017, de 12 de diciembre	ES:APM:2017:16484
SAP Barcelona (21ª) 266/2017, de 27 de septiembre	ES:APB:2017:15405
SAP Barcelona (8ª) 47/2016, de 27 de enero	ES:APB:2016:836
SAP Barcelona (8ª) 31/2016, de 21 de enero	ES:APB:2016:183

2. Muestra relacionada con el art. 307.5 II CP (N=3)

Sentencia	ECLI
SAP A Coruña (1ª) 135/2022, de 28 de marzo	ES:APC:2022:938
SAP A Coruña (2ª) 128/2022, de 22 de marzo	ES:APC:2022:843
SAP Madrid (6ª) 432/2019, de 21 de junio	ES:APM:2019:10049

3. Muestra relacionada con el art. 426 CP (N=19)

Sentencia	ECLI
SAP Zamora (1ª) 28/2022, de 21 de diciembre	ES:APZA:2022:544
SAP Barcelona (3ª), de 20 de septiembre de 2022	ES:APB:2022:9663
SAP Barcelona (10ª), de 8 de septiembre de 2022	ES:APB:2022:9291
SAN (2ª) 15/2022, de 22 de julio	ES:AN:2022:3640
SAP Alicante (3ª) 247/2021, de 7 de julio	ES:APA:2021:644

Sentencia	ECLI
SAP Madrid (7ª) 518/2020, de 21 de diciembre	ES:APM:2020:15277
SAN (2ª) 20/2020, de 25 de noviembre	ES:AN:2020:3074
SAN (4ª) 15/2020, de 12 de noviembre	ES:AN:2020:2969
SAP Santander (3ª) 320/2020, de 30 de septiembre	ES:APS:2020:607
SAP Alicante (10ª) 457/2019, de 27 de diciembre	ES:APA:2019:4430
SAP Bizkaia (2ª) 305/2019, de 17 de diciembre	ES:APVI:2019:833
SAP Granada (2ª) 369/2019, de 30 de septiembre	ES:APGR:2019:2755
SAP Las Palmas (6ª) 246/2019, de 16 de septiembre	ES:APGC:2019:1500
SAP La Rioja (1ª) 90/2019, de 11 de julio	ES:APLO:2019:319
SAP Huelva (1ª) 289/2017, de 31 de octubre	ES:APH:2017:910
SAP Almería (2ª) 266/2017, de 30 de junio	ES:APAL:2017:721
SAP Huelva (1ª) 302/2015, de 22 de julio	ES:APH:2015:593
SAP Málaga (1ª) 586/2014, de 7 de noviembre	ES:APMA:2014:1780
SAP Granada (1ª) 612/2011, de 2 de noviembre	ES:APGR:2011:1502

4. Muestra relacionada con el art. 434 CP (N=24)

Sentencia	ECLI
SAP Castellón (1ª) 339/2021, de 3 de diciembre	ES:APCS:2021:924
SAP Barcelona (21ª) 324/2021, de 14 de octubre	ES:APB:2021:12896
SAP Barcelona (21ª) 252/2021, de 22 de julio	ES:APB:2021:16149
SAP Granada (1ª) 258/2021, de 30 de junio	ES:APGR:2021:1747
SAP Madrid (5ª) 59/2020, de 19 de noviembre	ES:APM:2020:13417
SAP Las Palmas (2ª) 163/2020, de 15 de julio	ES:APGC:2020:876
SAP Álava (2ª) 305/2019, de 17 de diciembre	ES:APVI:2019:833
SAP Las Palmas (6ª) 246/2019, de 16 de septiembre	ES:APGC:2019:1500
SAP Málaga (2ª) 428/2018, de 5 de diciembre	ES:APMA:2018:3133
SAP Córdoba (2ª) 439/2018, de 2 de noviembre	ES:APCO:2018:1580
SAP Santander (3ª) 413/2017, de 13 de diciembre	ES:APS:2017:919
SAP Málaga (2ª) 477/2017, de 29 de noviembre	ES:APMA:2017:2107
SAP Zaragoza (1ª) 307/2017, de 8 de noviembre	ES:APZ:2017:2287

Sentencia	ECLI
SAP Málaga (2ª) 373/2017, de 28 de septiembre	ES:APMA:2017:2746
SAP Jaén (2ª) 204/2017, de 22 de septiembre	ES:APJ:2017:775
SAP Asturias (3ª) 387/2017, de 12 de septiembre	ES:APO:2017:2337
SAP Barcelona (10ª) 16/2017, de 30 de diciembre	ES:APB:2016:12941
SAP Sevilla (7ª) 80/2016, de 14 de diciembre	ES:APSE:2016:2684
SAP Santander (3ª) 275/2016, de 28 de septiembre	ES:APS:2016:448
SAP Zaragoza (1ª) 291/2016, de 23 de septiembre	ES:APZ:2016:1252
SAP Córdoba (2ª) 290/2016, de 6 de julio	ES:APCO:2016:1165
SAP Islas Baleares (2ª) 180/2015, de 2 de diciembre	ES:APIB:2015:2120
SAP Zaragoza (6ª) 319/2015, de 1 de diciembre	ES:APZ:2015:2408
SAP Badajoz (1ª) 37/2015, de 28 de septiembre	ES:APBA:2015:949